高速铁路基础研究与技术创新丛书

编　委　会

"十四五"时期国家重点出版物出版专项规划项目

高速铁路基础研究与技术创新丛书

测量与检测系列

铁路工程地质遥感技术创新与应用

本丛书编委会　总主编
刘桂卫　著
许再良　主　审

中国铁道出版社有限公司

2024年·北　京

内 容 简 介

本书为“高速铁路基础研究与技术创新丛书”之分册，聚焦遥感新技术的创新和应用，凝练了作者团队十几年的科研攻关成果，展示了新型遥感技术在中国铁路建设中的最新研究和应用情况，详细阐释了现代遥感信息增强与处理、三维遥感判释与定量分析、高光谱遥感信息提取、雷达遥感信息提取、热红外遥感信息提取等技术，并结合工程实践对新型遥感技术的应用方法做了详细介绍。

本书可供铁路勘察设计、施工及运营单位相关科研人员、技术人员参考，也可作为高校相关专业的教学用书。

图书在版编目(CIP)数据

铁路工程地质遥感技术创新与应用 / 刘桂卫著.
北京 ：中国铁道出版社有限公司，2024. 12. --（高速铁
路基础研究与技术创新丛书）. -- ISBN 978-7-113
-31354-8

Ⅰ. U212.22

中国国家版本馆 CIP 数据核字第 2024WL4788 号

书　　名：铁路工程地质遥感技术创新与应用
作　　者：刘桂卫

策　　划：刘　霞
责任编辑：朱荣荣　　**编辑部电话：**(010)51873017　　**电子邮箱：**793376465@qq.com
封面设计：高博越　郑春鹏　　**封面摄影：**王明柱　　**丛书标识设计：**崔丽芳
责任校对：刘　畅
责任印制：高春晓

出版发行：中国铁道出版社有限公司(100054，北京市西城区右安门西街 8 号)
网　　址：https://www.tdpress.com
印　　刷：北京联兴盛业印刷股份有限公司
版　　次：2024 年 12 月第 1 版　2024 年 12 月第 1 次印刷
开　　本：787 mm×1 092 mm 1/16　**印张：**18　**字数：**370 千
书　　号：ISBN 978-7-113-31354-8
定　　价：150.00 元

高速铁路基础研究与技术创新丛书

编 辑 组

序

我国高速铁路起步晚、发展快、后劲足，经过几代人的不懈努力，通过原始创新、集成创新、引进消化吸收再创新，成功地走出了一条符合中国国情路情、具有中国特色的自主创新之路。我国已系统掌握各种复杂地质和气候条件下高速铁路建造成套技术；在工务工程、列车运行控制、牵引供电、动车组等高速铁路核心技术方面实现自主化；形成了复杂路网条件下处理跨线运行的运营管理成套技术，构建了人防、物防、技防三位一体的主动安全保障机制。我国已成为全球高速铁路运营里程最长、在建规模最大、运营速度最快、技术体系最全、运营和管理经验最丰富的国家。我国高速铁路技术已走在世界前列，成为推动世界高速铁路发展的重要力量。

为贯彻落实中共中央、国务院《交通强国建设纲要》，推进国铁集团《新时代交通强国铁路先行规划纲要》的落地，系统总结、梳理我国高速铁路各领域前沿理论和技术，向我国乃至世界高速铁路科研工作者和工程技术人员提供一套前沿性的参考书，中国国家铁路集团有限公司铁道出版社公司特组织编著出版“高速铁路基础研究与技术创新丛书”。

丛书以习近平新时代中国特色社会主义思想为指导，以国家自然科学基金课题、国家基金委-国铁集团高铁联合基金课题、国家“973”课题、国家重点研发计划课题等科研成果为支撑，从高速铁路前沿研究、补短板技术、核心技术、技术发展趋势等方向组织选题，涵盖动车组、供电、通信与信号、列控与检测、工程勘察与设计、智能建造、运营与管理、现代信息技术、安全和维护等领域，规模为100册，是全面系统论述我国高速铁路基础研究与技术创新成就的大型系列原创性科技著作。

丛书力求突出制高点、原创性、权威性、全覆盖特色。丛书各册内容以作者团队长期从事高速铁路科学研究的成果为依托，多数成果居于国内领先水平甚至世界先进水平，多种成果荣获国家科学技术奖一等奖、二等奖，国家技术发明奖一等奖、二等奖，茅以升科学技术奖，詹天佑铁道科学技术奖，铁道科技进步奖等奖项，丛书内容体现了我国当今最新、最前沿以及展现未来发展趋势的高速铁路相关研究成果和应用技术。丛书包括动车组、供电、工程施工与组织等十个系列，基本实现高速铁路各领域全覆盖。

丛书由编委会总负责。编委会阵容强大，认真负责。编委会各成员都是长期从事我国高速铁路科研、技术、生产和管理的一流专家学者，是所从事领域的翘楚，其中包括高速铁路及其相关领域的四位院士。编委会多次开会商讨丛书的体系、内容特色、作者条件及质量保障机制；分工负责，精心审订和修改各册编写提纲；多次遴选选题，先从150多个选题意向中遴选出100个选题，后又剔除了内容特色不太鲜明的8个选题，还对10多个选题提出了较大的改进意见，补充了8个关键技术和弥补技术空白的选题；最后邀请专人对各册内容进行审定，从而保证了各册内容的正确性和先进性。

2021年年底，国家新闻出版署经过严格评审，“高速铁路基础研究与技术创新丛书”(100册)成功入选“‘十四五’时期国家重点出版物出版专项规划——重大出版工程”。这是对本丛书项目的认可，也是对编委会、作者和编辑等人员前期工作的认可，更是一种鞭策。我们相信，本丛书的出版，将助力于《交通强国建设纲要》的贯彻落实，推动我国乃至世界高速铁路事业的发展，也将为铁路领域的科研工作者、工程技术人员、管理人员，以及高校相关专业师生提供一套高水平、原创性、权威性、全覆盖的大型高铁科技精品著作。

中国工程院院士
“高速铁路基础研究与技术创新丛书”编委会主任
2022年2月

前　言

本书为“高速铁路基础研究与技术创新丛书”之分册。按丛书要求，旨在体现新型遥感技术在中国铁路建设中的最新研究成果和实际应用场景。

地质遥感是地质学和遥感科学的交叉学科，是综合应用遥感技术研究地质条件和规律的前沿学科。传统地质遥感信源单一（可见光遥感为主）、手段有限（航片卫片）、效率不高（目视解译），随着遥感技术的发展，地质遥感技术向着多模态、多源、快速获取和智能处理等方向不断进步。近年来，中国铁路建设高速发展，特别是“八纵八横”高铁网加密成型，为地质遥感技术研究和创新提供了前所未有的机遇和挑战。在我国川藏、太焦、浦梅、包银、雄忻及巴拿马、菲律宾等铁路建设中，地质遥感技术在地质构造、不良地质、岩性识别等判释工作中发挥了特有的技术优势，为铁路建设起到了重要支撑作用。

基于上述背景，笔者将十多年来的研究和应用成果总结凝练成册，集中展示最新遥感技术在铁路建设中的应用现状，以期为同行和读者提供参考借鉴。本书内容涵盖了近十年来遥感技术在铁路建设中的研究和应用最新成果，主要包括：

(1)遥感信息增强与处理。介绍了图像融合与定量评价、图像光谱增强、植被信息抑制等难点技术，为提高地质判释的准确率奠定了基础；基于胁迫不变的植被信息抑制技术，为植被覆盖区地质遥感判释工作提供了保障，为岩性识别划分奠定了基础；介绍了遥感信息计算机辅助提取方法，使得地质遥感判释工作变得更加快捷和准确。

(2)三维遥感判释与定量分析。基于新型遥感源及数据处理平台，介绍了三维遥感判释技术体系架构、关键技术、判释标志、参数量测方法及应用；利用多尺度三维遥感空间场景，总结了不同地质条件下三维遥感判释标志的划分标准和指示意义，建立了判释标志库；通过空间分析和参数量算，实现了不良地质的三维识别和量化分析。

(3)高光谱遥感信息提取。针对新型高光谱数据源，介绍了辐射定标、大气校正和条纹去除等处理技术，利用最小噪声分离、纯净像元提取、光谱匹配等信息技术，提取了水体、道路等目标信息，识别了典型矿物的类别和分布，实现了利用岩性信息提取区域断裂构造的分布特征。

(4)雷达遥感信息提取。介绍了机载 LiDAR 数据采集、点云滤波与去植被处理、构造与不良地质信息提取技术;分析了干涉雷达的遥感原理、数据处理、形变信息提取技术;总结了激光雷达、干涉雷达在不同项目中的应用。

(5)热红外遥感信息提取。基于多类型热红外遥感影像,建立大气辐射传输校正模型,获取地表比辐射率、大气透过率和大气平均作用温度等参数,利用单窗和劈窗算法反演地表温度;去除大气等效温度和地表温度场等因素影响,获得沿线高地温分布特征。

(6)工程应用实例分析。综合应用了新型遥感源优选、遥感图像处理、三维遥感判释软件系统构建、结果验证与优化等技术,在浩吉铁路、浦梅铁路、包银铁路等国内铁路,以及巴拿马、菲律宾等国外铁路项目中,解决了山区铁路地质遥感判释受植被、地形及阴影影响等技术难题,提高了艰险山区不良地质判释准确度。

值得一提的是,书中内容涉及中国铁路设计集团有限公司地勘院、国家工程实验室综合勘察分实验室完成的多项科研课题和勘察设计项目,众多同事及专家参与其中,特别是陈则连、崔庆国、李国和在项目立项、组织实施和重难点攻关过程中给予大力支持和技术指导,高敬、李红旭、张晨、王飞、孙琪皓、王东旭在遥感装备研发、遥感数据获取和处理等方面付出了智慧与汗水,张璇钰、任光雪、浦晓利、王衍汇、宋向宇在遥感解译、现场验证等方面做出了细致工作,李志龙、周立新、柳忠杰在信息化应用方面提供了帮助……他们都为创新成果付出了智慧与汗水,因人数太多,不能一一列举,在此一并表示真诚的感谢!最后,特别感谢我的企业导师乔平女士和我的同事高敬先生在本书稿著述中所做的贡献。

由于著者水平有限,书中疏漏和不足之处在所难免,恳请专家和读者批评指正。

刘桂卫

2024 年 4 月

目　　录

第 1 章　绪　　论…………………………………………………… 1
1.1　遥感原理与遥感技术 ………………………………………… 1
1.1.1　电磁波与电磁辐射 ………………………………………… 1
1.1.2　大气中能量的相互作用 …………………………………… 5
1.1.3　能量与地物的相互作用 …………………………………… 8
1.2　铁路工程地质遥感工作内容与方法……………………… 10
1.2.1　铁路工程地质遥感工作内容…………………………… 10
1.2.2　铁路工程地质遥感工作步骤…………………………… 11
1.2.3　铁路工程地质遥感工作方法…………………………… 13
1.3　当代国际遥感技术发展现状……………………………… 15
1.3.1　新型遥感平台及遥感源………………………………… 15
1.3.2　遥感新技术发展………………………………………… 18
1.3.3　遥感技术工程典型应用………………………………… 24
第 2 章　遥感信息增强与处理 ………………………………………… 29
2.1　遥感图像融合与定量评价………………………………… 29
2.1.1　遥感图像融合算法……………………………………… 30
2.1.2　遥感图像融合评价方法………………………………… 34
2.1.3　遥感图像融合定量评价实例…………………………… 35
2.2　遥感图像信息增强………………………………………… 40
2.2.1　遥感图像纹理增强……………………………………… 40
2.2.2　遥感图像光谱增强……………………………………… 42
2.3　遥感光谱植被抑制………………………………………… 43
2.3.1　遥感光谱分离原理……………………………………… 44
2.3.2　光学遥感植被信息抑制技术…………………………… 45
2.3.3　植被信息抑制及适用性分析…………………………… 48
2.4　遥感信息计算机提取……………………………………… 50
2.4.1　断裂构造信息自动提取………………………………… 50
2.4.2　水体信息自动提取……………………………………… 64

第 3 章　三维遥感判释与定量分析 …… 71
3.1　三维遥感判释技术体系及关键技术 …… 71
3.1.1　三维遥感判释系统框架设计 …… 71
3.1.2　三维遥感判释系统关键技术与实现 …… 72
3.2　三维遥感空间场景的建立 …… 80
3.2.1　基于卫星数据的三维遥感空间场景 …… 80
3.2.2　基于航片和 LiDAR 数据的三维遥感空间场景 …… 81
3.3　三维地质遥感判释技术 …… 82
3.3.1　断裂构造三维遥感判释 …… 82
3.3.2　滑坡三维遥感判释 …… 84
3.3.3　泥石流三维遥感判释 …… 89
3.3.4　崩塌三维遥感判释 …… 92
3.3.5　不稳定斜坡三维遥感判释 …… 94
3.3.6　冰缘地貌三维遥感判释 …… 95
3.4　三维地质遥感定量分析技术 …… 98
3.4.1　断层几何要素量测 …… 98
3.4.2　滑坡几何要素量测 …… 99
3.4.3　泥石流几何要素量测 …… 101
3.4.4　崩塌几何要素量测 …… 101
3.4.5　控制性节理产状量测 …… 102
3.4.6　危岩体积参数量测 …… 103
3.4.7　危岩体质心坐标计算 …… 104
第 4 章　高光谱遥感信息提取 …… 106
4.1　高光谱遥感原理及应用 …… 106
4.1.1　高光谱成像原理 …… 106
4.1.2　高光谱技术应用 …… 109
4.2　高光谱遥感数据处理 …… 112
4.2.1　辐射传输与数据修复 …… 113
4.2.2　大气校正与几何校正 …… 117
4.3　高光谱遥感信息提取 …… 121
4.3.1　最小噪声分离 …… 121
4.3.2　纯净像元指数 …… 122
4.3.3　*N* 可视化 …… 123
4.3.4　光谱匹配算法与分析 …… 124

4.4　高光谱遥感应用方法 …… 126
4.4.1　基于专家系统的高光谱矿物识别 …… 126
4.4.2　基于混合光谱分解的高光谱矿物识别 …… 128
4.4.3　基于深度学习的高光谱土壤参数量化 …… 128
第5章　雷达遥感信息提取 …… 132
5.1　雷达遥感原理与应用 …… 132
5.1.1　雷达遥感技术类型 …… 133
5.1.2　雷达遥感原理 …… 134
5.1.3　雷达遥感技术应用 …… 136
5.2　激光雷达遥感信息提取 …… 139
5.2.1　激光雷达遥感数据采集 …… 140
5.2.2　点云滤波与去植被处理 …… 143
5.2.3　构造与不良地质信息提取 …… 149
5.3　干涉雷达遥感信息提取 …… 156
5.3.1　干涉雷达遥感原理 …… 156
5.3.2　干涉雷达数据处理 …… 162
5.3.3　干涉雷达形变信息提取 …… 164
5.4　雷达遥感应用方法 …… 167
5.4.1　干涉雷达遥感应用 …… 167
5.4.2　激光雷达遥感应用 …… 176
第6章　热红外遥感信息提取 …… 179
6.1　热红外遥感原理与应用 …… 179
6.1.1　热红外遥感原理 …… 179
6.1.2　热红外遥感典型应用 …… 183
6.2　热红外遥感定量反演 …… 187
6.2.1　热红外遥感单窗反演 …… 187
6.2.2　热红外遥感分裂窗反演 …… 188
6.2.3　热红外遥感多波段反演 …… 189
6.3　热红外遥感应用方法 …… 189
6.3.1　热红外遥感昼夜地表温度反演 …… 189
6.3.2　热红外遥感与活动断裂关系 …… 209
第7章　工程应用实例分析 …… 215
7.1　空间遥感技术在浩吉铁路中应用 …… 215
7.1.1　工程概况 …… 215

7.1.2 遥感数据与技术路线 …… 216
7.1.3 典型判释标志提取 …… 217
7.1.4 判释结果与分析 …… 220
7.1.5 判释结果分析 …… 223
7.2 空间遥感技术在浦梅铁路中应用 …… 224
7.2.1 工程概况 …… 224
7.2.2 数据选取与处理 …… 225
7.2.3 判释结果与分析 …… 226
7.2.4 现场验证与结果分析 …… 232
7.3 空间遥感技术在包银铁路越岭选线中应用 …… 234
7.3.1 工程概况 …… 234
7.3.2 数据选取与处理 …… 235
7.3.3 判释结果与分析 …… 236
7.3.4 现场验证与优化 …… 238
7.4 空间遥感技术在巴拿马铁路中应用 …… 239
7.4.1 境外铁路勘察面临的挑战 …… 239
7.4.2 巴拿马铁路概况与地质问题 …… 240
7.4.3 遥感工作技术路线 …… 240
7.4.4 典型不良地质遥感判释 …… 240
7.4.5 现场验证与解译结果 …… 247
7.5 空间遥感技术在菲律宾南线铁路中应用 …… 251
7.5.1 菲律宾南线铁路概况 …… 251
7.5.2 数据选择与处理 …… 252
7.5.3 典型地质问题遥感判释方法 …… 252
7.5.4 结果分析与验证 …… 258
参考文献 …… 264

专业术语缩写

ALOS(Advanced Land Observing Satellite):陆地观测卫星

ASD(Analytical Spectral Devices):地物光谱仪

ASTER(Advanced Spaceborne Thermal Emission and Reflection radiometer):先进星载热发射和反射辐射仪

AVHRR(Advanced Very High Resolution Radiometer):先进超高分辨率辐射仪

AVIRIS(Airborne Visible Infra-Red Imaging Spectrometer):航空可见光/红外成像光谱仪

CCD(Charge Coupled Device):电荷耦合器件

CHM(Canopy Height Model):冠层高度模型

CMOS(Complementary Metal Oxide Semiconductor):互补金属氧化物半导体

CRInSAR(Corner Reflector InSAR):角反射器 InSAR

CSF(Cloth Simulation Filter):布料模拟滤波算法

CTA(Coherent Target Analysis):相干目标分析法

D-InSAR(Differential InSAR):雷达干涉差分技术

DEM(Digital Elevation Model):数字高程模型

DLG(Digital Line Graphic):数字线划图

DMC(Digital Mapping Camera):航空数码相机

DOM(Digital Orthophoto Map):数字正射影像

DRG(Digital Raster Graphic):数字栅格地图

DSM(Digital Surface Model):数字地表模型

DTA(Digital Terrain Analysis):数字地形分析

DTM(Digital Terrain Model):数字地面模型

EnMAP(Environmental Mapping and Analysis Program):环境制图与分析计划

EnGeoMAP(The EnMAP Geological MAPper):环境制图与分析计划地质填图工具

FLAASH(Fast Line-of-sight Atmospheric Analysis of Spectral Hypercubes):光谱超立方体快速视线大气分析模型

FT-IR(Fourier Transform Infra-Red):傅立叶变换红外光谱仪

GDEM(Global Digital Elevation Model):全球数字高程模型

GIS(Geographic Information System):地理信息系统

GPS(Global Positioning System):全球定位系统

IMU(Inertial Measurement Unit):惯性测量单元

INS(Inertial Navigation System):惯性导航系统

InSAR(Interferometry-SAR):合成孔径雷达干涉

IPTA(Interferometric Point Target Analysis):点目标分析法

LAI(Leaf Area Index):叶面积指数

LiDAR(Light Detection And Ranging):激光雷达

LPDAAC(Land Processes Distributed Active Archive Center):土地进程分布式活动档案中心

MNF(Minimum Noise Fraction):最小噪声分离变换

MODIS(MODerate-resolution Imaging Spectroradiometer):中分辨率成像光谱仪

MODTRAN(MODerate resolution atmospheric TRANsmittance):中等光谱分辨率大气模型

MT-InSAR(Multiple Temporal InSAR):时序差分雷达干涉

NDWI(Normalized Difference Water Index):归一化水体指数

NIR(Near Infrared):近红外

OLI(Operational Land Imager):陆地卫星陆地成像仪

OMIS(Operational Module Imaging Spectrometer):实用性模块成像光谱仪

PHI(Pushbroom Imaging Spectrometer):推扫型成像光谱仪

PIMA(Portable Infrared Mineral Analyser):便携式红外矿物分析仪

PMF(Progressive Morphological Filters):渐进形态学滤波器

POS(Position and Orientation System):定位定向系统

PPI(Pixels Purity Index):纯净像元指数

PS(Permanent Scatterer):永久散射体

PTD(Progressive TIN Densification):渐进加密三角网

RADAR(RAdio Detection And Ranging):无线电探测和测距

RAR(Real Aperture RADAR):真实孔径雷达

SAR(Synthetic Aperture Radar):合成孔径雷达

SBAS(Small BAseline Subset):小基线集时序分析法

SBAS-InSAR(Small BAseline Subset-InSAR):短基线集 InSAR

SLC(Single Look Complex):单视复数格式

SDFP(Slowly Decorrelating Filtered Phase):慢失相关滤波相位

SVD(Singular Value Decomposition):奇异值分解

SVF(Sky View Factor):天空视域系数
SWIR(Short-Wave Infra-Red):短波红外
TIN(Triangulated Irregular Network):不规则三角网
TIROS(Television Infra-Red Observation Satellite):电视红外观测卫星
TIRS(Thermal Infra-Red Sensor):热红外传感器
UTRT(Urban Thermal Radiation Transfer):城市下垫面的热辐射传输
VNIR(Visible and Near Infra-Red):可见光近红外
VR(Virtual Reality):虚拟现实

第1章 绪　　论

遥感技术是在航空航天技术、传感器技术、计算机技术等的推动下，于20世纪60年代兴起并迅速发展起来的一门综合性对地探测技术。它促使摄影测量技术产生革命性的变化，从以飞机为主要运载工具的航空遥感，发展到以航天飞机、人造地球卫星等为运载工具的航天遥感，极大地拓展了人们的观察领域，形成对地球资源和环境进行探测和监测的立体观测体系。遥感技术在城市规划、环境保护、地质勘探、农业、林业以及军事领域的广泛应用，产生了显著的社会效益和十分可观的经济效益。

1.1 遥感原理与遥感技术

遥感技术是建立在物体电磁波辐射理论基础上，由于不同的物体具有反射和辐射不同电磁波的特性，才使得应用遥感技术探测和研究远距离的物体成为可能。因此，理解并掌握地物的电磁波发射、反射、散射特性，电磁波的传输特性，大气层对电磁波传播的影响，是正确解译遥感数据的理论基础。

1.1.1 电磁波与电磁辐射

1. 电磁波

遥感技术的物理基础主要是电磁波理论，所以遥感也叫电磁波遥感。电磁波由变化的电场(E)和与电场成直角的磁场(H)的振动所构成(图1-1)，二者互相激发并以相同的相位传播各自的能量，二者的振动方向都垂直于电磁波的传播方向。电场随时间变化产生磁场，磁场随时间变化产生电场，两者互为因果形成电磁场。电磁场总是以光速向四周传播，电磁场是电磁作用的媒递物，并具有能量和动量，是物质存在的一种形式。

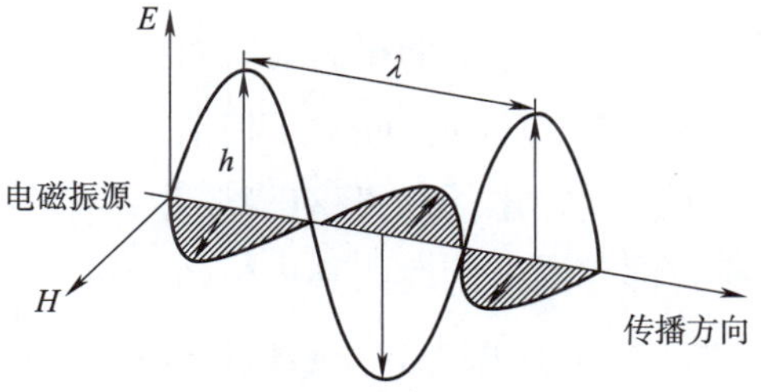

h—振幅；λ—波长。

图1-1　电磁波示意

电磁波在传播过程中主要表现为波动性，在与物质相互作用时又主要表现为粒子性，即电磁波具有波粒二象性。连续的波动性和不连续的粒子性是对立的，但又统一于电磁波的性质中。

(1)波动性

单色光的波动性可用波函数来描述，通常电磁波有以下三个属性参数：

波长：波长是指相邻波峰之间的距离；

频率：频率是指单位时间内通过某固定点的波数，频率的单位通常为赫兹(Hz)；

振幅：振幅是振动的物理量偏离平衡位置的最大值，振幅常用光谱辐照度来衡量。

电磁波频率(v)和波长(λ)的关系是 $c=\lambda v$，传播速度(c)是常数，为 299 893 km/s。因此，电磁波的特征可以用频率或波长来表征，电磁波的波动性形成了波的干涉、衍射和偏振等现象。

①干涉。干涉是指满足一定条件的两列相干光波相遇叠加，合成波的振幅为各波振幅的矢量和。在叠加区域某些点的光振动始终加强，某些点的光振动始终减弱，即在干涉区域内振动强度有稳定的空间分布，这就是波的干涉。满足相干条件的波即称为相干波，所有单色波都具有相干波特性。光波具有时间相干性和空间相干性，时间相干性是指同一点光源，在不同时间发射光束的相干状态；空间相干性是指不同空间位置的光源之间的相干状态。取得时间和空间相干波是利用干涉特性进行距离测量的重要方法。激光就是相干波，是光波测距的理想光源。微波遥感中的雷达也是应用了干涉原理成像的，其影像上会出现颗粒状或斑点状的特征，这是一般非相干的可见光影像所没有的，对微波遥感的解译具有重大意义。

②衍射。光通过有限大小的障碍物时偏离直线路径的现象称为光的衍射。衍射现象是波的特有现象，一切波都会发生衍射现象。依据产生衍射的条件，衍射类型有单缝衍射、圆孔衍射、圆板衍射及泊松亮斑等。在入射光垂直于单缝平面所形成的单缝衍射实验图样中，中间有特别明亮的条纹，两侧对称地排列着一些亮度逐渐减弱的条纹。如果单缝变成小孔，在屏幕中心会形成一个亮斑，其周围还有逐渐减弱的阴暗相间的环状条纹。一个物体通过物镜成像，实际上就是物体各点发出的光线在屏幕上形成的亮斑组合。研究电磁波的衍射现象对设计传感器和提高遥感图像的几何分辨率具有重要意义。

③偏振。振动方向对于传播方向的不对称性称为偏振，它是横波区别于其他纵波的一个最明显的标志，因为只有横波才具有偏振现象。在垂直于光传播方向的平面上，光矢量在各个可能方向上的取向是均匀的，光矢量的大小、方向具有无规律性变化，这种光称为自然光，也称为非偏振光。完全偏振光可以划分为：a. 线偏振光，光矢量端点的轨迹为直线，即光矢量只沿着一个确定的方向振动，其大小、方向不变，称为线偏振光；b. 椭圆偏振光，光矢量端点的轨迹为一椭圆，即光矢量不断旋转，其大小、方向随时间有规律地变化；c. 圆偏振光，光矢量端点的轨迹为一圆，即光矢量不断旋转，其大小不变，但方向随时间有规律地变化。部分偏振光是在垂直于光传播方向的平面上含有各种振动方向的光矢量，但光振动在

某一方向更显著。部分偏振光是自然光和完全偏振光的叠加现象。许多散射光、反射光、透射光都具有部分偏振光的特性。遥感技术中的偏振摄影和雷达成像就是利用了电磁波的偏振特性，偏振在雷达遥感技术中称为“极化”。

(2)电磁波的粒子性

电磁波是由密集的光子微粒组成的，电磁辐射的实质是光子微粒有规律地运动。电磁波的粒子性，使得电磁辐射的能量具有统计性，光的量子理论阐明光的粒子性。光电效应试验证明在特定波长入射光的照射下物体具有发射电子的现象，自然界的各种金属都存在极限频率，当入射光波大于其极限频率时，才能发生光电效应；光子的最大初动能与入射光的强度无关，只与入射光的频率有关。

2. 电磁波谱

不同的电磁波由不同的波源产生。如果按照电磁波在真空中传播的波长或频率递增或递减顺序排列，则构成电磁波谱。电磁波谱区段间的界限是渐变的，一般按照产生电磁波或测量电磁波的方法来划分。实验证明，无线电波、红外线、可见光、紫外线，X 射线、γ 射线都是电磁波，它们的区别仅在于频率或波长有很大差别。电磁波谱的划分见表 1-1。

表 1-1　电磁波谱

波　段		波　长	
长波		>3 000 m	
中波和短波		10～3 000 m	
超短波		1～10 m	
微波		1 mm～1 m	
红外波段	超远红外	0.76～1 000 μm	15～1 000 μm
	远红外		6～15 μm
	中红外		3～6 μm
	近红外		0.76～3 μm
可见光	红	0.38～0.76 μm	0.62～0.76 μm
	橙		0.59～0.62 μm
	黄		0.56～0.59 μm
	绿		0.50～0.56 μm
	青		0.47～0.50 μm
	蓝		0.43～0.47 μm
	紫		0.38～0.43 μm
紫外线		10^{-3}～0.38 μm	
X 射线		10^{-6}～10^{-3} μm	
γ 射线		10^{-5} μm	

从电磁波谱表上可以看出，电磁波的波长范围非常宽，从波长最短的 γ 射线到最长的无线电波，它们的波长相差 10^{22} 倍以上。遥感采用的电磁波波段分布在从紫外到微波波段的范围内。

按照电磁波产生的方式将其划分成三个组成部分：

(1)高频区：包括 X 射线、γ 射线和宇宙射线，它们的辐射特点是量子能量高，其波动性弱而粒子性强；

(2)长波区：包括长电振荡，无线电波和微波等最低频率的辐射，其辐射特点更多地表现为波动性；

(3)中间区：包括红外辐射、可见光和紫外辐射，红外辐射主要产生于分子的转动和振动；可见光与紫外辐射主要产生于电子在原子场中的跃迁。红外辐射与紫外、可见光辐射统称为光辐射，光辐射具有明显的波动性和粒子性的双重特性。

3. 电磁辐射

(1)电磁辐射源

自然界中一切物体(目标物)，如大气、土地、水体、植被和人工构筑物等，只要温度在绝对温度－273.15 ℃(0 K)以上，都具有反射、吸收、透射和辐射电磁波的特性，都以电磁波的形式时刻不停地向外传送热量，这种传送能量的方式称为辐射。辐射是以电磁波的形式向外放散的，是以波动的形式传播能量。遥感的辐射源可分自然辐射源和人工电磁辐射源两大类。

①自然辐射源

自然辐射源主要包括太阳辐射和地物的热辐射。太阳辐射是可见光和近红外遥感系统的主要辐射源，地球则是远红外遥感的辐射源。

太阳是一个巨大的电磁辐射源，太阳表面温度高达 5 727 ℃(6 000 K)，内部温度则更高，每秒钟辐射出的热量大于 3.84×10^{26} J。由于大气对太阳辐射具有一定的吸收、散射和反射作用，太阳辐射能量有一定的损失，但其达到地球的能量仍有 1.73×10^{17} J，是地球的主要能量来源。太阳辐射覆盖了很宽的波长范围，从短于 10^{-14} m 的 γ 射线一直到波长大于 20 km 的无线电波。在太阳电磁辐射中，可见光的辐射强度最大，可见光和红外两部分的辐射能量占总辐射通量的 90%以上，此外，X 射线和无线电波在太阳电磁辐射能量中占的比例很小。

地球的表面平均温度为 27 ℃(300 K)，地球辐射峰值为 9.66 μm，地球辐射属于远红外波段。

②人工辐射源

主动式遥感(主动式微波遥感)采用人工辐射源。人工辐射源是指人为发射具有一定波长(或一定频率)的波束，工作时接收地物散射该光束返回的后向反射信号，从而探知地物或测距，称为雷达探测。雷达又可分为微波雷达和激光雷达，在微波遥感中，目前常用的技术是侧视雷达。一般情况下，微波辐射源常用的波段为 0.8～30 cm，而激光辐射源波长范围则较宽，短波波长可到 0.24 μm 以下，长波波长可到 1 000 μm。

(2)电磁辐射

电磁辐射是指电磁能量的传递过程(包括辐射、吸收、反射和透射等)。电磁辐射是能量的一种动态形式，当它与物质相互作用时才表现出来。

电磁辐射在传播过程中主要表现为波动性；当电磁辐射与物质相互作用时，主要表现为微观量子化。遥感传感器所探测得到的目标物在单位时间辐射(反射或发射)的能量，由于电磁辐射的粒子性，所以某时刻到达传感器的电磁辐射能量才具有统计性。遥感技术正是利用电磁波的波粒二象性，探测目标物电磁辐射信息的。

在遥感中需要测量从目标反射或目标本身发射的电磁波能量，这项工作称为辐射量测定，有辐射测量和光谱测量两种测定方式，它们使用不同的术语和单位。辐射测量是以射线到电波的整个波长范围为对象的物体辐射量测定，而光谱测量是对波长间隔内的物体辐射量测定。

1.1.2 大气中能量的相互作用

大气层自下而上依次分为对流层、平流层、中间层、热成层和散逸层。遥感利用的一切辐射都必然经过地球的大气层。由于遥感器工作波段的原因，对传感器接收到的电磁辐射信号最大的影响因子是对流层和平流层。当地球电磁辐射与太阳辐射穿越大气层时，就必然发生相互作用，而大气层的电磁辐射作用主要表现为大气散射、吸收和折射。

1. 大气散射

当电磁辐射在非均匀介质或各向异性介质中传播时，将改变原来传播方向的现象称为散射。大气散射时电磁辐射能受到大气中微粒(大气分子或气溶胶等)的作用，改变传播方向。大气散射的强度取决于微粒的大小、含量、辐射波长和穿过大气的厚度。散射的结果改变了辐射方向，产生天空散射光，其中一部分上行被空中传感器接收，一部分下行到达地表，大气散射有选择性散射、无选择性散射两种主要形式。

选择性散射分为瑞利散射和米氏散射。当大气中粒子的直径远小于波长时发生散射称为瑞利散射；当大气中粒子直径与辐射波长相当时所发生的散射称为米氏散射。

无选择性散射的条件是当大气中粒子直径比波长大得多时所发生的散射，这种散射的特点是散射强度与波长无关。

2. 大气吸收

电磁辐射穿过大气时受到大气分子的吸收作用，造成能量的衰减称为大气的吸收作用。大气中的臭氧(O_3)、二氧化碳(CO_2)、水汽(H_2O)对太阳辐射的吸收最为显著。

水汽(H_2O)一般分布在低空，其含量随时间、地点的差异性而变化很大(约 0.1%～

3%）。而且，水汽的吸收辐射是其他大气组分的几倍，最重要的吸收带分布在 2.5～3.0 μm、5.5～7.0 μm 和大于 27.0 μm（在这些区段，水汽的吸收可能超过 80%）的波段。另外，水汽在 0.94 mm、1.63 mm 及 1.35 cm 处还有 3 个吸收谷。

二氧化碳（CO_2）主要分布于底层大气，其含量约占 0.03%。CO_2 在中—远红外区段（2.7 μm、4.3 μm、14.5 μm 附近）均为强吸收带，远红外最强的吸收带位于 17.5 μm 波段。

臭氧（O_3）主要集中在 20～30 km 高度的平流层。由高能紫外辐射与大气中的氧分子（O_2）相互作用生成。臭氧除了在紫外波段（0.22～0.32 μm）有一个很强的吸收带外，在 0.6 μm 附近也有一个较宽的弱吸收带，而且在远红外 9.6 μm 附近还有一个强吸收带。

由于上述这些气体在特定的波长范围吸收电磁辐射，因而它们对遥感系统的影响很大。大气的选择性吸收不仅能使气温升高，而且造成太阳发射的连续光谱中的某些波段不能传播到地球表面。

3. 大气折射

电磁波穿过大气层时会发生折射而改变传播方向。大气的折射率与大气密度相关，密度越大，折射率越大；离地面越高，空气越稀薄，折射率也越小。由于折射率的变化使得电磁波在大气中的行进轨迹是一条曲线。这样当电磁波到达地面后，地面接收的电磁波方向与实际的太阳辐射方向相比就会偏转一定的角度。

4. 大气窗口

太阳辐射在穿过大气层时要受到大气反射、吸收和折射等多重作用，不同的电磁波段通过大气后衰减的程度是不一样的。因而，地面遥感所能够使用的电磁波是有限的。有些波段的透过率很小，甚至完全无法透过，这称为“大气屏障”；反之，有些波段的电磁辐射通过大气后衰减很小，透过率很高，通常称为“大气窗口”。研究和选择有利的大气窗口，最大限度地接收有用信息，是遥感技术的重要课题之一。目前遥感常用的大气窗口有五个。电磁辐射能源与大气吸收特征、大气窗口的遥感系统的相互关系如图 1-2 所示。

（1）0.30～1.15 μm 大气窗口，包括全部可见光波段、部分紫外线和部分近红外波段，是遥感技术应用最主要的窗口之一。其中，0.30～0.40 μm 近紫外窗口透过率约为 70%；0.40～0.70 μm 可见光窗口透过率约为 95%；0.70～1.10 μm 近红外窗口透过率约为 80%。其光谱特性主要反映地物对太阳光的反射，通常称为短波区，一般采用摄影或扫描成像方式并在白天进行成像。

（2）1.30～2.50 μm 大气窗口，属于短波红外波段。该窗口按习惯分为 1.55～1.90 μm 及 2.00～2.50 μm 两个子窗口，透过率在 60%～95%之间。其中，1.55～1.75 μm 透过率较高，白天夜间都可以进行扫描成像，并主要用于地学遥感。

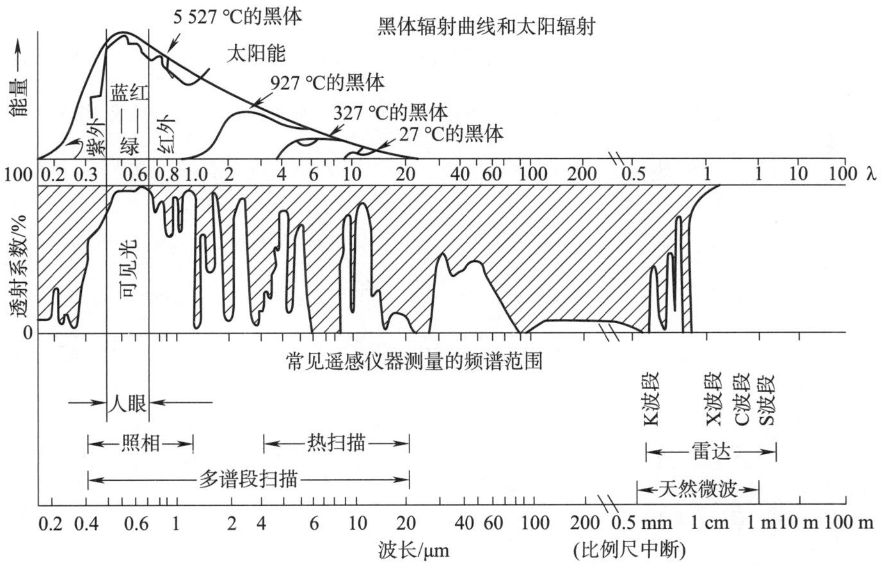

图 1-2 大气窗口

(3)3.50～5.00 μm 大气窗口,属于中波红外波段,透过率约为 60%～70%。该窗口为地物热红外发射光谱,可以用来探测高温目标,如森林火灾、火山、核爆炸等。

(4)8～14 μm 大气窗口,属于长波红外波段,透过率约为 80%。由于常温下地物光谱辐射出射度最大值对应的波长为 9.7 μm,故该窗口是地表常温下地物热辐射能量最集中的波段,其波谱信息主要反映地物的发射率及温度。

(5)1 mm～1 m 大气窗口,分为毫米波、厘米波和分米波。其中,1.0～1.8 mm 窗口的透过率约为 35%～40%;2～5 mm 窗口的透过率约为 50%～70%;8～1 000 mm 微波窗口的透过率为 100%。该窗口主要适用于微波雷达成像,分别对应于 K 波段、X 波段、C 波段及 S 波段。微波的特点是能穿透云层、植被和一定厚度的冰与土壤,具有全天候工作能力。

对遥感传感器而言,只能选择透过率高的波段,对遥感探测才有意义。由此,根据大气窗口将遥感技术划分为光学技术和无线电技术,遥感技术类型及应用如图 1-3 所示。光学技术主要通过可见光到热红外窗口获取数据,分为高分辨率遥感、多光谱遥感、高光谱遥感、热红外遥感;无线电技术通过微波窗口获得,分为雷达遥感和卫星导航定位,其中,雷达遥感细分为极化雷达遥感、干涉雷达遥感和激光雷达遥感;卫星导航定位细分为全球定位系统(美国)、全球卫星导航系统(俄罗斯)、格洛纳斯(欧盟)和北斗导航卫星(中国)。

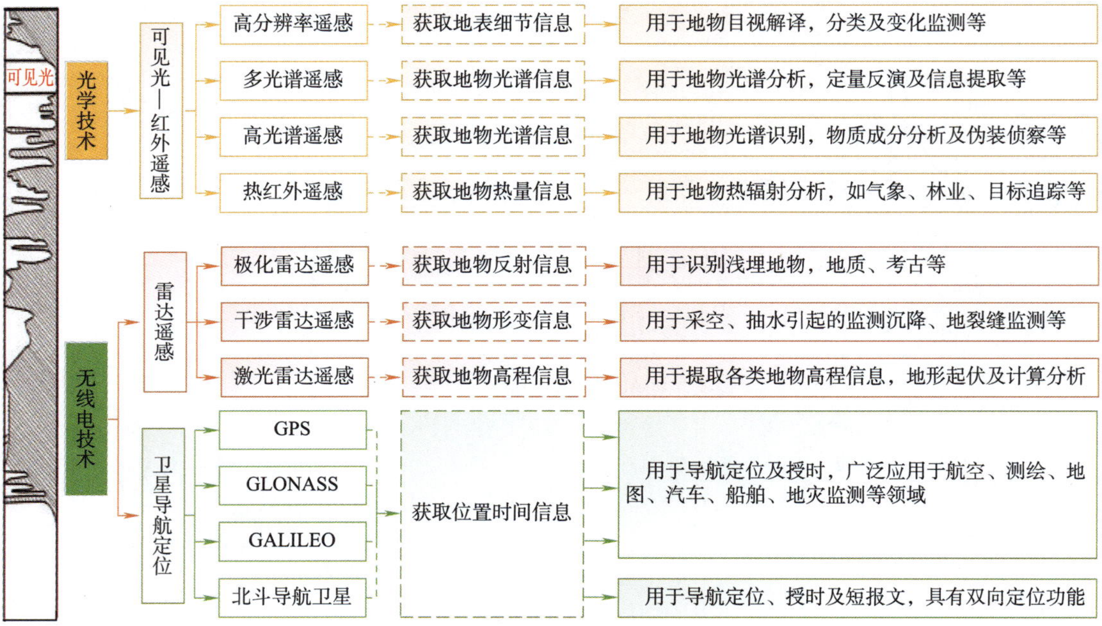

图 1-3 遥感技术类型及应用

1.1.3 能量与地物的相互作用

当电磁波到达地表后，电磁辐射与地表必然要发生相互作用，主要有三种基本物理过程——反射、吸收和透射。图 1-4 是以水体表面为代表来表示这些基本过程。

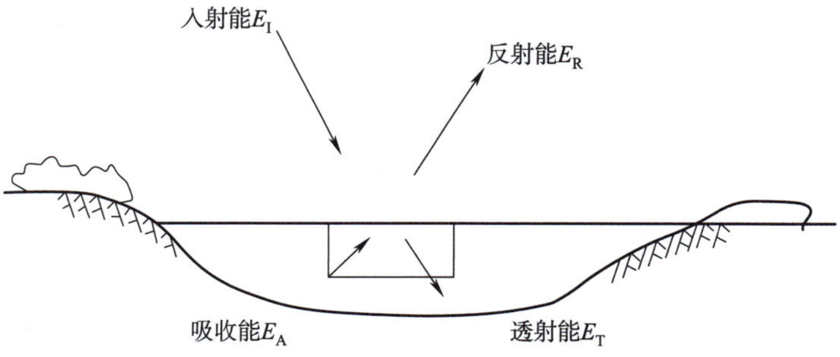

图 1-4 以水体表面来表示的电磁辐射与地表相互作用示意

应用能量守恒原理，可以将三者的关系表述为式(1-1)，即

$$E_I(\lambda)=E_R(\lambda)+E_A(\lambda)+E_T(\lambda) \tag{1-1}$$

式中 $E_I(\lambda)$——入射能，J；

$E_R(\lambda)$——反射能，J；

$E_A(\lambda)$——吸收能，J；

$E_T(\lambda)$——透射能，J。

电磁辐射能量的反射、吸收和透射的比例及其辐射性质对于不同的地表目标是变化的，其变化特性依赖于地表的物质组成和状态，如矿物成分、几何特征、光照角等，可以根据这些特性在图像上识别不同地物；另一方面依赖于不同波长的光谱反射或反射特征。如在某个波谱范围内不易识别的两个物体，可能在另一个波谱范围内易于进行识别。

当电磁辐射到达两种不同介质的分界面时，入射能量的一部分或全部返回原介质的现象称为反射。地物的反射特征可以通过目标的反射能量所占入射能量的比例，即反射率来确定。反射率是波长的函数，见式(1-2)。

$$\rho(\lambda)=\frac{E_R(\lambda)}{E_I(\lambda)}\times 100\% \tag{1-2}$$

式中 $\rho(\lambda)$——反射率，用百分数表示，取值在 0～100 之间，%；

$E_R(\lambda)$——反射能量，J；

$E_I(\lambda)$——入射能量，J。

物体的反射率随波长变化的曲线称为反射光谱，其形状反映了地物的波谱特征。影响反射率的因素包括物质的类型、组成、结构、入射角、物体的电学性质（电导、介电、磁学性质）以及表面特征（粗糙度、质地）等。因此，任何物体的反射光谱都蕴含着目标的本质信息，研究地物的反射光谱特征对遥感图像解译是十分重要的。物体对于电磁波的反射特性通常可以分为镜面反射、漫反射和方向反射三种（图 1-5）。

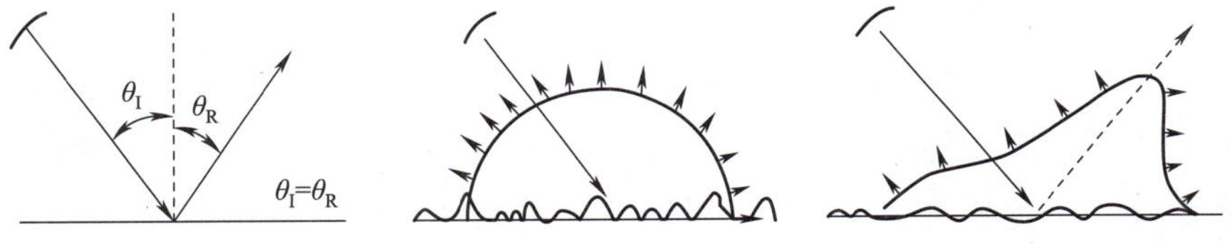

(a)镜面反射　(b)漫反射　(c)方向反射

θ_I—入射角；θ_R—反射角。

图 1-5 电磁波反射作用的三种形式示意

1. 镜面反射

镜面反射是指满足入射波和反射波在同一平面内，且入射角和反射角相等的反射条件。镜面反射分量具有相位相干特性，振幅变化小，可能还具有极化（偏振）特性。

2. 漫反射

漫反射是指入射波在所有方向上均匀反射，即入射能量以入射点为中心，在整个半球空间内向四周各向同性反射能量的现象，又称为朗伯反射和各向同性反射。

漫反射相位和振幅的变化无规律，且无极化（偏振）。

3. 方向反射

方向反射是介于镜面反射和朗伯反射之间的一种反射。方向反射率是指特定方向的反射能与其面上的总入射能之比。入射和反射的方向可以按照微小立体角、任意立体角和半角全方向三种方法来确定。当入射、反射均为微小立体角时，称为二向性反射。二向性反射是自然界物体表面反射的基本现象，即反射不仅具有方向性，且其方向还随入射的方向而异。这表明随着太阳入射角及观测角度的变化，物体表面的反射有明显的差异。当然，这种差异还随物体空间结构要素的变化而变化。

1.2 铁路工程地质遥感工作内容与方法

遥感技术作为工程地质勘察的重要手段，具有宏观、全面、不受天气影响等特征，在艰险山区及人类难以到达的地区，有常规方法无法比拟的优势。特别是对于构造复杂、特殊和不良地质现象频繁的地区，遥感技术更具优势，高分辨率遥感卫片和航空摄影相片都能发挥很好的作用。

实际应用中，通常是利用卫片、航片视野广的特点，结合区域地质资料，从宏观上获取地质信息和认识。从宏观地质特征、区域地质条件入手，由大到小，由粗到细，步步深入，达到有效指导地质调绘和勘探工作的目的。

1.2.1 铁路工程地质遥感工作内容

铁路工程地质遥感工作的主要内容可概括为利用工作区域内的影像，对工程地质条件、不良地质现象及其他工程地质要素给出解释，指导勘察设计。

传统的铁路工程地质遥感工作主要以不良地质现象作为工作重点，大多以分析线路转角点及大跨越地段的稳定性为目的，具体包括下列内容：

1. 地貌类型的划分

划分主要地貌单元，判定地貌形态、成因类型及地貌形态与地质构造、地层岩性、地下水分布的关系。

2. 断裂构造及褶皱的判释

褶曲、断层的位置和性质，规模较大的断层破碎带范围，隐伏断层、节理密集带的位置和延伸方向；地质构造基本轮廓、新构造形迹、裸露及隐伏的线性构造位置。

3. 不良地质的判释

滑坡和错落、危岩、落石和崩塌、泥石流、岩堆、风沙、岩溶、人为坑洞、水库坍岸等不良地质的类型、范围、成因、分布规律及动态分析等。

4. 特殊岩土的判释

黄土、膨胀土、软土、盐渍土、多年冻土等特殊岩土的类型及分布范围。

5. 水文地质的判释

判释各种水文地质现象，判定泉点、泉群、地下水溢出带和地表水渗失带位置，圈定地表水体的范围，分析水系发育特征。

6. 浅埋古河道及海子的判释

古河道、浅层淡水的分布范围，进一步分析地下水补给、径流、排泄等区域水文地质条件。

近年来，随着遥感技术的进步和铁路工程实际的需要，遥感技术的工作内容在深度和广度上都有了突破。遥感技术除了在铁路长大干线的新线勘察选线、重点工程详细地质勘察外，还在运营铁路的地质灾害筛查和监测预警方面发挥了作用，具体包括下列内容：

(1)复杂山区铁路地质灾害筛查。提取滑坡、崩塌、泥石流等典型灾害，以及危岩落石、小型溜塌等隐蔽性高的灾害，建立地质灾害信息数据库；

(2)地质灾害精细化评价。危岩落石、不稳定边坡、泥石流等灾害稳定性分析、发育演变及威胁范围预测；

(3)铁路沿线区域地质灾害危险性分区。划分铁路沿线区域安全风险等级和类别，细化安全隐患排查方法、内容和频次。

1.2.2 铁路工程地质遥感工作步骤

1. 勘察工作

在铁路勘察各阶段，工程地质遥感工作应遵循先整体后局部，从已知到未知的工作原则。其工作步骤可分为以下几个阶段，具体技术流程及内容如图 1-6 所示。

(1)准备工作阶段

该阶段主要任务是进行方案设计、资料收集和数据选取。包括明确判释任务与要求、收集与分析有关资料、选择恰当的遥感影像和其他资料。

(2)数据处理与初步判释

数据处理是按地质判释工作需求，开展遥感图像处理和信息提取工作。初步判释的主要任务是掌握判释区域特点，确立典型判释样区，建立遥感影像判释标志，对研究区各种工程地质现象进行初步判释。

(3)室内详细判释

根据建立的遥感影像判释标志，利用高分辨率遥感、三维遥感和信息综合判释等技术，按照统筹规划、分区判度，由略到详、循序渐进，反复查验的工作方法，对研究区各种工程地质要素进行详细判释和划分。

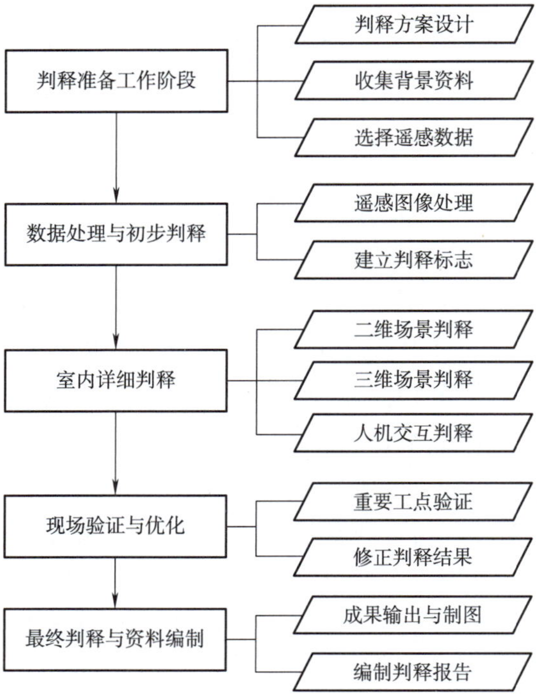

图 1-6　工程地质遥感判释技术流程

(4)现场验证与优化

在室内详细判释工作后，选择重要工点及重点图斑进行野外验证，检验专题判释中图斑的内容是否正确，检验判释标志的准确性。根据野外验证发现的问题修正判释结果，对遗留的疑难问题进行再次判释。

(5)资料编制

综合遥感判释和核对结果及线位、遥感影像和其他信息，制作遥感地质图，同时将判释结果转换成图形格式，供设计部门参考，并编制遥感工作报告。

2. 运维阶段

对于运营铁路地质灾害筛查和监测预警工作，需要按以下技术流程完成工作(图 1-7)：

(1)大范围地质灾害筛查

获取研究区高分辨率遥感图和高精度数字高程模型，建立三维遥感空间场景，并将线路方案、工程地质资料、现场调查数据等叠加至三维表面上，构建高精度三维遥感解译系统，实现运营铁路一定缓冲区内的滑坡、崩塌、泥石流等灾害的快速筛查。

(2)重点区域地质灾害详查

通过无人机倾斜摄影测量，调查重点桥位高陡边坡及隧道进出口的危岩落石分布、大小、节理裂隙产状等；获取高重频机载 LiDAR 点云数据，识别林下溜塌、滚石小型灾害信息。

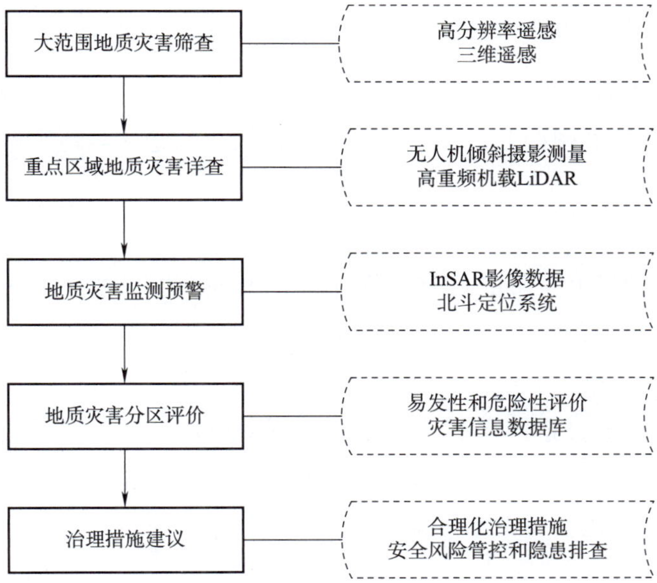

图 1-7 运营铁路地质灾害筛查和监测预警技术流程

(3)地质灾害监测预警

获取重点区域内同一场景下的多期 InSAR 影像数据，进行差分处理，计算灾害前后的位移变化情况，实现运营铁路大范围变形监测；基于北斗定位系统，建立变形监测系统，包括监测站、参考站和数据处理中心，实现单个地质灾害体的实时连续变形监测。

(4)地质灾害分区评价

基于地质灾害筛查和监测预警成果，进行易发性和危险性评价，建立地质灾害信息数据库，划分铁路沿线区域安全风险等级和类别。

(5)治理措施建议

对危及铁路运营安全的地质灾害进行稳定性评价，根据不同地质灾害类型，结合铁路工程设置，提出合理化治理措施，建立安全风险管控和隐患排查预防机制，供工务、防洪部门参考。

1.2.3 铁路工程地质遥感工作方法

1. 遥感图像判释

传统的地质遥感工作方法，是以影像目视判释为主，实践证明影像目视判释也是最为直接有效的方法。现在，遥感图像判释大都采用人机交互与目视判释相结合、二维平面影像与三维影像交互判释相结合、室内综合研判与实地调查相结合的技术路线。

为了准确进行遥感地质判释，无论是目视判释还是人机交互判释，判释人员首先应具备一定的地质、遥感知识；其次还应对判释区的地质基础、构造格架、地质灾害、地形地貌和水文情况等有所了解，传统的影像判释工作，常用以下方法开展：

(1)直判法

根据不同性质地质体在遥感图像上显示出的影像特征、规律所建立的遥感地质判释标志或影像单元，并在遥感图像上直接判释提取出构造、不良地质等地质现象信息，实现地质体判释圈定与属性划分。

(2)对比法

对未知区遥感图像上反映的地质现象，通过已知区图像特征与判释标志的对比进行判释。

(3)邻比法

当图像判释标志不明显、地质细节模糊、判释困难时，可与相邻图像进行比较，将邻区的判释标志或地质细节延伸、引入，从而对困难区作出判释。如多组断裂交汇区或断裂带交切关系的判释时，采用邻比法一般可取得好的效果。

(4)综合判断法

当目标在图像上难以直接显现时，可采取对控制地区目标物有因果关系的生成条件、控制条件的判释分析，预测目标物存在的可能性。除对图像上目标物的环境做综合分析判断外，也可收集地质、物探、化探等方面的资料进行综合判断与印证。

2. 遥感信息识别

地质灾害筛查和监测预警工作是以多频段、多参数的对地观测数据为基础，通过智能分析，完成地质灾害的早期识别、隐患排查和监测预警等工作，改变以往依靠人工调查发现隐患的工作模式，为减少地质灾害的发展和破坏提供支撑。主要包含以下方法：

(1)“空天地”一体化综合筛查

融合高精度光学遥感、星载合成孔径雷达干涉、无人机倾斜摄影测量和机载雷达等多源传感器构建空天地灾害筛查立体观测的技术体系，利用各技术优势分层次从大到小、精度从低到高、工作从粗到细的原则逐步实施，对既有山区铁路沿线不良地质灾害进行筛查，为不良地质危险性评价工作提供基础数据。

(2)危岩落石快速勘察与评价

利用无人机遥感、贴近摄影测量及三维激光扫描等技术，对危岩物理参数进行量测与提取，构建危岩落石稳定性模糊综合评判模型；对不同工况、不同形式危岩落石进行稳定性评价，计算危岩落石迁移路径及影响范围，为防护措施的设置提供定量参考。

(3)地质灾害危险性分区

利用野外获取的高清影像、地形、钻孔和地质灾害等数据信息，研究地质灾害的内在破坏机制和相关物理参数，建立基于统计模型和物理模型相结合的评价方法，进行概率及力学框架下的灾害风险性分析，实现地质灾害危险性分区评价。

1.3 当代国际遥感技术发展现状

1.3.1 新型遥感平台及遥感源

依据遥感探测目的、对象和技术特点，遥感平台可分：(1)近地遥感平台，如固定的遥感塔、可移动的遥感车、舰船等；(2)航空遥感平台，如各种航空摄影测量飞机、无人驾驶飞机、高空探测气球等；(3)航天遥感平台，如各种不同轨道高度的人造地球卫星、载人或不载人的宇宙飞船、航天站和航天飞机等。不同遥感平台可以组成一个多层次立体化的现代化遥感信息获取系统，为完成各种遥感活动提供了技术保证。

1. 近地遥感平台

近地遥感平台包括三角架、遥感塔、遥感车(船)等，主要用于在近距离测量地物波谱和获取地物细节信息的近景测量图像。近地遥感平台主要用于地面遥感试验场的地物波谱测试研究，它是遥感信息科学基础研究的重要组成部分。地物波谱测试仪器通过地面遥感平台而获取地表待测试目标的反射光谱、发射光谱的电磁辐射数据，为空间遥感传感器的波段设计研究和建立地学环境解译标志提供科学依据。

近景摄影测量是在地面进行近地遥感的一种方式，也是现代遥感技术一个新的应用领域。现代近景测量主要是运用激光扫描成像原理，通过非量测性激光成像而获取地面目标的三维图像及数据。广泛应用于水利勘测设计、地质、文物保护，大型工矿测量、城建、规划、交通、房产、环保、矿山、电厂等行业领域。

2. 航空遥感平台

航空遥感平台包括载人飞行平台和无人机平台。在载人飞行平台方面，由于能够搭载高性能激光雷达、航空物探设备等大载重传感器的有人飞行平台蓬勃发展，提升了航空遥感在地质等领域的适用范围与飞行效率，以美国为代表的欧美发达国家技术推进早，拥有全球最大的生产出货量和保有量，中国近年来在此方向上同样取得了极大提升。无人机相比于前者其经济成本更低，且保障了操作者的人身安全，适合执行高山峡谷等危险性高的场地飞行任务。随着以大疆无人机、3DRobotics 等厂商为代表的民用无人机行业近年来迅猛发展，无人机在数量和种类上也处于井喷时期。2020 年全球民用无人机出货量达到 1 131.5 万架，同比增长 97.0%。随着无人机机动性能不断增强，使得其能够适应高差大、信号弱等复杂环境条件下的高空作业，主要表现在无人机续航时间延长、无人机载重能力提升、无人机智能化自主避障水平提高三个方面。

航空遥感传感器是搭载于航空遥感平台上的各种移动测量设备，伴随着航空遥感平台的发展，涌现了大量航空遥感传感器，常用的航空遥感平台、载荷传感器如图 1-8 所示。光学相机是应用最广泛的一种航空光学传感器，利用获取的航空照片通过后期数据处理，可生成高分辨率数字表面模型、数字高程模型、数字正射影像、数字线划图以及实景三维模型等遥感产品。机载 LiDAR 最大的优点是利用激光多次回波技术可“穿透”地表植被的特点，结合相应的滤波算法可以对地物进行有效分类，去除地表植被、建筑物等，从而获得真实地面高程数据。航空高光谱遥感利用成像光谱仪获取地物目标的光谱连续影像数据，可以对目标地物光谱特征进行精确识别与提取，在地学领域能较好地依据地物光谱特征进行岩性识别、地层划分、矿化蚀变信息提取等。机载合成孔径雷达具备在各类复杂天气状况下对目标场景全天时、全天候观测的能力，利用无人机搭载的微小型 SAR 成为多云雾测绘困难地区测图和应急响应、灾害监测不可或缺的手段。航空物探则通过搭载专业物探仪器设备来探测地球物理场的变化，是研究和探测地质结构和矿产资源的常用方法。

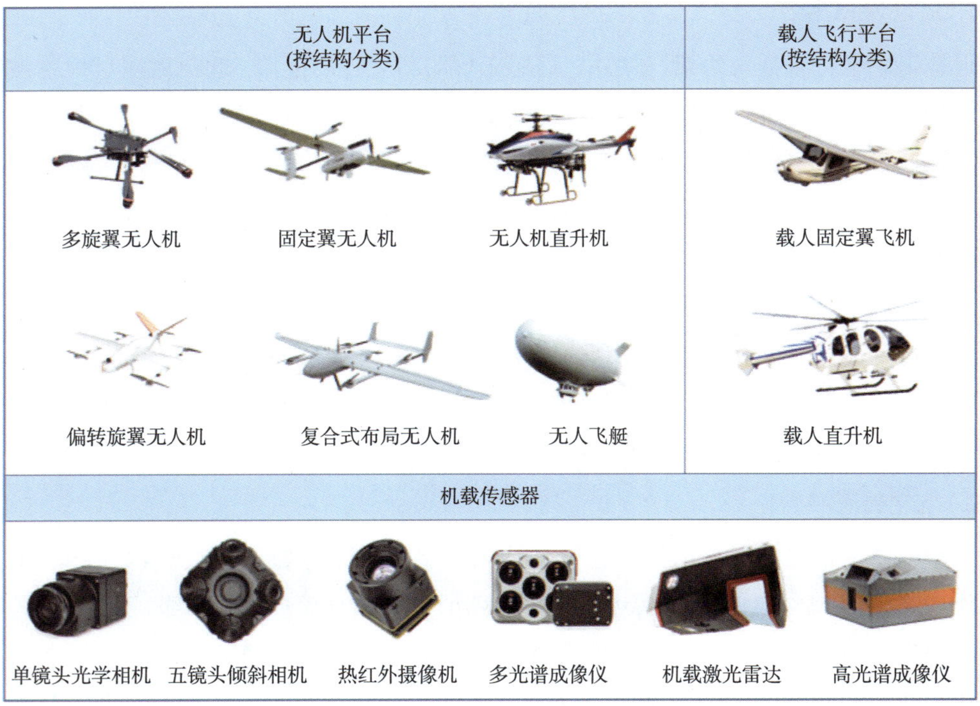

图 1-8　常用的航空遥感平台及载荷传感器

3. 航天遥感平台

我国陆地遥感卫星事业实现了从无到有、从小到大、从弱到强的跨越发展。2010 年以前，我国卫星以技术试验性单星为主，在验证关键技术的同时，探索遥感应用。2010 年以来，随着高分专项、陆海卫星规划、空基规划的全面实施，我国陆地遥感卫星迎来蓬勃发展期，带动了卫星数量和质量“双提升”，实现了从依靠国外到自主发展的根本转变。据公开资料，由国家直接投资的在轨民用陆地遥感卫星数量达到 21 颗，如图 1-9、图 1-10 所示，其中自然资源部作为牵头主用户的有 18 颗(含 3 颗海陆兼顾卫星),基本建成多尺度、多载荷要素观测、业务化稳定运行的对地观测卫星体系。

序号			卫星	发射时间	设计寿命(年)	运行情况(年份)														
						"十二五"期间					"十三五"期间					"十四五"期间				
						2011	2012	2013	2014	2015	2016	2017	2018	2019	2020	2021	2022	2023	2024	2025
1	高分	两米光学	资源一号02C星	2011	3	在轨运行	在轨运行	在轨运行	在轨运行	超期服役	超期服役	超期服役	超期服役	超期服役	超期服役	超期服役				
2	高分	两米光学	资源三号01星	2012	5		在轨运行	在轨运行	在轨运行	在轨运行	在轨运行	超期服役	超期服役	超期服役	超期服役	超期服役				
3	高分	两米光学	高分一号星	2013	5			在轨运行	在轨运行	在轨运行	在轨运行	在轨运行	超期服役	超期服役	超期服役	超期服役				
4	高分	两米光学	资源三号02星	2016	5						在轨运行	在轨运行	在轨运行	在轨运行	在轨运行	超期服役				
5	高分	两米光学	2米/8米光学卫星星座B星	2018	6								在轨运行	在轨运行	在轨运行	在轨运行	在轨运行	在轨运行		
6	高分	两米光学	2米/8米光学卫星星座C星	2018	6								在轨运行	在轨运行	在轨运行	在轨运行	在轨运行	在轨运行		
7	高分	两米光学	2米/8米光学卫星星座D星	2018	6								在轨运行	在轨运行	在轨运行	在轨运行	在轨运行	在轨运行		
8	高分	两米光学	高分六号星	2018	8								在轨运行	在轨运行	在轨运行	在轨运行	在轨运行	在轨运行	在轨运行	在轨运行
9	高分	两米光学	中巴地球资源04A星	2019	5									在轨运行	在轨运行	在轨运行	在轨运行	在轨运行		
10	高分	两米光学	资源三号03星	2020	8										在轨运行	在轨运行	在轨运行	在轨运行	在轨运行	在轨运行
11	高分	亚米光学	高分二号星	2014	5				在轨运行	在轨运行	在轨运行	在轨运行	在轨运行	超期服役	超期服役	超期服役				
12	高分	亚米光学	高分七号星	2019	8									在轨运行	在轨运行	在轨运行	在轨运行	在轨运行	在轨运行	在轨运行
13	高分	亚米光学	高分多模综合成像卫星	2020	8										在轨运行	在轨运行	在轨运行	在轨运行	在轨运行	在轨运行
14	中分	高光谱	5米光学业务卫星	2019	5									在轨运行	在轨运行	在轨运行	在轨运行	在轨运行		
15	中分	高光谱	5米光学02星	2021	8											在轨运行	在轨运行	在轨运行	在轨运行	在轨运行
16	中分	高光谱	高分五号02星	2021	8											在轨运行	在轨运行	在轨运行	在轨运行	在轨运行
17	雷达		高分三号星	2016	8						在轨运行	在轨运行	在轨运行	在轨运行	在轨运行	在轨运行	在轨运行	在轨运行		
18	雷达		1米C-SAR 01星	2021	8											在轨运行	在轨运行	在轨运行	在轨运行	在轨运行
19	雷达		1米C-SAR 02星	2022	8												在轨运行	在轨运行	在轨运行	在轨运行
20	雷达		L-SAR卫星01组A星	2022	8												在轨运行	在轨运行	在轨运行	在轨运行
21	雷达		L-SAR卫星01组B星	2022	8												在轨运行	在轨运行	在轨运行	在轨运行

图 1-9　我国遥感卫星发射及在轨情况

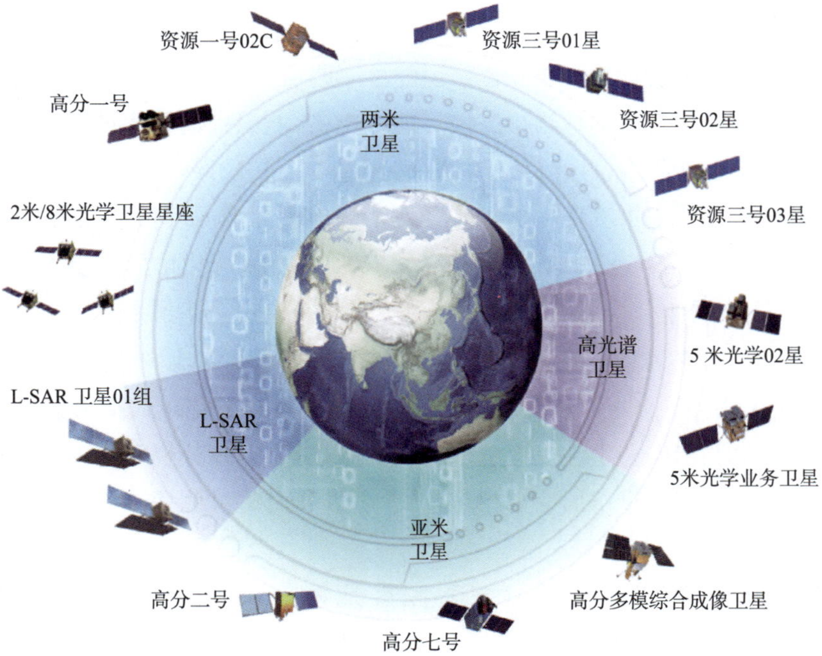

图 1-10　在轨的航天遥感平台示意

我国光学卫星发展时间较长，技术较为成熟。目前，在轨的2米级光学卫星以资源一号02C星、高分一号卫星(GF-1)、2米/8米光学卫星星座(GF-1B、C、D)、高分六号卫星(GF-6)等为典型代表；亚米级光学卫星以高分二号卫星(GF-2)、高分多模综合成像卫星(GFDM)等为典型代表。国产米级、亚米级高分辨率光学立体测图卫星技术发展迅猛，实现了对激光测高载荷的有效搭载，立体相机与激光测高仪复合测绘技术取得了从无到有的新突破，为无地面控制点条件下的1∶50 000、1∶10 000比例尺航天立体测图提供了有力支撑。目前，在轨的资源三号01星(ZY3-01)、资源三号02星(ZY3-02)、资源三号03星(ZY3-03)和高分七号卫星(GF-7)等为典型代表。国内高光谱卫星发展势头强劲，观测谱段实现从多光谱到高光谱转变的新格局。初步统计，高光谱卫星全国陆域年度有效覆盖率达到95%，基本具备年度更新能力。2018年5月成功发射的高分五号(GF-5)是世界首颗实现对陆地和大气综合观测的全谱段高光谱卫星，也是高分专项一颗重要的科研卫星。5米光学业务卫星(又称资源一号02D星，ZY-1-02D)、5米光学02星(又称资源一号02E星，ZY-1-02E)是空基规划中部署建设的高光谱业务卫星。国内雷达卫星发展迅猛，载荷水平不断提高，由单一成像模式向多种成像模式发展，由单极化向多(全)极化发展，由中分辨率向高分辨率发展，高分辨率宽幅成像能力不断加强，获取地物信息更加丰富，对地观测和监视能力得到提高，干涉测量技术取得突破性进展。目前，在轨的高分三号(GF-3)、1米C-SAR01星和02星(GF-3B/C)、L波段差分干涉SAR卫星(LT-1)等为典型代表。

1.3.2 遥感新技术发展

1. 高空间分辨率遥感

空间分辨率是指能够被光学传感器辨识的单一地物或2个相邻地物间的最小尺寸。空间分辨率越高遥感图像包含的地物形态信息就越丰富，能识别的目标就越小。目前已经商业化运行的光学遥感卫星的空间分辨率已经达到“亚米级”，如2016年发射的美国WorldView-4卫星能够提供0.3 m分辨率的高清晰地面图像。近年来，随着我国空间技术的快速发展，特别是高分辨率对地观测系统重大专项的实施，我国的卫星遥感技术也迈入了亚米级时代，高分二号卫星(GF-2)全色谱段星下点空间分辨率达到0.8 m(图1-11)。

与中低空间分辨率遥感卫星相比，新型高分辨遥感卫星的成像传感器(如电荷耦合器件、互补金属氧化物半导体等)受光元件越来越小，时间延迟积分级数越来越高，卫星平台的通信能力、机动能力、指向稳定性等也越来越好。但是，高空间分辨率遥感受传感器技术限制，其幅宽一般较窄，卫星重访周期也相对较长，可以利用单星侧摆或星座组网等方式进行改善。

高空间分辨率图像(简称“高分图像”)包含了地物丰富的纹理、形状、结构、邻域关系等信息，可主要应用于地物分类、目标提取与识别、变化检测等。基于高分图像，可以充分提取图像地物的上下文语义信息，将图像分类从像元级提高到对象级。

图 1-11 上海陆家嘴高分辨率图像

(GF-2 号卫星 0.8 m 全色与 3.2 m 多光谱融合结果,2014 年 9 月 25 日接收。)

2. 高光谱分辨率遥感

起源于 20 世纪 80 年代的高光谱分辨率遥感又称为高光谱遥感(Hyperspectral Remote Sensing),它利用成像光谱仪在连续的几十个甚至几百个光谱通道获取地物辐射信息,在取得地物空间图像同时,每个像元都能够得到一条包含地物诊断性光谱特征的连续光谱曲线(图 1-12)。

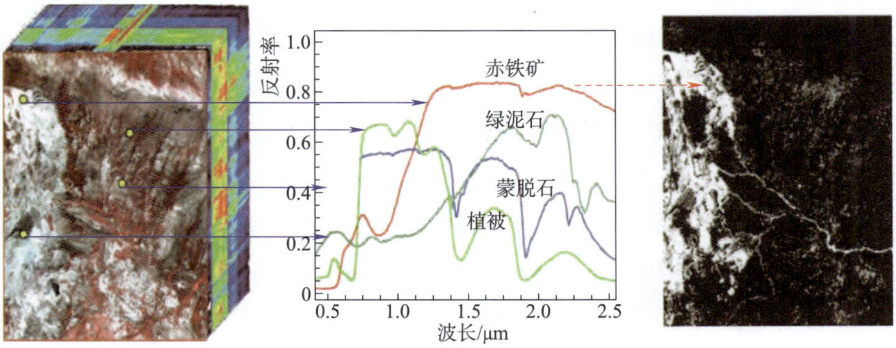

(a)HyMap 高光谱遥感图像 (b)矿区内几种典型地物光谱曲线 (c)白色区域为提取的赤铁矿分布区

图 1-12 高光谱图像提取赤铁矿

世界上第一台成像光谱仪 AIS-1 于 1983 年在美国研制成功。1987 年,美国又推出了第二代高光谱成像仪 AVIRIS,并持续不断更新换代,已成为美国航空航天高光谱遥感科技发展的孵化器。此后,许多国家先后研制了多种类型航空成像光谱仪,如加拿大的 CASI、德国的 ROSIS、澳大利亚的 HyMap 等。在经过航空试验和成功应用之后,1999 年底美国新千年计划 EO-1 卫星搭载了具有 200 多个波段的航天成像光谱仪 Hyperion,正式开启了航天高光谱遥感时代。我国高光谱遥感科技发展几乎与美国同步,1989 年中科院研制了我国第一台模块化航空成像光谱仪，并在20世纪90年代又陆续研发了推帚式成像光谱仪、新型模块化成像光谱仪、轻型高稳定度干涉成像光谱仪等。2002年“神舟三号”搭载了我国第一台航天成像光谱仪，此后我国发射的“嫦娥-1”探月卫星、环境与减灾小卫星（HJ-1）星座、风云气象卫星、GF-5卫星等也都搭载了航天成像光谱仪。

高光谱遥感突出特点和优势使其在众多领域发挥着越来越重要的作用。比如通过对矿物元素的诊断性光谱特征分析，高光谱遥感能够实现对矿物成分及其丰度进行精确识别和填图；在植被研究方面，通过高光谱数据能够反演植被物理和化学参数，进行作物长势监测、品质评估等；在水质监测方面，通过对水中叶绿素、黄色物质、悬浮物等成分的光谱反演，可以掌握水华暴发、黑臭水体分布以及污染来源等；高光谱遥感技术从其起步就被赋予了强烈的军事应用色彩，在军事目标侦察、阵地与装备伪装识别、战场环境背景分析等方面有巨大应用潜力。我国的高光谱遥感科技发展一直处于国际前列，中科院自主研发的高光谱图像处理与分析通用软件系统被国际同行评为国际六大顶尖高光谱图像处理软件之一，并在高光谱遥感应用方面产生了重大国际影响。

3. 高时间分辨率遥感

卫星遥感观测的时间分辨率（或卫星重访周期）是指在同一区域进行相邻2次观测的最小时间间隔，间隔越小时间分辨率越高。由于气象观测的特殊性要求，在21世纪初之前，高时间分辨率遥感卫星绝大多数都是气象卫星。最具代表性的有美国三代气象观测卫星，即第一代“泰罗斯”系列（1960—1965年）、第二代“艾托斯”/“诺阿”系列（1970—1976年）、第三代“泰罗斯N”/“诺阿”系列（1978年至今）。其中至今仍广泛应用的“诺阿”系列卫星采用双星运行，同一地区每天重复观测4次。截至2023年8月已发射了21颗气象卫星，其中9颗在轨运行，分别实现了极轨卫星和静止卫星的业务运行。风云一号气象卫星可以每天2次对同一地区进行观测；风云二号气象卫星每半小时对地观测1次，双星错开观测，可以达到每15 min观测1次地球。除了上述气象卫星外，1999年12月和2002年5月，美国国家航空航天局分别发射以陆地观测为主的高时间分辨率遥感卫星（Terra、Aqua卫星），两颗星相互配合，每1～2 d可重复观测地球。这些高时间分辨率遥感影像其空间分辨率相对较低，一般都在百米级或公里级。近年来，随着高分辨率成像技术和卫星组网观测技术的发展，陆续出现了一些拥有中高空间分辨率的地球静止轨道卫星和具有高空间分辨率的小卫星星座，如我国2015年底发射的高分四号（GF-4）静止轨道卫星，空间分辨率为50 m；预计2030年实现138颗小卫星组网的“吉林一号”后续卫星星座，空间分辨率为1.12 m，届时将具备对全球任意点10 min以内重访观测。

高时间分辨率遥感与高空间、高光谱遥感技术相结合是未来遥感科技发展的一个新趋势，它能够实现地物类型与理化特性的精准反演和高时频变化监测。高时间分辨率遥感已经在全球变化及其产生的重大环境问题研究方面发挥了重要作用，它也能够为交通、农业、渔业、水利、林业、军事等部门提供重要的实时监测信息。

4. 热红外遥感

红外遥感是通过获取地物反射或发射出的红外热辐射能量信息来感知地物特性的技术，热辐射量级大小不仅与目标物的表面温度有关，而且也是目标物构成成分以及观测角度的函数。受大气作用影响，卫星传感器入瞳处的热辐射主要集中于 3～5 μm 和 8～14 μm 共 2 个大气窗口，前者为中红外窗口区，反射和发射特性同等重要；后者为热红外窗口区，以目标物发射的热辐射为主。由于任何温度高于绝对零度－273 ℃(0 K)的物体都会不断地向外界以电磁波的形式发射热辐射，使得热红外遥感能够实现对目标物的全天时遥感监测。图 1-13 展示了夜晚灯光数据和相应的热红外亮温数据对比图，图 1-13(a)是 2012 年 9 月 15 日 VIIRS/NPPDNB 通道(波长范围 0.5～0.9 μm，空间分布率 750 m)的灯光数据，是在夜晚采用可见光——近红外宽通道实现了低照度遥感观测，可以大致获取地表微光信息的空间分布；图 1-13(b)是 2011 年 5 月 6 日先进星载热发射和反射辐射波计/Terra 第 14 通道(波长范围 10.95～11.65 μm，空间分辨率 90 m)的亮温数据，是采用热红外遥感技术获取了地表热辐射的空间分布状况，揭示了更多城市地表特性。

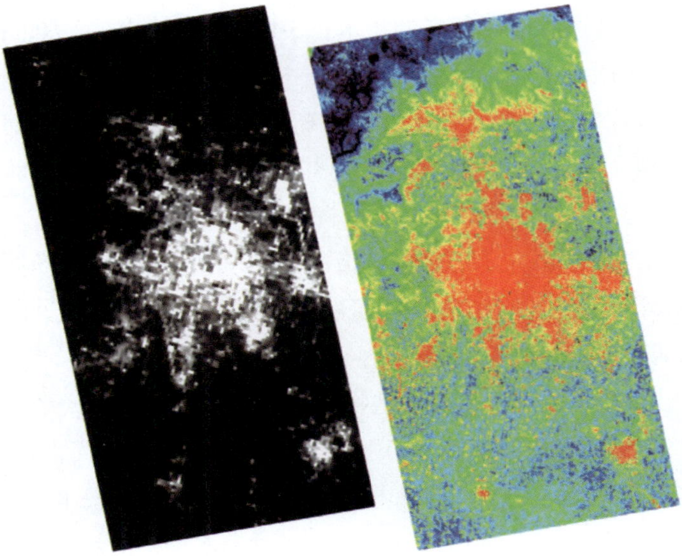

(a) (b)

图 1-13 北京城区可见光近红外通道夜晚灯光数据和对应的热红外亮温数据对比

1978 年美国成功发射热容量制图卫星 HCMM，首次实现了利用卫星观测地球表面的温度差异。此后 40 年间，热红外遥感取得长足发展，民用卫星的空间分辨率已从最初的数千米提升至百米甚至十米级。我国计划于 2017 年发射的高分五号(GF-5)卫星将搭载一台全谱段光谱成像仪，其热红外空间分辨率将达到 40 m。在空间分辨率显著提升的同时，热红外遥感的时间分辨率也在逐步改善，由传统的多天间隔观测缩短为逐小时观测甚至更短，我国在2016年发射的第二代静止气象卫星风云四号搭载了一台多通道扫描成像辐射计AGRI，其热红外的地球圆盘图成像时间为15 min。除此之外，热红外遥感的探测通道也从早期的1～2个通道进入了高光谱时代，风云四号上搭载的干涉式大气垂直探测仪GIIRS共有1 650个中红外和热红外通道，光谱分辨率达到0.625 cm^{-1}。热红外遥感应用所涉及的关键地表参数是地表温度和发射率，两者的遥感反演精度也日新月异，遥感观测的时间、空间、光谱以及角度信息都逐步引入到遥感反演方法中。目前海表温度反演误差控制在0.3 ℃，陆表温度误差控制在1.0 ℃，地表发射率误差控制在0.01的水平。与此同时，单星遥感反演也逐步被多星组网反演模式替代，可用于获取全球长时间且时空连续的地表温度产品。

5. 合成孔径雷达遥感

微波遥感技术是通过接收地物在微波波段(波长为1 mm～1 m)的电磁辐射和散射能量，以探测和识别远距离物体的技术，微波遥感技术具有全天候昼夜工作能力，能穿透云层，不易受气象条件和日照水平的影响。微波遥感按其工作原理可分为有发射源的主动微波遥感和无发射源的被动微波遥感，合成孔径雷达就属于一种高分辨率二维成像的主动微波遥感，它也是目前微波成像遥感应用最广的技术。SAR的主要成像参数包括工作频率、极化方式和观测模式等，常用波段包括：X波段(2.5～3.75 cm)、C波段(3.75～7.5 cm)、S波段(7.5～15 cm)等。极化方式是指发射和接收电磁波的极化特性，例如，VH代表发射和接收信号的极化方式分别为垂直极化和水平极化；观测模式主要包括高分辨率模式、条带模式和扫描模式等，分别对应不同的观测几何和成像特点。

1957年8月，美国密歇根大学与美国军方合作研究的SAR实验系统成功地获得了第一幅全聚焦的SAR图像，1978年5月美国宇航局发射了海洋一号卫星(Seasat-A)，首次装载了合成孔径雷达，对地球表面1亿km^2的面积进行了测绘。而后40年间，SAR遥感技术凭借所特有的全天时、全天候以及对某些地物的穿透能力，广泛应用于全球变化、资源勘查、环境监测、灾害评估、城市规划等领域。特别是随着20世纪90年代雷达技术和SAR数据地学物理参数反演建模技术的进步，SAR技术的发展模式逐步实现了从技术推动到用户需求拉动的转换，全球至今已有超过15个正在运行的星载SAR系统。SAR图像在几何和辐射特征上与光学遥感图像有着显著差异，几何方面的差异主要体现在由于侧视测距成像机制引起的阴影、叠掩和透视收缩现象。SAR图像同样也有复杂的辐射特征，在图像上主要体现为包含斑点噪声的明暗纹理结构，它是由于不同地物在不同频段、不同极化方式、不同方向等成像参数下的电磁波散射特性，以及一个瞬时视场内部随机分布的多个散射单元的电磁波信号叠加造成的。

SAR技术具有全天时、全天候的观测能力，除了广泛应用于恶劣天气和夜间成像观测外，还可以用来测量土壤湿度、雪被深度和地质构造等，非洲撒哈拉沙漠地下古河道的发现正是依赖于这个特殊能力。微波遥感器借助多次观测或者同步多视角观测数据可以进行干涉测量，从而实现目标三维地貌高精度成像和地壳微小移动高精度检测等。例如，当前全球应用广泛的 30 m 分辨率数字高程模型 SRTM 数据产品就是通过美国航天干涉 SAR 技术实现的。

6. 激光雷达遥感

激光雷达是激光探测及测距系统的简称，是一种有发射源的主动遥感系统。LiDAR 是测定光波往返发射器与被测物体之间的时间，进而计算两者之间的距离；通过记录一个单发射脉冲返回的首回波、中间多个回波与最后回波，分析获得地表物体的三维结构信息。LiDAR 系统的主要参数包括脉冲宽度、脉冲重复频率、单脉冲能量以及光束发散角等。LiDAR 获取的离散点云数据经过处理后，即可生成高精度的数字高程模型（DEM）和数字表面模型产品。

近年来星载、机载、地面等 LiDAR 系统不断涌现，其相关产业整体每年以近 24%的速度增长，机载和地面 LiDAR 系统已经能够将扫描误差控制在厘米甚至毫米级别。LiDAR 测量技术最早是美国锡拉丘兹大学的研究人员基于机载平台进行近海岸线水深测量；德国于 1993 年推出首个商用机载 LiDAR 系统 TopScanALTM1020，用于快速获取森林结构信息，如树木定位、树高计算、树冠体积估测等。星载 LiDAR 方面，美国 NASA 于 2003 年发射的地球科学激光测高仪系统是第一个在地球轨道上进行长期连续全球对地观测的激光雷达系统，其激光脉宽为 5 ns，脉冲能量包括 1 064 nm 波段用于测量地形表面特征，以及 532 nm 可见光波段测量气溶胶和其他大气特性。中国于 2007 年发射的嫦娥一号激光高度计是我国第一个星载激光雷达系统，在轨运行期间共获取 912 万点有效数据，得到的月球两极高程数据填补世界空白。星载 LiDAR 系统的特点是运行轨道高、观测视野广，可以测量陆地表面粗糙度和反射率、植被冠层高度、雪盖面和冰川的表面特征等，适用于大尺度全球范围的冰川、海冰和森林监测。

同时，LiDAR 数据与其他遥感数据复合利用成为当前遥感应用研究的一个热点，例如将 LiDAR 高度数据和地物光谱、空间、纹理等特征数据融合实现城市地物高精度精细分类。从高密度点云 LiDAR 数据可以提取地物精确的边界信息，将其作为空间项权重系数代入基于边界约束的马尔科夫随机场算法，结合高光谱图像数据就能够大大提高城市区域分类精度。

7. 偏振与重力测量遥感

近年来一些新型电磁波遥感以及非电磁波遥感成像技术不断有所突破，如偏振遥感和卫星重力测量。偏振遥感是近年来备受关注的一种新兴的电磁波遥感技术，它能够探测到地物的偏振度、偏振方位角等偏振特性。搭载在日本先进地球观测卫星（ADEOS-I）卫星（1996 年发射，8 个月后卫星失效）的地球反射偏振测量仪 POLDER-1，是第一颗偏振遥感卫星。法国通过激光雷达观测大气科学的反射率极化和各项异性（PARASOL）卫星

(2004年发射)携带的POLDER偏振仪运行稳定,在大气气溶胶监测等方面取得成果。

卫星重力测量是通过检测卫星运行轨道在受到地球重力场及其他因素的影响下产生的扰动情况来计算出地球外部空间的重力场,进而解析出地球表层及内部物质的空间分布信息。美国国家航空航天局和德国宇航中心利用重力恢复与气候实验卫星、欧空局利用重力场与稳态洋流探测器卫星(GOCE)分别获得了高精度地球重力场模型。GOCE重力卫星图像还被用来发现地热潜力区域,这有助于提升地热能源开发效率、降低成本。我国目前已有低跟踪重力卫星发展规划,用于探索地球和其他天体的内部结构信息。

1.3.3 遥感技术工程典型应用

1. 测绘遥感

遥感图像在测绘中主要被用来测制和修测地形图,制作正射影像图,测制各类专题图和地理信息系统数据更新等。目前所测制的地形图与各类专题图已是数字形式,通过规定格式的转换和编码处理可以直接存入相应的GIS数据库,修测的内容可以更新GIS数据库。利用不断获取的遥感图像提取基础信息和目标信息,及时地为GIS保持其数据库和背景数据,是使GIS保持其数据库现势性的基本途径。反过来,GIS数据库已有的数据也是支持和辅助遥感图像分析的重要内容,它有助于提高遥感信息提取的智能化和自动化程度。

2. 资源遥感

遥感在资源调查中可发挥重要作用,特别在自然资源调查中,取得了丰硕的成果和可观的效益。资源遥感的主要方法包括:

(1)利用遥感影像提供资源的背景信息。如地下矿产资源的赋存很难直接用遥感影像揭露,但其往往与一定的地质构造密切联系,而地质构造可以通过遥感影像宏观、全面、详细地表示,通过对控矿构造的识别,从而确定可能的矿产资源赋存带。

(2)直接应用遥感影像提取资源分布信息。如在水资源调查、森林资源调查、土地资源调查中,可以通过遥感影像中的专题信息提取、遥感分类,提取不同水体、森林资源和土地利用现状信息,从而实现对资源分布与利用的全面把握,为资源开发、利用与保护提供决策支持。

(3)应用遥感信息反演资源生化参数。如前所述,地表生化参数反演是遥感应用的重要方面之一。通过特定模型与算法对遥感信息进行处理,可以获得如作物叶面积指数、土壤含水量、土地肥力等方面的参数和指标,为资源管理提供服务。应用多时相遥感信息对资源动态变化进行监测,可以优化资源开发与利用,合理配置资源提高资源管理水平。

3. 植被遥感

植物遥感研究由来已久,早期的研究主要集中在植物及土地覆盖类型的识别、分类与专题制图等。随后,则致力于植物专题信息的提取与表达方式上,提出了多种植被指数,并利用植被指数进行植被宏观监测以及生物量估算——包括农作物估产、森林蓄积量估算、草场蓄草量估算等。随着定量遥感的逐步深入，植被遥感研究已向更加实用化、定量化方向发展，提出了几十种植被指数模型，研究植被指数与生物物理参数（叶面积指数、叶绿素含量、植被盖度、生物量等），植被指数与地表生态环境参数（气温、降水、蒸发量、土壤水分等）的关系，以提高植物遥感的精度，并深入探讨植被在地表物质能量交换中的作用。遥感在农林方面的应用主要是在农林土地资源调查、土地利用现状调查，农林病虫害、土壤干旱、盐化、沙化的调查及监测，以及农作物长势的监测与估产，森林资源的清查等方面。近年来，在牧场草场资源调查，短中期农林灾害、农用水资源以及野生动物生态环境调查等方面也相继开展工作，取得了许多成果。遥感在土地资源与土壤调查中，得到了广泛应用。遥感加快了调查工作的进度、精度，质量也有很大提高。例如，我国利用 560 幅陆地卫星图像，仅用两年时间完成了全国 15 种土地利用类型的分析和测算统计工作，提供了全国和分省的土地利用基本数据和有关图件。遥感在林牧业上的应用也很广泛，如我国早前完成的“三北”防护林遥感综合调查。在包括西北大部、华北北部和东北西北部总面积为 128 万 km^2 的“三北”造林一期工程的调查中，完成了对现有防护林类型、分布、面积和保存率，草地数量，质量和分布，土地资源类型、分布、数量及利用现状的调查。提供了 200 余幅各类遥感专题系列图，并建成了全区资源与环境信息系统，为掌握防护林区现状、林区的进一步发展和规划奠定了基础。

4. 环境遥感

环境遥感是从空中对地表环境进行大面积同步连续监测，突破了以往从地面研究环境的局限性。广义地讲，环境遥感是指以探测地球表层系统及其动态变化为目的的遥感技术，可理解为关于大气、水（包括海洋）、生态环境等遥感活动的代名词，是现代遥感技术应用于地球表层系统研究，为地理科学和环境科学提供技术支持，同时明显区别于其他遥感分支学科的一门技术工具学科。狭义地讲，环境遥感是指利用遥感技术探测和研究环境污染的空间分布、时间尺度，性质、发展动态，影响和危害程度，以便采取环境保护措施或制定生态环境规划的遥感活动。

环境遥感按应用领域的不同，可分为水环境遥感、大气环境遥感、生态环境遥感、灾害遥感四大类。水环境遥感包括水资源遥感（水温、水深、径流估算和河流、湖泊、河口三角洲、海岸带的水域变化等），水质遥感（水体富营养化、悬浮泥沙污染、石油污染、废水污染、热污染等）和海岸环境遥感（海洋水色要素如叶绿素、悬浮泥沙、黄色物质等信息的提取）。大气环境遥感包括大气温度和湿度、水汽、大气成分、大气气溶胶、云迹风、大气降水监测以及云遥感等。生态环境遥感主要包括自然生态环境遥感（土地利用/覆盖变化、植被、土壤侵蚀、荒漠化等）和城市生态环境遥感（城市土地利用动态变化、城市绿地覆盖、城市交通、城市住房、城市工业区识别与规划、城市人口遥感以及城市环境监测、城市大气污染、城市水污染，城市固体废弃物）等。灾害遥感包括水灾（或洪灾）遥感、气象灾害（如干旱、台风、暴雨、强对流天气、雪害等）遥感、地质灾害（如滑坡、泥石流、地震、火山爆发、台风等）遥感、火灾（如森林火灾、草原火灾)遥感以及农作物、果树、牧草病虫害遥感监测。

5. 地质遥感

地质遥感是遥感技术在地质领域里的应用，是随着遥感技术的发展和地质工作应用和服务范围的不断扩大而迅速发展起来的一门新学科。其发展大致经历了两个阶段，首先是1962—1972年美国使用机载红外扫描仪和红外摄影机、天空实验室进行遥感地质勘测的实验阶段；其次是1972年以来的应用研究阶段，美国发射了陆地卫星(Landsat)1～3号，地质工作者使用陆地卫星、天空实验室和航空三级平台遥感图像数据，探索和评价遥感资料的地质效果，进行地质遥感基础理论研究、室内和野外各种岩石、矿物的波谱曲线实测。随着遥感数据从陆地多光谱扫描仪向专题制图仪、地球观测实验系统、高分辨率可见光扫描仪的发展及空间分辨率和光谱分辨率的提高，遥感的地质分析能力也不断提高。在数据处理方面，由于微机技术的发展，使模拟机处理功能增强和数字图像处理技术有所普及和通用化；由于采用了电子光学机械设备，特别是计算机图像数字处理软件系统的定性定量解译方法，利用图像自动识别与分类技术进行岩类划分，利用波段比值图像处理技术找矿，在地质效果方面研究线性要素与断裂构造的关系效果颇佳，另在普查矿产、发现油气田、区域地质和水文地质调查方面都取得良好效果。

由于遥感技术在地质上的应用，使地质工作者能够概观地球全貌，从而对研究和认识整个地壳的结构构造及其发展演化趋势提供重要资料依据；提供更优质的基础图件；多快好省地完成地质找矿任务，并改变常规地质工作方法、程序和相应的规范；应用于战略规划直到解决实地地质问题，研究大范围的地质课题探讨新的地学理论；快速、方便和可重复原地观测的优点，可研究各种地质动态，进行地质灾害调查和预测。考虑到遥感还只能反映地面信息，因此，在地质找矿方面的应用还必须与物探、化探、地质和其他方法综合运用，建立各种矿产、岩石、构造或其他地、物的遥感、物探、化探加地质等模型或模式，由已知推测未知，更好地发挥其在地质找矿方面的潜力。

6. 灾害遥感

灾害往往发生在一定的地表空间，因此地表空间呈现出明显的结构变化；灾害往往是一个动态过程，因此灾区处于快速变化之中(包括范围扩展和灾害程度变化)；不同受灾程度往往会影响地表覆盖的光谱特征，因此能够在光谱维中得到体现；孕灾因子往往可以通过遥感影像直接或间接地进行提取解译。灾害遥感可以从时间、空间和光谱三维开展，既可以提取灾害的背景信息，又可以提取灾害的态势信息，同时能够进行动态的灾害分析。

灾害遥感的主要应用方式包括：

(1)直接提取遥感信息。通过不同的信息提取模型，对反映孕灾因子、灾区背景数据、灾情态势等的信息进行直接提取。

(2)遥感图像分类。通过一定的影像信息和辅助数据，基于孕灾因子或灾情数据对区域进行灾害预测分类，或按灾情严重程度进行分类，或根据地表覆盖变化对灾后受灾程度进行分级划分等。

(3)灾害演变遥感动态监测。通过多时相遥感影像，按照遥感动态监测的方法，对灾害程度、趋势进行分析评价。

(4)灾害遥感信息模型。将孕灾因子、遥感数据、灾害机理机制过程模型等结合，形成灾害遥感信息模型，以对灾害的动力学机制和演变趋势进行研究。

(5)基于遥感和 GIS 的防灾减灾信息系统。通过遥感与 GIS 的集成建立完善的防灾减灾信息系统，将灾害遥感监测、灾情信息管理、灾害分析与预测、防治决策支持等集为一体。

7. 城市遥感

随着城市化及城市建设的热潮，城市遥感方兴未艾。城市遥感可提供诸如城市土地利用现状、城市用地分析、城市环境监测及评价、城镇布局结构分析、城市道路交通分析、城市人口分析及城镇的生态分析等城市发展的基础信息，为城市建设规划及决策服务。城市遥感最先在北京开展，在城市环境地质、城市建设、农业水利建设、生态环境、影像地图以及文物、古建筑等诸多方面获得多项研究成果，填补了北京市基础资料的空白，取得了良好的社会效益和经济效益。继北京市之后，城市遥感在全国各大、中城市较为普遍地开展起来，并在应用的深度和广度上有不同程度的提高。

随着城市遥感应用的深化，城市地理信息系统的建立及在城市总体规划、城市建设的辅助决策中的应用，将城市遥感应用提到一个更高层次的阶段。城市遥感作为遥感科学、城市规划等多学科交叉的研究领域，在国家新型城镇化规划、生态文明和智慧城市建设的背景下，城市遥感面临新的发展机遇和挑战。

8. 军事遥感

遥感图像用于军事目标的侦察与监测已有 60 余年的历史，早期的航空摄影及高空无人侦察机照相侦察是最初的尝试。从 20 世纪 60 年代初，世界军事强国出于军事和政治的需要大力发展空间遥感技术，侦察与监视卫星是军事航天的一个发展重点。据统计，截至 2000 年全世界发射的遥感成像卫星中，约 70%的卫星用于军事侦察和监视。在遥感军事应用中，其最大的特点是将遥感图像、GPS 导航定位技术与军事地理信息系统结合起来，使其发挥更大的效能。军事应用是遥感最早的应用，今天遥感的发展是得益于遥感在军事上的应用而迅速发展起来的。

9. 气象遥感

遥感技术在天气预报、气候研究、灾害监测等方面发挥了重大作用，并已经在重大气象有关防灾减灾工作中得到验证。在天气分析和气象预报方面：卫星(主要指气象卫星)资料促进了世界范围的大气，温度探测使天气分析和气象预报工作更为完全和准确；在气象卫星云图上可以根据云的大小、亮度、边界形状、纹理、水平结构、垂直结构等，来识别各种云系的分布，从而推断出锋面、气旋、台风、冰雹、雷电等的存在和位置，对这种大尺度和中小尺度的天气现象进行成功的定位、跟踪及预报。在气候研究和灾害监测方面：根据近年的研究表明，控制大气长期天气过程和气候变动的有以下几个因素包括太阳活动、大气圈的下垫面——地表面对大气的影响、海洋对大气的影响，以上这些因素都将引起整个地一气系统辐射信息的变化，而这方面的资料可以通过卫星来获取。如气象卫星上有仪器可以直接取得CO_2等含量的数据；冰雹覆盖也可以通过云图的辐射信息获得。此外为研究世界气候和灾害性天气变化，还专门设计了地球辐射收支试验装置，用于测定整个地-气系统获得和损失的辐射能量，这对相关研究将给以很大的推动。

第2章 遥感信息增强与处理

伴随遥感图像处理技术的飞速发展，遥感图像特征增强、变换等技术，有效提高了影像的可判释能力。与此同时，遥感信息的提取已不仅局限于常规的人工目视解译方法，计算机辅助识别、面向对象信息提取及深层数据挖掘等技术已成为目前研究的热点问题。这些新技术的开发和应用，不仅能够大大节约人力资源，很大程度降低主观因素的影响，而且能够提高专题信息提取的准确性和效率。铁路工程地质勘察具有周期短、内容多、要求高等特点，遥感信息的快速识别和提取，为有限时间内高质量完成地质勘察工作提供了有力的技术支持，特别是在地质条件复杂的山区，不良地质发育、交通困难、地面调查难以进行的地区更是如此。

2.1 遥感图像融合与定量评价

遥感图像包括高分辨率影像、多光谱影像、高光谱影像及雷达影像等。如何将这些数据信息进行合理优化和综合利用，以克服单一信息源的不足，已经成为当前遥感研究的热点问题之一，而遥感图像融合与定量评价技术是解决上述问题的关键。

遥感图像数据融合是一种通过高级图像处理技术来复合多源遥感图像数据的技术，其目的是将单一传感器的多波段信息或不同类传感器所提供的信息加以综合，消除多传感器信息之间可能存在的冗余和矛盾，加以互补降低其不确定性，减少模糊度，增强图像中信息透明度，改善判释精度、可靠性以及解像力，以形成对目标完整一致的信息描述。特别是在多光谱数据空间分辨率不高，而全色数据的光谱信息不足的情况下，需要借助图像融合技术提高影像信息的可视化水平。不同类型遥感图像之间的融合处理，必须具备四个条件，即(1)融合图像数据应包括不同空间和光谱分辨率；(2)融合图像数据应是同一区域；(3)图像应精确配准；(4)在不同时间获取的图像中，其内容没有大的变化。

数字融合图像的优点有：(1)融合图像的地物细节和影纹结构丰富；(2)与原来的多光谱图像[增强专题成像仪(ETM+)、先进对地观测卫星(ALOS)图像]相比，复合图像有更强的立体感和更高的空间分辨力；(3)与原来的全色图像相比，复合图像有更强的光谱分辨力，图像的层次感更强；(4)融合处理后的图像，各分量间的空间信息冗余度降低，同时在原来图像上增加了全色图像的空间信息;(5)融合处理使图像上的阴影区、植被覆盖区、水体部分质量得到改善;(6)融合后的图像提供更宽的地物反射波谱特征;(7)经几何校正、镶嵌、正射校正,再经融合处理后的图像,便于与原有的地形图、地质图等图件相匹配,并使其配准精度更高,从而满足大、中比例尺工程地质调查的要求。

本节分别从融合算法、融合评价方法和融合定量评价实例三个方面,系统分析了融合技术和定量评价技术。重点结合某山区铁路初测前加深地质工作阶段地质遥感判释工作,采取定性和定量评价相结合的方法,对图像融合算法进行融合效果评价,优选用于不良地质判释的图像融合算法。

2.1.1 遥感图像融合算法

融合算法对图像融合结果有很大影响,不适宜的算法会产生斑块效应、扭曲光谱特征及地物边缘模糊等问题。融合结果的优劣直接影响着不良地质判释结果的准确性,因此在工程应用中要使用最优图像融合算法。近些年发展起来的经典像素级分辨率融合算法,主要有主成分变换(PCA)、亮度色调饱和度变换(IHS)、色彩标准化变换(Brovey)、色调饱和度明度变换(HSV)、高通滤波变换(HPF)、格拉母-施密特变换(Gram-Schmidt)、乘积变换和小波变换融合等,下面对部分融合算法进行详细阐述。

1. PCA 变化融合

PCA 变换也叫 *K-L* 变换,它是一种基于目标的统计特征最佳多维正交线性变换。图像 PCA 变换的结果在舍弃相关性较差的次要成分后,进行反变换所恢复出的图像是原图像在统计意义上的最佳逼近。算法的具体过程如图 2-1 所示。

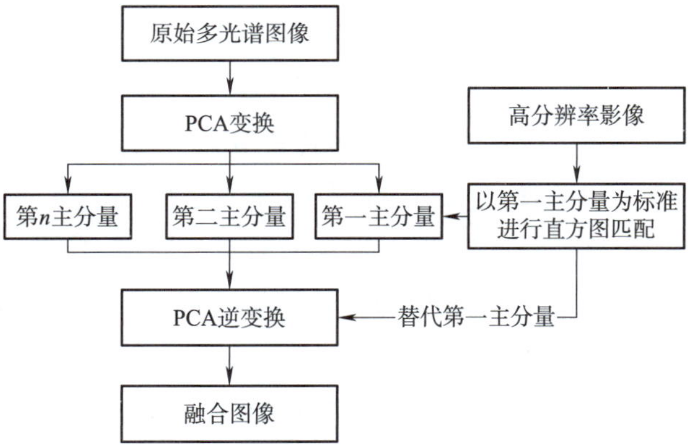

图 2-1 基于 PCA 变换的融合流程

(1)计算参与融合的 n 波段多光谱影像的协方差矩阵。

(2)由协方差矩阵计算特征值 λ 和特征向量 $\boldsymbol{\phi}_i(i=1,2,3\cdots,n)$。

(3)将特征值按由大到小的次序排列,即 $\lambda_1>\lambda_2>\lambda_3>\cdots\lambda_n$,特征向量 $\boldsymbol{\phi}_i$ 也要作相应变动。

(4)计算各主分量图像,公式如下:

$$PC_k = \sum_{i=1}^{n} d_i \phi_{ik} \tag{2-1}$$

式中　k——主分量序数($k=1,2,\cdots,n$);

PC_k——第 k 主分量;

i——输入波段序数;

n——总光谱段数;

d_i——i 波段多光谱图像数据值;

ϕ_{ik}——特征向量矩阵在 i 行、k 列的元素。

经上述主成分变换,第一主分量图像的方差最大,它包含原多光谱影像的大量信息(主要是空间信息),而原数据的光谱信息则保留在其他分量图像中。

(5)将空间配准的全色图像与第一主分量作直方图匹配。

(6)用直方图匹配生成的全色图像代替第一主分量,并将它与其余主分量作主成分逆变换,得到融合图像。

PCA 图像融合方法的优点在于适用多光谱图像的所有波段。缺点是只用全色波段图像简单替代多光谱图像的第一主分量,这样可能会损失多光谱第一主分量中的一些反映光谱特征的有用信息,而使得融合图像结果的光谱分辨率受到较大影响。

2. IHS 变换融合

IHS 分别表示亮度、色调和饱和度,是人们认识颜色的三个特征。IHS 彩色空间变换融合是首先将图像分解成亮度 I、色调 H 和饱和度 S,然后用全色波段影像灰度值替换亮度,并进行反变换处理,得到融合影像。通过式(2-2)~式(2-4)来修改全色波段影像的均值和标准差。

$$P' = (p \times k_1) + k_2 \tag{2-2}$$

$$k_1 = \frac{\theta_I}{\theta_{Pan}} \tag{2-3}$$

$$k_2 = U_I - (k_1 \times U_{Pan}) \tag{2-4}$$

式中　p——原始全色波段影像 Pan 的灰度值;

P'——修改后的灰度值;

θ_I, θ_{Pan}——亮度分量 I 和全色波段影像 Pan 的方差;

U_I, U_{Pan}——亮度分量和全色波段影像的灰度均值;

k_1——增益;

k_2——偏移。

该修改强制两个波段的全局统计变量相似,以保持原始多光谱的特征。

IHS 变换的确提高了空间分辨率，但有以下两个缺点：

(1)该方法一次只能针对红、绿、蓝三个波段的彩色影像进行变换，而多光谱影像通常不止三个波段。

(2)尽管高分辨率的全色波段影像和 IHS 变换后亮度分量的全局变量是相似的，但两幅影像看上去并不相同。当两波段的均值和方差相同，但其直方图不同，同样存在辐射差异。由于全色波段影像和亮度分量的直方图常常不同，因此 IHS 反变换产生的多光谱影像会发生变化，结果是增强的多光谱波段影像的某些区域与原始影像的色彩不匹配。

3. Brovey 变换融合

Brovey 变换是一种用来对来自不同传感器的数据进行融合的较为简单的融合方法，该方法是通过归一化后的多光谱波段与高分辨率影像乘积来增强影像的信息。它保留每个像素的相关光谱特性，并且将所有的亮度信息变换成高分辨率的全色图像融合。Brovey 融合的公式定义如下：

$$\begin{pmatrix} R_{\mathrm{m}} \\ G_{\mathrm{m}} \\ B_{\mathrm{m}} \end{pmatrix} = \frac{\mathrm{Pan}}{I_0} \begin{pmatrix} R_0 \\ G_0 \\ B_0 \end{pmatrix} \tag{2-5}$$

式中 Pan——调整大小后的全色光谱图像的对应值；

I_0, R_0, G_0, B_0——调整大小后的多光谱图像对应值；

$R_{\mathrm{m}}, G_{\mathrm{m}}, B_{\mathrm{m}}$——融合后多光谱图像的对应值。

Brovey 图像融合对图像的预处理要求较高，融合前需进行去相关处理和噪声滤波处理，以便减小数据冗余和非光谱信息。

4. 小波变换融合

小波变换具有空间和频域局部性，利用小波变换可以将融合图像分解到一系列频率通道中，这样对图像的融合处理是在不同的频率通道分别进行的。而我们知道，人眼视网膜图像就是在不同的频率通道中进行处理的，因此基于小波变换的图像融合是可能达到更好的视觉效果的。小波融合具有在提高图像空间分辨率的同时又保持色调和饱和度不变的优越性。在众多小波融合应用中，最常用的融合是小波替代法，它是将多光谱图像的细节用全色(Pan)图像的细节来代替，然后将剩余的图像进行融合，数学计算公式如下：

$$\begin{pmatrix} R_{\mathrm{m}} \\ G_{\mathrm{m}} \\ B_{\mathrm{m}} \end{pmatrix} = \begin{pmatrix} \sum\limits_{k=1}^{n} pk \\ \sum\limits_{k=1}^{n} pk \\ \sum\limits_{k=1}^{n} pk \end{pmatrix} + \begin{pmatrix} R_0 \\ G_0 \\ B_0 \end{pmatrix} = \begin{pmatrix} \delta_{\mathrm{p}} \\ \delta_{\mathrm{p}} \\ \delta_{\mathrm{p}} \end{pmatrix} + \begin{pmatrix} R_0 \\ G_0 \\ B_0 \end{pmatrix} \tag{2-6}$$

$$\mathrm{Pan}=\sum_{k=1}^{n}W_{\mathrm{pk}}+\mathrm{Pan}_{\mathrm{t}} \tag{2-7}$$

式中 δ_{p}——高分辨数据小波平面；

W_{pk}——多光谱图像不同频率通道的小波系数；

$\mathrm{Pan}_{\mathrm{t}}$——全色图像的基底信息或平均值部分。

5. HPF 变化融合

高通滤波变换常用于影像纹理和细节处理方面。影像的细节提取往往是通过高分辨率影像的高通滤波来实现的。高通滤波变换的目的是提高影像高频细节，突出影像线性特征和边缘信息。高通滤波变换融合的步骤包括：

(1)对高空间分辨率全色影像进行高通滤波，以提取空间信息即提取原影像中的线性特征和边缘特征；

(2)对低分辨率多光谱影像进行低通滤波，以提取低频信息即原始多光谱影像的概貌，它代表了多光谱影像的光谱信息；

(3)对高通滤波和低通滤波的结果求加权，得到锐化了的影像。

高通滤波变换用下式定义：

$$\mathrm{HP}_i=(w_{\mathrm{a}}\times\mathrm{MSI}_i)+(w_{\mathrm{b}}\times\mathrm{Pan}_{\mathrm{p}}) \tag{2-8}$$

式中 $w_{\mathrm{a}}, w_{\mathrm{b}}$——权，且 $w_{\mathrm{a}}+w_{\mathrm{b}}=1$；

MSI_i——低分辨率多光谱影像 i 波段的低通滤波结果；

$\mathrm{Pan}_{\mathrm{p}}$——高分辨率全色影像高通滤波结果。

HP_i 为锐化了的输出影像，高通滤波消除了高分辨率影像的低频噪声，且滤波的结果可以用于所有多光谱波段。

6. Gram-Schmidt 光谱锐化变换融合

Gram-Schmidt 变换是线性代数和多元统计中常用的方法，它通过对矩阵或多维影像进行正交化，从而可消除冗余信息。它与 PCA 变换的区别在于：PCA 变换的第一分量 PC1 包含信息最多，而后面的分量信息含量依次减少；Gram-Schmidt 变换产生的各个分量只是正交，各分量信息量没有明显的多寡区别。Gram-Schmidt 变换的另一个特点是变换后的第一分量 GS1 就是变换前的第一分量，其数值没有变化。Gram-Schmidt 变换的关键步骤如下：

(1)使用多光谱低空间分辨率影像对高分辨波段影像进行模拟。模拟的方法有以下两种：

①将低空间分辨率的多光谱波段影像，根据光谱响应函数按一定的权重 w_i 进行模拟，即模拟的全色波段影像灰度值：

$$P=\sum_{i=1}^{k}w_iB_i \tag{2-9}$$

式中 B_i——多光谱影像第 i 波段灰度值。

②全色波段影像模糊，然后取子集，并将其缩小到与多光谱影像相同的大小。模拟的高分辨率波段影像信息量特性与高分辨率全色波段影像的信息量特性比较接近。模拟的高分辨率波段影像在后面的处理中被为 Gram-Schmidt 第一分量进行 Gram-Schmidt 变换。因在 Gram-Schmidt 变换中第一分量 GS1 没有变化(GS1 就是变换前的第一分量)，故模拟的高分辨率波段影像将被用来与高分辨率全色波段影像进行交换，这样可使信息失真少。

(2)利用模拟的高分辨率波段影像作为 Gram-Schmidt 变换第一分量来对模拟的高分辨率影像和低分辨率影像进行 Gram-Schmidt 变换。

(3)通过调整高分辨率波段影像的统计值来匹配 Gram-Schmidt 变换后的第一分量 GS1，以产生经过修改的高分辨率波段影像。

(4)经过修改的高分辨率波段影像替换 Gram-Schmidt 变换后的第一分量，产生一个新的数据集。

(5)新的数据集进行反 Gram-Schmidt 变换，即可产生空间分辨率增强的多光谱影像。Gram-Schmidt 反变换的公式如下：

$$B_T(i,j)=\mathrm{GS}_T(i,j)+u_T+\sum_{i=1}^{T-1}\varphi(B_T,\mathrm{GS}_l)\mathrm{GS}_l(i,j) \tag{2-10}$$

式中 GS_T——GS 变换后产生的第 T 个分量；

B_T——空间分辨率增强的第 T 个波段影像；

u_T——第 T 个原始多光谱波段影像灰度值的均值。

2.1.2 遥感图像融合评价方法

目前，图像融合效果定量评价多采用统计分析方法，一般可分为基于光谱逼真度的评价和基于纹理清晰度的评价。光谱逼真度评价可采用相关系数和偏差系数等指标；纹理清晰度评价可采用信息熵和平均梯度等指标。

1. 相关系数和偏差系数

相关系数 $C(0<C<1)$ 反映了融合影像与原始多光谱影像的光谱相似程度，其公式如下：

$$C(f,g)=\frac{\sum_{i,j}|(f_{i,j}-d_{\mathrm{f}})(g_{i,j}-d_{\mathrm{g}})|}{\sqrt{\sum_{i,j}(f_{i,j}-d_{\mathrm{f}})^2\sum_{i,j}(g_{i,j}-d_{\mathrm{g}})^2}} \tag{2-11}$$

式中 $f_{i,j},g_{i,j}$——对应像元在原始多光谱影像和融合影像上的像元值；

$d_{\mathrm{f}},d_{\mathrm{g}}$——原始影像和融合影像的均值。

C 值越大，表明融合结果光谱逼真度越好。

偏差系数 D 反映了融合影像与原始影像在光谱信息上的偏离程度，其公式如下：

$$D=\frac{1}{MN}\sum_{i=0}^{M-1}\sum_{j=0}^{N-1}\frac{|R(i,j)-F(i,j)|}{F(i,j)} \tag{2-12}$$

式中　$R(i,j),F(i,j)$——融合影像和原始影像的像元值；

M,N——图像的总行数和总列数。

偏差系数越小说明融合影像保留原始影像光谱信息的效果越好。

2. 信息熵和平均梯度

信息熵 H 是评价融合图像信息量大小的一个重要指标，根据仙农信息论的原理，一幅灰度范围为 N 的图像信息熵如下：

$$H=-\sum_{i=0}^{N}P_i\log_2 P_i \tag{2-13}$$

式中　P_i——图像像元灰度值为 i 的概率。

H 值越大，说明融合图像所含信息越丰富，融合质量越好。

平均梯度($\overline{G}$)能够反映融合结果对图像微小细节反差的表达能力，表征图像的相对清晰度，公式如下：

$$\overline{G}=\frac{1}{(M-1)(N-2)}\sum_{i=1}^{M-1}\sum_{j=1}^{N-1}\sqrt{\frac{[D(i,j)-D(i+1,j)^2+(D(i,j)-D(i,j+1)]^2}{2}} \tag{2-14}$$

式中　$D(i,j)$——融合图像第 i 行、第 j 列的灰度值。

$\overline{G}$ 越大，说明图像越清晰。

2.1.3　遥感图像融合定量评价实例

结合某山区铁路线初测前加深地质工作，开展数据融合评价研究。研究数据包括：河南省洛宁县至韩城市一带 ALOS 10 m 多光谱影像和 2.5 m 全色数据；中条山区至华山一带 Landsat ETM+多光谱数据。遥感图像处理流程如图 2-2 所示。遥感数据预处理，主要包括辐射校正和图像配准等。影像配准以同一传感器的全色数据为基准，采用选取控制点的二次多项式方法，使多光谱数据与全色数据严格配准。主要选取桥梁、水库、道路边界等特征点，每幅图像 15～30 个控制点，精度控制在 1 个像元以内。采用以上多种融合算法开展研究工作。

数据融合试验为像素级的分辨率融合，包括 ETM+数据 30 m 多光谱 741 波段组合结果[图 2-3(a)]与全色 15 m 数据的融合，ALOS 10 m 多光谱 321 波段组合结果[图 2-3(b)]与全色 2.5 m 数据的融合。采用 PCA 变换、Brovey 变换、HSV 变换、IHS 变换、HPF 变换、Gram 变换、乘积变换和小波变换数据融合算法，对严格配准后的数据进行融合处理。对融合结果采用定性和定量相结合的方法进行评价，以优选图像融合算法。

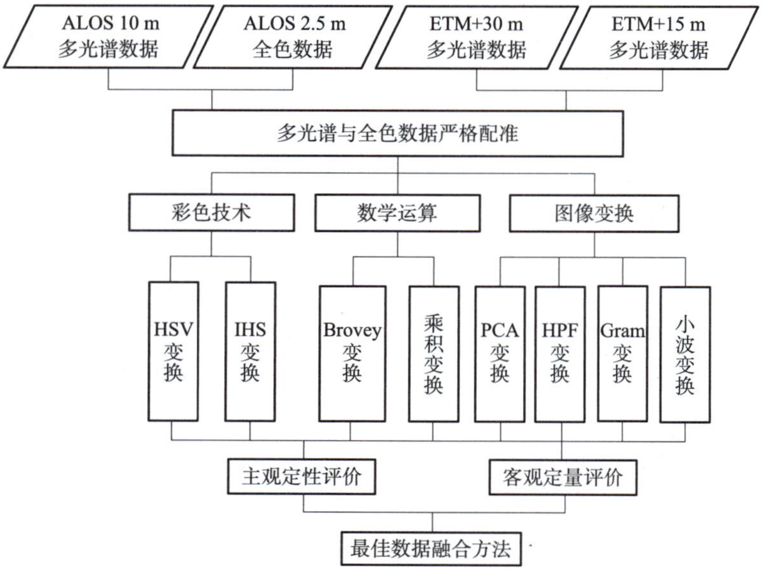

图 2-2　遥感图像融合评价处理流程

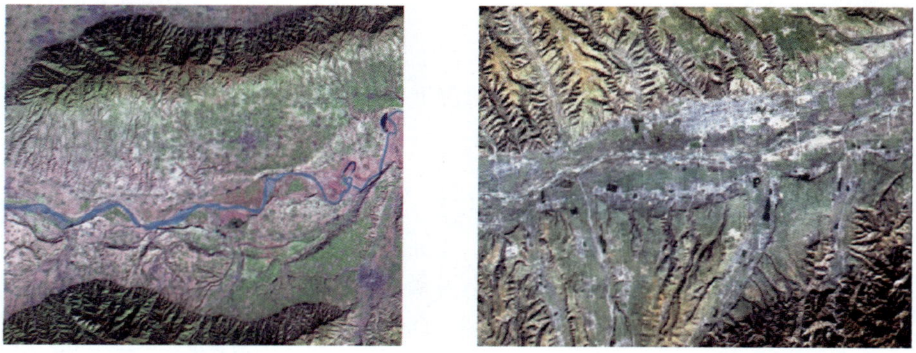

(a)ETM+ 741 组合　　(b)ALOS 321 组合

图 2-3　原始数据波段组合结果

1. 定性评价

定性评价主要从融合结果的逼真度、纹理清晰度和突出不良地质信息等方面进行。ETM+影像融合结果如图 2-4 所示。在光谱逼真度方面，Brovey 变换融合[图 2-4(c)]、HPF 变换融合[图 2-4(e)]、小波变换融合[图 2-4(f)]和 Gram-Schmidt 变换融合[图 2-4(h)]与原始多光谱影像[图 2-3(a)]色调相近。IHS 变换[图 2-4(d)]和 HSV 变换[图 2-4(g)]与原始图像光谱匹配较差，水体颜色变化较大。从纹理清晰度看，小波变换、HPF 变换和 Gram-Schmidt 变换可判释能力较强，断裂线行迹清晰。ALOS 影像融合结果(图 2-5)与原始多光谱影像[图 2-3(b)]相比，仍是 Brovey 变换[图 2-5(c)]、HPF 变换[图 2-5(e)]、小波变换

[图 2-5(f)]和 Gram-Schmidt 变换[图 2-5(h)]四种方法融合结果逼真度较好。IHS 变换[图 2-5(d)]和 HSV 变换[图 2-5(g)]与原始图像光谱匹配仍然较差，地物反射特征变化较大。从两种数据融合结果的定性评价看，HPF 变换、小波变换和 Gram-Schmidt 变换融合效果较好。

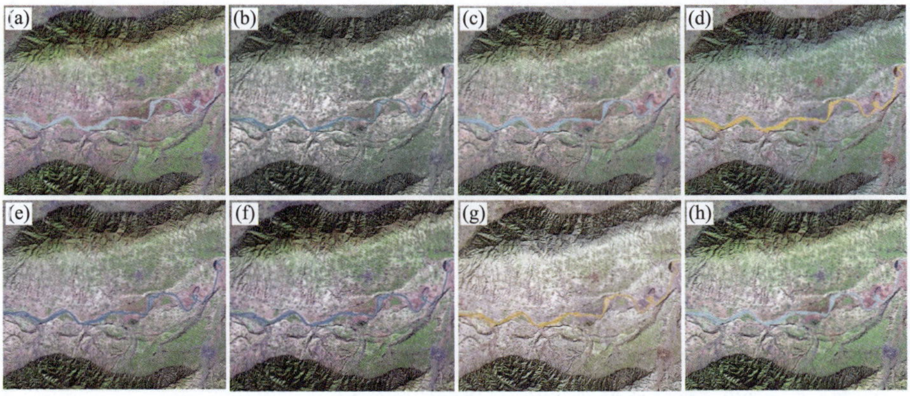

图 2-4 ETM+数据不同融合方法效果对比

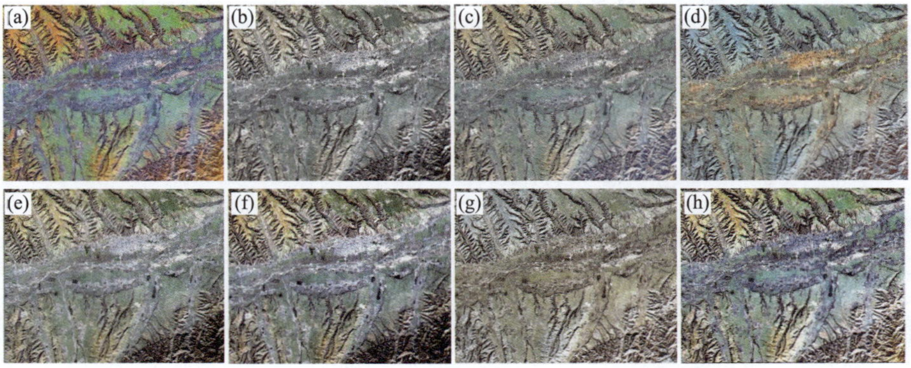

图 2-5 ALOS 数据不同融合方法效果对比

2. 定量评价

通过融合结果与原始影像对应波段的参数计算，后取平均值作为融合结果的评价标准。ETM+数据不同方法融合结果评价参数见表 2-1。从相关系数上看，HPF 变换、小波变换和 Gram-Schmidt 变换效果较好，相关系数都在 0.9 以上；从偏差系数上看，HPF 变换效果最好，其次为小波变换和 Brovey 变换；从信息熵上看，小波变换熵值最大，其次为 IHS 变换、HSV 变换、HPF 变换；从平均梯度上看，小波变换平均梯度最大，其次为 HPF 变换和 IHS 变换。综合以上分析，在光谱逼真度方面，HPF 变换效果最佳，其次为小波变换和 Gram-Schmidt 变换。在纹理清晰度方面，小波变换效果最佳，其次为 IHS 变换和 HPF 变换。综合光谱逼真度和纹理清晰度，可见，HPF 变换和小波变换效果最佳。

表 2-1　ETM+数据融合结果定量评价参数对比

融合方法	光谱逼真度		纹理清晰度	
	相关系数 C	偏差系数 D	信息熵 H	平均梯度 $\overline{G}$
PCA 变换	0.891	0.259	3.61	150.76
乘积变换	0.852	0.326	3.10	133.88
Brovey 变换	0.894	0.241	3.66	152.04
IHS 变换	0.830	0.386	3.83	152.88
HPF 变换	0.927	0.212	3.76	153.24
小波变换	0.924	0.240	5.13	159.61
HSV 变换	0.887	0.399	3.80	150.35
Gram-Schmidt 变换	0.910	0.250	3.73	150.62

ALOS 数据不同方法融合结果评价参数见表 2-2。从相关性上看，小波变换效果最好，其次为 HPF 变换和乘积变换；从偏差系数上看，HPF 变换效果最好，其次为小波变换和 Brovey 变换；从信息熵上看，小波变换效果最佳，其次为 Brovey 变换和 HPF 变换；从平均梯度上看，HPF 变换效果最好，小波变换和 Brovey 变换次之。综合分析可见，从光谱逼真度上看，HPF 变换效果最佳，其次为小波变换和 Brovey 变换。从纹理清晰度上看，小波变换效果最佳，其次为 Brovey 变换和 HSV 变换。综合光谱逼真度和纹理清晰度，可见，HPF 变换和小波变换效果最佳。

表 2-2　ALOS 数据融合结果定量评价参数对比

融合方法	光谱逼真度		纹理清晰度	
	相关系数 C	偏差系数 D	信息熵 H	平均梯度 $\overline{G}$
PCA 变换	0.640	0.651	3.71	150.08
乘积变换	0.842	0.461	3.83	149.66
Brovey 变换	0.663	0.424	4.77	154.51
IHS 变换	0.576	0.657	4.61	154.47
HPF 变换	0.854	0.286	4.62	160.49
小波变换	0.874	0.385	5.05	157.33
HSV 变换	0.639	1.026	4.70	153.62
Gram-Schmidt 变换	0.634	0.516	3.57	147.23

3. 评价结果分析

从定性评价上看，不同融合算法的光谱差异很大。ETM+和 ALOS 数据融合结果呈现出相近的特征，其中，Brovey 变换、HPF 变换、小波变换和 Gram-Schmidt 变换融合效果较好，乘积变换结果稍差；PCA 变换、IHS 变换和 HSV 变换融合结果光谱逼真度较差。从定量评价结果看，对于 ETM+和 ALOS 两种数据源，同一融合算法得到了较为相近的结果即基于彩色技术的 IHS 变换和 HSV 变换，在光谱逼真度上效果均较差；HPF 变换和小波变换融合在光谱逼真度和纹理清晰度上效果均较好。

4. 融合结果应用分析

利用 HPF 变换对研究区 ETM＋和 ALOS 遥感数据分别进行融合处理，融合结果同单一信息源相比，纹理信息得到增强，并能抑制遥感图像中可能存在的多意性、不确定性和冗余信息，改善了不良地质信息判释的可靠性。同时融合结果没有产生斑块效应，光谱逼真度和纹理清晰度均较好。基于融合结果判释线位方案周围 5 km 缓冲区内断裂和不良地质信息。ETM＋融合结果用于区域大断裂的判释和划分，ALOS 融合结果用于次级断裂和不良地质的详细判释。从提取的判释标志看，融合结果色彩分明、纹理清晰，突出了断裂(图 2-6)和不良地质信息(图 2-7)。在融合影像上共判释出 500 余处不良地质体，经过野外验证，最终确定区内主要断裂 160 条、滑坡 235 处、崩塌 5 处、泥石流 7 处，判释准确率达 80％以上。应用结果表明采用优选的融合算法进行图像融合处理，提高了不良地质遥感判释的准确率。

(a)不同地貌单元的衔接(ETM＋)　(b)断层沟谷　(c)两条河流的突然拐弯处

图 2-6　典型断层判释标志

(a)滑坡　(b)泥石流

图 2-7　典型不良地质判释标志

2.2 遥感图像信息增强

遥感图像在采集过程中不可避免地会受到传感器灵敏度、噪声干扰以及模数转化时量化问题等因素影响而导致图像无法达到人眼的视觉效果，与原始图像之间产生某种差异。在实际生产当中，为了突出相关的专题信息，提高图像的视觉效果，使分析者能更容易地识别图像内容，从图像中提取更有用的定量化信息，往往需要图像增强处理。图像增强分为空间域增强和光谱域增强两类。常见的空间域增强包括高通滤波（Highpass）、低通滤波（Lowpass）、锐化（Crisp）、方向滤波（Directional）、中值滤波（Median）、索贝尔滤波（Sobel）等；光谱增强包括对比度增强、各种指标提取、光谱转换、去霾、去植被处理等。

2.2.1 遥感图像纹理增强

1. Highpass 增强

高通滤波在保持图像高频信息的同时，消除了图像中低频成分，它可以用来增强纹理、边缘等信息。高通滤波通过运用一个具有高中心值的变换核来完成。变换核如图 2-8 所示。

$$\begin{pmatrix} -1 & -1 & -1 \\ -1 & -8 & -1 \\ -1 & -1 & -1 \end{pmatrix}$$

图 2-8 高通滤波(Highpass)3×3 变换核

从运算结果看(图 2-9)，高通滤波能够提取出影像的纹理信息，地物边界划分清楚，黄土高原的黄土梁及支沟发育情况清晰可见。叠加一定比例的原始图像，可起到增强纹理的目的，更利于人工判释。

(a)原始影像

(b)高通滤波(加 60%背景)

图 2-9 高通滤波增强结果对比

2. 图像锐化

锐化作为一种空间域图像增强方法，通过微分计算，能够突出地物边缘、轮廓和线性目标信息。研究通过拉普拉斯线性二阶微分算子对影像进行计算，即

$$\nabla^2 f(x,y)=\frac{\partial^2 f(x,y)}{\partial x^2}+\frac{\partial^2 f(x,y)}{\partial y^2} \tag{2-15}$$

式中　$f(x,y)$——具有整数像素坐标的输入图像。

从运算结果看，锐化计算后的影像与锐化前的进行比较（图 2-10），可见地物细节更加突出，线性特性边界更加清晰，可用于辅助构造形迹和不良地质形态的判释。

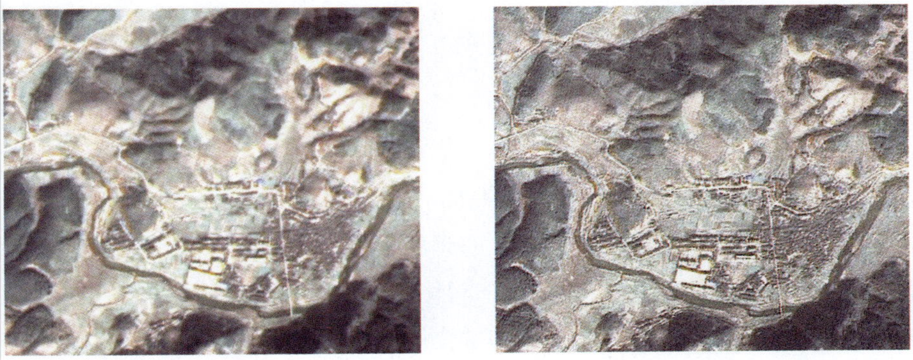

(a)锐化处理前　　(b)锐化处理后

图 2-10　遥感影像锐化处理结果对比

3. Sobel 增强滤波

研究采用 Sobel 正交卷积算子（图 2-11）对图像进行边缘检测。以新建浦建龙梅线中段区域为研究对象，进行 Sobel 增强处理，结果如图 2-12 所示。由图可见，采用上述滤波方法处理后的图像，屏蔽掉了大部分细节信息，提取的道路、桥梁、隧道及湖泊边界等线性信息特征明显，自然形成的线性信息也突出出来，并且对隐伏断裂构造以及断裂节点都有清晰反映。

$$\begin{pmatrix} -1 & -2 & -1 \\ 0 & 0 & 0 \\ 1 & 2 & 1 \end{pmatrix} \qquad \begin{pmatrix} 1 & 0 & -1 \\ 2 & 0 & -2 \\ 1 & 0 & -1 \end{pmatrix}$$

(a)水平方向　　(b)垂直方向

图 2-11　Sobel 增强算子模板

(a)原始图像　　(b)Sobel 增强后图像

图 2-12　ALOS 影像 Sobel 增强结果对比

2.2.2　遥感图像光谱增强

这里主要介绍直方图拉伸法。直方图是表示数字图像中每一灰度出现频率的统计关系。直方图能给出图像灰度范围、每个灰度的频度和灰度的分布、整幅图像的平均明暗和对比度等概貌性描述。直方图拉伸对于图像的对比度增强具有一定的效果。常用的直方图拉伸多为线性拉伸，量化后的图像存在一定的量化误差。为了解决这一问题，引入压扩法的纵向非线性量化思想用于图像增强，即先将图像直方图的灰度轴转化到非均匀域，然后按点进行均匀拉伸。压扩量化是将不均匀图像非线性变换后进行均匀量化，然后非线性复原。而直方图非线性拉伸图像增强算法与压扩量化恰恰相反，首先将图像直方图均匀的灰度轴按灰度分布不均匀插值，即灰度分布高的区域插值较多，灰度分布低的区域插值较少。然后对插值后的灰度轴按插值点均匀化，从而实现直方图非均匀拉伸。由于大多数图像的直方图呈单峰和多峰状，这样在直方图峰值处直方图拉伸的幅度比其他区域大，拉伸幅度为非线性，称为直方图非线性拉伸。非线性直方图拉伸增强算法原理示意如图 2-13 所示。

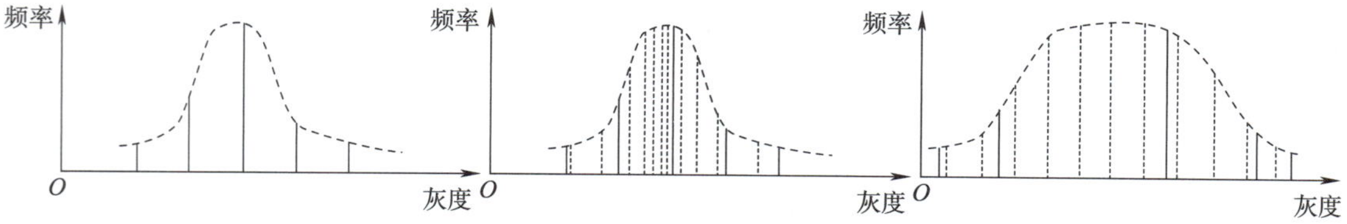

(a)一般图像直方图　　(b)非线性插值后图像直方图　　(c)重新均匀化后的直方图

图 2-13　非线性直方图拉伸增强原理示意

利用非线性直方图拉伸对浩吉铁路遥感影像进行处理，由直方图（图 2-14）对比可见，原始图像亮度值较为集中，拉伸后图像亮度值分布范围更大，更加平均。从拉伸前后图像变换看（图 2-15），直方图拉伸后地物立体感更强，阴影信息减少，纹理信息更加突出。整个图像色调较明亮，更利于判释。

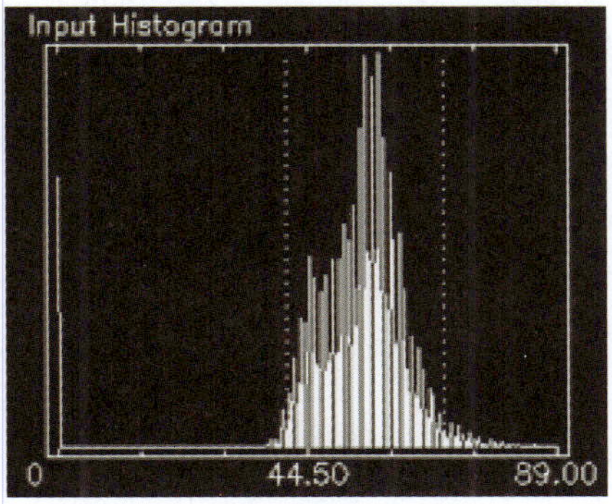

(a)原始图像直方图

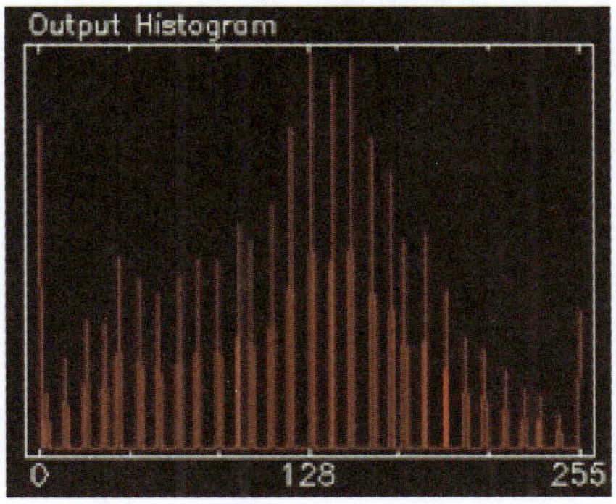

(b)直方图拉伸后结果

图 2-14　直方图拉伸结果对比

(a)原始图像

(b)直方图拉伸后图像

图 2-15　直方图拉伸效果对比

2.3　遥感光谱植被抑制

卫星遥感图像能用于岩性、土壤信息的判释，主要局限在植被覆盖稀少的干旱、半干旱地区。在植被覆盖区，由于基岩或土壤的光谱已与植被光谱混合，难以直接从光学遥感图像中直接提取，通常需要先采取适宜的植被信息抑制技术。

一些常用的方法包括，选用特定的波段进行波段比值、主成分分析、掩模方法、融合方法、分离方法等。其中分离方法是基于混合像元分解的一种植被抑制技术，它通过分离混合像元中的植被信息来降低像素中的植被贡献；与其他方法相比其明显优点是不会造成专题信息的丢失。针对地质应用的遥感影像混合像元分解已有大量研究，主要方法有：光谱分解技术、定向主成分技术(或称软落叶技术)等。但这些方法的缺点是只能产出单波段数据，而且只能够对特定信息(如与热液蚀变相关的铁氧化物和黏土矿物)进行增强。如何用比较通用的方法进行植被覆盖区地质信息增强，并直观地显示植被抑制后色彩丰富的结果图以便于后续的解译，是当前图像增强领域的难点之一。

2.3.1 遥感光谱分离原理

Crippen 等人提出了一种适用于干旱、半干旱地区的基于"强迫不变"的多光谱遥感图像上植被像元贡献度抑制的自动技术。"强迫不变"的意思是，分离处理后的像素值(DN)相对于某一特定的指数(如归一化植被指数，NDVI)是不变的。该算法利用波段间的统计，而不是波段比值，能适合于多波段处理，随后可合成假彩色影像。同时，该算法不需要先验知识的支持，能有效抑制遥感图像上植被的对比度，从而增强下伏岩性信息，有利于目视判释。研究将选取新建浦梅铁路作为研究区域，进行强迫不变植被抑制技术研究，并对该技术在高植被覆盖区的应用效果进行分析。强迫不变技术流程如图 2-16 所示。

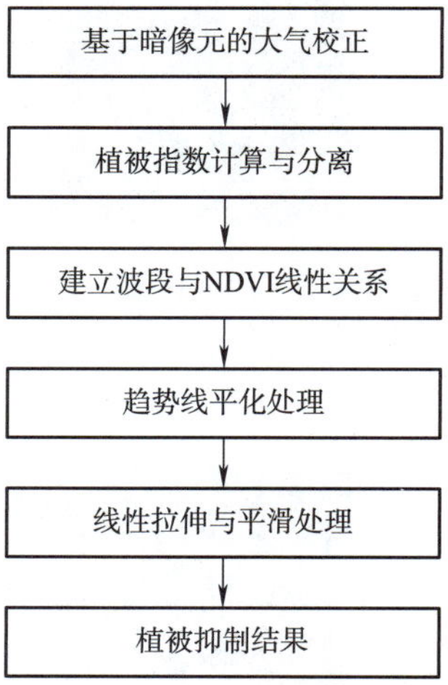

图 2-16 强迫不变技术流程

首先，利用大气校正后基于植被指数计算得到的阈值对非植被覆盖区进行掩膜，使其不参与后续的强迫不变处理，以保存原始光谱信息。归一化植被指数公式为

$$\mathrm{NDVI}=\frac{\mathrm{DN_{NIR}}-\mathrm{DN_R}}{\mathrm{DN_{NIR}}+\mathrm{DN_R}} \tag{2-16}$$

式中 $\mathrm{DN_{NIR}}$——影像近红外波段灰度值；

$\mathrm{DN_R}$——影像红波段灰度值。

从式(2-16)中可见，NDVI 为近红外波段与可见光红波段数值之差和这两个数值之和的比值。

然后，运用强迫不变方法抑制植被覆盖区的光谱响应，强迫不变法步骤包括：

(1)基于暗像元方法进行大气校正；

(2)计算植被指数；

(3)绘制植被指数与每个波段像元值相对应的散点图；

(4)绘制植被指数与每个波段像元值的相关关系拟合曲线，并使拟合曲线平滑；

(5)通过拟合曲线计算每个波段像元中植被的贡献，分离这一贡献，将曲线平滑，即使植被指数与每个波段的像元值不存在相关关系。

最后，将处理后的植被覆盖区与被掩没的非植被覆盖区图像合并在一起，同时进行直方图均衡化，以减小灰度差异，并进一步增强反差。

2.3.2　光学遥感植被信息抑制技术

为更直观地展现植被信息拟制技术，本节选择新建浦梅铁路工程作为应用背景。该工程位于福建省西北部，该线行走于武夷山山脉东坡，地质构造极其复杂，岩性多样，工程地质条件和水文地质条件复杂。沿线主要为山区地貌，地表植被茂盛，基岩裸露少，给野外地质工作带来很大困难。选取 Landsat ETM+多光谱数据遥感影像，开展植被抑制技术研究。

1. 大气校正处理

遥感数据预处理主要包括大气校正、几何精校正等。大气的散射和吸收使遥感数据带有辐射误差，必须进行大气校正。因为未经大气校正的数据，可能会丢失用于提取这些参数反射率的微小差别信息。因此，为了计算准确的植被指数，也需在植被抑制流程前期先对原始数据进行大气校正。

2. 植被指数计算与非线性拉伸处理

经过大气校正后，计算归一化植被指数估量遥感影像中植被的丰度值，如图 2-17 所示。NDVI 值域范围为－1～＋1，通过分段线性拉伸函数式(2-17)将其换算到 0～255。

图 2-17　归一化植被指数

$$\mathrm{NDVI_n}=\begin{cases}0 & \mathrm{NDVI_o}\leqslant b_{\min}\\ \dfrac{\mathrm{NDVI_o}-b_{\min}}{b_{\max}-b_{\min}}\times 255 & b_{\min}<\mathrm{NDVI_o}<b_{\max}\\ 255 & \mathrm{NDVI_o}\geqslant b_{\max}\end{cases} \tag{2-17}$$

式中　$\mathrm{NDVI_o}$，$\mathrm{NDVI_n}$——换算前和换算后的 NDVI 值；

$b_{\min}$，$b_{\max}$——用于换算的高低波段值。

落在低、高波段值间的 NDVI 值通过换算(线性)后变为 1～255 之间。小于低波段的 NDVI 值归为 0,高于高波段的则归为 255。此次研究中,选用－0.4 和 0.5 分别作为 b_{min} 和 b_{max},调整之后公式如下:

$$NDVI_n=\begin{cases}0 & NDVI_o\leqslant -0.4\\ \dfrac{NDVI_o+0.2}{0.77}\times 255 & -0.4<NDVI_o<0.5\\ 255 & NDVI_o\geqslant 0.5\end{cases}\tag{2-18}$$

3. NDVI 与各波段相关关系

NDVI 与各波段灰度值关系散点图如图 2-18 所示。图上每个点的频率用颜色显示,蓝色表示出现的频率高,黑色代表出现的频率低。从散点图上可以看出,波段 1,2,3 和 7 波段的关系散点图指示出这些波段的 DN 值和 NDVI 之间的呈负相关关系;波段 4 与 NDVI 呈正相关关系;波段 5 与 NDVI 具有较弱的正相关关系。

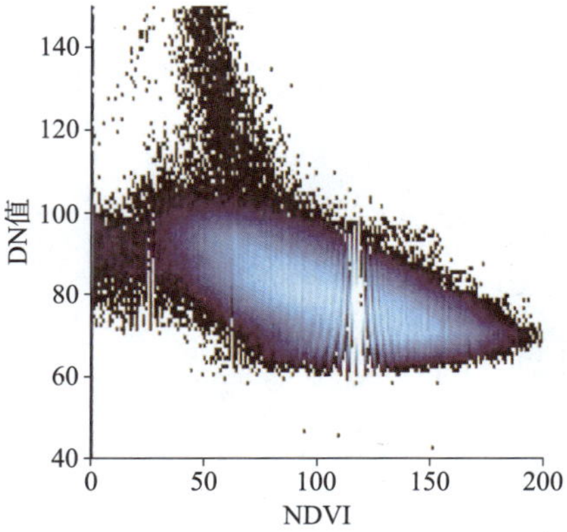

(a)波段 1

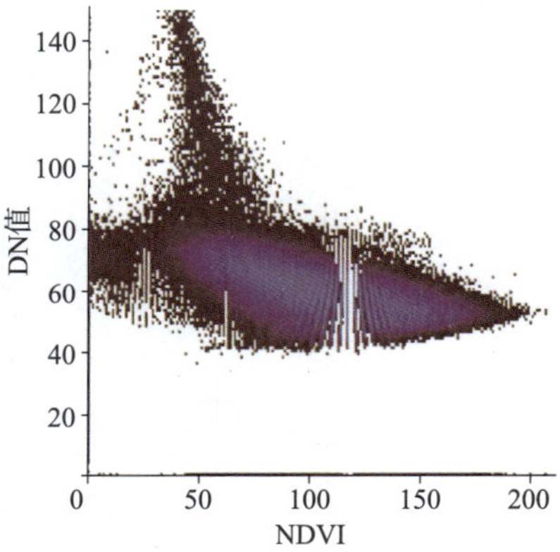

(b)波段 2

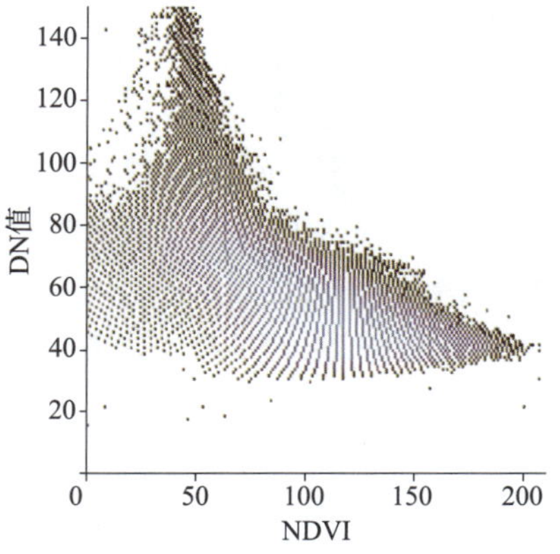

(c)波段 3

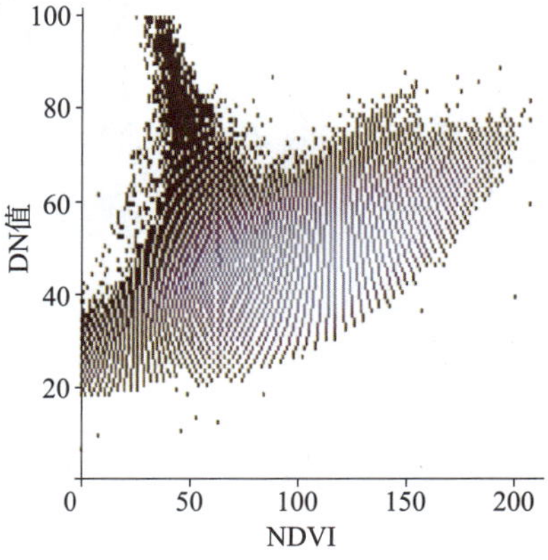

(d)波段 4

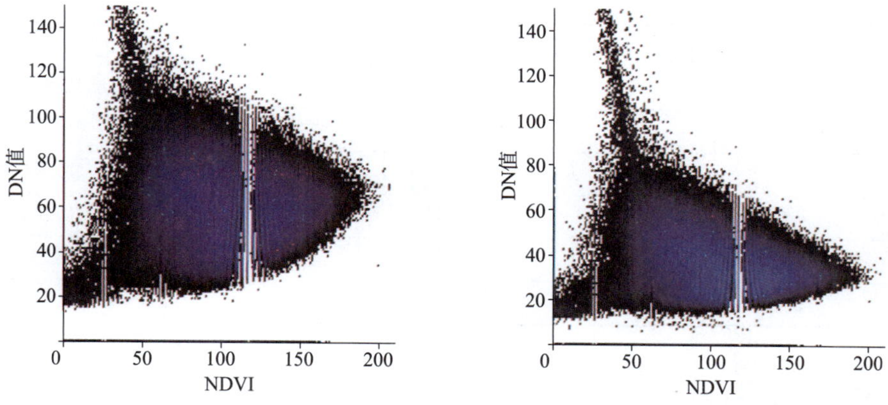

(e)波段 5　　(f)波段 7

图 2-18　NDVI 与各波段灰度值关系散点

4. NDVI 与各波段 DN 值关系拟合及平滑处理

在获得 NDVI 与各波段的散点图后，需要获得它们之间的拟合曲线，并对曲线进行平滑，以消除例外来获得它们之间的正确的相互关系。这里按照如下方法来处理：

(1)在散点图上，将 NDVI 的值 0～255，分成若干组，每组包含 n 个(这里 $n=5$)连续的值。取这 n 个 DN 值的中值作为这一组的值；

(2)对上述 NDVI 和各波段值的拟合曲线进行中值滤波平滑，以消除一些例外关系(即孤立点，一些突变的峰值，通过与原始影像对照，这些孤立点是云覆盖)；这里采用 3 个连续的中值滤波，滤波半径依次是 3、2、1；

(3)经过步骤(2)处理后的拟合曲线消除了一些明显的例外，但曲线依旧不够平滑，需要对这一曲线做进一步平滑；这时采用 3 个连续的均值滤波，滤波半径依次是 1、2、3，得到均值滤波后的光滑的拟合曲线。

5. 曲线平滑，分离植被贡献

在获得了 NDVI 和各波段的光滑的拟合曲线后，可以通过将这一曲线平滑，即让 NDVI 的改变与各波段的 DN 值失去相关性，达到分离出像素中的植被贡献量，只保留下伏的基岩和土壤的对比度。这一平滑处理通过下式计算实现：

$$p_{\mathrm{n}}=p_{\mathrm{o}}\times\left(\frac{p_{\mathrm{t}}}{p_{\mathrm{NDVI}}}\right) \tag{2-19}$$

式中　p_{n}——新像素的 DN 值；

p_{o}——原始像素的 DN 值；

p_{t}——趋势线标准值(每个波段的均值，见表 2-3)；

p_{NDVI}——对应的 NDVI 级上所有像素的中值。

每个波段的 DN 平均值被作为上述等式的目标(DN)值。

表 2-3　各波段均值统计(p_t)

波　　段	最小值	最大值	均　　值
1	0	214	53.802 995
2	0	230	60.122 234
3	0	236	75.291 437
4	0	242	73.304 399
5	0	249	94.527 889
7	0	249	80.482 934

2.3.3　植被信息抑制及适用性分析

在上节植被信息抑制技术处理后，其拟制结果与分析如下：

1. NDVI 与植被抑制后波段像元关系

NDVI 与植被抑制后各波段灰度值关系散点图如图 2-19 所示。从散点图上可以看出，NDVI 与各波段的 DN 值之间的关系已经被平化，不存在相关关系。表明植被信息已经被抑制。

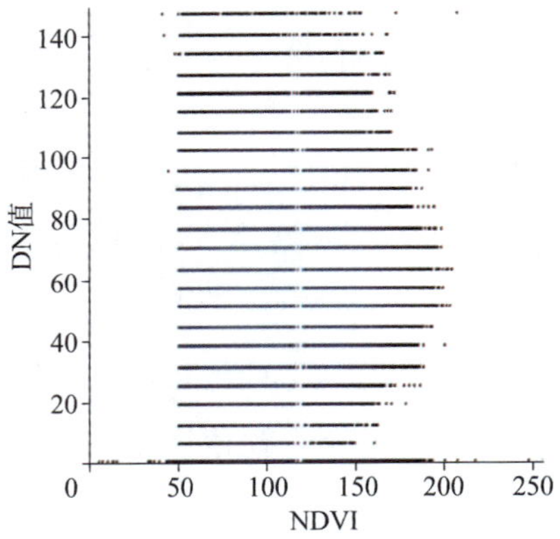

(a)波段 1

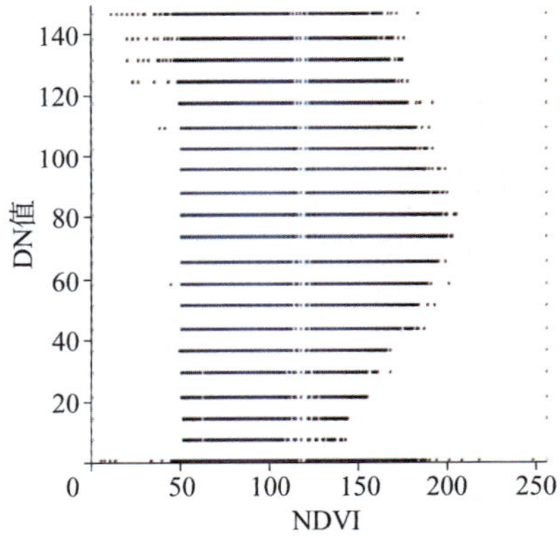

(b)波段 2

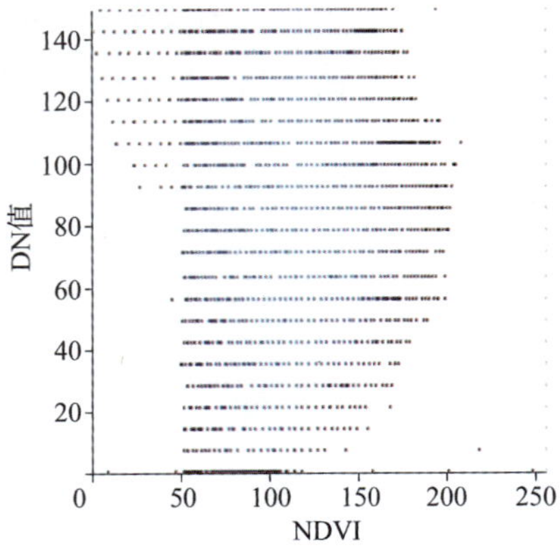

(c)波段 3

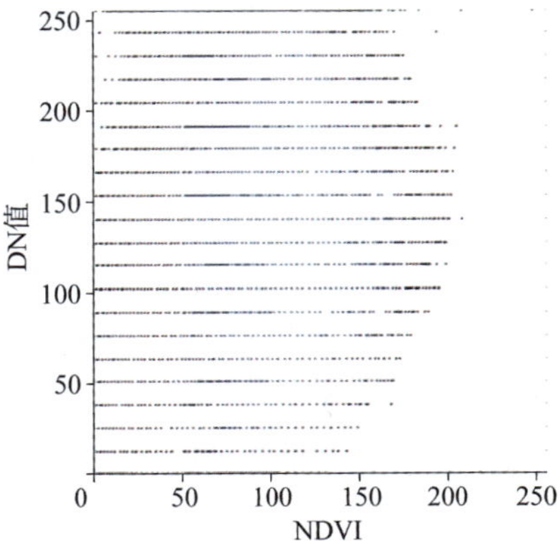

(d)波段 4

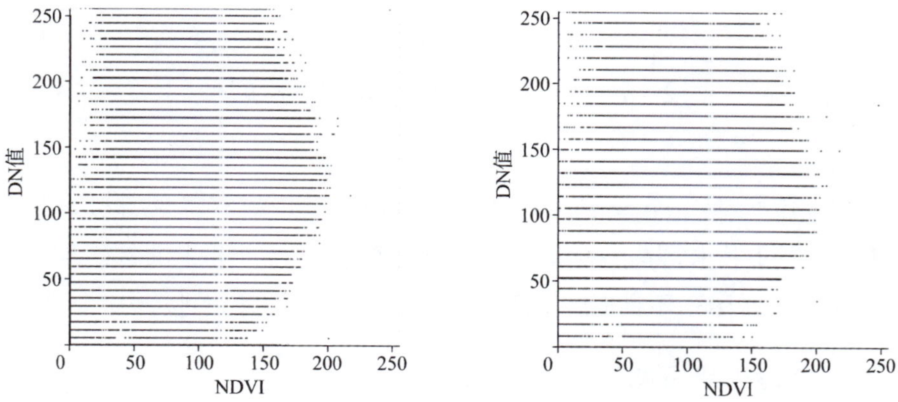

(e)波段 5　　　　(f)波段 7

图 2-19　NDVI 与各波段灰度值关系散点

2. 植被抑制结果分析

采用 741 波段组合方式对植被抑制结果进行分析，植被抑制前的 741 波段组合图像如图 2-20(a)所示，图中绿色代表植被信息，可见在沟谷、河流附近等区域植被覆盖较为茂盛。植被抑制后的 741 波段组合图像如图 2-20(b)所示，可见大部分植被信息被抑制掉。从局部放大图(图 2-21)可见，植被抑制前，山区基本植被覆盖，很难识别基底信息[图 2-21(a)]。在植被抑制处理后，岩性信息表达更为直观，且较易区分[图 2-21(b)]。

(a)植被抑制前　　　　(b)植被抑制后

图 2-20　遥感图像植被抑制前后对比(741 波段组合)

(a)植被抑制前　　　　(b)植被抑制后

图 2-21　植被抑制结果前后对比局部放大(741 波段组合)

2.4 遥感信息计算机提取

铁路工程地质勘察具有周期短、内容多、要求高等特点。研究断裂、水文等信息的遥感快速识别和信息提取技术，为有限时间内高质量完成地质勘察工作提供了有力技术支持，尤其在地质条件复杂的山区，不良地质发育、交通困难、地面调查难以进行的地区更是如此。

2.4.1 断裂构造信息自动提取

从遥感信息的角度来看，线性体是指遥感影像上呈线性特征的影纹图案。一般因其色调异常和图形结构上的差异而较易识别出来，也可以特有地形（例如洼地、沟谷、隆起边界等）或其两侧地貌景观和水系类型的差异而得到显示。线性体的成因多种多样，其中地质成因的线性影像特征称为线性构造，包括大型节理、断层、区域性断裂带等。不同的断裂构造在遥感影像上会表现出不同的纹理结构。随着遥感技术（遥感数据和遥感图像处理方法）的日益发展与进步，遥感技术成为获取地质构造信息的最为有效的方法之一。

传统的断裂构造信息遥感提取方法主要靠人工进行目视解译，尚存在一些问题：一方面，受判释人员的经验和主观因素影响大；另一方面，没有充分发挥出遥感技术的优势，仅靠目视判读提取断裂构造信息难度大、效率低，很难满足工程建设和安全生产的要求。

随着形态滤波算法及计算机模式识别技术的发展，使得计算机辅助提取断裂构造信息成为可能。该项技术的研究势必会减少人工解译的工作量，同时为人工判释提供先验参考。学者们对断裂构造的遥感自动提取法进行大量工作，也取得了较大的进展。张渊等（2013）基于 ETM+影像上断裂构造的分形自相似性特征，利用主成分分析、波段比值、假彩色合成等方法解译了西藏阿里地区的断裂构造；吴婧等（2011）对 TM 影像采用坎尼（Canny）滤波及霍夫变换解译了武夷山地区的断裂构造分布，验证了 Canny 滤波再提取地形边缘的有效性；刘春学等（2014）采用线性体追踪法（STA）对云南个旧地区 DEM 影像进行了处理，成功提取了区域断裂构造。这些方法提取的断裂构造信息准确性还不是很高，还不能满足铁路工程地质勘察的需求。在前人研究的基础上，研究采用计算机自动提取与判释经验相结合的综合判释方法提取断裂构造信息，以解决人工判释受主观因素影响大及计算机自动提取准确性低等问题，实现断裂构造快速准确地提取。技术步骤包括：获取工程区高分辨率遥感影像和基础地质资料，对影像进行边缘增强处理，利用边缘检测算法提取地物边缘信息，利用形态匹配算法提取线性信息，利用先验知识对线性信息进行连通和剔除，通过地理信息系统综合分析得到断裂构造信息（图 2-22）。

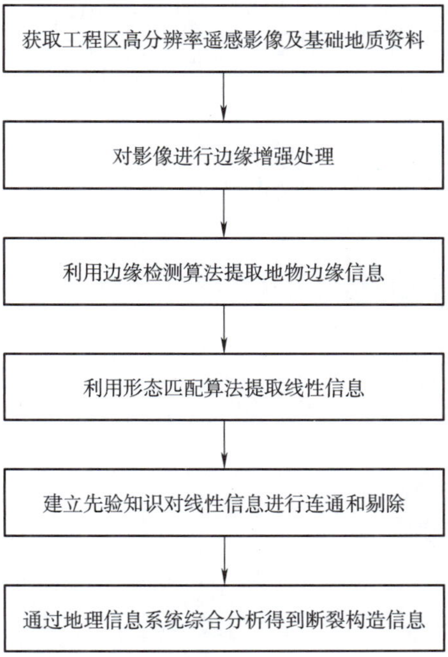

图 2-22　断裂构造信息提取技术流程

1. 边缘检测算法与对比分析

图像边缘是图像灰度不连续性的反映，包含着大量的图像信息，对图像边缘完整和准确的检测是图像处理的重要内容。边缘检测在计算机视觉、图像分割、特征提取和图像匹配等应用中起着重要的作用，是图像分析与识别的重要环节(徐国保等，2009；李敏等，2010)。边缘检测的方法有很多，经典的边缘检测算法大都是基于空域检测的，如 Laplacan 算子、Sobel 算子和 Canny 算子等。

(1)Canny 边缘检测算子

①算法原理

Canny 边缘检测算子(Canny，1986)是当前最受欢迎的边缘检测技术。Canny 认为，一个好的边缘检测算子应满足三项指标：

a. 低的误检概率，既要尽可能地少丢失真正边缘，又要最大可能地去除虚假边缘；

b. 较高的定位精度，即检测出的边缘与真正边缘的距离误差要尽可能小；

c. 单边缘响应，即得到的边缘应为单像素宽。

为此，Canny 提出了判定边缘检测算子的三个准则：

a. 信噪比准则。信噪比越大，提取的边缘质量越高。这里的信噪比 SNR 定义为

$$\mathrm{SNR}=\frac{\left|\int_{-w}^{+w}G(-x)h(x)\mathrm{d}x\right|}{\sigma\sqrt{\int_{-w}^{+w}h^{2}(x)\mathrm{d}x}} \tag{2-20}$$

式中　$G(x)$——边缘函数；

$h(x)$——带宽为 w 的滤波器的脉冲响应；

σ——高斯噪声的均方差。

b. 定位精度准则。边缘定位精度 L 按式(2-21)计算，L 越大表明定位精度越高。

$$L=\frac{\left|\int_{-w}^{+w}G'(-x)h'(x)\mathrm{d}x\right|}{\sigma\sqrt{\int_{-w}^{+w}h'^{2}(x)\mathrm{d}x}} \tag{2-21}$$

式中　$G'(x)$——$G(x)$的导数；

$h'(x)$——$h(x)$的导数。

c. 单边缘响应准则。每个边缘应该有唯一的响应，即得到单像素宽度的边缘。

根据以上三个准则，Canny 推导出最优边缘检测算子的一个近似实现，即边界点位于图像被高斯函数平滑后的梯度幅度极大值点上。其实现过程如下：

a. 曲线平滑。Canny 用泛函求导方法推导出高斯函数的一阶导数即为最优边缘检测算子的最佳近似。由于卷积运算可交换、可结合，Canny 方法首先采用二维高斯函数对曲线进行平滑：

$$G(x,y)=\frac{1}{2\pi\sigma^{2}}\exp\left(-\frac{x^{2}+y^{2}}{2\sigma^{2}}\right) \tag{2-22}$$

式中　σ——控制平滑程度的高斯滤波器参数。

σ 较小的滤波器定位精度高，但信噪比低；σ 较大，则反之。

b. 梯度幅值和方向的计算。传统 Canny 算子利用一阶微分算子来计算平滑后图像 I 各点处的梯度幅值和梯度方向，从而获得相应的梯度幅值图像 G 和梯度方向图像 θ。其中，点(i,j)处 2 个方向的偏导数 $G_x(i,j)$和 $G_y(i,j)$分别为

$$G_x(i,j)=[I(i,j+1)-I(i,j)+I(i+1,j+1)-I(i+1,j)]/2 \tag{2-23}$$

$$G_y(i,j)=[I(i,j)-I(i+1,j)+I(i,j+1)-I(i+1,j+1)]/2 \tag{2-24}$$

则点(i,j)处的梯度幅值和梯度方向分别为

$$G(i,j)=\sqrt{G_x^2(i,j)+G_y^2(i,j)} \tag{2-25}$$

$$\theta(i,j)=\arctan\frac{G_x(i,j)}{G_y(i,j)} \tag{2-26}$$

c. 非极大值抑制。为了精确定位边缘必须细化梯度幅值图像 G 中的屋脊带，而只保留幅值的局部极大值，即非极大值抑制。Canny 算子在梯度幅值图像 G 中以点(i,j)为中心 3×3 的邻域内沿梯度方向 $\theta(i,j)$进行插值，如果点(i,j)处的梯度幅值 $G(i,j)$大于$\theta(i,j)$方

向上与其相邻的 2 个插值，则将点(i,j)标记为候选边缘点，反之则标记为非边缘点。从而得到候选边缘图像 N。

d. 检测和连接边缘。传统 Canny 算子采用双阈值法从候选边缘点中检测和连接得到最终的边缘，首先选取高阈值 T_h 和低阈值 T_l；然后扫描图像，检测候选边缘图像 N 中标记为候选边缘点的任一像素点(i,j)。若点(i,j)梯度幅值 $G(i,j)$大于高阈值 T_h，则该点一定是边缘点；若点(i,j)梯度幅值 $G(i,j)$小于低阈值 T_l，则该点一定不是边缘点。而对于梯度幅值处于两个阈值之间的像素点，则将其看作疑似边缘点。需进一步依据边缘的连通性对其进行判断，若该像素点的邻接像素中有边缘点，则认为该点也为边缘点，否则，该点为非边缘点。

②试验结果与分析

以边缘信息丰富的铁路线影像为实验数据，设置多种阈值对经典 Canny 边缘检测算法进行分析。边缘信息丰富的铁路线影像如图 2-23 所示，图中即包含边界信息丰富的铁路线信息，同时包含丰富的地物背景信息。多阈值条件下 Canny 边缘检测结果如图 2-24 所示。其中，T_h 为设置的高阈值，低阈值 $T_l=0.4\times T_h$。对于自适应阈值检测结果[图 2-24(a)]包含了影像中绝大部分的纹理信息，包括细部的纹理信息，检测结果很好地反映了影像中存在的纹理。随着阈值的提高[图 2-24(b)～(d)]，影像中的细部纹理开始丢失，仅保留了主要的纹理信息。整体上看，Canny 边缘检测算法能够很好地检测出影像纹理信息，细节描述较为逼真，但要根据需求对阈值进行合理设定。

图 2-23　原始影像

(a)自适应阈值检测结果

(b)$T_h=0.25$

(c) $T_h=0.5$

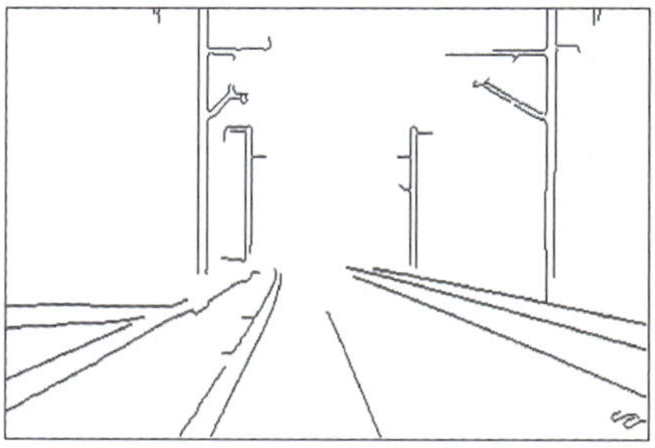

(d) $T_h=0.75$

图 2-24 不同阈值下 Canny 边缘检测结果

(2)普鲁伊特(Prewitt)边缘检测算子

①算法原理

Prewitt 边缘检测算子是一种边缘样板算子,类似于微分处理,利用像素点上下、左右邻点灰度差,在边缘处达到极值检测边缘,对噪声具有平滑作用。由于边缘点像素的灰度值与其领域点像素的灰度值有显著不同,在实际应用中通常采用微分算子和模板匹配方法检测图像的边缘。该算子通常由下列计算公式表示:

$$f'_x(x,y)=f(x+1,y-1)-f(x-1,y-1)+f(x+1,y)-f(x-1,y)-f(x+1,y+1)-f(x-1,y+1) \tag{2-27}$$

$$f'_y(x,y)=f(x-1,y+1)+f(x-1,y-1)+f(x,y+1)-f(x,y-1)-f(x+1,y+1)-f(x+1,y-1) \tag{2-28}$$

$$G(f(x,y))=\sqrt{f'_x(x,y)+f'_y(x,y)} \tag{2-29}$$

式中 $f'_x(x,y)$,$f'_y(x,y)$——x 方向和 y 方向的一阶微分;

$G(f(x,y))$——Prewitt 算子的梯度;

$f(x,y)$——具有整数像素坐标的输入图像。

求出梯度后,可设定一个敏感度阈值 T,当 $f(x,y)>T$ 时,标出该点边界点,其像素值设定为 0,其他的设定为 255,适当调整敏感度阈值 T 的大小来达到最佳效果。Prewitt 算子对于小于阈值的边界信息进行剔除。Prewitt 算子不仅能检测边缘点,而且能抑制噪声的影响,因此对灰度和噪声较多的图像处理效果较好。

②试验结果与分析

同样以图 2-23 的数据为例,对 Prewitt 边缘检测效果进行分析。不同阈值下 Prewitt 边缘检测结果如图 2-25 所示,在自适应阈值情况下[图 2-25(a)]原始图像中大部分边缘信息均被检测出来,但边缘信息检测结果存在零星团块状边缘,边缘检测的连通性稍差。随着敏感性阈值 T 的提高[图 2-25(b)],边缘信息开始减少,长大边缘也出现断块现象,线性信息丢失较为严重。当 $T=0.4$ 时,图像中纹理信息几乎损失殆尽,已反映不出影像的基本轮廓信息。但 $T=0.5$ 时，影像中已无边界信息，表明该算法纹理信息都包含在敏感度阈值 $T=0.5$ 以下。因此在利用该算法进行地物边缘检测时，应注意阈值设定不要过高，否则会丢失大部分纹理信息。

(a)自适应阈值检测结果

(b)$T=0.25$

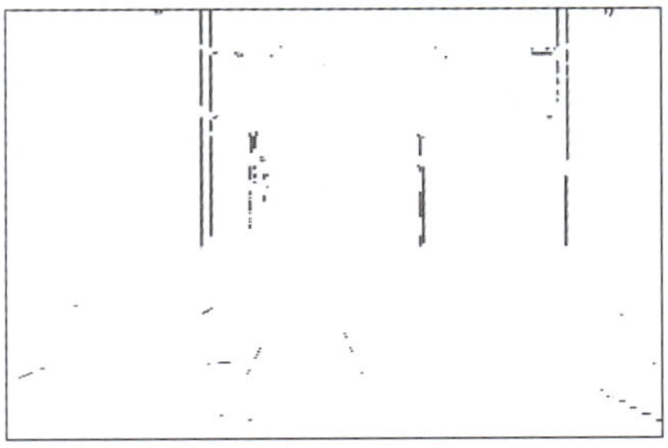

(c)$T=0.4$

图 2-25　不同阈值下 Prewitt 边缘检测结果

(3)Sobel 边缘检测算子

①算法原理

Sobel 算子是一组方向算子，从不同的方向检测边缘。Sobel 算子不是简单的求平均再差分，而是加强了中心像素上、下、左、右四个方向像素的权重，运算结果是一幅边缘图像。该算子通常由下列计算公式表示：

$$f'_x(x,y)=f(x-1,y+1)+2f(x,y+1)+f(x+1,y+1)-f(x-1,y-1)-2f(x,y-1)-f(x+1,y-1) \tag{2-30}$$

$$f'_y(x,y)=f(x-1,y-1)+2f(x-1,y)+f(x-1,y+1)-f(x+1,y-1)-2f(x+1,y)-f(x+1,y+1) \tag{2-31}$$

$$G(f(x,y))=|f'_x(x,y)|+|f'_y(x,y)| \tag{2-32}$$

式中　$f'_x(x,y)$，$f'_y(x,y)$——x 方向和 y 方向的一阶微分；

$G(f(x,y))$——Sobel 算子的梯度；

$f(x,y)$——具有整数像素坐标的输入图像。

求出梯度后，可设定一个常数 T，当 $G(f(x,y))>T$ 时，标出该点边界点，其像素值设定为 0,其他的设定为 255,适当调整常数 T 的大小来达到最佳效果。Sobel 通常对灰度渐变和噪声较多的图像处理效果较好。

②试验结果与分析

同样以图 2-23 的数据为例,对 Sobel 边缘检测效果进行分析。不同阈值下 Sobel 边缘检测结果如图 2-26 所示,其检测结果与 Prewitt 边缘检测结果相差无几,自适应阈值时,图像中大部分边缘信息均被检测出来,随着敏感性阈值 T 的提高,边缘信息开始减少,长大边缘也出现断块现象,线性信息丢失较为严重。当 $T=0.4$ 时,图像中纹理信息几乎损失殆尽,已反映不出影像的基本轮廓信息,但比 Prewitt 检测结果稍好。

(a)自适应阈值检测结果

(b)$T=0.25$ 时边缘检测结果

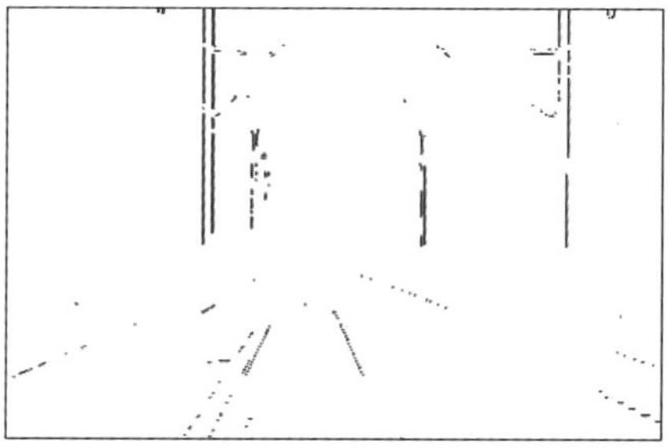

(c)$T=0.4$ 时边缘检测结果

图 2-26　不同阈值下 Sobel 边缘检测结果

(4)高斯拉普拉斯(LoG)边缘检测算子

①算法原理

Laplacian 算子是最常用的二阶导数算子。二元函数 $f(x,y)$的 Laplacian 变换定义见式(2-15),实际上就是二阶偏导数的和,将式(2-15)以差分方式表示,得到式(2-33)所示的形式:

$$\nabla^2 f(x,y)=f(i+1,j)+f(i-1,j)+f(i,j+1)+f(i,j-1)-4f(i,j) \tag{2-33}$$

$\nabla^2 f$ 算子能突出反映图像中的角线和孤立点。但是一阶导数对噪声敏感,因而不稳定。二阶导数对噪声更敏感,因而更不稳定。所以,在作 Laplacian 变换之前需要作平滑。同时,又因为卷积可变换、可结合的,所以先作高斯卷积,再用 Laplacian 算子作卷积,等价于对原图像用高斯函数的 Laplacian 变换后的滤波器作卷积，这样就得到一个新的滤波器——LoG 滤波器。LoG 边缘检测算子是通过寻找二阶导数的零交叉点来寻找边缘，其基本算子为

$$f(x,y)=\nabla^2[G(x,y)\times M(x,y)] \tag{2-34}$$

式中 $M(x,y)$——是输入图像。

②试验结果与分析

以相同样本数据为例，对 LoG 边缘检测效果进行分析。不同阈值下 LoG 边缘检测结果如图 2-27 所示，自适应阈值时，图像中大部分边缘信息均被检测出来，但斑点噪声较多。随着敏感性阈值 T 的升高，边缘信息迅速衰减，说明边缘信息主要集中在低阈值范围内。使用此边缘检测算法要注意阈值的设定问题。

(a)自适应阈值检测结果　　(b)$T=0.05$ 时边缘检测结果

图 2-27　不同阈值下 LoG 边缘检测结果

(5)罗伯茨(Roberts)边缘检测算子

①算法原理

Roberts 边缘检测算子是一个斜向偏差分的梯度计算方法，梯度的大小代表边缘的强度，梯度的方向与边缘走向垂直。该算子通常由下列计算公式表示：

$$G(f(x,y))=\left\{\left[\sqrt{f(x,y)}-\sqrt{f(x+1,y+1)}\right]^2+\left[\sqrt{f(x+1,y)}-\sqrt{f(x,y+1)}\right]^2\right\}^{\frac{1}{2}} \tag{2-35}$$

式中 $f(x,y)$——具有整数像素坐标的输入图像。

平方根运算使该处理类似于在人类视觉系统中发生的过程，Roberts 操作实际上是求旋转 45°两个方向上微分值的和。Roberts 边缘算子定位精度高，在水平和垂直方向效果较好，但对噪声敏感。

②试验结果与分析

以相同样本数据为例，对 Roberts 边缘检测效果进行分析。不同阈值下 Roberts 边缘检测结果如图 2-28 所示，自适应阈值时，图像中大部分边缘信息均被检测出来，断线和点状边界较多。随着敏感性阈值 T 的升高，边缘信息开始衰减，当 $T=0.5$ 时，影像中的线性信

息基本损失殆尽。说明边缘信息主要集中在低阈值范围内。使用此边缘检测算法要注意阈值的设定问题。

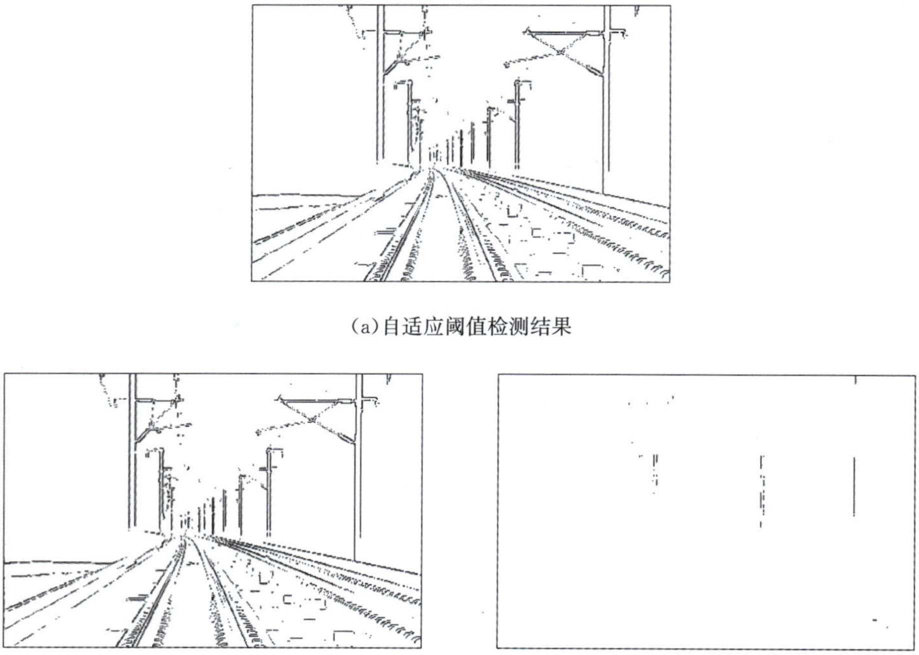

(a)自适应阈值检测结果

(b)T=0.25 时边缘检测结果　　(c)T=0.5 时边缘检测结果

图 2-28　不同阈值下 Roberts 边缘检测结果

(6)各种边缘检测算子对比分析

利用浦梅铁路局部 ALOS 遥感数据，对各种边缘检测算法进行对比分析，结果如图 2-29 所示。由图可见，对于影像数据，Canny 和 LoG 边缘检测效果相对较好，其他边缘检测算法会产生大量虚假边缘和斑块状边缘，对影像中线性信息检测效果较差。而对于 Canny 和 LoG 两种边缘检测方法，Canny 算法检测结果连续性较好，细部反映明显。LoG 算法会产生大量块状边缘，边缘信息的整体反映稍差。整体上，Canny 边缘检测算法效果最佳。

2. 形态滤波技术与线性信息提取

(1)基于数学形态学的边缘提取技术

数学形态学可以用于图像信息提取方面，是近年来被提出的新理论、新方法之一，其提取图像信息的基本思想是用具有一定形态的结构元素去量度和提取图像中的对应形态以达到对图像分析和识别的目的。数学形态学是一种基于像元间的逻辑关系而非代数关系的图像处理的新理论和新方法，因此有利于对图像进行面状几何要素描述。

(a)原始数据

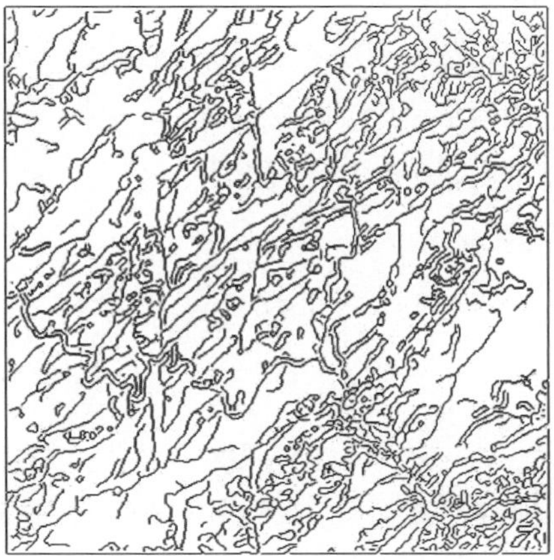

(b)Canny 边缘检测结果

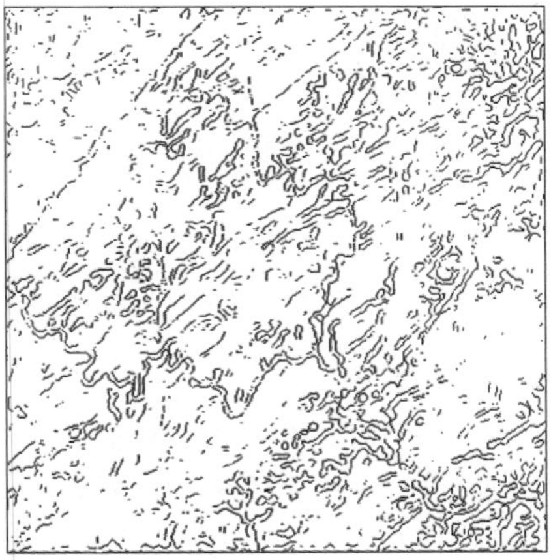

(c)LoG 边缘检测结果

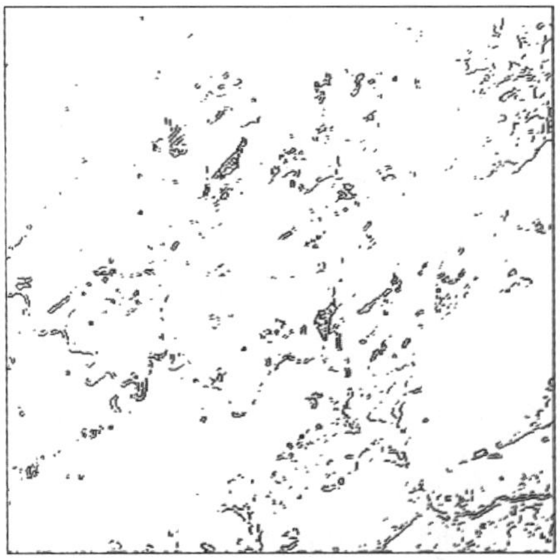

(d)Prewitt 边缘检测结果

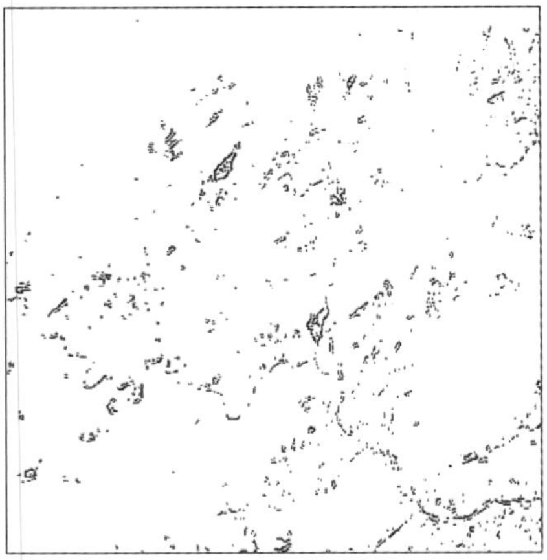

(e)Roberts 边缘检测结果

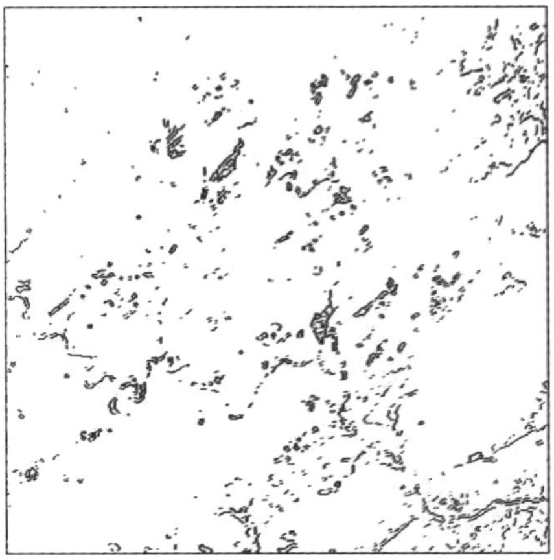

(f)Sobel 边缘检测结果

图 2-29　各种边缘检测算法的对比分析

数学形态滤波处理主要为图像膨胀和图像侵蚀。在线性边界提取时，首先，根据形态学膨胀算子对边缘点所在区域进行区域填充，在确保边界完整的同时，使图像的边缘轮廓变粗，得到图像膨胀处理结果；而后，根据形态学侵蚀算子对图像膨胀处理结果进行细化处理，使得边界更加符合实际，同时为后续边缘提取过程减小难度和错误。

①膨胀运算

膨胀运算可以这样来定义，用 B 对 A 进行膨胀可以标记为 $A \oplus B$，其定义为

$$A \oplus B = \left\{ x \mid [(\hat{B})_x \cap A] \neq \varnothing \right\} \tag{2-36}$$

其中，$\hat{B}$ 表示集合 B 的反射，$(\hat{B})_x$ 表示对 B 的反射进行位移 x。因此，式(2-37)表明 B 膨胀 A 的过程就是先对 B 作关于原点的映射，再将其平移 x，这里 A 与 B 的交集不能为空集。

②侵蚀运算

侵蚀运算符为$\ominus$，用 B 对 A 进行侵蚀可以记为 $A \ominus B$，其定义为

$$A \ominus B = \left\{ x \mid (\hat{B})_x \subseteq A \right\} \tag{2-37}$$

表明用 B 腐蚀的过程就是对 B 进行平移运算 x，结果是所有 x 的集合，即 B 平移 x 后仍在 A 中。换言之，用 B 腐蚀 A 得到的集合是 B 完全包括在 A 中时 B 的原点位置的集合，即平移后的 B 与 A 的背景并不叠加。

(2)基于霍夫(Hough)变换的线性构造提取技术

从遥感信息的角度来看，线性体是指遥感影像上呈线性特征的影纹图案。一般因其色调异常和图形结构上的差异而较易识别出来，也可以特有地形(例如洼地、沟谷、隆起边界等)或其两侧地貌景观和水系类型的差异而得到显示。线性体的成因多种多样，其中地质成因的线性影像特征称为线性构造，包括大型节理、断层、区域性断裂带等。线性构造的自动识别与提取对地质制图和找矿勘探而言具有重要的实际意义。

Hough 变换是图像处理中从图像中识别线性形状的基本方法之一。Hough 变换的基本原理在于利用点与线的对偶性，将原始图像空间给定的曲线通过曲线表达形式变为参数空间的一个点。这样就把原始图像中给定曲线的检测问题转化为寻找参数空间中的峰值问题。也即把检测整体特性转化为检测局部特性，比如直线、椭圆、圆、弧线等。

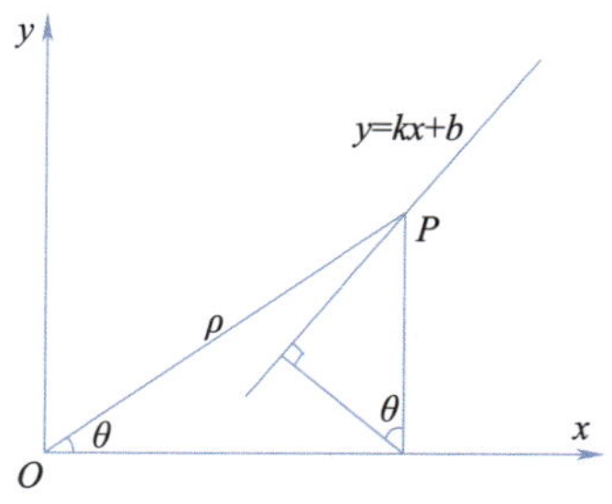

k—斜率；b—截距。

图 2-30 Hough 变换原理

Hough 变换的基本原理数学解释如下：假设有一条直线 $y=kx+b$(图 2-30)，直线上一点 P 与原点距离为 ρ，方向角为 θ，则该点满足方程：

$$\rho = x\cos\theta + y\sin\theta \tag{2-38}$$

由于在 Hough 变换过程中，(x,y)空间上共线的点变为(ρ,θ)空间上交于一点的曲线，

并且(ρ,θ)空间上交点的ρ和θ两坐标恰好对应了(x,y)空间上过各点直线的法线式方程中的参数。因此，从(ρ,θ)空间检测出峰值，便可找到(x,y)空间上的直线。

操作时，先将边缘点图像作 Hough 变换，使每一边缘点都映射为(ρ,θ)中的一条曲线。再将(ρ,θ)空间量化为许多个小单元$\Delta\rho\Delta\theta$，计算落入单元内的点数。计数大的认为是所要得到的直线对应的ρ和θ，将其反变换为(x,y)空间中的直线。计数小的认为是噪声，将其清除。Hough 变换是一种窗口算法，它用一系列窗口中的许多小线段拟合图像中的直线或曲线，拟合精度与窗口大小(阈值)直接相关，阈值越小拟合精度越高，但线性特征较短，也不易于与噪声区别；阈值越大拟合得到的线段较长，但阈值增大可能造成线性特征方向误差，产生假线性特征效应。

3. 断裂构造提取实例分析

(1)高分辨率遥感影像及基础地质资料收集

以新建浦梅铁路局部为研究区域，收集分辨率为 2.5 m 的 ALOS 卫星影像，影像带有有理函数传感器模型(RPC)参数，研究区原始数据如图 2-31 所示。图中线性信息纵横交错，地物间色调反差较小，地物边界和纹理信息不明显。对工程区进行现场踏勘，并收集到工程区地质图和地形图资料。

(2)影像增强处理

对收集的高分辨率遥感影像进行高通滤波处理，增强地物的边缘信息。将边缘信息增强结果与原始影像按 4∶6 的比例叠加，得到边缘增强后的影像(图 2-32)。

图 2-31　原始 ALOS 影像

图 2-32　边缘增强影像

(3)利用 Canny 算法提取地物边缘信息

对得到的地物边缘信息增强影像，利用 Canny 边缘检测算法进行边缘检测处理，提取地物的边缘信息。主要步骤如下：

①对影像进行平滑处理，以减少噪声影响。利用高斯滤波器对边缘增强后影像进行平

滑处理。首先将边缘增强后影像进行归一化处理，以浮点阵列的形式存储，而后对该阵列进行一维和二维高斯滤波，以减少噪声影响。

②计算梯度的幅值和方向。对平滑处理后的影像，利用一阶偏导的有限差分来计算梯度的幅值和方向。

③对梯度幅值进行非极大值抑制。对各像素点的梯度值进行非极大值抑制，即在当前像素点的 3×3 邻域内，如果当前点的梯度幅值大于沿梯度方向上相邻两个像素点的梯度幅值，则认为该点是可能的边缘点，将其对应的标志位设 1。否则，则认为该点为非边缘点，将其对应的标志位清 0。

④对经过非极大值抑制处理后的图像进行双阈值化处理，消除虚假边缘并连接断续边缘，提取地物边缘信息。利用冯珂等提出的方法确定高低阈值(冯珂等，2012)。用高阈值与经过非极大值抑制后的图像进行比较，记录边缘点。对所有的边缘点，在 8 邻域内迭代寻找大于低阈值的点，并标记为边缘点。连接断续的边缘点，得到地物边缘信息。

(4)利用形态匹配算法提取线性信息

对得到的地物边缘信息，采用先膨胀后侵蚀的方法进行数学形态学滤波处理，利用 Hough 变换提取线性信息。

①对得到的地物边缘信息，进行数学形态滤波处理

数学形态滤波处理主要为图像膨胀和图像侵蚀。首先，根据形态学膨胀算子对边缘点所在区域进行区域填充，在确保边界完整的同时，使图像的边缘轮廓变粗，得到图像膨胀处理结果；而后，根据形态学侵蚀算子对图像膨胀处理结果进行细化处理，使得边界更加符合实际，同时为后续边缘提取过程减小难度和错误。

②利用 Hough 变换提取线性信息

利用在 MatLab 中编程处理的方式，对数学形态滤波结果进行 Hough 变换处理，提取影像线性信息。提取的线性信息结果如图 2-33 所示，由图可见，线性信息被很好地提取出来，其中包括断裂信息、河流信息、地物边界信息等。

图 2-33　形态滤波算法提取的线性信息

(5)利用先验知识对线性信息进行连通和剔除

将得到的地物边缘增强影像和提取的线性信息，进行空间叠加分析，利用先验知识对线性信息进行连通和剔除，得到断裂构造线。

①建立先验知识

首先，判释人员根据野外踏勘和对地质图、地形图等区域地质资料的分析，初步认清区域的断裂构造分布特征。

其次，根据对区域断裂构造的认识，提取区域断裂构造的判释标志。判释标志包括断层破碎带的直接出露，断层沟谷、断层垭口、断层三角面的分布，以及河流的突然拐弯，岩性或相邻地貌单元的突变特征。提取的该区部分断裂构造判释标志如图 2-34 所示，河流的直角拐弯如图 2-34(a)所示，可见河流受断裂影响发生两次直角拐弯，并在沿断裂分布段呈直线展布，很好地反映出断裂构造的分布特征；断层沟谷与河流的突然拐弯综合形成的判释标志如图 2-34(b)所示，断层沟谷笔直而深切，具有明显的方向性，沟谷延伸方向即为断裂构造的走向，其间河流受断裂构造影响而发生直角拐弯。对区域断裂构造的初步认识和建立的判释标志，共同构成先验知识。

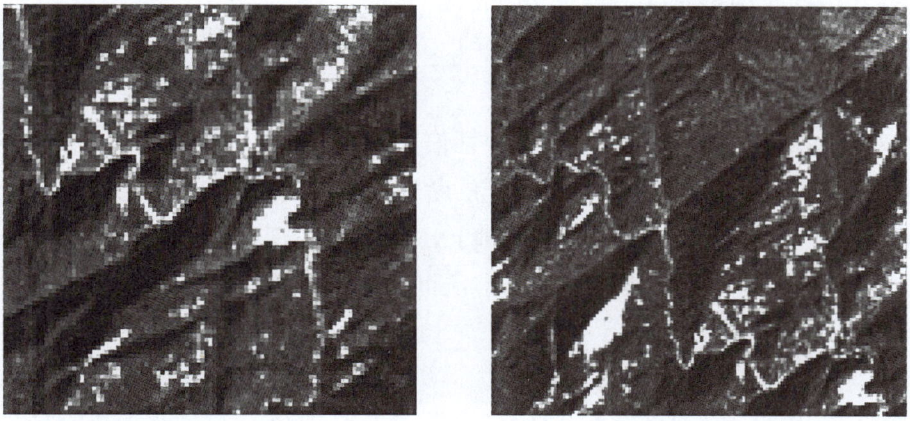

(a)河流的直角拐弯　　(b)断层沟谷与河流的突然拐弯

图 2-34　断裂构造判释标志

②利用先验知识对线性信息进行连通和剔除

基于边缘增强影像，依据先验知识对提取的线性信息进行连通和剔除。在叠加分析的基础上，利用先验知识判断提取的线性信息是否与边缘增强影像上区域断裂构造分布特征和判释标志相符。若相符则为断裂构造上的离散线段，若不符则不是断裂构造上的离散线段。若是断裂构造上的离散线段，则根据边缘增强影像，利用先验知识对所述影像上同一直线上的线性信息进行连通，形成一条完整的断裂构造线。构造线连通和剔除结果如图 2-35 所示，由图可见，通过连通和剔除过程处理，研究区内断裂构造分布特征被很好地呈现出来，该区断裂构造走向以北东向为主。

图 2-35　连通和剔除结果

(6)通过 GIS 综合分析得到断裂构造信息

将得到的断裂构造线进行长度(L)量测,划分断裂构造等级,得到区域断裂构造信息。断裂构造等级划分标准为 $L \geqslant 100$ km 为一级断裂,50 km$\leqslant L<100$ km 为二级断裂,25 km$\leqslant L<50$ km 为三级断裂,$L<25$ km 为四级断裂。依据断裂构造划分标准,按照所述量测的断裂构造线长度对各断裂构造线进行等级划分,得到区域断裂构造信息。根据量测,研究区内断裂构造长度均小于 25 km,研究区内均为四级断裂,区域断裂构造分布如图 2-36 所示。

图 2-36　区域断裂构造分布

通过对遥感影像的增强、边缘检测和线性信息提取等处理,改变了传统只靠人工目视解译的断裂判释方法。新方法是在提取线性信息的基础上,利用先验知识对线性信息进行筛选,从而得到断裂信息。降低了对判释人员经验的要求,同时能够有效提高断裂判释的准确性。

2.4.2　水体信息自动提取

遥感技术可作为地表水文信息提取的有效技术手段,因为水体与其他地物存在很大的光谱反射差异,可以利用这种差异进行水体信息的自动提取。水体几乎全部吸收了近红外和中红外波段内的入射能量,所以这两个波段内的反射率很低,而植被、土壤等在这两个波段内的吸收能量较少,反射率比较高,因此可以利用单波段阈值法对水体进行提取。学者通常利用 TM5 短波红外波段(1.55~1.75 μm)提取水体,除了对一些阴影区和水体区分率较差外,水体整体提取效果较好。

此外,水体具有独特的谱间关系特征,利用多个波段的综合特点提取水体是近年来的研究重点。谱间关系法利用水体和背景地物在不同波段(或不同波段组合)之间光谱特征的差异,建立逻辑判断公式,对水体和背景地物进行区分,杨存建、周成虎、张明华等分别在这方面进行过研究(张明华等,2008)。最早且最具有代表性的水体指数是由 Mcfeeters 提出的归一化差异水体指数 NDWI(Mcfeeters,1996),见式(2-39)。

$$\mathrm{NDWI}=(\mathrm{G}-\mathrm{NIR})/(\mathrm{G}+\mathrm{NIR}) \tag{2-39}$$

式中　G,NIR——绿光和近红外波段。

NDWI 提出后,很多学者针对不同的研究区和数据源创建了新的或改进的植被指数。丁凤在对 Landsat ETM+影像上的水体和背景地物光谱特征分析的基础上,利用 4、5、7 波段组合构建了水体指数 NWI,可用于水体信息快速有效地提取(丁凤,2009)。Feyisa 等构建了水体指数 AWEI,并在世界各地选取各种背景下的水体进行了大量的试验,结果表明该指数能够有效地实现水体信息的准确提取(Feyisa,2014)。Fisher 等在 WI 的基础上提出了一个新的基于线性判别分析创建的水体指数 WI_{2015},该指数用线性判别分析分类确定最佳分割训练区类别的系数提高了分类精度。这些算法的研究和应用,为水体信息的自动提取奠定了坚实基础。在具体应用中,还需结合实践对各算法的提取效果进行检验。此外,还应注意一些多光谱影像分辨率较低,对于面积小于或接近其像元面积的水体,提取会有难度。

目前国内外在水文方面已广泛运用遥感手段,并取得了一定成效。近十几年在铁路线路方案研究工作中,判释不同年份和不同季节的卫星图像,对分析河道演变规律十分有利,可以更快而全面地掌握沿线各类河流特性及其地貌单元分类,从而指导航片的判释工作,做到不遗漏好的桥渡线路方案,舍去不合理的方案。现行《铁路工程水文地质勘察规范》(TB 10017)明确规定,遥感图像水文地质解译,应包括以下内容:

(1)判明地质构造基本轮廓和新构造运动行迹及其富水的可能性;(2)划分地貌单元,判定其形态及其与地下水分布的关系;(3)判明水系分布范围、形态分布及发育特征,圈定古河道及相对富水地段;(4)判明大型泉水点、泉群、地下水溢出带的位置和范围,地下水富水地段,地貌、岩性、构造与地下水的关系,分析地下水补给、径流、排泄条件;(5)判明可溶岩的分布、岩溶发育程度及岩溶形态;(6)进行水文地质概略分区;(7)解译特长、长隧道主要地层和岩性分界线、断层与隧道的关系、断层破碎带宽度。

在这些调查内容中,地表水、井泉的调查是遥感工作的重点内容,地下水则是间接得到的结果。

1. 水体光谱特征

卫星遥感影像记载了地物对电磁波的反射信息以及地物自身的热辐射信息。在可见光波段内,水体的波谱特性非常复杂,影像上记载的反射信息主要来自水面、水中悬浮体和底部物质的反射。因而水体吸收和辐射特性,不仅与其本身的性质有关,而且还与其所含物质的类型和大小有关。各地物由于其结构、组成以及物理化学性质上的差异,从而导致了不同的地物对电磁波的反射存在差异,以及其热辐射也不完全相同。正是由于不同波谱段上不同地物的反射率差异,才使得水体等信息的提取可以实现。要想从影像中提取水体,了解水体在影像中的特性是很有必要的,这可以为提取水体提供有力的参考依据。

对水体来说,水的光谱特征主要是由水本身的物质组成决定,同时又受到各种水状态的影响。在可见光波段 0.6 μm 之前,水的吸收少、反射率较低、大量透射。其中,水面反射率约 5%左右,并随着太阳高度角的变化呈 3%~10%不等的变化,水体可见光反射包含水表面反射、水体底部物质及水中悬浮物质(浮游生物或叶绿素、泥沙及其他物质)的反射三方面的贡献。对于清水,在蓝绿光波段反射率 4%~5%,0.6 μm 以下的红光部分反射率降到 2%~3%,在近红外、短波红外部分几乎吸收全部的入射能量,因此水体在这两个波段的反射能量很小。这一特征与植被和土壤光谱形成十分明显的差异,因而在红外波段识别水体是较容易的。

水体的光谱反射特征如图 2-37 所示，水体在大于 0.5 μm 的光谱范围内反射率呈递减特征。由于水在红外波段(NIR、SWIR)的强吸收，水体的光学特征集中表现在可见光在水体中的辐射传输过程。它包括界面的反射、折射、吸收、水中悬浮物质的多次散射等。而水体的综合光谱特征是由以下因素决定的，包括水面的入射辐射、水的光学性质、表面粗糙度、日照角度与观测角度、气-水界面的相对折射率，以及在某些情况下的水底反射光等。

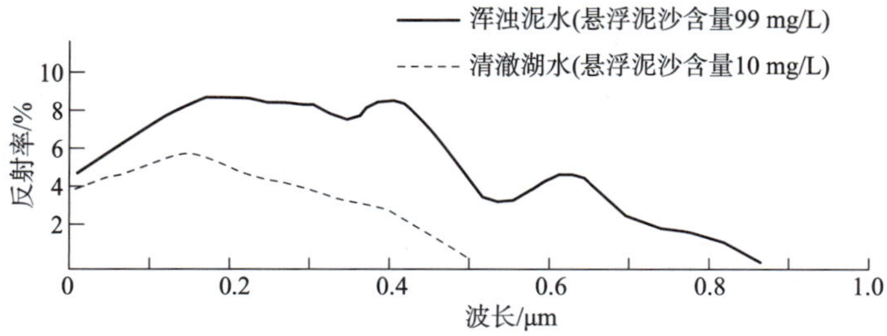

图 2-37　不同水体反射光谱特征

水面入射光谱中，仅有可见光(0.4～0.75 μm)透射入水，其他波段的入射光或被大气吸收或被水体表层吸收(图 2-38)。图中还显示蓝光(0.4～0.5 μm)对水的透射性最好。研究表明：蓝光对于清洁水穿透能力可达几十米(田庆久等，2007；王艳姣等，2007；谢伟军等，2009)。

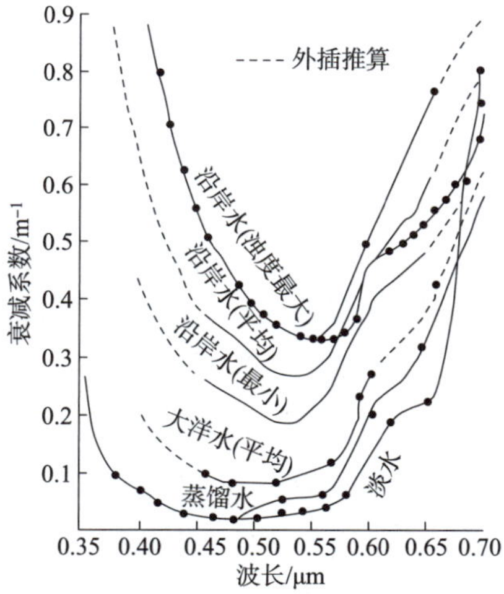

图 2-38　不同水体光谱衰减特征

2. 水文信息遥感提取方法

卫星遥感影像中快速、准确地提取水体信息已经成为水资源调查，水资源宏观监测及湿地保护的重要手段。近年来，利用卫星遥感数据进行水体信息的自动提取，进行水资源宏观监测及洪水淹没范围评估，得到了广泛的研究。阈值法、差值法、比率测算法、密度分割法、色度判别法、水体指数法、多波段谱间信息法、基于知识的水体自动判别方法，以及根据形状信息进行水体识别与分类等各种方法相继提出并得到了应用(陈华芳等，2004；张明华，2008)。其中，谱间信息法和水体指数法是发展较为成熟且效果较好的算法，下面将采用这两种方法进行水文信息提取，并进行对比分析。

(1)谱间信息法

谱间信息法属于多波段法的一种，主要是利用多波段的优势综合提取水体信息。常用的阈值分类提取水体的方法，分类的结果往往易将山区的阴影或部分混合像元误认为水体。采用谱间信息法通过分析水体与背景地物的波谱曲线特征，找出它们之间的变化规律，进而用逻辑判别表达式将水体提取出来。不仅能提高水体提取结果精度，而且对多时相图像的水体动态监测也能达到较好的效果。

卫星传感器主要通过接收和记录地球表面反射、发射的电磁波来获得地表各类地物的信息。由于各类地物对太阳光的吸收和反射的程度不同，因此，它们在卫星传感器上记录的电磁波谱信息也各不相同。谱间信息法提取水体信息的原理正是利用谱间差异特征进行的。根据水体独特的多波段谱间关系特征，周成虎等人建立了谱间信息法模型：

$$(b_2+b_3)-(b_4+b_5)>0 \tag{2-40}$$

$$b_5/b_2<a \quad (0<a<1) \tag{2-41}$$

式中　b_2——绿波段；

b_3——红波段；

b_4——近红外；

b_5——短波红外；

a——阈值。

公式(2-40)是将水体和阴影作为一类，与其他地物分离，公式(2-41)将水体与阴影分开。这种方法还可区分水质好的清水与水质差的污浊水。这种方法能够有效去除阴影的影响，适合山区进行水体信息提取。

(2)水体指数法

考虑水体的波谱特征是在绿波段具有较强的透射性，短波红外处于水的吸收带内，反映含水量敏感。因此采用绿波段与短波红外波段数值之差和这两个波段数值之和的比值作为归一化水体指数(NDWI)，当满足 NDWI>0 时所提取的地物为水体。归一化水体指数计算式为

$$\mathrm{NDWI}=(b_2+b_5)/(b_2-b_5) \tag{2-42}$$

归一化水体指数法能够消除地形差异影响。

3. 水文信息提取结果分析

选取 2014 年成像的 Landsat8 多光谱影像作为研究数据，区域为新建浦梅铁路局部区域，整体地貌特征以低山丘陵为主，地形起伏不大。Landsat8 数据波段特征见表 2-4。分别

采用谱间信息法和水体指数法进行水体信息的提取实验。

表 2-4 LC8 与 ETM+多光谱数据波段对应关系

LC8 多光谱数据			ETM+多光谱数据		
序号	波段/μm	空间分辨率/m	序号	波段/μm	空间分辨率/m
1	0.433～0.453	30	—	—	—
2	0.450～0.515	30	1	0.450～0.515	30
3	0.525～0.600	30	2	0.525～0.605	30
4	0.630～0.680	30	3	0.630～0.690	30
5	0.845～0.885	30	4	0.775～0.900	30
6	1.560～1.660	30	5	1.550～1.750	30
7	2.100～2.300	30	6	2.090～2.350	30
8	0.500～0.680	15	7	0.520～0.900	15
9	1.360～1.390	30	—	—	—

对实验数据进行假彩色合成处理，以突出水体信息，方便与计算机提取结果进行对比(图 2-39)。图中，水体呈蓝色，可见大的河流、湖泊的轮廓。计算机提取结果如图 2-40 所示。由图可见，影像中规模较大的水体信息基本被提取出来，相较于谱间信息法提取结果[图 2-40(a)]，水体指数法[图 2-40(b)]提取的河流信息更加连续，小型湖泊、水塘等信息也较谱间信息法丰富，可见对小型水体信息的提取效果更好。

图 2-39 原始多光谱数据假彩色合成图像

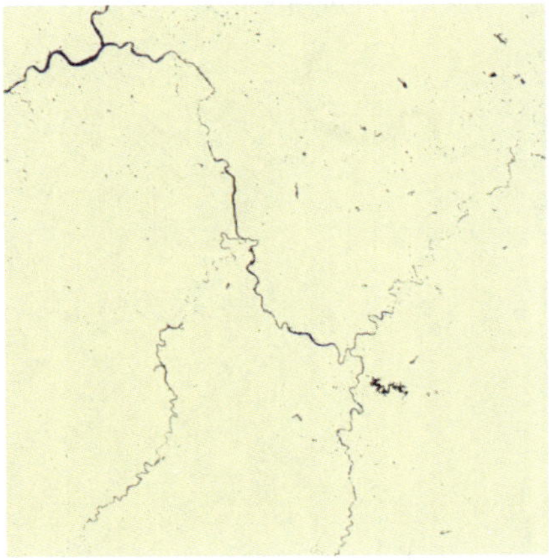

(a)谱间信息法提取结果

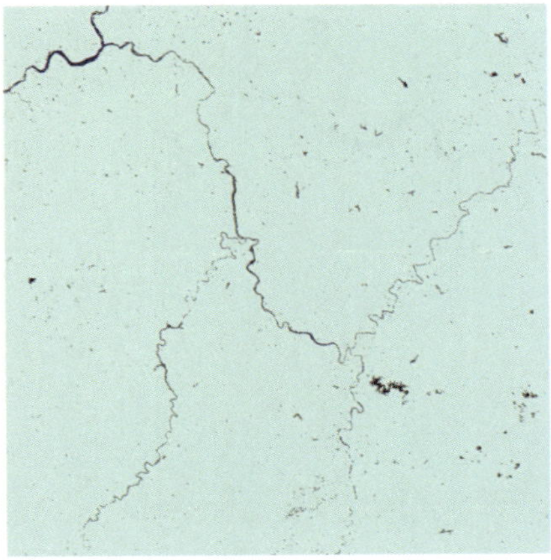

(b)水体指数法提取结果

图 2-40　水体信息提取结果

为了更进一步分析两种水体提取方法的效果，选取局部区域进行对比分析(图 2-41)。从提取结果看(图 2-42)，谱间信息法和水体指数法对大型河流的提取效果均较好，都能反映区域水体的分布特征。但对于局部小型水体信息，水体指数法较谱间信息法提取结果要好。

图 2-41　假彩色合成影像局部放大结果

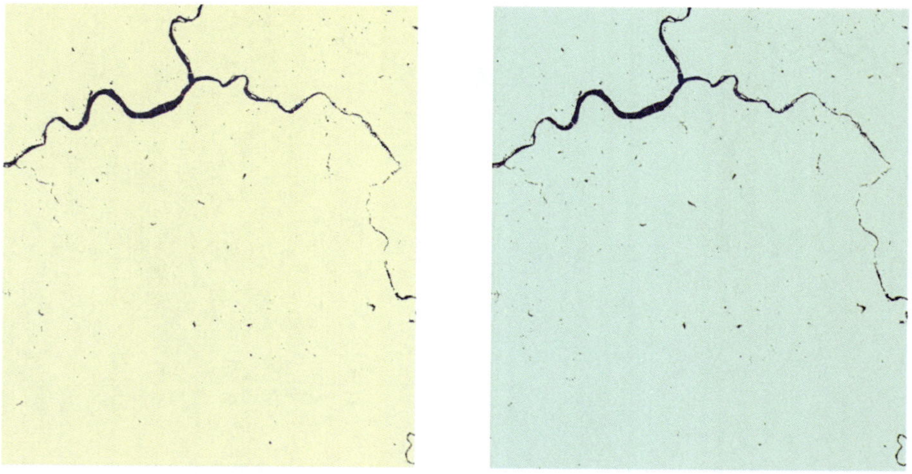

(a)谱间信息法提取结果　　(b)水体指数法提取结果

图 2-42　水体信息提取结果局部放大

通过以上实验可见，水体指数法适合一般区域提取水体信息，在细节反映上较谱间信息法更好。由于实验区域地貌特征为低山丘陵区，受山体阴影影响较小。如果在地形险峻地区可考虑谱间信息法。谱间信息法能将水体与阴影区分开来，采用多波段的多波段谱间关系法提取水体信息，可以避免使用单一红外波段影像的不足，并且有效地去除了山体阴影带来的影响，所以该方法特别适合山区水体的提取。

第3章 三维遥感判释与定量分析

三维遥感判释技术是基于高分辨率遥感图像处理和高精度数字高程模型的基础上建立的，综合利用3S技术（RS、GIS和GPS）、遥感图像数字处理技术、虚拟现实和全数字摄影测量等技术，通过遥感图像、遥感信息复合、高精度DEM生成和影像复合等工序，按照一定比例尺生成某一地区的虚拟三维地形图。同时采用纹理映射技术，把地表纹理图像映射到地形高度场几何模型上，来模拟真实感的地表形态，即是把纹理图像“粘贴”到物体表面，以使物体具有真实感。对DEM来说，可将卫星图像、航空相片和数字栅格地图等作为纹理贴到DEM上。由此可见，基于遥感的三维地形能够从宏观和多视角上真实逼真地反映研究区域的地形、地貌和不良地质特征，更好地服务于铁路工程地质工作。

3.1 三维遥感判释技术体系及关键技术

三维遥感判释技术特点，主要体现在以下几个方面：(1)遥感图像是表现研究区域地貌纹理特征，提供地表信息的最好图形图像形式；(2)遥感图像结合地形数据建立三维遥感地形，能够从地形与地貌两个层面充分再现真实的场景，从而大大提高判释准确度和效率；(3)三维遥感技术的优势还体现在大范围的三维应用上，可以从宏观上表现不良地质的分布特征；(4)三维遥感地形的建立有助于观察滑坡、崩塌和泥石流等不良地质之间的相互关系及其受地形因素的影响程度，在识别不良地质的基础上，对其进行风险分析、监测、预警等深入研究。

3.1.1 三维遥感判释系统框架设计

三维遥感判释系统采用三层结构，分为基础层、中间层和应用层，系统的总体技术框架如图3-1所示。基础层主要是利用遥感影像和数字高程模型建立三维遥感空间场景，是三维地质遥感判释系统的基础和关键；包括卫星及航空遥感图像数据处理、不同尺度DEM的建立、遥感影像与DEM数据的匹配，以及纹理映射和三维渲染等关键技术。中间层为三维遥感判释辅助数据层，主要包括线位、缓冲区等工程背景信息，工程地质图、水文地质图等地质参考信息，以及地物特征点、现场照片等外业调查资料；中间层为三维地质遥感判释提供辅助信息,能够降低不良地质信息提取的主观性,提高判释准确度。应用层包括不良地质信息的提取、快速查询检索、表面参数的量测以及成果制图与输出等功能,是三维地质遥感判释过程的终端环节;应用层的功能主要在 GIS 软件平台下实现,在各类工程地质信息提取的基础上,能够进一步对数据进行空间分析和数模计算。

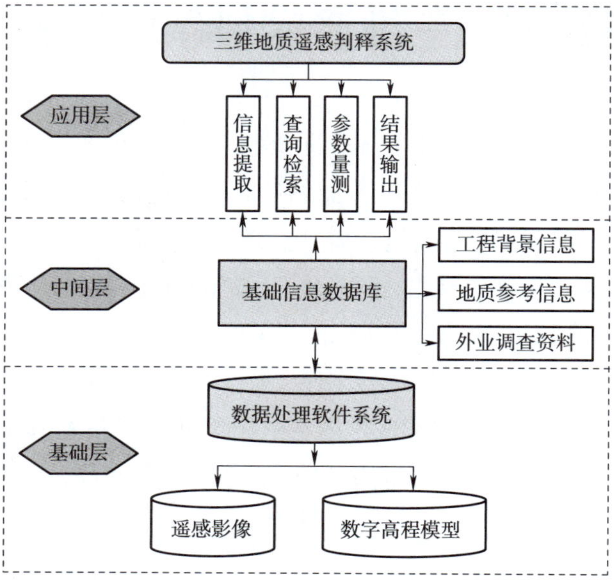

图 3-1 三维地质遥感判释系统技术框架

3.1.2 三维遥感判释系统关键技术与实现

在三维遥感判释系统当中,建立三维空间场景是基础和关键。三维空间场景建立包括卫星及航空遥感图像数据处理、建立 DEM、遥感影像与 DEM 数据的匹配,以及纹理映射和三维渲染等关键技术,其场景建立流程如图 3-2 所示。

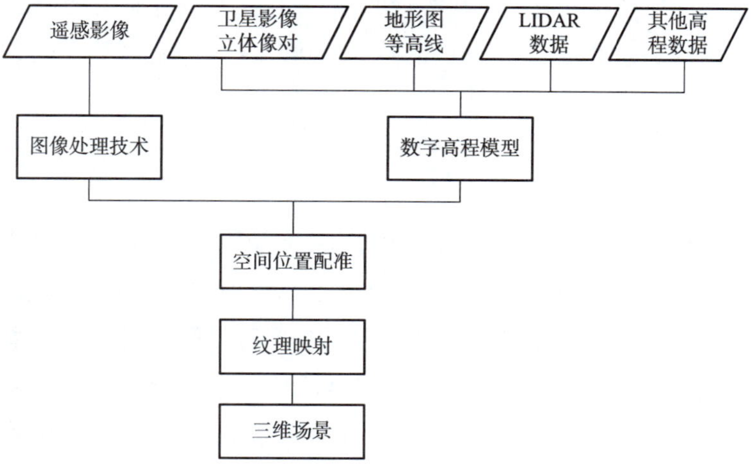

图 3-2 三维空间场景建立流程

1. 高分辨率遥感图像数据处理技术

地质遥感判释利用的遥感图像主要包括卫星遥感图像和航空遥感图像。卫星遥感图像的处理过程主要包括波段组合、几何精校正、图像融合、图像镶嵌和图像增强等处理过程，第 2 章已有详细阐述，这里不再赘述。航空遥感图像处理与卫星略有不同，其采用航空平台（飞机、热气球、飞艇等）的数码航摄技术，通过全球定位系统、惯性测量单元以及摄影测量空中三角测量技术实现对影像的几何定位，并在此基础上进行正射影像图制作。目前主流的数码航摄设备有多种，这里以 DMCⅡ$_{230}$ 为例进行介绍。

DMCⅡ$_{230}$系统是一个专门用于光谱摄影的高分辨率和高精度数字摄影系统，是世界上第一个大幅面数字航空相机。一共有 5 个镜头：1 个全色镜头、4 个多光谱镜头。相对应的有 5 个 CCD：1 个 15K×14K、4 个 6K×4.5K。经过彩色变换融合后，最终输出 15 104×14 400 像素，真彩色和彩红外影像。其主要参数见表 3-1。

表 3-1　DMCⅡ$_{230}$主要参数

性能指标	参　数
全色波段影像尺寸/px	15 552×14 144
视场角(垂直于飞行方向)/(°)	50.7
视场角(飞行方向)/(°)	46.6
焦距/mm	92
地面分辨率 GSD@500 m/cm	3.0
基准高度比	0.34
像素尺寸/μm	5.6
最短拍摄间隔/s	1.8
多光谱波段	R、G、B、NIR
辐射分辨率/bit	14
像移补偿	支持
相机重量/kg	68
满负荷电源功率消耗/W	350
飞行高度(非加压情况)/m	8 000
适应温度范围/℃	−20～+40

由于航空摄影在近地表飞行，可以忽略大气对传感器的影响。其数据处理主要包括以下步骤：

（1）影像解压与色彩恢复

航摄仪在拍照过程中，将影像进行压缩并保存为原始数据格式。数据处理过程中需进行影像解压，并根据应用需求选择输出的影像类型，主要包括输出的影像波段组合类型、像素值字节数、亮度拉伸处理等。一般而言，摄影测量数据处理与 DEM 制作应用中可只输出拉伸后的 8 bit 全色影像；DOM 制作应用中需输出拉伸后的真彩色影像；遥感定量分析及定性判释应用中，需输出未拉伸的多光谱影像（红、绿、蓝、近红外波段）。

（2）影像几何定位处理

DMC Ⅱ $_{230}$ 可集成 POS 系统，由 POS 系统测定的数据解算相机拍照时刻的位置与姿态，再由空间后方交会原理，对具有重叠度的影像进行空三区域网平差，进一步提高影像几何定位精度。

（3）立体测图与地形提取

经严格几何定位的影像，通过构建立体像对可进行精确的几何量测，并基于此，提取地表高程信息。近年来，基于影像自动匹配技术，通过计算机自动提取地形的新方法得到了广泛应用。该方法自动化程度高，计算机自动匹配提取成果实例如图 3-3 所示。DEM 作为制作正射影像图（DOM）的必要数据之一，也是建设三维空间场景的主要数据。

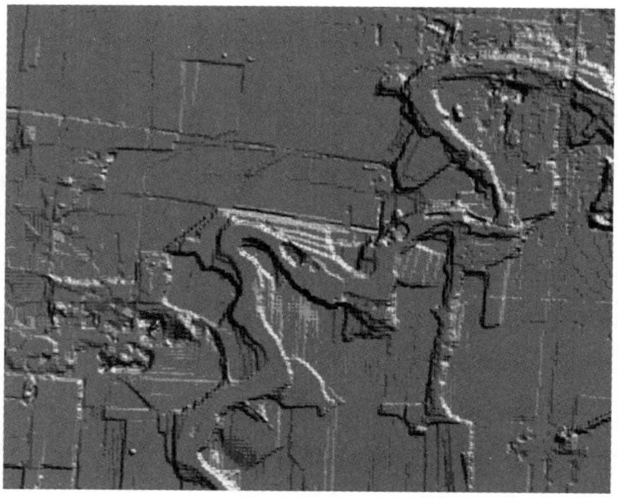

图 3-3　计算机自动匹配提取 DEM

（4）正射影像图制作

与卫星遥感影像类似，航空影像也存在地形起伏导致的几何畸变，需要进行正射校正，影像才可进行后续应用。单张影像经过正射校正后，还需对一定区域内的单幅影像进行镶嵌拼接处理，最终得到大区域的正射影像图。航空影像制作 DOM 过程如图 3-4 所示。

航空正射影像空间分辨率高，一般可达厘米级。在图上可辨识房屋、沟渠、电线塔等各类地物，并进行精确的平面距离量测。对不良地质体的细部特征刻画较好，可作为重点工程详细地质判释的有效数据源。浩吉铁路宜川县附近 DMC 正射影像如图 3-5 所示，从图中可以清晰分辨出道路、房屋、小煤窑等地物特征，为目视判释提供了有利条件。

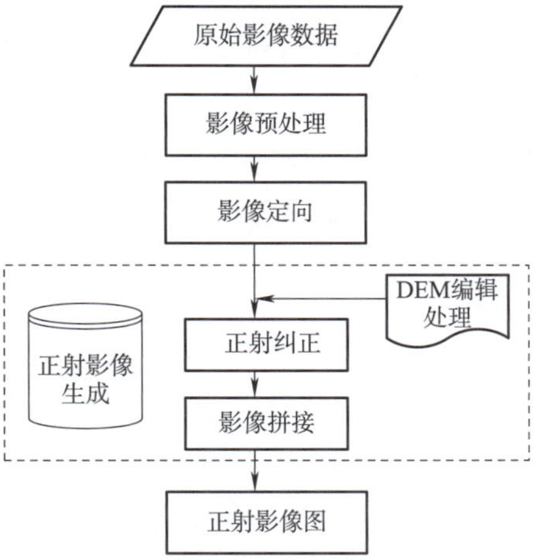

图 3-4　航空影像制作 DOM 过程

图 3-5　宜川县附近 DMC 正射影像

但在实际生产当中，航测周期一般较长，很难满足铁路工程其他专业的工期要求，这在一定程度上制约了航测产品的工程化应用程度。如何缩短数据处理周期，是 DMC 产品在工程地质等领域应用的关键难题之一。结合铁路工程初测进行的 DMC 航测生产项目，可通过降低影像空间分辨率、简化数据处理流程，以缩短 DEM 和 DOM 成果制作周期。可简化的环节如下：

①POS 系统直接进行影像定向，不进行空中三角测量处理，利用精度较低的影像几何参数；

②根据初测地质遥感判释的要求，可降低影像空间分辨率至 1 m，减少处理的数据量；

③采用影像自动匹配提取的原始测量点云，不进行人工处理，直接获得数字地表模型(DSM)用于三维景观建立及后续的影像正射纠正。或采用搜集到的小比例尺(1∶10 000)地形图制作 DEM。

采取以上措施后，成果数据的获取周期可缩短一半左右。虽然影像和地形数据质量有所下降，但仍然能满足工程地质遥感判释的要求。

2. 建立数字高程模型

DEM 最初是在 20 世纪 50 年代中期，由 Miller 等人提出，此后随着技术的发展，DEM 含义几经修正并最终确定为今天人们所理解的含义。DEM 是利用一个任意坐标场中大量选择已知的坐标点对连续地面的统计表示，其中 x、y 表示二维平面坐标，z 表示对应点的高程值。随着计算机技术的飞速发展，数字地面模型在铁路选线设计中发挥着越来越重要的作用，已成为铁路选线设计不可缺少的基础数据(张金龙等，2006)。

DEM 主要有两种格式即 TIN 和 GRID，数字高程模型如图 3-6 所示。TIN 是由一组无规则散落在空间的点，各自与其相邻点相连所生成的几何模型的三角面来描述；同时可以根据不同地形、不同区域的平缓陡峭，用大小各异、疏密不同的三角网格描述。GRID 是记录地表高程信息，数据间距为定值的网格数据，一般其坐标隐含在其位置信息(行列值)中，每个网格记录相应位置高程。TIN 与 GRID 的优缺点对比见表 3-2。综合以上，在地学研究中一般采用 TIN 作为 DEM 的表现形式，在实际生产当中，当数据量巨大时也采用 GRID 形式。

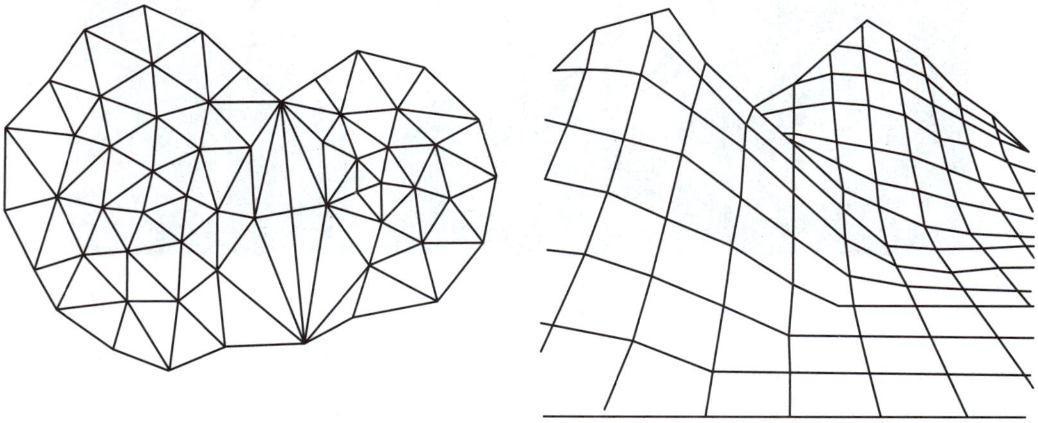

(a)三角网(TIN)模型　　(b)网格(GRID)模型

图 3-6　数字高程模型数据插值形式

表 3-2　TIN 与 GRID 优缺点对比

DEM 表示形式	优　点	缺　点
TIN	具有可变的分辨率，即当表面粗糙或变化剧烈时，TIN 能包含大量的数据点；而当表面相对单一时，在同样大小的区域 TIN 则只需要最少的数据点	TIN 的实现算法比较复杂
GRID	结构简单，数据存储量小，分析计算方便有效	地形简单的地区存在大量的数据冗余，如不改变网格大小，则无法适应起伏程度不同的地区，不能精确表现地形关键特征，如山峰、洼地、山脊等

DEM 的获取方式主要有以下几种：

(1)地面测量。利用自动记录的测距经纬仪(全站经纬仪)在野外实测。这种速测经纬仪一般都有微处理器，可以自动记录和显示有关数据，还能进行多种测站上的计算工作。其记录的数据可以通过串行通信，输入计算机中进行处理。一般在小范围地质勘察或针对某一地质体的调查中，可使用地面测量方法。

(2)现有地形图数字化。利用数字化仪对已有地形图上的信息(如等高线、高程点)进行数字化的方法。对于目前的电子地形图，可直接提取高程点和等高线信息生产 DEM。利用 GIS 的空间分析功能，将矢量等高线数据生产三角网数据，对 TIN 按设定网格大小进行栅格化，得到区域网格 DEM 数据。利用浩吉铁路延安附近地形图数据制作 DEM，得到了较好的效果(图 3-7)。

(a)地形图等高线　　(b)三角网 TIN　　(c)网格 DEM

图 3-7　地形图等高线生产 DEM

(3)空间传感器。利用全球定位系统 GPS，结合雷达和激光测高仪等进行数据采集。近些年发展起来的机载激光雷达技术已广泛应用到实际生产当中。机载激光雷达的基本原理是将激光脉冲测距仪放置在飞行器上，记录激光脉冲从发射到被地面目标发射回来后的时间延迟，然后再乘以光速 c，从而得到发射点到地面反射点的斜距，再联合 INS 确定的姿态信息、GPS 测定的飞行器精确的位置信息，即可求出每个激光脚点精确的三维空间直角坐标(x,y,z)。该技术依赖于 GPS/IMU 系统为激光扫描仪提供任意时刻的位置和姿态数据，其数据处理主要有以下过程：GPS/IMU 数据联合解算、点云滤波、DEM 与地形图制作等。

①GPS/IMU 数据联合解算

GPS/IMU 数据联合处理是 LIDAR 数据后处理的基础，其目的是获取任意工作时刻激光扫描仪的位置和姿态，用于计算激光测距点的三维坐标。由于 LIDAR 依赖于 POS 系统对其位置和姿态的精确量测，POS 数据解算对成果几何精度影响很大。因此，要求 POS 系统提供的定位误差小于 10 cm，姿态误差小于 0.01°。在获取 LiDAR 数据成果时，需对数据几何精度进行检核。其数据处理流程如图 3-8 所示。

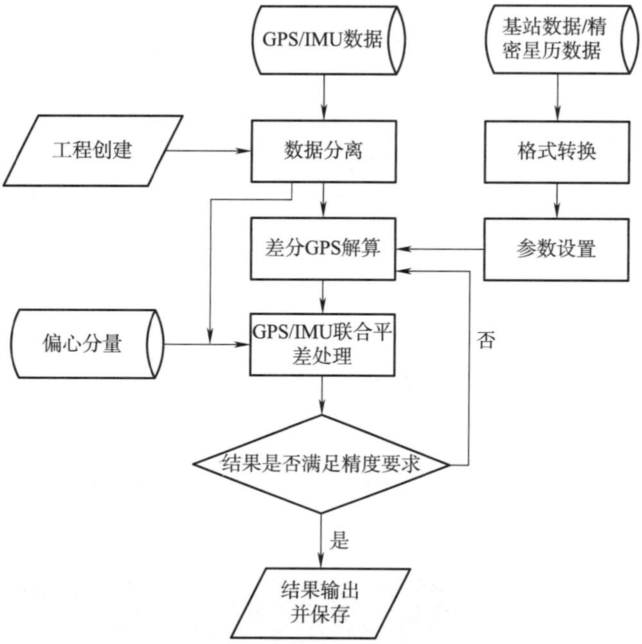

图 3-8　GPS/IMU 联合处理流程

②点云滤波

激光扫描点云中包含了植被、建筑物、地面等位置的量测点，在制作 DEM 时，需单独提取出地面点，这个过程就是点云滤波。其数据处理流程如图 3-9 所示。点云滤波主要由计算机自动完成，为了进一步提高地面点提取精度，完成自动滤波之后还需进行人工分类编辑处理。对于海量地形点云数据，计算机自动滤波与分类结果中存在部分错误，导致地形与实际地形不符。在生产环节中，需加入成果检查与人工精细分类环节。人工分类耗时较长，应根据应用需求，把握人工分类的尺度，合理地平衡工作量与成果质量之间的关系。

③生产 DEM

由滤波后获取的地面点建立 DEM 过程与等高线生成 DEM 类似。首先，由地面点构建三角网，然后转化成网格格式，最后生产 DEM（图 3-10）。

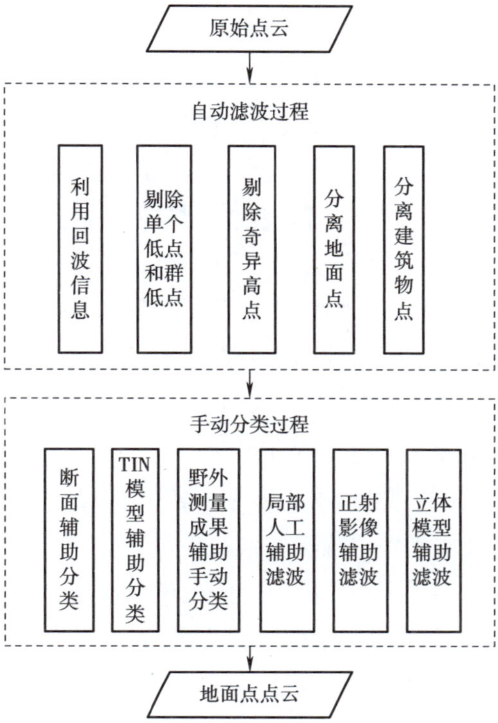

图 3-9　点云滤波数据处理流程

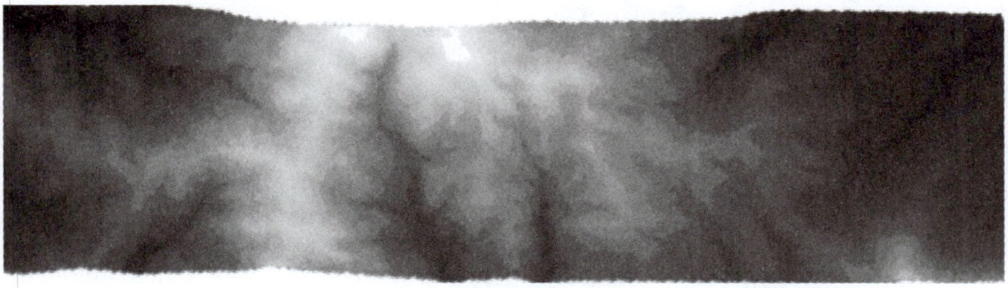

图 3-10　LiDAR 点云制作的 DEM

(4)数字摄影测量方法。这是 DEM 数据采集最常用的方法之一。利用附有自动记录装置的立体测图仪或立体坐标仪、解析测图仪及数字摄影测量系统,进行人工、半自动或全自动的量测来采集数据。

3. 遥感数据与数字高程模型匹配

对于航空摄影测量系统得到的遥感影像和地形数据,往往通过空中三角测量进行自动匹配。而对于地形图等高线或航天器获得 DEM 数据,往往需要与遥感图像进行手动匹配。在实际生产当中,可以根据影像的精确轨道参数进行坐标系统的转换。在建立三维场景前,一般要检查影像纹理与地形的匹配精度,若误差较大,则需进行精确校正。一般以影像纹理为基准,选取河流汇流点、水库边界等特征明显点进行坐标匹配,为建立接近真实的地表场景做好准备。

4. 遥感数据映射至 DEM

三维遥感图像模型是在 DEM 的基础上建立的，它是采用纹理映射技术，把地表纹理图像映射到地形高度场几何模型上，来模拟真实感的地表形态。纹理映射技术是计算机图形学中广泛应用的一项重要技术。对于现实世界和数字高程模型来说，纹理细节精致而复杂，仅用几何模型、颜色及光照模型很难准确地表达这些细节特征。如果把一些经扫描、摄影等获取的地表景观图像，映射在数字高程模型的表面，可以获得比颜色以及光照渲染更加真实的效果。为了使纹理与地形吻合，纹理通常采用正射影像的图片，对于一些非正射影像的图片，需要预先处理成正射影像。然而，地形表面是由大量多边形（一般是三角形）平面构成的不规则面，纹理图像却是平面，所以要采用一定的算法来将两者配准来进行纹理映射，纹理的映射方式直接影响最终生成三维地形的真实性。

在形成真实感的三维虚拟环境后，需要解决的就是如何控制显示场景和视点移动的实时显示和漫游。虚拟漫游技术是虚拟现实技术的重要分支，由于有可贵的 3I 特性——沉浸感、交互性和构想性，使得沿用固定漫游路径等手段的其他漫游技术和系统无法与之相比。需要实现的功能主要有：视点的移动、实时旋转；在键盘、鼠标的控制下，进行三维透视场景漫游；大幅面高分辨率三维景观图输出，支持多种地形数据格式的输入及建模。

3.2 三维遥感空间场景的建立

遥感影像和 DEM 作为三维遥感空间场景的基础数据，其获取方式多样。在实际生产当中，主要基于卫星传感器的航天平台数据和数码航摄的航空平台数据。本节分别利用航天和航空平台数据构建三维遥感空间场景，并对其特征和应用进行分析。

3.2.1 基于卫星数据的三维遥感空间场景

用于构建三维遥感空间场景的实验数据主要有：SPOT5 多光谱及 2.5 m 全色数据、30 m 先进星载热发射和反射辐射计、全球数字高程模型 V2 数字高程数据。SPOT 数据经过波段组合、正射校正、图像融合、镶嵌等处理。ASTER、GDEM V2 数字高程数据由于自身一些不足，在使用之前需要进行如下处理：

（1）去除云及地面建筑物的影响。在某些地区，尤其是在一些重复数据较少的区域，如果有云遮挡且没有替代数据，就可能会产生明显的异常值。该异常值数据中的具体表现为局部高程数据的突然隆起或者下陷，这种数据异常可以在转换成点云数据时或者在后处理软件中进行剔除。

（2）边界堆叠处理。会导致 GDEM 数据显示为直线、坑、隆起、大坝或其他异常的几何形状，影响局部地区数据的精度和使用。这种数据异常很难在后处理软件中剔除，直接影响其置信度。

(3)进行内陆水域掩蔽。绝大多数的内陆湖泊高程并不稳定,因此利用 ASTER GDEM 数据不能提取水体分布信息,同时内陆水域的高程信息不能用于生产和研究,应该予以剔除,剔除方法一般是生成等高线后套合影像进行。将处理后遥感图像和 DEM 进行空间配准,以备调用。

利用建立的三维遥感空间场景作为基础层,载入工程背景信息、地质参考信息以及外业调查资料等数据,在此基础上划定地质遥感判释范围,对工作区进行详细判释,提取断裂和不良地质(滑坡、泥石流、崩塌等)信息。

3.2.2　基于航片和 LiDAR 数据的三维遥感空间场景

基于航空平台数码航摄影像和机载激光雷达数据建立三维遥感空间场景,技术方法与卫星平台基本一致。仅在前期遥感影像和 DEM 数据处理上有差异。选取晋中南煤运通道 DK140-DK145 作为试验段,进行三维空间场景制作。数据包括数码航摄仪获取的航片数据和机载激光雷达获取的高程数据。影像分辨率为 0.25 m,激光点云密度为 3 个/m^2。对原始航片数据进行图像处理,拼接生成正射影像图。对 LiDAR 数据进行 POS 几何解算、系统检校、坐标计算、生成测区范围内地形量测点云。对点云数据进行滤波,提取地面点,而后生成 DEM。利用 DOM 和 DEM 建立的三维空间场景如图 3-11 所示,由图可见,地物的可辨识性大大提高。后将其他基础地理信息载入三维空间场景,即可开展地质遥感判释工作。

(a)航空 DOM

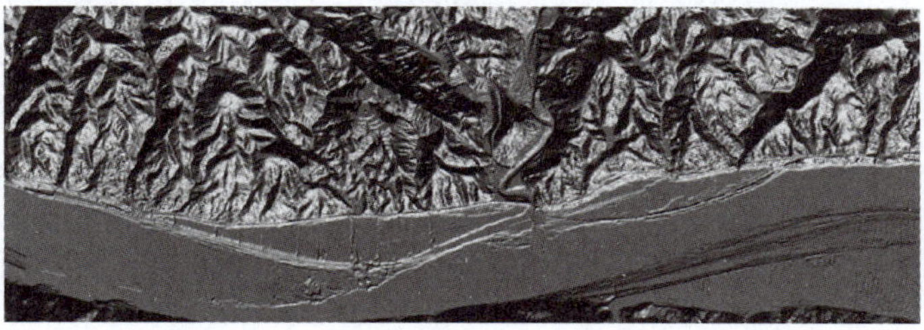

(b)航空 DEM

(c)航空三维空间场景

图 3-11　晋中南煤运通道局部航空三维空间场景实现

3.3　三维地质遥感判释技术

结合三维地质遥感判释技术在浩吉铁路、浦梅铁路等项目地质勘察工作中的应用实际，提取典型断裂构造、滑坡、泥石流和崩塌的三维遥感判释标志特征，为今后山区铁路地质遥感判释工作奠定基础。

3.3.1　断裂构造三维遥感判释

在三维遥感空间场景当中，断裂构造的判释标志特征更易于识别。在三维空间场景当中，断层崖、断层三角面、断层垭口、串珠状盆地等断裂构造的间接判释标志更加直接地表现出来。两种不同地貌单元截然相接变得更为直观，在第四系沉积层的较平坦地区出现垅岗状地形更易识别(图 3-12)。

利用三维遥感技术判释地质构造具有良好的效果，而且利用其宏观性能够较好地研究地质灾害与地质构造的关系。判释过程中应注意以下几点：

(1)在遥感图像上判释线性构造，应有地形与构造三维空间关系的概念，还应符合常规地质判释的一些基本原理。充分发挥三维遥感的技术优势进行判释。

(2)先宏观后微观，即首先从地质图和遥感图像上了解区域构造的背景。然后进行三维遥感空间场景的中、小型构造判释。

(3)构造判释与地层有密切的关系，应始终注意标志层以及岩层层序和连续性，这些内容都是构造分析的重要依据，但是在三维遥感图像上判释地层的难度一般较大，应及时结合现场验证进行，才能取得较好的效果。

(a)线性负地形与断裂垭口相连

(b)具有空间延续性的断裂垭口

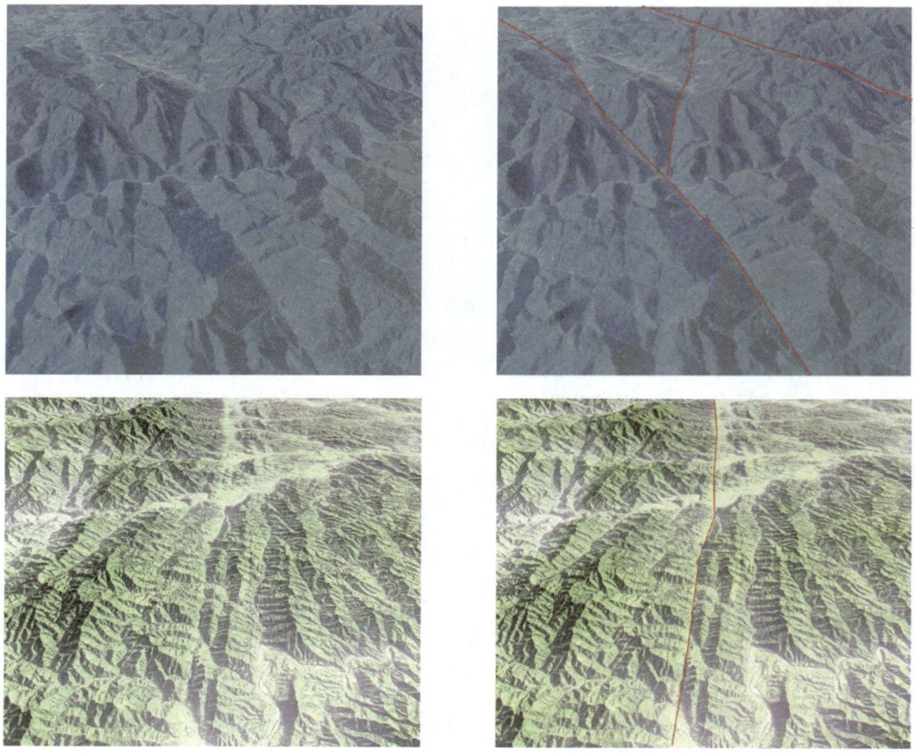

(c)笔直深切的断层沟谷

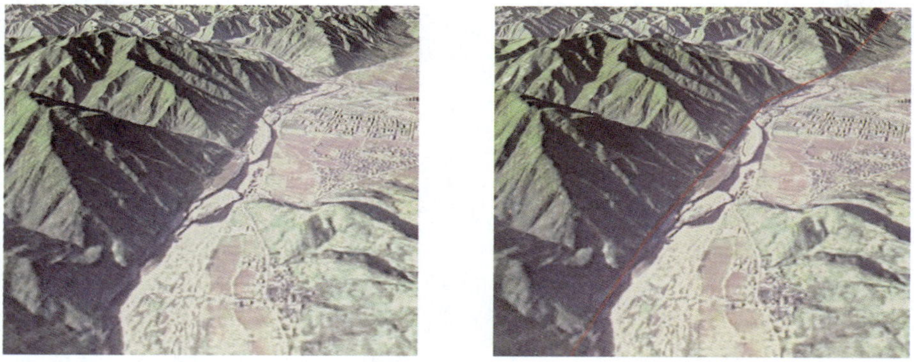

(d)断层三角面

图 3-12　典型断裂构造三维遥感判释标志

3.3.2　滑坡三维遥感判释

典型的滑坡在二维遥感图像上一般判释特征包括簸箕形(舌形、似 V 字形、不规则形等)的平面形态,个别滑坡可以见到滑坡壁、滑坡台阶、滑坡舌、滑坡周长、滑坡台阶、封闭洼地等。但是一些滑坡,仅从其二维图像上难以判断或者由于其形态不甚明显而不敢断定,而基于三维遥感空间场景技术,由于对真实地形地貌进行了虚拟再现,其对滑坡的判释不仅能从形态上识别，而且能够从地貌特征以及多角度进行综合分析判释，大大提高了滑坡的判释准确度。同时可以查询滑坡前缘和后缘高程信息，从而进一步分析产生原因和分布规律，预测发展趋势。典型滑坡三维遥感判释标志如图 3-13 所示。浅层碎屑滑坡如图 3-13(a)所示，基于 2.5 m ALOS 融合影像和 30 m GDEM 数据；黄土滑坡如图 3-13(b)所示，其特征为滑坡后壁明显，垂直高差大。坡体地形紊乱，凸凹不平，坡体分布鼓丘，前缘有鼓胀裂隙；黄土滑坡—基于航空影像数据如图 3-13(c)所示，具有黄土滑坡的典型特征，从地形上看滑坡壁与滑坡体之间有垂直陡坎，坡体地形粗糙，偶见双沟同源特征。

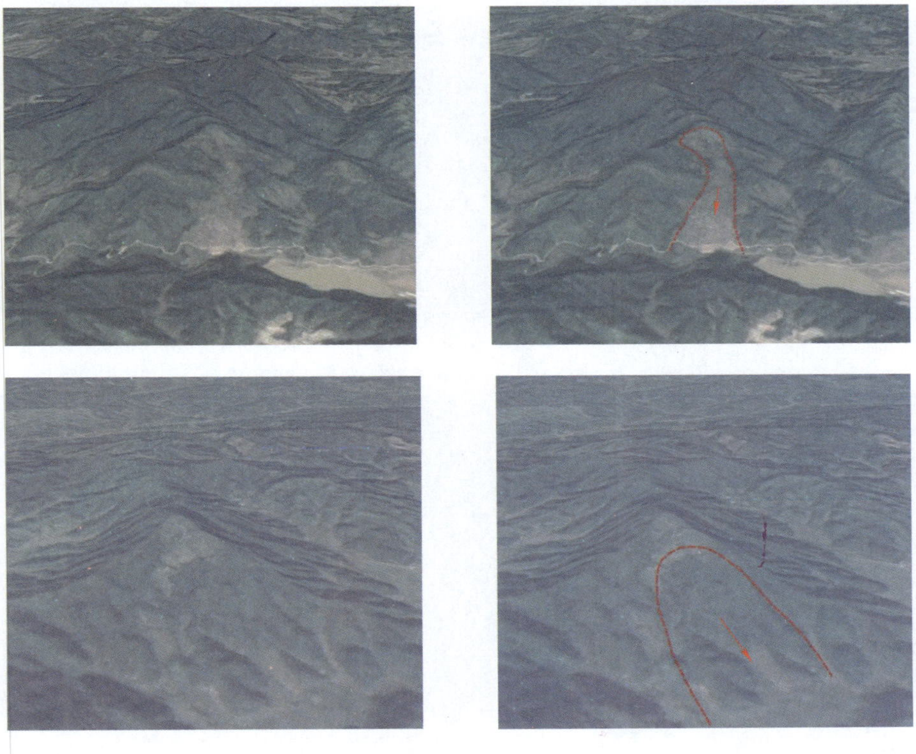

(a)浅层碎屑滑坡

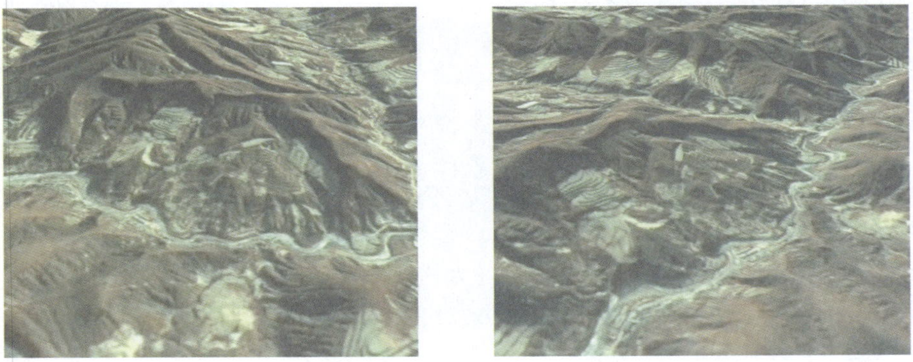

(b)黄土滑坡

(c)黄土滑坡——基于航空影像数据

图 3-13　典型滑坡三维遥感判释标志

在三维遥感空间场景当中,不仅能够对滑坡进行准确判释,而且能够对错落和溜塌进行识别。这在二维遥感判释中往往是很困难的。典型错落的三维遥感判释标志可描述为错落体多呈馒头形鼓包，发生后其上部陡坡后壁坡度多在45°～70°之间，下部缓坡坡度一般在15°～30°之间，下倾无反坡现象。错落体多由破碎的岩层或松散的岩、体所组成，结构松散均匀(图3-14)。图3-14(a)所示为长约65 m，宽约250 m，平均厚度约45 m，沿陡壁滑落。图3-14(b)所示为长175 m，宽46 m，厚4 m，错动方向198°，错落体自然坡度24.0°，错落体为新老黄土，基底为老黄土。图3-14(c)所示为长66 m，宽20 m，厚15 m，体积1.98×10^4 m^3，错动方向225°，错落体为新老黄土，基底为砂岩夹泥岩。溜塌的判释标志可描述为溜塌体多呈锥体形，其前缘斜坡上陡下缓，发生后溜塌体坡度一般为30°～40°之间，溜塌体上一般无隆起或洼地。图3-14(d)所示为长60 m，宽45 m，厚4 m，体积1.08×10^4 m^3，溜塌方向23°，溜塌体自然坡度18.8°，溜塌体为新老黄土，基底为老黄土。

(a)

(b)

(c)

(d)

图3-14 典型错落与溜塌三维遥感判释标志

高原区滑坡判释特征。在三维遥感空间场景中，其解译标志主要表现为滑坡周界相对于周围母体凹陷并存在陡坎，滑坡体外形多呈扁平的簸箕形，上部滑坡壁明显，后缘有封闭洼地，滑坡前缘常见隆起，滑坡舌特征明显。

某高原铁路沿线典型滑坡体的影像特征如图3-15所示。图3-15(a)所示为该滑坡表面物质剥离明显，植被不发育或稀疏发育，影像上较为明亮，呈灰褐色调，与周围坡体反差较大。图3-15(b)所示为该滑坡空间上呈簸箕形，两侧发育有冲沟，沿滑坡主轴向下存在变坡点，下方谷底处为堆积体，并造成河流改道；在色调、纹理上与邻域坡体单元区分度不大，植被均较为稀疏。图 3-15(c)所示为该滑坡表面呈明亮色调，后壁下方存在一处台坎，二者之间有植被发育，台坎下方无植被覆盖，剪出口海拔较高具有高位远程特性。图 3-15(d)所示为该滑坡影像中呈亮白色调，为后壁上方修路切坡所诱发，滑动距离较远，表面无植被发育，对地形改造不明显。图 3-15(e)所示为该滑坡规模较大，坡面整体上较平整，形态呈簸箕状，后缘凹陷，可见明显的台坎，堆积处向外凸起，两侧发育有冲沟；色调呈深褐色，纹理均一，植被稀疏。图 3-15(f)所示为一处边坡失稳产生的滑坡，地形呈凹陷状，后壁明显，下方堆积体(白色虚线)坡度较缓，分布有房屋农田，坡底有公路横向穿过，整体较为稳定。图 3-15(g)所示为一处大型古滑坡，堆积体上方有村落分布，坡度较缓，后壁陡峭，无植被覆盖，呈灰褐色。

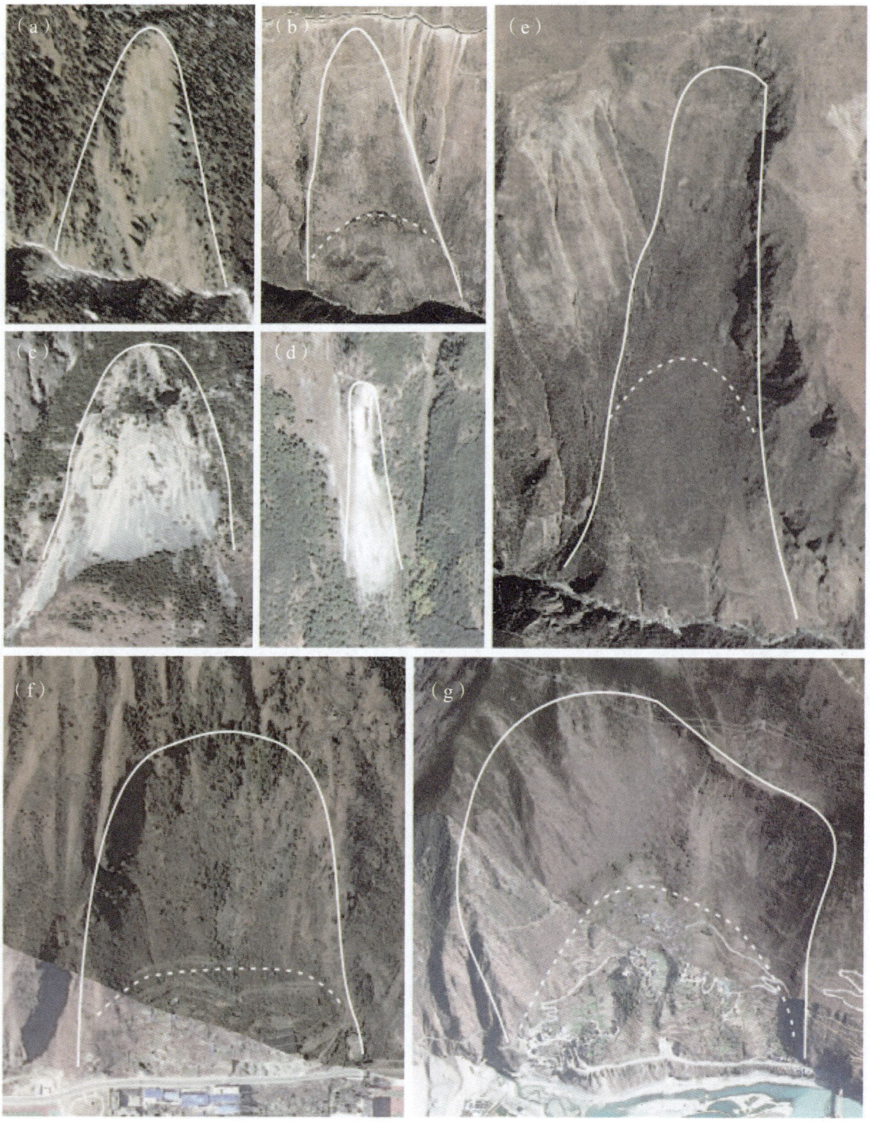

图 3-15　滑坡三维遥感标志特征

3.3.3　泥石流三维遥感判释

一般标准型泥石流的形成区、流通区和堆积区都可在遥感影像上清楚地辨别。形成区(物源区)呈瓢形或围椅形,山坡陡峻,岩石风化严重,第四纪松散固体物质丰富,有时伴有小型崩塌、滑坡产生;流通区沟床较短直,纵坡较形成区缓,但较堆积区陡,沟谷一般较窄,呈"V"字形;堆积区位于沟谷出口处,纵坡平缓、地形开阔,一般具有发育程度不同的堆积扇,轮廓明显,最新泥石流堆积扇扇顶指向泥石流沟,扇缘常呈挤压河流状。这些判释标志在三维遥感图像上有较明显的信息显示,形成区多显树枝形,流通区为直线状,后端略显弧形,堆积区在河谷出口处有呈扇形的堆积物展布,多为巨大或者大型的砾石和洪积物等,如时间较长还可见有植被生长(图 3-16)。山坡型泥石流 1 如图 3-16(a)所示,沟床短,沟床纵坡与山坡坡度基本一致,无支沟分布;山坡型泥石流 2 如图 3-16(b)所示,堆积区呈扇形展布,沟谷型泥石流 1 如图 3-16(c)所示,汇水面积大,流通区顺直,堆积区范围较广;沟谷型泥石流 2 如图 3-16(d)所示,形成区支沟发育,植被覆被少;流通区沟床陡峻,略有弯曲;堆积区呈白色调,下方路被掩埋。

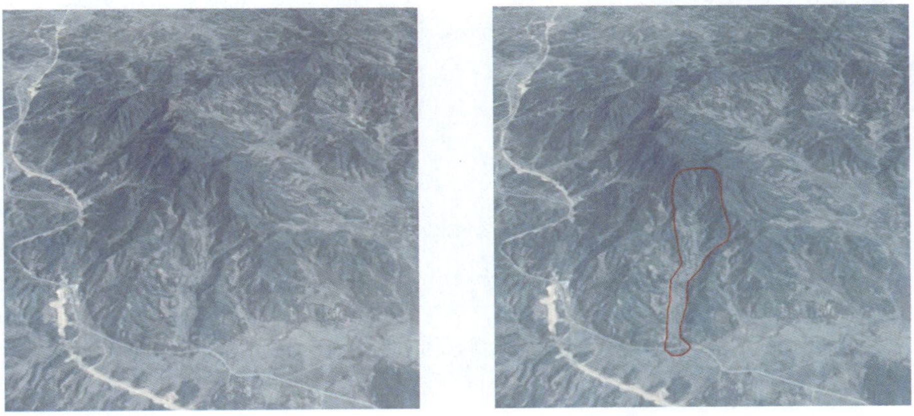

(a)山坡型泥石流 1

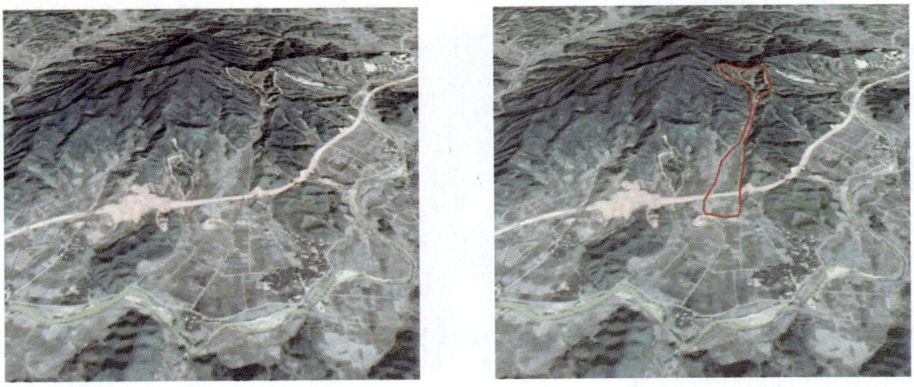

(b)山坡型泥石流 2

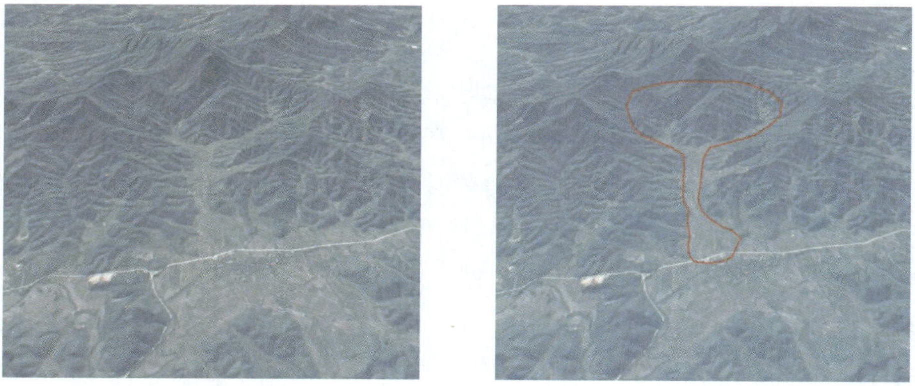

(c)沟谷型泥石流 1

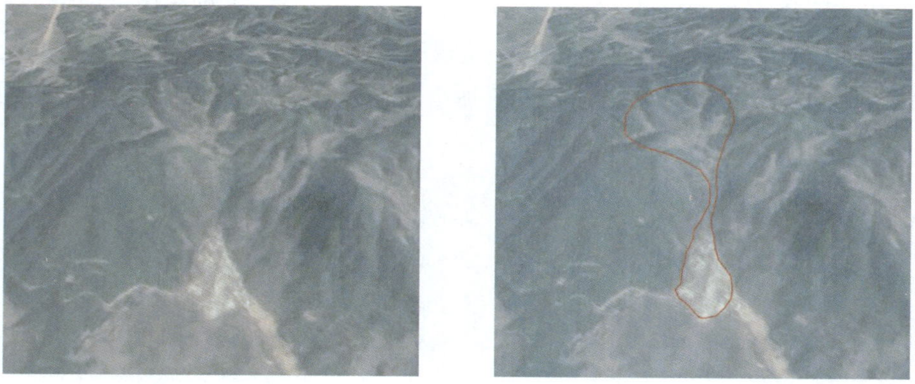

(d)沟谷型泥石流 2

图 3-16　典型泥石流三维遥感判释标志

在三维地质遥感判释当中，应从以下几个方面建立泥石流判释标志：

(1)形态判释标志

泥石流区域的每一特征地物，都以相应的形状或图斑反映在图像上。典型沟谷型泥石流沟的形成区，在遥感图像上是以漏斗状影像出现的，流通区呈平直的线型影像，堆积区多呈扇形影像。同时在三维遥感空间场景下，可以提取从形成区到堆积区的沟谷纵坡、山坡坡度等信息，进而综合分析泥石流的活动性。因此，形态判释标志是判释泥石流沟的重要标志。

(2)颜色纹理判释标志

泥石流区域的地物，以沟谷颜色的不同和色调的深浅反映在三维遥感图像上。在泥石流流域，因崩塌、滑坡、严重的土壤侵蚀和较低的植被覆盖率，在三维遥感图像上一般呈现相应地层的颜色或浅色调。因此，颜色标志也是判释泥石流的主要标志之一。

(3)大小和纹理判释标志

正因为三维遥感图像的优越性，使得泥石流沟一些基本特征，还以面积的大小、数量的多寡以及高程的变化反映在图像上。如山坡型泥石流流域面积比沟谷型泥石流流域面积小，数量却比沟谷型泥石流沟多。每条泥石流沟，存在诸如崩塌、滑坡、土壤侵蚀等不良地质现象，在面积的大小、数量的多少、高程的变化上也有很大的差异。而泥石流携带大量块石的堆积，使得堆积区多呈凸凹不平的鼓丘地形。因此，大小和纹理判释标志也是泥石流沟的主要判释标志之一。

高原某铁路沿线典型泥石流的影像特征如图 3-17 所示。其中，图 3-17(a)、图 3-17(b)两处坡体上共发育三处典型泥石流。三处泥石流的形成区均较为陡峻，几何上呈勺状、瓢状、漏斗状三面环山的围谷，具有明显的多沟同源现象，岩石风化严重，固体物源丰富，无植被发育；流通区主沟长度较短，呈线状或长舌状分布，坡度较陡。形成区及流通区的沟坡及沟底贮存着丰富的松散物质，呈灰白色、白色似碎屑颗粒状影像，亦表明岩石松散；堆积区主要位于沟口，平面常呈扇形体，其上水流不固定，多呈漫流或汊流。影像结构粗细间杂，多呈浅灰、灰白色调。常见道路阻塞、淤积等现象，边界轮廓清晰。图 3-17(c)中发育三处较明显的泥石流，相比于图 3-17(a)和图 3-17(b)该处的泥石流形成区岩层更加破碎，颗粒物直径也较大，碎石在影像中呈明亮的强反射光斑状。图 3-17(d)所示为一处大型泥石流沟的影像，从中可以看出该泥石流沟覆盖面积、高程落差均较大，主沟中段存在一处转折，整体较长。植被覆盖度随着高程降低逐渐增大，左下方展示了主沟出口处的细节，可以看出该泥石流沟道两侧坡体有数量较多的溜塌、碎屑流，物源丰富，沟内物质较新鲜，影像中呈灰白色颗粒状。

图 3-17 泥石流三维遥感标志特征

3.3.4 崩塌三维遥感判释

崩塌一般发生在节理裂隙发育的坚硬岩石组成的陡峻山坡与峡谷陡岸上，或松散岩土体陡峭地貌段。其在三维遥感空间场景中主要判释标志可概括为一般位于陡峻的山坡地段，在45°～70°的陡坡前易发生，上陡下缓；崩塌体堆积在谷底或斜坡平缓地段，表面坎坷不平具粗糙感；崩塌壁颜色与岩性有关，周边植物不生长或很少；崩塌体上部外围有时可见到张节理形成的裂缝纹理；老崩塌多有灌草植被滋生等。

一处典型崩塌的正射影像和三维遥感判释标志特征如图3-18所示。从正射影像上看[图3-18(a)]，没有山体阴影、崩落体等信息作为参考，该处崩塌较难分辨。仅从下方农田和山坡对比，判断山坡坡度大约在50°～60°之间。而从三维遥感空间场景中，可见该处崩塌地形陡峻，几乎垂直地表。表面垂直裂隙发育，下方局部有溜塌现象。整体崩塌的形态清晰，较易分辨[图3-18(b)]。调查发现该处崩塌相对高度约为110 m，为高陡边坡，陡坡由新老黄土组成。从峨眉台地西北边缘的崩塌三维遥感影像特征和现场调查照片看(图3-19)，基于三维空间场景判释崩塌信息具有较大优势：一是崩塌一般发育在高陡边坡，从正射影像图上较难分辨；二是三维遥感空间场景模拟了真实地表的景观，呈现了崩塌的全貌，对崩塌的识别和界线的划分具有重要作用。

(a)崩塌的二维影像特征

(b)崩塌三维空间特征

图3-18 典型崩塌的二维和三维遥感判释标志对比

图3-19 峨眉台地边缘崩塌三维遥感特征及现场照片

在铁路线路方案设计中，高原型崩塌对线路的威胁很大，影响线路方案的选择。沿线陡坡地段，崩塌发育。在三维遥感空间场景中，崩塌主要判释标志为坡体表面凹凸不平具粗糙感，节理发育，植物稀少或无植被覆盖，在坡脚处常常可见散落的崩塌体。

某高原铁路沿线典型崩塌体的影像特征如图 3-20 所示。图 3-20(a)所示为两处崩塌体后壁明显，在特定光照条件下有明显的阴影特征，临空性较好；后壁下方存在明显物质剥离现象，表面植被稀疏发育，可见少量落石堆积。图 3-20(b)所示为该崩塌体后缘表面凹凸不平，阴影特征明显，节理发育。下方有落石堆积，大小不一，纹理粗糙，影像中呈强反射的亮点；影像色调较均一，呈灰褐色，无植被发育。图 3-20(c)所示为该崩塌体表面纹理粗糙，阴影特征明显，物质亏损严重；崩塌体呈亮白色，与邻近区域反差较大，表面无植被发育；下方可见大量松散碎屑物、落石堆积，呈亮白色，并造成河流改道。图 3-20(d)所示为该崩塌体方量较大，影像中呈灰色调，底部呈扇形展开，并堆积至沟底，形成堰塞湖。图 3-20(e)和图 3-20(f)展示了两处典型的库岸崩塌，其中图 3-20(f)处的崩塌堆积在河水冲刷搬运作用的影响下，呈沿河水流向的带状分布，图中由虚线标识。

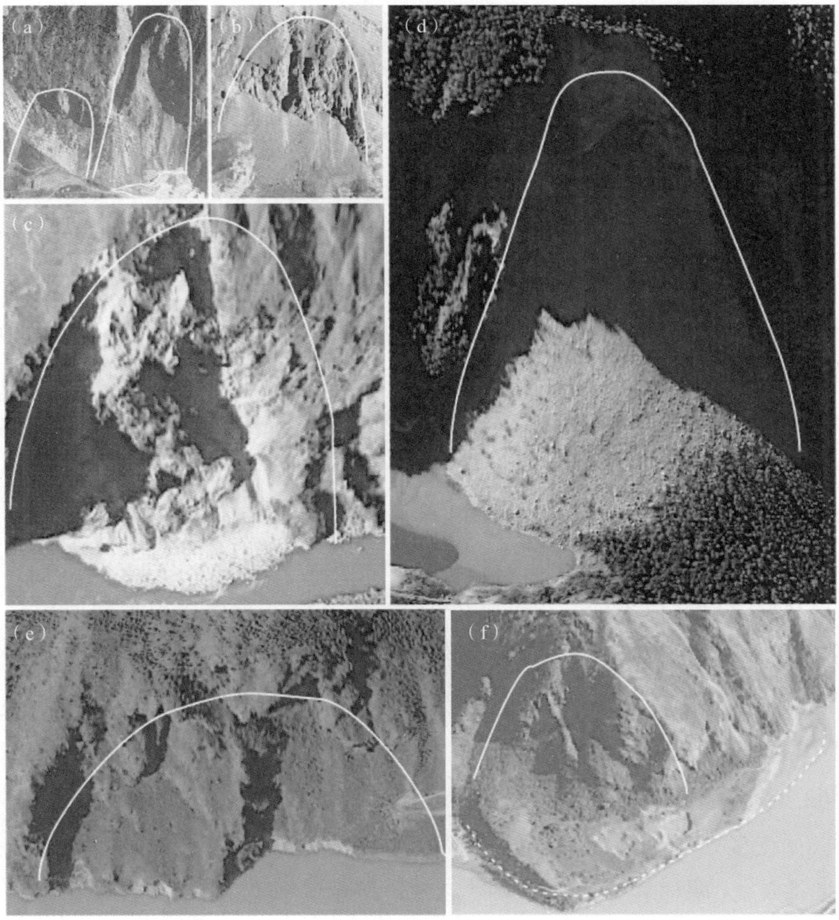

图 3-20　高原型崩塌三维遥感标志特征

在崩塌判释的过程中，要注意崩塌与采石场的区别划分。崩塌多为岩土体的自然崩落，人类痕迹较少。而采石场多有道路、厂房及机械作业的痕迹，在进行崩塌判释时，要注重对这些特征的区分。某处采石场遥感影像特征如图 3-21 所示，位于黄龙山山麓南部。采石场影像特征似崩塌，但道路直通采石场且下方有厂房和工作平台分布；岩土体与道路颜色一致，为运输过程散落。以上特征可有效区分采石场和崩塌的不同。

图 3-21　黄龙山南部的采石场

3.3.5　不稳定斜坡三维遥感判释

考虑到工程建设扰动及流水冲刷影响，开展大江沿岸不稳定斜坡的三维遥感解译工作，以减少潜在不良地质对工程的影响。该区不稳定斜坡解译标志特征：多位于陡峻的岸坡地段，坡度在 55°～80°之间更易发生，节理发育，斜坡体受大型优势节理控制，部分不稳定斜坡下部有临空面。随着时间的推移或水位升高冲刷影响，不稳定斜坡体有整体垮塌的风险。

高原某铁路沿线典型不稳定斜坡的影像特征如图 3-22 所示。图 3-22(a)所示为该不稳定斜坡色调上与周围坡体无明显差异，后缘植被发育良好，有显著的凹槽，影像中可见阴影解译标志。前缘向外凸起，植被稀疏，并造成河流改道。坡体两侧有冲沟侵蚀。图 3-22(b)所示为该斜坡的地形特征与图 3-22(a)类似，后壁呈塌陷状，可见明显的阴影解译标志。中部存在一处陡坎，陡坎上方有植被覆盖，下方植被稀疏或不发育，可见明显的物质剥离现象。图 3-22(c)所示为该坡后缘及两侧均有冲沟发育，坡顶岩体出露，节理发育，临空性较好。坡底物质颗粒较细，无明显植被覆盖。图 3-22(d)所示为该坡表面已出现多处变形痕迹，其中坡底可见多处小型崩滑堆积体。坡顶可见数条拉裂缝，破坏了斜坡的连续性，影像中表现为灰白色的横纹，植被稀疏或不发育。图 3-22(e)所示为该坡地势陡峻，发育有大型优势节理，可见多处小型溜塌和碎屑流，临空条件较好。随着底部小型不良地质体的侵蚀，该坡可能进一步演化为陡崖，并在极端工况下引发崩落—堵江—溃决的链式灾害。图 3-22(f)所示为该坡面积较大，存在多处变形迹象，影像中呈褐色-灰白色相间的特征。临空条件较好，整体较为平整，植被稀疏，无明显岩体出露。图 3-22(g)所示为该坡两侧及中部均发育有冲沟，切割较深。后缘有植被发育，地势较平缓。下部植被稀疏，地势陡峻。

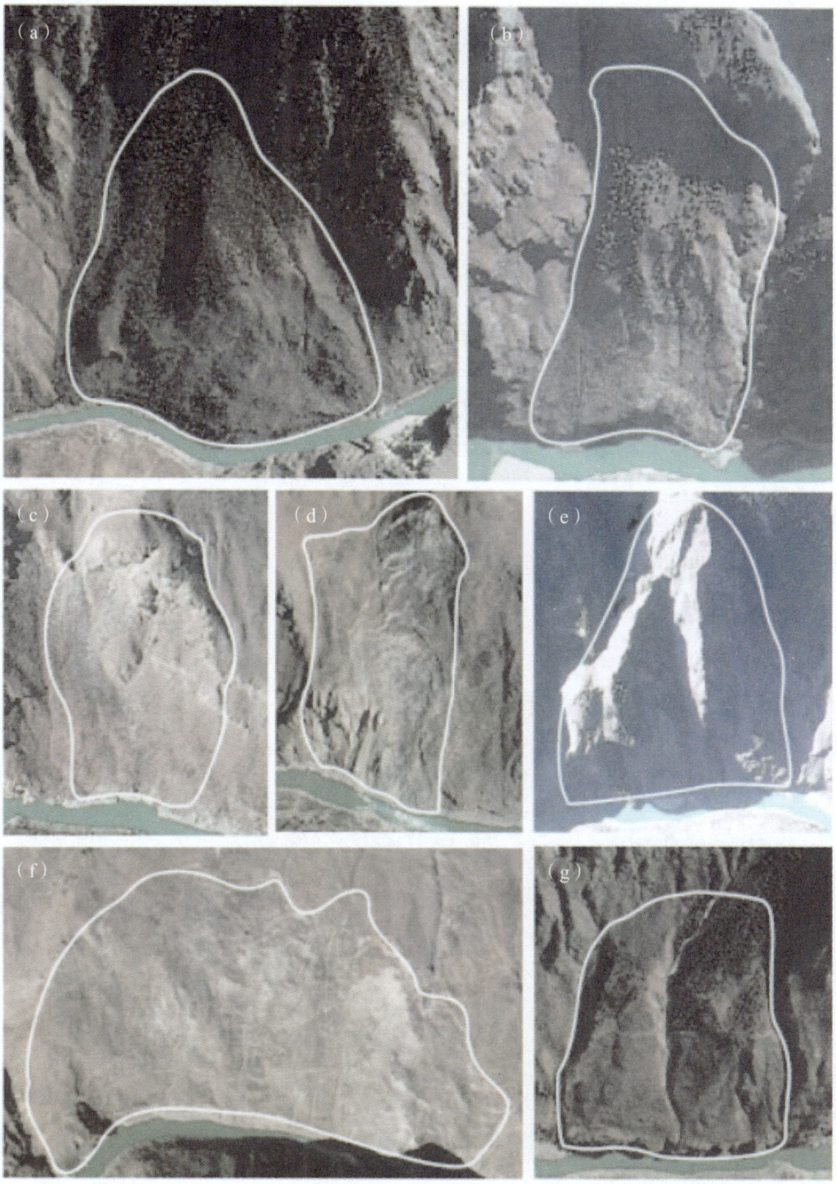

图 3-22　不稳定斜坡三维遥感标志特征

3.3.6　冰缘地貌三维遥感判释

该线局部发育大片冰缘地貌，主要表现为冰川融蚀和岩屑坡两种地貌特征。冰川融蚀的遥感解译特征为山体切割破碎，碎屑物质随冰川融化裹挟堆积，整体呈流动状，边界清晰，前缘常堆积成小型台地[图 3-23(a)]。由于该区寒冻风化作用(冰劈和冻胀)特别强烈，山坡岩屑丰富，崩落堆积形成岩屑坡。岩屑坡遥感解译特征为规模大，成片出现。上部陡崖切割破碎，松散岩屑丰富。下部为松散岩屑和岩石碎块所组成的倒石堆，两个倒石堆接合处常形成凹槽[图 3-23(b)]。

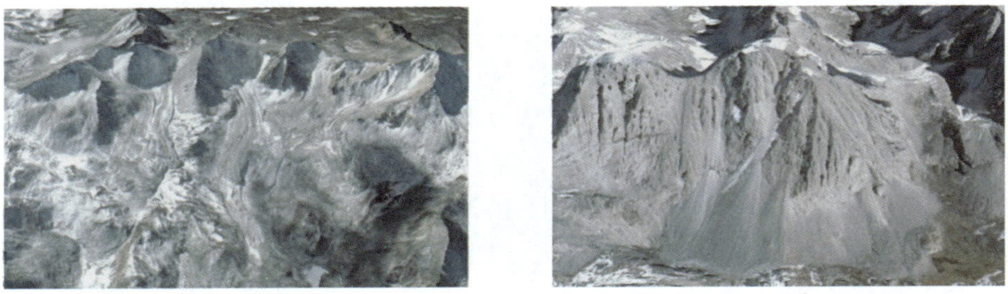

(a)冰川融蚀地貌　　(b)岩屑坡

图 3-23　冰缘地貌三维遥感解译标志

1. 冰川融蚀地貌

高原某铁路沿线典型冰川融蚀地貌的影像特征如图 3-24 所示。综合上述影像可以发现，冰川融蚀地貌后缘山脊一带可见三面环以峭壁、呈半圆形剧场形状或圆椅状的冰斗；沟底物质在影像中呈流动状，线条纹理和边界清晰，多为冰、雪、岩屑的混合物，呈灰白色调，颗粒较粗糙。下游堆积凹槽处常发育有冰湖，规模大小不一，影像中呈近椭圆状，亮白色调。图 3-24(b)中弧状虚线表示多级终碛堤，呈垅岗状或堤状，是冰川融蚀活动性较强的标志。

图 3-24　冰川融蚀地貌三维遥感标志特征

2. 岩屑坡

西部山区某铁路沿线典型岩屑坡的影像特征如图 3-25 所示。其中图 3-25(a)、图 3-25(b)、图 3-25(e)、图 3-25(f)展示了完整的岩屑坡形成区和堆积区。形成区主要指受风化、冻胀作用影响的陡崖坡。坡面岩体受切割强烈，发育大量节理结构面；堆积区主要指松散岩屑和岩石碎块所组成的倒石堆，多位于沟谷底部，影像中呈深灰色，颗粒大小不一。在重力作用下，组成物质多是上细下粗，坡上方多是小的岩屑，坡下方主要是大的岩块。可根据高清影像中碎石的新鲜度、磨圆度等信息判断岩屑坡活动性强弱。一般来说，新近崩落的碎石表面更粗糙，反射更强，在影像中呈亮白色光斑。图 3-25(c)、图 3-25(d)展示了堆积在坡面上的岩屑。色调上来看，岩屑呈深灰色，边界多呈不规则形态，与周围棕褐色土层反差较大。由图 3-25(g)可以看出，岩屑坡也会发育在有植被覆盖的坡体上，色调与周围反差较大，易于识别。受下方茂密植被阻拦与缓冲的影响，岩屑并未在沟底形成堆积。

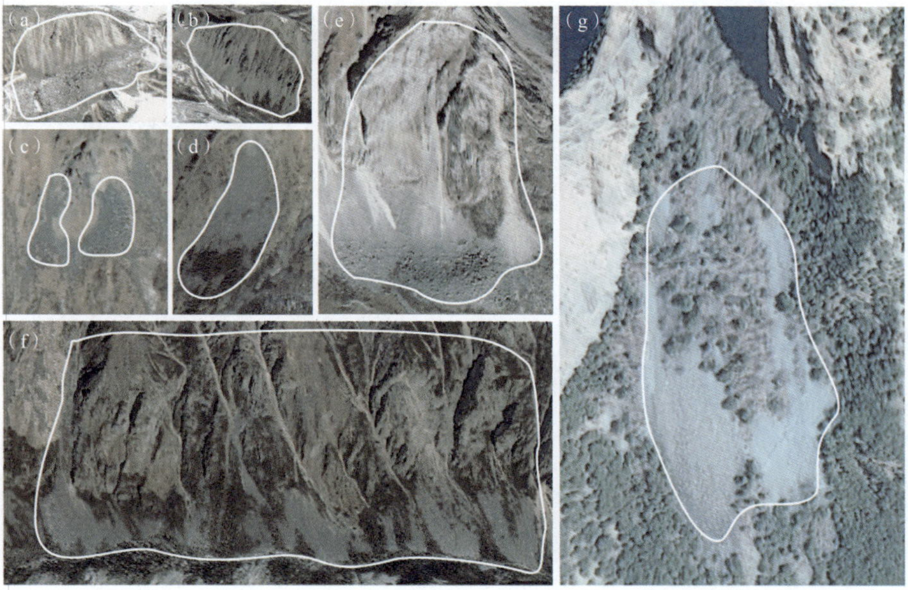

图 3-25　岩屑坡三维遥感标志特征

3. 岩堆

岩堆为高原山坡地带出现的斑块状分布、无植被覆盖、布满石块、总体呈暗灰色的地貌单元，如图 3-26 所示。其成因多为脆性岩体反复受到冻胀的风化作用而破碎，沿陡峻山坡下移形成。裸露型岩堆往往成群集中分布在山坳地带，一般独立出现或相互之间局部连通，多呈向上分叉、向下汇聚的长条形态[图 3-26(a)]。

岩堆形态各异，有长条形、锥形、马鞍形、倒三角、裙状等，尽管形态各异，但多数岩堆长轴方向是顺斜坡方向的，即长轴方向与等高线方向近于垂直；岩堆分布的斜坡后缘，多数无对应的高大陡崖，少数岩堆直接堆积在陡崖之下，这类岩堆面积一般都较小；岩堆可以出现在斜坡不同部位，坡顶、坡面及坡脚均可见到不同的岩堆成分及结构。

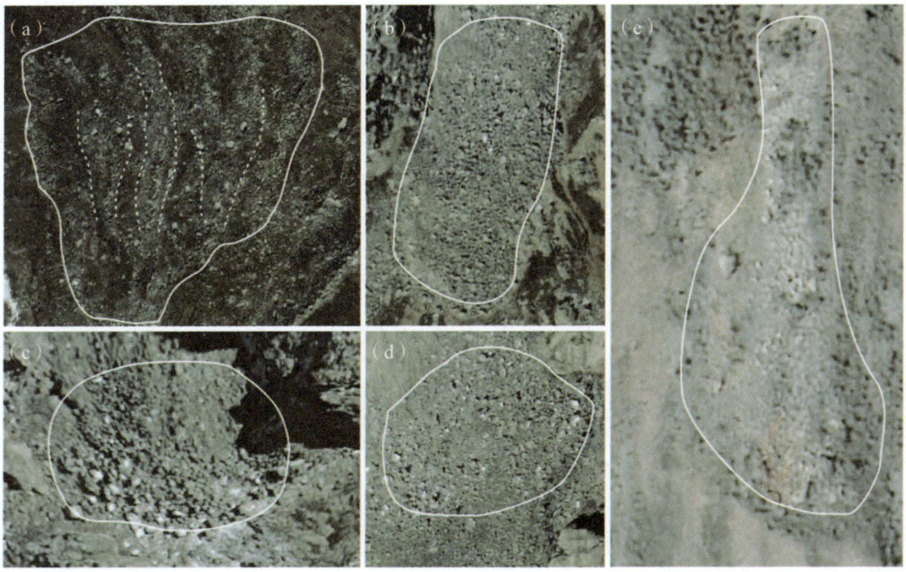

图 3-26　岩堆三维遥感标志特征

3.4　三维地质遥感定量分析技术

三维空间场景是基于高分辨率遥感影像和精细 DEM 制作而成。除能较易判释不良地质现象，还能够对不良地质体的基本参数进行量测，达到定量化判释的目标，为相关专业人员提供量化参考。

3.4.1　断层几何要素量测

断层几何要素的量测主要包括断层产状和断层两盘相对位移。产状要素包括走向、倾向和倾角等。两盘相对位移可用总断距来表示。在三维遥感空间场景中进行断层几何要素的量测，需要选取较为理想的断层横断面。所谓理想断面是指有明显的断层三角面或较新的断层沟谷。理想断面能够代表断层的特征。一般处于壮年期的正断层几何要素较易测量，以新建浦梅铁路某断层为例(图 3-27)。

选取该断层两处较为理想断面，在三维遥感空间场景中提取其横剖面曲线信息，结合断层位置量测其基本产状信息，同时量测断层长度、断裂带宽度及总断距信息，得到该断层的基本几何要素参数(表 3-3)。

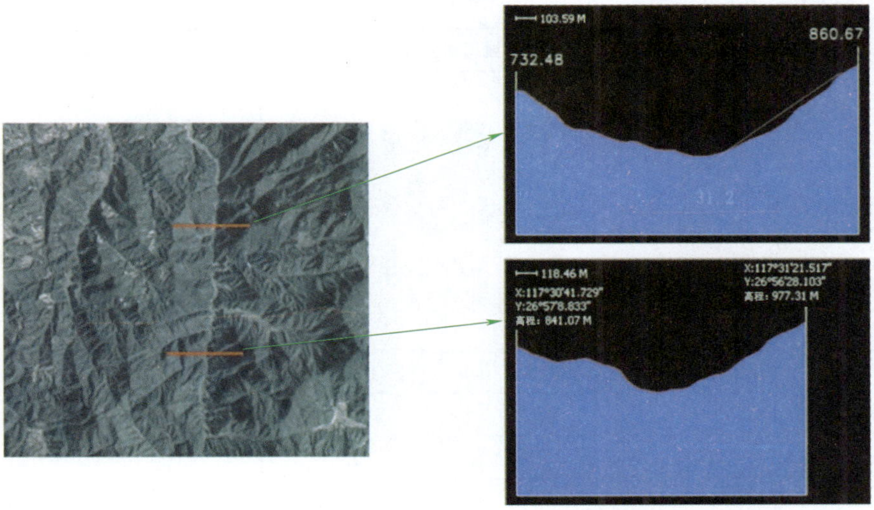

图 3-27　典型断层断面选取与参数量测

表 3-3　典型断层几何参数统计

断层类型	断层长度/km	断层走向	倾向	倾角/(°)	破碎带宽度/m	总断距/m
正断层	19.66	NE 45°	NE	31.2	32.5	264

3.4.2　滑坡几何要素量测

滑坡表面要素的量测主要包括滑坡体长、宽、坡体平均坡度、后缘至前缘的垂直高差及滑坡体表面积等参数，对计算滑坡规模和判别滑坡稳定性意义重大。以晋中南铁路典型滑坡为例，对滑坡表面参数的量测方法进行说明。

(1)郑家塔滑坡。位于岚漪河东侧岸坡，在平面上呈一椭圆形，宽约 248 m，长约 517 m(表 3-4)。滑坡地势总体东南高西北低，两侧及前缘厚度稍薄，滑坡体主要为新黄土、全风化砂泥岩。滑坡上部陷穴呈串珠状分布，后缘地形呈明显的圈椅状，上部局部可见拉张裂隙，滑坡体坡度较缓，坡面较平整，存在多级不明显错台，两侧冲沟已下切至基岩，舌部局部可见渗水，属于牵引式滑坡。其在三维遥感空间场景中易于辨识，通过对其表面几何参数的量测，对整个滑坡的规模、特征及影响范围都有了清晰的认识。利用三维遥感技术量测结果与野外调查结果相比，二者对该滑坡几何要素的量测值基本一致，计算的滑坡规模相当。从滑坡几何参数量测结果看，该处滑坡影响范围较大，但坡体表面坡度平缓，滑坡前缘受地形阻挡，很难进一步向前发展，可认为该处滑坡基本稳定。

表 3-4　郑家塔滑坡遥感影像特征及参数量测

二维遥感影像特征	三维遥感影像特征	现场照片

量测方法	滑坡体长/m	滑坡体宽/m	平均坡度/(°)	垂直高差/m	表面积/m^2
现场调查	530	261	10～20	—	—
三维遥感	517	248	12.6	344	111 445.16

(2)留誉滑坡。地处留誉川河西岸陡坡，形状较为规则，在平面上呈簸箕形，滑坡后缘地形呈圈椅状，东西向宽约 321 m，南北向长约 302 m(表 3-5)。滑坡地势总体西高东低。两侧及前缘厚度稍薄，滑坡体主要为新黄土，基底为泥岩、砂岩。滑坡呈嵌套式多级滑动，一级滑坡体后缘滑坡壁轮廓明显；二级滑坡体后缘滑坡壁轮廓较模糊，前缘土体被冲蚀出露基岩。该处滑坡发育表层溜塌及嵌套式滑坡，边坡不稳。在降雨等外界因素的诱发作用下，边坡黄土层沿下部软弱层滑动可能产生滑坡。结合遥感影像特征和滑坡几何参数看，该处滑坡处于不稳定状态。

表 3-5　留誉滑坡遥感影像特征及参数量测

二维遥感影像特征	三维遥感影像特征

滑坡体长/m	滑坡体宽/m	平均坡度/(°)	垂直高差/m	表面积/m^2
302	321	17.5	178	91 435.95

利用三维遥感判释技术对滑坡参数进行量测，不仅可以对滑坡整体进行把握，而且能够对滑坡细部各项特征进行分析，对滑坡工程影响特征和稳定性的判别作用显著。

3.4.3　泥石流几何要素量测

利用三维遥感判释技术量测泥石流几何参数，主要包括形成区、流通区和堆积区的一些基本参数，用于判断泥石流的基本规模、影响范围及危害性进行分析。以新建浦梅铁路黄岭附近一大型泥石流为例，该处泥石流地处建宁县黄岭附近，整个泥石流呈 SE-NW 走向，三区特征明显(图 3-28)。形成区范围大，面积 2.9 km^2，冲沟发育，汇水面积大，松散物质丰富，伴有小型滑坡和崩塌；流通区较顺直，峡谷深切，长约 2.1 km；堆积区地形凸凹不平，植被覆盖差，影像色斑呈灰白色调，面积约 0.91 km^2，现场调查堆积物厚度在 3～6 m 之间。该滑坡基本参数统计见表 3-6。

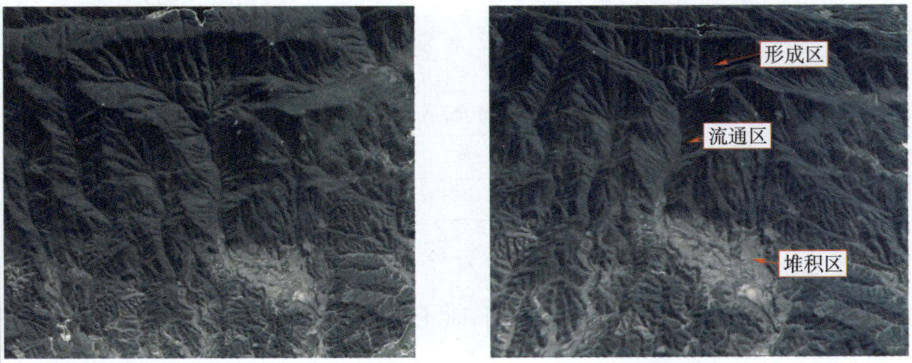

(a)二维遥感影像特征　　(b)三维遥感影像特征

图 3-28　建宁县黄岭附近较大型泥石流

表 3-6　建宁县黄岭附近较大泥石流几何要素统计

区域	形成区			流通区		堆积区	
类别	山坡坡度/(°)	相对高差/m	面积/km²	沟谷长/km	沟谷纵坡/(°)	面积/km²	厚度/m
数值	15～33	650～700	2.9	2.1	8～10	0.91	3～6

根据表 3-6 中数据，初步估算该处泥石流固体物质一次最大冲出量约为 40×10^4 m^3，属于特大型泥石流，影响范围大。从形成区遥感影像特征看，碎屑物质较丰富，一次大雨过程可能导致泥石流的再次发生。

3.4.4　崩塌几何要素量测

利用三维遥感技术进行崩塌几何要素的量测，主要包括崩塌的垂直高度、宽度、表面坡度及表面积等参数。通过对崩塌几何参数的量测，了解区域崩塌发生的地形地质条件。该区沟谷深切处存在高陡边坡，且发育高角度节理，形成崩塌。局部块石有的已经崩落，有的则形成危岩。从其几何参数看，该区崩塌地形坡度一般在 45°以上，垂直高度一般大于 50 m，宽度在百米以上(表 3-7)。线路通过区域要注意崩塌对桥梁和路基安全的影响。

表 3-7 峨眉台地边缘典型崩塌遥感影像特征及几何参数量测

崩塌 1 三维遥感影像特征	崩塌 2 三维遥感影像特征

名 称	垂直高度/m	崩塌宽/m	平均坡度/(°)	表面面积/m²
崩塌 1	84	126	48	14 076
崩塌 2	71	100	47	10 054

利用三维遥感判释技术研究崩塌特性，不仅能够直观评估崩塌的规模、危害和表面地物特征，而且能够对崩塌的几何参数进行量测，对于方案的选择和设计提供了重要的量化参考信息。

3.4.5 控制性节理产状量测

控制性节理产状的量测是危岩落石调查的重要环节，但对于艰险复杂地形地貌环境中危岩体结构面产状的近距离测量十分困难。通常获取结构面的方法有单点拟合和多点拟合的方法，其中采用最多的是三点拟合，即在模型的结构面上用三点确定结构面空间信息。首先利用三维倾斜模型寻找定位危岩体具体位置和出露的结构面，然后在三维激光点云模型上选取不在一条直线上的三个点来拟合预测结构面，最后通过三个点的三维坐标换算出结构面的法向量，进而求得结构面的倾向、倾角。计算过程如下：

(1)提取特征点。提取理想岩层面上不同高度、不同位置、不在同一直线上，能够反映理想岩层面空间几何形态的三个特征点。在三维遥感判释空间场景中，读取三个特征点的坐标和高程数据。最高点定义为 A 点，其坐标和高程表示为(x_1，y_1，H_1)；次高点定义为 B 点，其坐标和高程表示为(x_2，y_2，H_2)；最低点定义为 C 点，其坐标和高程表示为(x_3，y_3，H_3)。

(2)建立空间几何关系，计算岩层产状要素。岩层产状计算空间几何关系如图 3-29 所示，从 A 点到 C 点做一直线，从 B 点做一水平线交线段 AC 于 D 点，B 点与 D 点等高。线段 BD 的方向即为岩层的走向。在三维遥感判释空间场景中，以北方向为起始方向，量测出线段 BD 的方向，得到岩层的走向。图 3-29 中，B_1、D_1 和 F_1 分别为 B 点、D 点和 F 点在以 C 点高程为基准的水平面上的投影点。过 C 点做平行于线段 BD 的水平射线 CO。在线段 BD 上任选一点 F，从 F 点向射线 CO 做垂线，交射线 CO 于点 E，则线段 F_1E 所指方向为岩层倾向（箭头所指方向，与走向垂直）。在三维遥感判释空间场景中，以北方向为起始方向，量测出线段 FE 的方位角（即线段 F_1E 所指方向），得到岩层的倾向。线段 EF 与线段 F_1E 之间的夹角 α 为岩层的倾角，可由式(3-1)计算得到。

$$\alpha=\arctan\left(\frac{H_2-H_3}{y_2-y_3}\right) \tag{3-1}$$

式中　α——倾角；

H_2, H_3——B 点和 C 点高程；

y_2, y_3——B 点、C 点垂向平面坐标值。

通过以上计算，获得岩层走向、倾向和倾角信息，从而得到岩层产状要素。

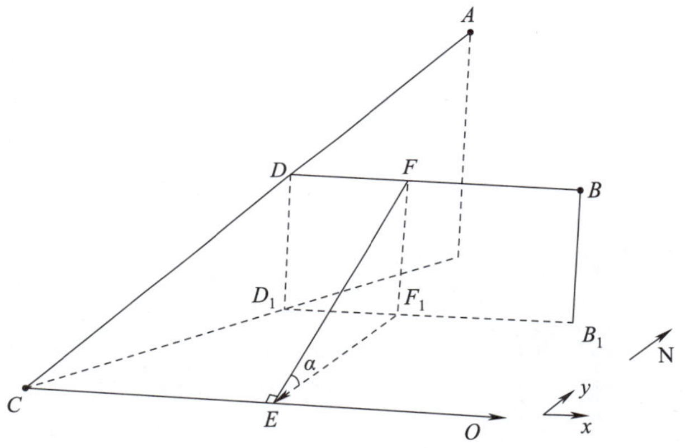

图 3-29　岩层产状计算空间几何关系

3.4.6　危岩体积参数量测

将岩石抽象成多面体，在正射投影角度圈划目标岩体区域，获取目标岩体在水平投影中的坐标串 $A_1(X_1, Y_1, Z_1)$，$A_2(X_2, Y_2, Z_2)$，$A_3(X_3, Y_3, Z_3)$，$A_4(X_4, Y_4, Z_4)$，…，在三维视角获取危岩底部坐标 B_1。将图 3-30 所示的红线范围视作构成岩石的包络多面体，并视为空间分析的目标范围。

将 $A_1, A_2, \cdots, A_n$ 组成的空间多面体进行空间投影，确定投影区域（XY 平面），在上面按照一定采样间隔 $X_{\text{inter}}, Y_{\text{inter}}$ 进行密集采样。分别获取每个采样网格内的中心点高程坐标最大值 $Z_{\text{max}i}$ 与最小值 $Z_{\text{min}i}$。假定岩石体积为 V，则计算公式如下：

$$V=\sum_{i=1}^{n}(Z_{\text{max}i}-Z_{\text{min}i})X_{\text{inter}}Y_{\text{inter}} \tag{3-2}$$

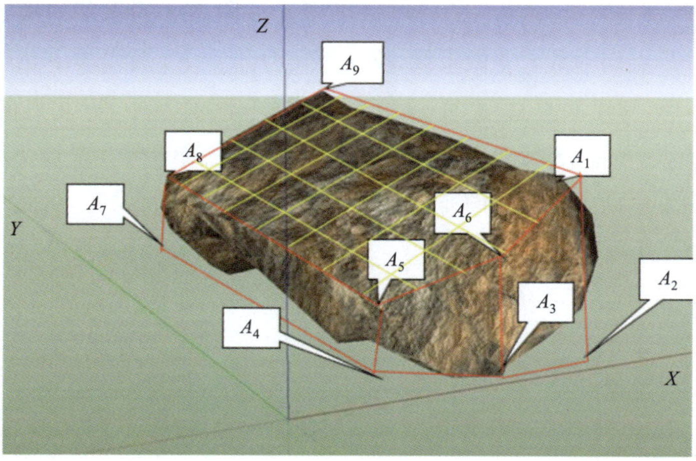

图 3-30　岩石体积估算模型

根据上述算法，开发危岩体积量测计算软件。采用人机交互方式圈划岩石正射范围、测定底部坐标，对区域进行高密度空间采样，获取采样单元的最低点与最高点高程，利用采样间隔进行体积估算（图 3-31）。

图 3-31　岩石体积估算计算软件

3.4.7　危岩体质心坐标计算

给定危岩表面坐标点 $A_i=(x_i, y_i, z_i)$，$i=1,2,\cdots,n$，切分成有限个四面体、均质，求其质心坐标如图 3-32 所示。

其计算过程如下：

（1）输入顶点坐标集 A_i，对多面体表面分切，得到一系列三角形，三个顶点的三维向量为 $\boldsymbol{a}_i$，$\boldsymbol{b}_i$，$\boldsymbol{c}_i$，存储顶点坐标和顶点向量。

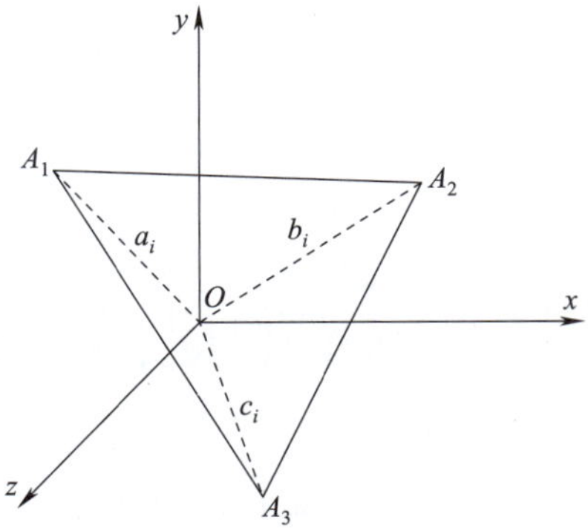

图 3-32　质心计算示意

对于向量 $\boldsymbol{a}_i$，$\boldsymbol{b}_i$：

$$\boldsymbol{a}_i=\begin{pmatrix}x_1\\y_1\\z_1\end{pmatrix}\tag{3-3}$$

$$\boldsymbol{b}_i=\begin{pmatrix}x_2\\y_2\\z_2\end{pmatrix}\tag{3-4}$$

$\boldsymbol{a}_i$ 和 $\boldsymbol{b}_i$ 的叉乘公式为

$$\boldsymbol{a}_i\times\boldsymbol{b}_i=\begin{pmatrix}i&j&k\\x_1&y_1&z_1\\x_2&y_2&z_2\end{pmatrix}=(y_1z_2-y_2z_1)\boldsymbol{i}-(x_1z_2-x_2z_1)\boldsymbol{j}+(x_1y_2-x_2y_1)\boldsymbol{k}\tag{3-5}$$

(2)计算每个三角形的面法向量：

$$\boldsymbol{n}_i=(\boldsymbol{b}_i-\boldsymbol{a}_i)\times(\boldsymbol{c}_i-\boldsymbol{b}_i)\tag{3-6}$$

(3)计算整个多面体的体积：

$$V=\frac{1}{6}\sum\boldsymbol{a}_i\cdot\boldsymbol{n}_i\tag{3-7}$$

(4)计算质心坐标，以 x 坐标为例，通过高斯散度公式，推导得：

$$x_{\mathrm{c}}=\frac{1}{48V}\sum\boldsymbol{n}_{ix}[(\boldsymbol{a}_{ix}+\boldsymbol{b}_{ix})^2+(\boldsymbol{c}_{ix}+\boldsymbol{b}_{ix})^2+(\boldsymbol{a}_{ix}+\boldsymbol{c}_{ix})^2]\tag{3-8}$$

式中　$\boldsymbol{n}_{ix}$——法向量 $\boldsymbol{n}_i$ 的 x 方向的分量；

$\boldsymbol{a}_{ix}$，$\boldsymbol{b}_{ix}$，$\boldsymbol{c}_{ix}$——顶点三维向量 $\boldsymbol{a}_i$、$\boldsymbol{b}_i$、$\boldsymbol{c}_i$ 的 x 方向分量。

同理，可分别求得 y_{c}、z_{c}，进而得到危岩体质心坐标。

第4章 高光谱遥感信息提取

高光谱遥感是利用地表物质与电磁波的相互作用及其所形成的光谱辐射、反射、透射、吸收以及发射等特征研究地表物体，识别地物类型，鉴别物质成分，分析地物存在状态及动态变化的光学遥感技术。相对于一般的常规遥感而言，高光谱遥感影像包含了丰富的空间、辐射和光谱三重信息，既能表现地物空间展布的几何影像特征，又可以表现像元尺寸地物目标的辐射亮度和光谱信息。这种地物空间、辐射、光谱信息特征合一的特点，使其可以充分利用波谱信息，进行精细的地物识别和制图。

4.1 高光谱遥感原理及应用

由于高光谱遥感是利用地表物质与电磁波的相互作用及其所形成的光谱辐射、反射、透射、吸收以及发射等特征研究地表物体，来识别地物类型，鉴别物质成分，分析地物存在状态及动态变化的光学遥感技术，因此，高光谱遥感影像包含了丰富的空间、辐射和光谱三重信息，既能表现地物空间展布的几何影像特征，又可以表现像元尺寸地物目标的辐射亮度和光谱信息。这种地物空间、辐射、光谱信息特征合一的特点，使其可以充分利用波谱信息，进行精细的地物识别和制图。高光谱遥感作为现代遥感技术研究的重要方向，在地质找矿和制图、土地覆盖分类、油气勘查、农业和植被指数提取、大气和环境监测、湿地生态环境调查等领域得到了长足的发展，在铁路工程地质领域也具有较大的应用潜力。

4.1.1 高光谱成像原理

20 世纪 80 年代初期成像光谱概念的出现，使光学遥感进入了一个崭新的阶段——高光谱遥感阶段。成像光谱仪为每个像元提供数十至数百个窄波段(波段宽度一般小于 10 nm)光谱信息，他们组成了一条完整而连续的光谱曲线。高光谱遥感基本概念示意图如图 4-1 所示。高光谱遥感的出现是遥感界的一场革命，它使本来在宽波段遥感中不可探测的物质，在高光谱遥感中能被探测。

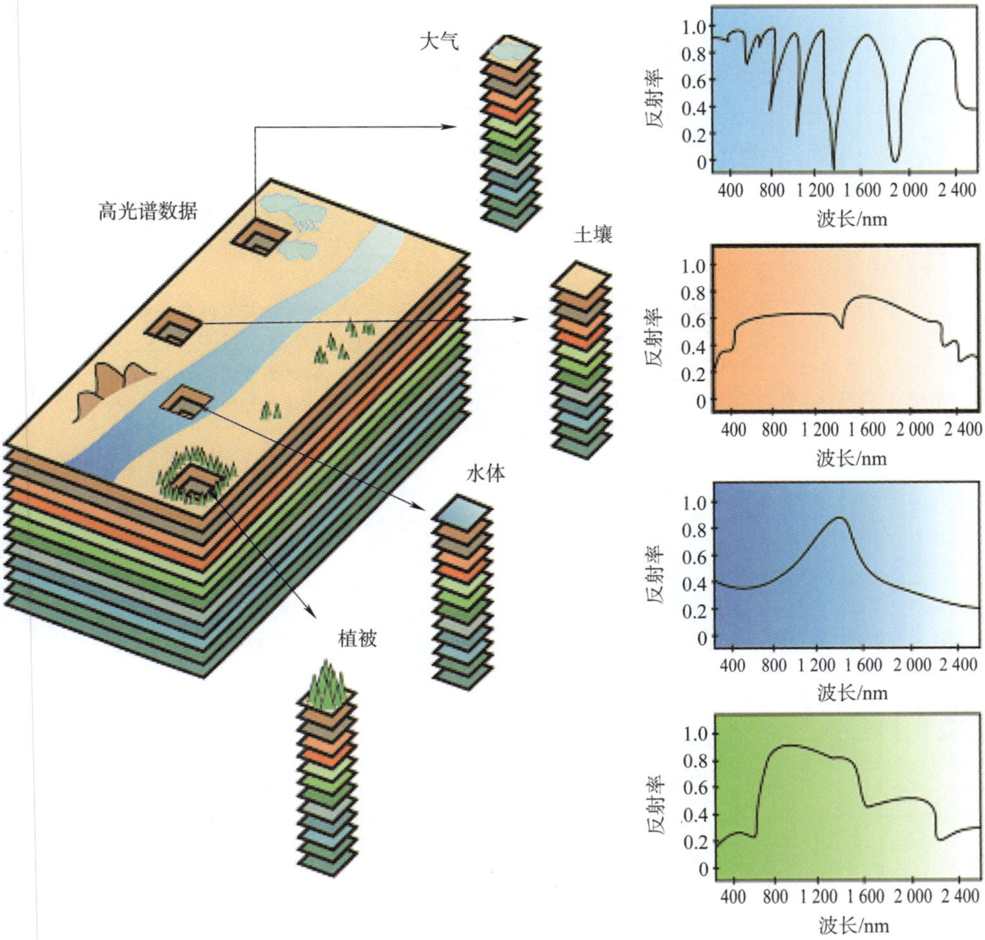

图 4-1　高光谱遥感基本概念(Green et al. ,1998)

1983 年,世界上第一台航空成像光谱仪 AIS-1 在美国喷气推进实验室研制成功,并在矿物填图、植被、化学等方面成功应用。此后,先后研制的航空高光谱传感器有美国的 AVIRIS、加拿大的 FLI、澳大利亚的 HyMap 及美国的 HYDICE 等。我国一直高度重视高光谱成像技术的发展前沿,发展自己的高光谱成像系统,先后研制出推扫型成像光谱仪和实用性模块成像光谱仪等,代表着亚洲高光谱传感器的水平。发展至今,已产生了诸多航空高光谱传感器,常用航空高光谱传感器及主要参数(表 4-1),并在矿产勘查、精细农业、植被胁迫、军事等领域展开应用。

表 4-1　常用航空高光谱传感器及主要参数

传感器	波段数	光谱范围/nm	波段宽/nm	瞬时视场/(m·rad)	主要用途	工作期间
AIS 航空成像光谱仪(美国)	128	990～2 400	9.3	1.91	地球化学、矿物识别、岩性、植被受害	1983—1985 年

续上表

传感器	波段数	光谱范围/nm	波段宽/nm	瞬时视场/(m·rad)	主要用途	工作期间
AVIRIS 航空成像光谱仪(美国)	224	380～2 500	9.7～12	1	生态、海洋、地质、雪、水、云、大气	1987 年至今
HyMap 机载成像光谱仪(澳大利亚)	128	400～2 500	15～16	2.15	在地质勘探领域,特别是矿物填图方面	1997 年至今
ASAS 固态阵列光谱仪	62	400～1 060	11.5	0.8	测量地物二向性辐射值	1992 年至今
DAIS-7915 航空成像光谱仪(美国)	32	400～1 010	10～16	3.2	陆地海洋生态环境监测、农林业及地质制图	1993 年至今
HYDICE 高光谱数字图像收集仪(美国)	206	400～2 500	7.6～14.9	0.5	军民两用、农林业、环境、资源管理	调试阶段
DAIS-16115 航空成像光谱仪(美国)	76	400～1 000	8	3	陆地、海洋生态环境监测、农林业、地质制图	1994 年至今
CHRISS 小型高光谱成像光谱仪(美国)	40	430～860	11	0.05	石油渗漏、植被识别、森林调查、环境监测	测试阶段
MAS MODIS 航空模拟光谱仪(美国)	20	133～833	20	2.0	地球物理、大气海洋、陆地表面	1993 年至今
Hyperion 高光谱成像仪(美国)	224	400～2 500	10	2.5	陆地生态、地质、农业、环境监测	2000 年至今
ISM 红外成像光谱仪(法国)	64	800～1 600	12.5	3.3×11.7	地质、云、冰雪、植被及冠层化学	1991 年至今
AISA 航空成像光谱仪(芬兰)	286	450～900	1.56～9.36	1	水文、地质、农林业	1993 年至今
AMSS 航空多光谱扫描仪(澳大利亚)	32	490～1 090	170～240	2.1×3.1	矿物勘探、农林业制图、环境监测	1985 年至今
CASI 小型机载成像光谱仪(加拿大)	288	430～870	1.8	0.3～2.4	生态系统、陆地表面观测	1993 年至今
FLI 荧光线成像仪(加拿大)	288	430～805	2.5	0.66	农林业、陆地海洋环境监测	1994 年至今
CIS 成像光谱仪(中国)	64	400～1 040	10	1.2×3.6	陆地表面观测	1993 年至今
PHI 推扫式高光谱成像仪(中国)	244	400～850	7.6～14.9	<5	陆地生态系统、环境调查	1990 年至今

在航天高光谱传感器研究方面,美国一直在世界上遥遥领先。目前美国的中分辨率成像光谱仪,EO-1 高光谱卫星及美国军方的 Might-Sat 等高光谱卫星已经成功发射和在轨运行,并成为自然灾害、生态环境监测、全球气候变化等领域重要的数据源。我国一直注重航天高光谱传感器的发展,2002 年发射的神舟三号飞船就搭载了一个中分辨率成像光谱仪。“嫦娥一号”卫星搭载我国自行研制的成像光谱仪来探测月球表面物质。2010—2020 年我

国建设的环境与减灾小卫星星座中，也包括有 128 个波段的高光谱传感器。目前主要卫星高光谱传感器及主要参数见表 4-2。

表 4-2　主要卫星高光谱传感器及主要参数

传感器名称	国别	光谱分辨率	空间分辨率/m
MODIS	美国	36 个波段	250、500、1 000
减灾小卫星 A、B 星	中国	多光谱 4 波段、高光谱(111 波段)	多光谱:30 高光谱:100
Hyperion/EO-1	美国	高光谱 220 波段	30

4.1.2　高光谱技术应用

由于高光谱获得的连续波段宽度一般在 10 nm 以内，因此能以足够的光谱分辨率区分出那些具有诊断性光谱特征的地表物质。这一点在地质矿物分类及成图上具有广泛的应用前景。高光谱地物识别是基于地物谱的指纹效应，通过高光谱数据的重建光谱与矿物标准光谱或实测光谱的定量对比分析，实现利用宏观手段（遥感技术）对微观地物（如矿物、污染物质等）进行直接识别。目前欧美一些发达国家已经相继利用高光谱遥感技术开展地质勘察、探矿分析及矿山污染调查等工作，由于数据获取困难等原因，我国在这方面的研究较少。在未来几年内，国内外将有一系列搭载有高光谱仪的卫星上天，以及我国正在规划中的资源环境小卫星群，都将搭载高光谱仪。其光谱分辨率一般在几纳米到十几纳米之间，空间分辨率在几米到十几米之间，完全适用于资源环境、污染调查及地物动态变化监测等。高光谱技术的发展与数据源的多样性将极大拓宽高光谱技术应用的领域和深度。

地质是高光谱遥感应用中最成功的一个领域，也是高光谱遥感技术最早应用的一个领域。高光谱遥感能成功地应用于地质领域（矿物识别和制图）的主要原因是高光谱遥感有许多不同于宽波段遥感的性质。根据物质的电磁波理论，任何物质其光谱的产生均有着严格的物理机制。据分子振动能量级差的计算，其能量级差较小时，产生相应近红外区的光谱；分子电子能级之间的能量差距一般较大，产生的光谱位于近红外、可见光范围内。由于电子在各个不同能级之间的跃迁而吸收或发射特定波长的电磁辐射，从而形成特定的光谱特征。再者由于各种岩石矿物晶体结构各不相同，各种晶格振动而产生的光谱特征与其特有的晶体结构有关，因此不同的岩石矿物成分其光谱特性也是不一样的。根据各种矿物和岩石在电磁波谱上显示出不同的诊断性光谱特征，可以帮助人们来识别不同的矿物成分。高光谱数据具有的窄波段特性能够精细地反映出这类诊断性光谱特征，以往常规宽波段遥感数据（光谱分辨率约为高光谱的十分之一）是不可能探测出这类诊断性光谱特征。这从根本上改观了从光学遥感图像上提取地质信息的质量和数量，使得高光谱遥感在地质调查中的重要性愈加突出。

高光谱遥感具有以下特征：

(1)波段多，波段宽度窄。成像光谱仪在可见光和近红外光谱区内有数十甚至数百个波段。与传统的遥感相比，高光谱分辨率的成像光谱仪为每一个成像像元提供很窄的(一般小于 10 nm)成像波段，波段数与多光谱遥感相比大大增多，在可见光和近红外波段可达几十到几百个，且在某个光谱区间是连续分布的，这不只是简单的数量增加，更重要的是地物光谱空间信息量的大幅增加。

(2)光谱响应范围广，光谱分辨率高。成像光谱仪响应的电磁波长从可见光延伸到近红外，甚至到中红外。成像光谱仪采样的间隔小，光谱分辨率达到纳米级，一般为 10 nm 左右。精细的光谱分辨率反映了地物光谱的细微特征。

(3)可提供空间域和光谱域信息，并且由成像光谱仪得到的光谱曲线可以与地面实测的同类地物光谱曲线相类比。在成像高光谱遥感中，以波长为横轴，灰度值为纵轴建立坐标系，可以使高光谱图像中的每一个像元在各通道的灰度值都能产生一条完整、连续的光谱曲线，即所谓的“谱像合一”。

(4)数据量大，信息冗余多。高光谱数据的波段众多，其数据量巨大，而且由于相邻波段的相关性高，信息冗余度增加。

(5)数据描述模型多，分析更加灵活。高光谱影像通常有三种描述模型，包括图像模型、光谱模型和特征模型。

基于以上特征，高光谱遥感有常规遥感技术无法比拟的优势，主要体现在以下几个方面：

(1)蕴含着近似连续的地物光谱信息。高光谱影像经过光谱反射率重建，能获取地物近似连续的光谱反射率曲线，与地面实测值相匹配，将实验室地物光谱分析模型应用到遥感过程中。

(2)地表覆盖的识别能力极大提高。高光谱数据能够探测具有诊断性光谱吸收特征的物质，能够准确区分地表植被覆盖类型、道路的铺面材料等。

(3)地形要素分类识别方法灵活多样。影像分类既可以采用各种模式识别方法，如贝叶斯判别、决策树、神经网络、支持向量机等，又可以采用基于地物光谱数据库的光谱匹配方法。分类识别特征，可以采用光谱诊断特征，也可以进行特征选择与提取。

(4)地形要素的定量或半定量分类识别。在高光谱影像中，能估计出多种地物的状态参量，提高遥感定量分析的精度和可靠性。

随着高光谱遥感地质应用的不断扩展和日益深入，高光谱遥感技术和方法也在不断改进。近年来在以下几个方面取得了突出进展：

(1)多层次的高光谱信息获取体系

地面光谱仪、机载光谱仪、星载光谱仪构成了多层次高光谱信息获取体系。地面光谱仪主要有澳大利亚的便携式红外矿物分析仪(PIMA)，美国的便携式地物光谱仪(ASD)、手持式地物光谱仪(GER)、热红外傅立叶变换红外光谱等。机载光谱仪方面，国外具有代表性的有美国的AVIRIS、澳大利亚的HyMap、加拿大的CASI系列等，国外主要机载成像光谱仪见表4-3；国内有中科院开发的机载实用型模块外成像光谱仪系列、PHI、干涉成像光谱仪等，其中HyMap机载成像光谱仪已在世界各地开展了商业运营。星载光谱仪方面，如在轨运行的美国的Hyperion，2009年发射的德国的EnMAP和日本的Hyper-X，国外主要卫星成像光谱仪见表4-4。在外星探测中，有火星探测热红外高光谱仪等，也有中国和印度的探月计划中将搭载的高光谱仪。如此形成了一个从地面到空中到太空的高光谱观测体系，为高光谱在各个领域的应用奠定了坚实的基础。

表4-3 国外主要机载成像光谱仪

传感器	中文名称	国别/运营商	启用时间/年	波段数	波长/μm
AVIRIS	机载近红外成像光谱仪	美国/NASA	1987	224	0.41～2.45
CASI	紧密机载成像光谱仪	加拿大	1990	288	0.43～0.86
MAS	MODIS机载模拟器	美国/NASA	1992	50	0.54～14.52
CHRISS	机载高分辨率成像光谱仪	美国	1992	40	0.43～0.86
AISA	应用机载成像光谱仪	芬兰	1993	286	0.45～0.9
DAIS	数字机载成像光谱仪	德国	1994	160	0.40～12.0
YDICE	高光谱数字图像采集实验	美国	1994	206	0.40～2.5
HyMap	机载高光谱扫描仪	澳大利亚	1996	128	0.40～2.5
ASIVNIR	机载成像光谱仪	挪威	2003	160	0.40～1.0
APEX	机载棱镜实验传感器	欧空局	2004	312	0.38～1.0
AHI	机载高光谱成像仪	美国	2004	199	0.94～2.5

表4-4 国外主要卫星成像光谱仪

传感器	中文名称	国别/运营商	启用时间/年	波段数	波长/μm
MODIS	中分辨率成像光谱仪	美国喷气推进实验室	1999	36	0.45～14.38
FTVHSI	傅里叶可见光成像光谱仪	美国	2000	145	0.45～2.35
HRST	高再用性空间运输计划	美国/JPL	2000	210	0.40～2.50
FTHSI	傅里叶高光谱成像仪	美国空军研究室	2000	256	0.35～1.05
Hyperion	卫星成像光谱仪	NASA	2000	220	0.40～2.50
CHRIS	紧密式、推扫式成像光谱仪	欧空局	2001	62	0.41～1.05
COIS	空间技术开发公司海军实验室	美国海军研究实验室	2002	210	0.40～2.50
GLI	高级地球观测卫星	日本/NASDA	2002	36	0.38～1.20
ARIES-1	澳大利亚资源环境卫星	澳大利亚空间公司	2005	64	0.45～1.05
PRISM	—	欧空局/EOS	2005	200	0.45～2.50

(2)基于高光谱数据的矿物精细识别

基于高光谱数据的矿物成分识别是许多高光谱地质应用的基础和关键之一。利用高光谱遥感进行矿物识别可分为 3 个层次：矿物种类识别、矿物含量识别和矿物成分识别。矿物种类识别是高光谱技术应用最成功的领域之一，也一直是高光谱遥感研究的重点之一。高光谱矿物精细识别包括对矿物亚类识别、矿物组成成分探测、矿物丰度信息提取等矿物微观信息的探测。研究矿物光谱的精细特征与矿物微观信息之间的关系，不仅可以扩展矿物识别的种类，还可反演其形成的地质环境。同时，通过高光谱矿物精细识别，可更好地促进高光谱技术在基础地质、矿产资源评价、矿山污染等领域的深入应用。

(3)高光谱影像地质环境信息反演

区域地质制图和矿产勘探是高光谱技术主要的应用领域之一，也是高光谱遥感应用中最成功的一个领域。近年来的研究表明，高光谱遥感可为地质应用的发展做出重大贡献，尤其是在矿物识别与填图、岩性填图、矿产资源勘探、矿业环境监测、矿山生态恢复和评价等方面。随着高光谱遥感地质应用的不断扩展和日益深入，高光谱遥感技术和方法也在不断改进，在基于高光谱数据的矿物精细识别、高光谱影像地质环境信息反演、基于高光谱遥感的行星地质探测等方面取得了突出的进展。高光谱遥感在地质成因环境探测、蚀变矿物与矿化带的探测、成矿预测、岩性的识别与分类、油气资源及灾害探测、高光谱植被重金属污染探测等方面取得了更广泛的应用。

4.2 高光谱遥感数据处理

本节以航空和航天两种高光谱数据为例，从图像预处理、辐射定标、大气校正等方面阐述。航空高光谱数据采用澳大利亚 HyMap 高光谱成像仪获取的矿区数据，航天高光谱数据采用美国卫星 Hyperion 高光谱传感器获取的中条山区附近数据。

HyMap 机载成像光谱仪是由澳大利亚集成光电公司研制生产的，投入商业性运营的机载成像光谱仪由 4 个探测器组成，每个探测器有 32 个通道，质量 200 kg。HyMap 高光谱成像仪参数见表 4-5。该仪器配有导航定位系统、定位和姿态参数记录设备、三轴稳定陀螺平台，以及先进的数据预处理系统。可根据飞行获取的姿态参数和大气参数，实现对图像的几何校正和大气校正。该仪器在商业勘探领域，尤其在地质勘探领域特别是矿物填图方面得到了广泛应用。

表 4-5 HyMap 高光谱成像仪参数

项　目	参　数
波段数	128 个
光谱范围	400～2 500 nm
光谱分辨率	可见光、近红外为 15～16 nm
	短波红外为 15～20 nm

续上表

项　目	参　数
瞬时视场角(IFOV)	215 mrad
总视场(FOV)	60°
扫描率(S/s)	12～16(行/s)连续可调
扫描率方式	光机旋转式
分光器件	光栅
行像元数	512
数据编码	16 bit

Hyperion 是美国研制的星载高光谱传感器。2000 年发射成功后于 2017 年 12 月停止工作。Hyperion 空间分辨率为 30 m，可获取 400～2 500 nm 光谱范围内 242 个连续光谱通道的观测数据。现已广泛应用于采矿、地质、农林业和环境保护等领域，可用于复杂的陆地生态系统成图和精确分类。数据为中条山区高光谱数据，Hyperion 高光谱数据基本参数见表 4-6。

表 4-6　Hyperion 高光谱数据基本参数

传感器 ID	HYPERION
条代号	126
行编号	035
云覆盖范围	0～9%
产品采样数	1 001
产品行数	3 171
传感器视角	−1.010 6
太阳方位角	150.635 933
太阳高度角	29.807 218
数据获取日期	2004-01-25

对于卫星高光谱数据，由于传感器敏感元件、辐射定标差异以及大气等影响，使得接收到的信号不能反映地物的真实反射率。而只有建立真实的地物反射率和地物之间的关系，才能进一步进行高光谱信息反演。因此在信息提取处理前，要对图像进行预处理，主要是对非正常像元的处理。影像数据中非正常像元产生的因素很多，可能有传感器问题、数据转换过程出错、不适当的数据纠正等原因。Hyperion 高光谱图像预处理步骤主要包括水汽吸收波段剔除、条纹去除、坏线修复、大气校正及几何校正等。

4.2.1　辐射传输与数据修复

非正常的像元主要包括以下几种：

(1)整个波段像元值均为 0 的波段，称为未定标波段；

(2)传感器某一光敏元件故障,导致某波段整列像元值为 0 或者像元值与两侧有巨大差异的,称为坏线;

(3)传感器上万个光敏元件标定的不一致性,导致像元 DN 值与两侧有明显差异的带状现象,称为条纹;

(4)在经过大气层时,某些波段受水、一氧化碳和臭氧的影响,电磁波被大量反射、吸收和散射,噪声较大,称为受水汽影响波段。

高光谱图像预处理技术流程如图 4-2 所示。

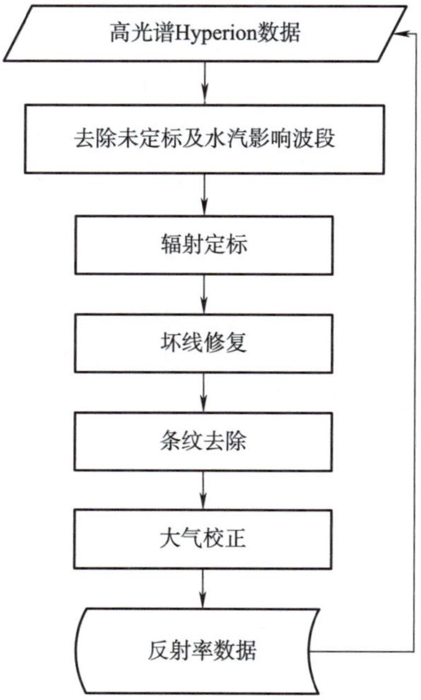

图 4-2　高光谱图像预处理技术流程

1. 去除未定标及水汽影响波段

Hyperion 图像的 242 波段中,辐射定标的波段为近红外 8～57,短波红外 77～224,没有定标的波段设置为 0 值,它们是波段 1～7、58～76、225～242,将定标波段提取出来生成一幅 198 个波段的图像。由于 VNIR 的 56～57 波段和 SWIR 的 77～78 波段重叠,实际上只有 1%个独立的波段且 SWIR 77～78 的噪声比 VNIR 56～57 的大,通常保留后者而删除前者。这样,生成一幅 196 个波段的图像,其对应原始波段为 8～57 和 79～224。高光潜遥感数据中,光谱范围 1 356～1 417 nm、1 820～1 932 nm 以及 2 395 nm 附近的波段受水汽的影响较大,在这些波段中极少包含地面信息。因此,需把它们剔除,同一地物波段去除前后的光谱曲线如图 4-3 所示。

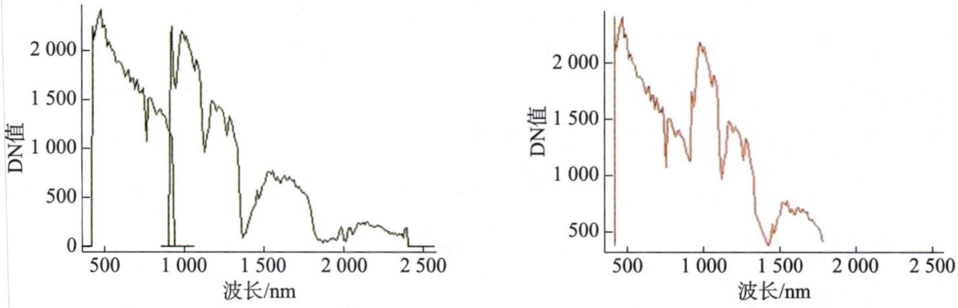

(a)波段去除前　　(b)波段去除后

图 4-3　波段去除前后的光谱曲线图

2. 辐射定标

Hyperion 的 LIR 数据，以有符号的整型数据记录，数值范围为－32 767～＋32 767。但是，实际上的地物辐射值很小，近红外的最大辐射为 750 W/(m^2 · sr · μm)，短波红外的为 350 W/(m^2 · sr · μm)。因此，数据采集时将 VNIR 和 SWIR 的波段分别扩大 40 倍和 80 倍。在分析应用 Hyperion 数据时，必须将 DN 值转换为绝对辐射值。将所有 VNIR 波段除以 40，再将所有 SWIR 波段除以 80，生成另一个新图像文件。由于 SWIR 波段的 DN 值除以 80 后得到的绝对辐射值很小。因此为了保留图像细节，必须将整型数据转换为浮点型。提取同一地物在辐射定标前后的光谱曲线如图 4-4 所示。

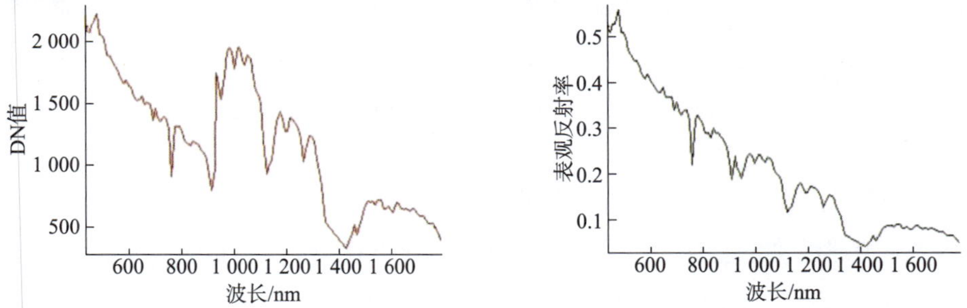

(a)DN 值　　(b)表观反射率

图 4-4　辐射定标前后同一地物光谱曲线

3. 坏线修复

由于传感器个别通道存在坏的探测元，导致其对应的采样像素列不响应，DN 值为零或者非常小的线列，称为坏线。通过对已获取数据的 129 个波段逐波段进行检查，记录有坏线存在的波段和对应的列号，检查结果如下：1～6、49～50、66、71、88 共 12 个波段。对于存在的坏线采用基于特征地物方法进行修复。其基本原理是假设图像的第 k 波段的第 i 列存在坏线，第 m 波段的第 i 列不存在坏线，那么第 m 波段第 i 列任何一个像元的值可以表示为

DN(j,i,m)(行,列,波段),通过搜索第 m 波段所有像元值,找到 DN(j,i,m)的等值点,并将所有等值点的行列坐标记录为矩阵 A=$a(j,i,m)$(行,列,波段),认为矩阵 A 中存储的点所代表的综合地物信息是与 DN(j,i,m)所代表的综合地物信息相一致。最后利用这个行列坐标矩阵 A 的地物点信息,在波段 k 中找到这些点的 DN 值(或者是辐射亮度值,反射率)的均值代替坏线(j,i,k)的 DN 值。根据以上原理对图像进行编码处理,得到坏线修复前后对比如图 4-5 所示。然后逐个波段对坏线进行修复。

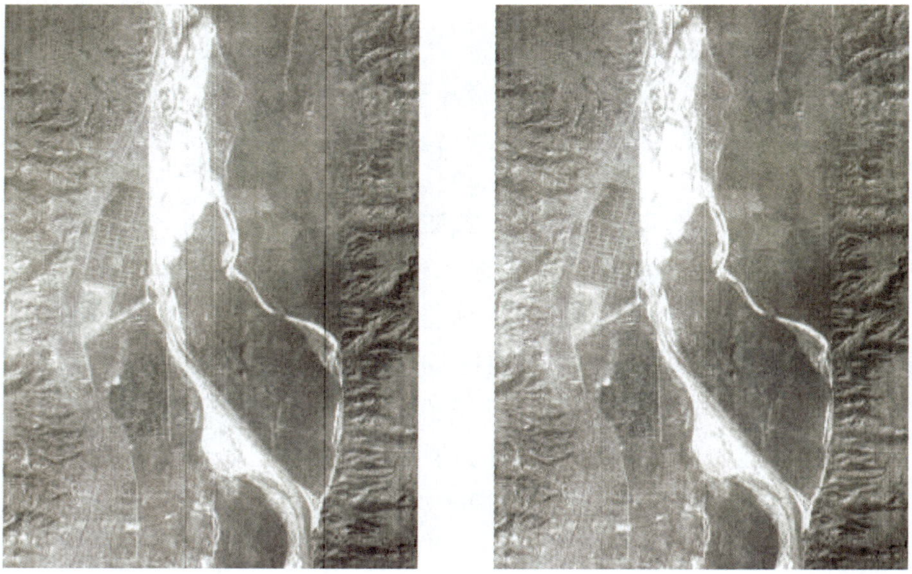

(a)坏线修复前　　(b)坏线修复后

图 4-5　坏线修复前后对比

4. 条纹去除

高光谱传感器的推扫面阵 CCD 器件上有上万个探测元件,其标定非常困难。由于标定得不一致,多数波段都不同程度地存在许多条纹,尤其短波红外(SWIR)波段。条纹的像元 DN 值一般较小,但不为零。条纹的存在严重影响了图像的质量和图像的应用。经检查数据的近红外(VNIR)波段条纹较重、清楚且数量少;SWIR 波段条纹较轻、隐约且数量多。针对这些特征,采用"全局去条纹法"进行条纹去除。其计算过程如下:

(1)各波段逐列统计,计算每列的均值 P_{jn}($j=1,2,\cdots,254;n=1,2,\cdots,176$),以及标准差 S_{jn}($j=1,2,\cdots,254;n=1,2,\cdots,176$);

(2)分别计算各波段所有像元均值 P_n($n=1,2,\cdots,176$),以及标准差 S_n($n=1,2,\cdots,176$);

(3)设传感器的增益为 $a_{jn}=\dfrac{S_n}{S_{jn}}$,偏移量为 $\beta_{jn}=P_n-a_{jn}P_{jn}$;

(4)计算各像元的校正结果 $R_{ijn}=a_{jn}P_{ijn}+\beta_{ij}$（$R_{ijn}$ 为校正结果，P_{ijn} 为第 n 波段第 i 行、第 j 列的像元值。条纹去除前后对比如图 4-6 所示。

(a)条纹去除前　　(b)条纹去除后

图 4-6　条纹去除前后对比

4.2.2　大气校正与几何校正

1. 大气校正

大气校正的目的是消除大气和光照等因素对地物反射的影响，获得地表的真实物理模型参数，如地物反射率、辐射率、地表温度等。高光谱遥感需要参照地物的真实反射信息，因此必须进行大气校正。大气校正包括绝对大气校正和相对大气校正两种。绝对大气校正是将遥感图像的 DN 值转换为地表反射率、地表辐射率及地表温度的方法。相对大气校正后的图像，相同的 DN 值表示相同的地物反射率，其结果不考虑地物的真实反射率。常见的绝对大气校正方法有基于辐射传输模型的 MORTRAN 模型、LOWTRAN 模型、ATCOR 模型、6S 模型等。常见的相对大气校正模型主要有统计不变目标法和直方图匹配法，常见大气校正方法，如图 4-7 所示。

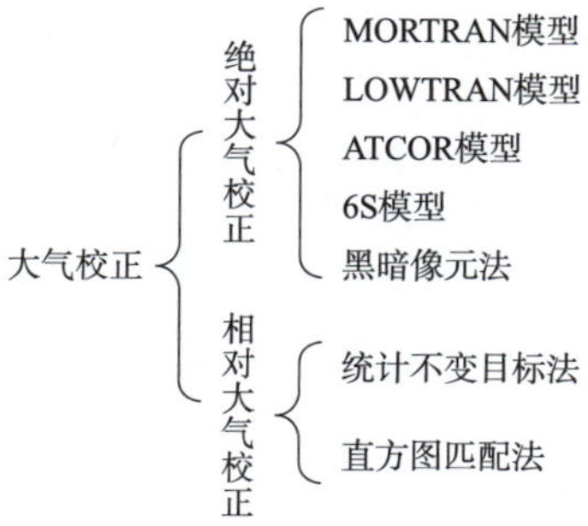

图 4-7 常见大气校正方法

研究采用基于 MODTRAN4＋模型建立起来的 FLAASH 大气纠正模块进行大气校正。它支持多种多光谱和高光谱传感器数据。其基本原理如下：

FlAASH 是基于太阳波谱范围内（不包括热辐射）和平面朗伯体（或近似平面朗伯体），在传感器处接收的像元光谱辐射亮度公式为

$$L=\frac{A\rho}{1-\rho_e S}+\frac{B\rho}{1-\rho_e S}+L_a \tag{4-1}$$

式中 L——传感器处像元接收到的总辐射亮度；

ρ——像素表面反射率；

ρ_e——像素周围平均表面反射率；

S——大气球面反射率；

L_a——大气后向散射辐射率；

A,B——取决于大气条件和几何条件的两个系数。

式(4-1)中的所有变量都与波段范围有关，为了简化公式，波长指数在公式中被省略。将式(4-1)分成 3 部分，右边第一部分代表了太阳辐射经大气入射到地表后反射直接进入传感器的辐射亮度；右边第二部分为经大气散射后进入传感器的辐射亮度；第三部分为大气后向散射辐射率。变量 A、B、S 和 L_a 的值可通过程辐射传输模型 MODTRAN 的计算获取，需要用到观测视场角、太阳角度、平均海拔高度，以及假设的大气模型、气溶胶类型、能见度范围。A、B、S 和 L_a 的值与大气中的水汽含量有密切的关系，MODTRAN4＋用波段比值法来进行水汽含量的反演，即用水汽吸收波段及其临近的非水汽吸收波段的比值来获取大气水汽含量，生产一个二维查找表来对每一个像元进行水汽含量的反演。当水汽反演步骤完成后，利用式(4-2)可以计算空间平均辐射亮度 L_e，由此可以构建以下近似公式估算空间平均反射率 ρ_e：

$$L_e=\frac{(A+B)\rho_e}{1-\rho_e S}+L_a \tag{4-2}$$

空间平均反射率用于计算大气点扩散函数，它是描述地表未处于视线路径上的部分点对目标像素的辐射贡献关系。FlAASH 中气溶胶光学厚度的反演应用了暗目标法。

FLASSH 大气纠正过程中首先需要选择传感器类型，并输入经纬度、影像获取时间、传感器高度、地面平均高程、遥感影像空间分辨率等信息。然后确定大气模型，查基于季节/纬度选择 MODTRAN 大气模型见表 4-7，可得该影像大气模型为 Tropical（SAS），即温带模型；在四种标准 MODTRAN 气溶胶模型中，选用乡村模型，气溶胶去除方法使用2-Band（K-T），能见度 10 km，模型光谱分辨率 5 cm^{-1}。因为卫星在获取图像时使用了侧摆的方式，因此最后还需要输入传感器天顶角和方位角。将以上参数转换为 FLAASH 输入格式。

表 4-7　基于季节/纬度选择 MODTRAN 大气模型

纬度范围（北纬）	1 月	3 月	5 月	7 月	9 月	11 月
80°～70°	SAW	SAW	SAW	MLW	MLW	SAW
70°～60°	SAW	SAW	MLW	MLW	MLW	SAW
60°～50°	MLW	MLW	MLW	SAS	SAS	MLW
50°～40°	MLW	MLW	SAS	SAS	SAS	SAS
40°～30°	SAS	SAS	SAS	MLW	MLW	SAS
30°～20°	MLS	MLS	MLS	T	T	MLS
20°～10°	T	T	T	T	T	T
10°～0°	T	T	T	T	T	T

大气校正前后同一地物光谱曲线对比，如图 4-8 所示，可以看出，大气校正后地物光谱特征发生明显变化，地物反射特征值得到修正。从大气校正前后真彩色合成影像对比，如图 4-9 所示，校正后影像色彩更加逼真，地物界线更加清晰。

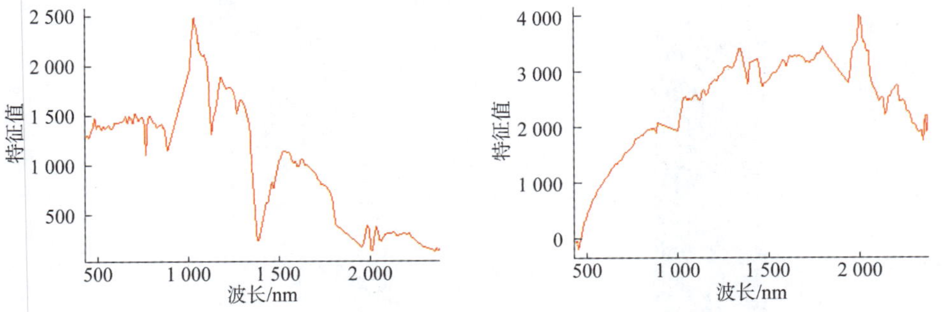

（a）大气校正前　　（b）大气校正后

图 4-8　大气校正前后同一像元光谱曲线对比

(a)大气校正前　　(b)大气校正后

图 4-9　大气校正前后真彩色合成影像对比

2. 几何校正

高光谱遥感成像时，由于飞行器的姿态、高度、速度以及地球自转等因素的影响，造成图像相对于地面目标发生几何畸变，这种畸变表现为像元相对于地面目标的实际位置发生挤压、扭曲、拉伸和偏移等，需要进行几何校正。采用“Image to Image”几何校正形式，对高光谱影像进行几何校正处理。基准图为经过几何校正的研究区域的 L1G 遥感数据，几何校正精度为均方根误差 0.333。几何校正前后影像对比如图 4-10 所示。

(a)几何校正前　　(b) 几何校正后

图 4-10　几何校正前后影像对比

4.3　高光谱遥感信息提取

高光谱遥感数据在经过上述处理后，还需要进行一些其他处理，方可提取所需的信息。总体上讲，利用高光谱遥感图像进行目标探测和地物识别要经过以下六个关键处理过程：

(1)从数字信号到辐射值的转换，这个过程要求在辐射和光谱上有高精度的定标；

(2)剔除大气效应，将表观反射率校正到地物反射率；

(3)纠正光照几何因素和地形影响；

(4)光谱特征选择、特征提取和数据空间转换等；

(5)从光谱数据库中提取所需识别的目标标准光谱；

(6)光谱匹配与识别，可以采用全波形匹配或者特征参量光谱匹配等算法。也可通过混合光谱分解的方法进行识别，即提取出的纯净像元，分解每一个像元光谱，得出每一个像元中各端元组分的相对含量。高光谱遥感信息提取技术流程如图 4-11 所示。

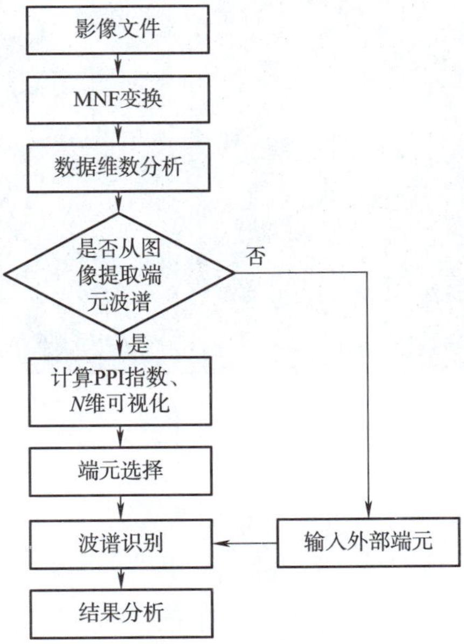

图 4-11　高光谱遥感信息提取技术流程

4.3.1　最小噪声分离

高光谱数据光谱分辨率高、波段多、数据量大、数据冗余度高，不同波段像元之间存在很大的互相关性，并且占用了大量的存储空间和通信信道容量，给数据处理分析造成了很大的麻烦。通过选择和提取有用波段不仅不会对结果造成影响，而且减少了计算量，也减少了大量重复冗余的信息对地物识别的影响。最常用的方法即最小噪声分离变换。最小噪声分离变换用于确定影像数据内在的维数，隔离数据中的噪声，减少随后处理计算的需求。MNF本质上含有两次叠置处理的主成分变换。第一次变换基于对噪声协方差矩阵的估计，用于分离和重新调节数据中的噪声，由此产生的变换数据中噪声具有单位方差且波段间不相关。第二次将对白化的噪声数据进行标准主成分变换。为了进行进一步的波谱处理，通过分析最终特征值和其相关影像来判定数据内在的维数。数据空间可以分为两部分：一部分与大的特征值和相对应的特征影像相关，其余部分与接近一致的特征值以及主要含有噪声的影像联系在一起。仅用相关部分，就可以将噪声从数据中分离，从而提高波谱处理的效果。

变换完成后将得到 MNF 特征值曲线，其横坐标为变换后的波段数，纵坐标为特征值。特征值越高说明信息量越丰富。特征值和 MNF 特征影像都用来估计数据的维数。从计算的结果看，MNF 变换特征值曲线与信息量分布如图 4-12 所示，在维数 45 时，波段特征值有明显的波动，因此选此作为维数较为适合。从包含信息的波段获取特征值要比包含噪声的波段中获取的特征值有数量级变化。相应的影像将具有空间一致性，而噪声影像则不包含任意空间信息。MNF 变换既达到了降维去噪的目的，又使得波段之间去相关，减少了冗余度。

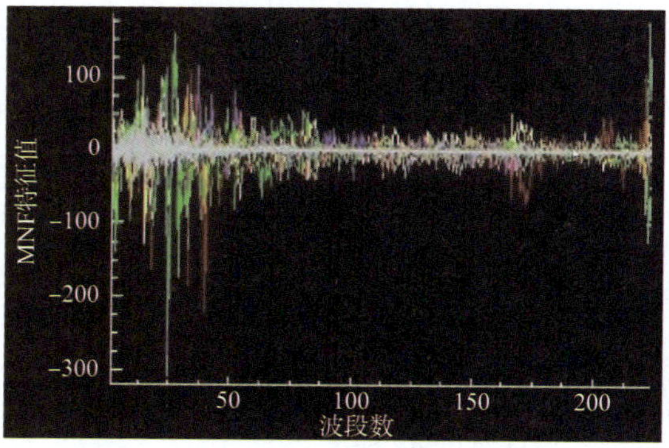

图 4-12　MNF 变换特征值曲线与信息量分布

4.3.2　纯净像元指数

纯净像元指数简称 PPI，该指数可以在高光谱图像中寻找光谱最“纯”的像元。PPI 的计算通过将 N 维散点图迭代映射为一个随机向量来计算，每次映射的极值像元被记录下来，并且累计每个像元被标记为极值的次数，从而生成一幅像元纯度图像。其图像灰度值与对应像元被标记为极值的次数相对应。选取迭代次数 2 500，阈值系数取 2.5，计算得到 PPI 指数计算结果与纯净像元分布如图 4-13 所示。当处理过程中满足阈值标准的极值像元都被找到后，纯净像元指数图中的曲线接近一条水平线[图 4-13(a)]。PPI 处理结果中像元黑色部分表示标记极值次数为 0，越亮记录表示标记极值的次数越多[图 4-13(b)]。

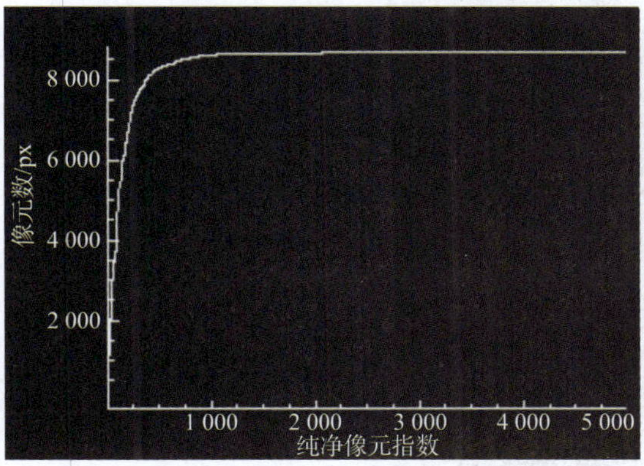

(a)PPI 指数

(b)纯净像元的分布

图 4-13　PPI 指数计算结果与纯净像元分布

4.3.3　*N* 可视化

N 可视化是 *N* 维可视化分析简称，该方法可与最小噪声分离变换和纯净像元指数的结果联系起来，用于定位、识别、聚集数据集中最纯的像元和极值波谱反应。*N* 维可视化视窗，如图 4-14(a)所示，为在多维空间中选择端元提供了一个交互式工具。在 *N* 维视窗中加载 MNF 变换处理结果，选择空间维数。之后在 PPI 文件中确定被记录为极值次数大于 5 的像元为感兴趣区域，总计 5 445 个像元。这些感兴趣区中的像元构成数据云团，不同数据云团代表不同的地物种类，聚类分析如图 4-14(b)所示。对这些类进行划分和归类，得到端元波谱像元的反射率均值，这些光谱反射率均值构成完整的地物波谱曲线，聚类结果如图 4-14(c)所示，为后续的光谱识别奠定了基础。

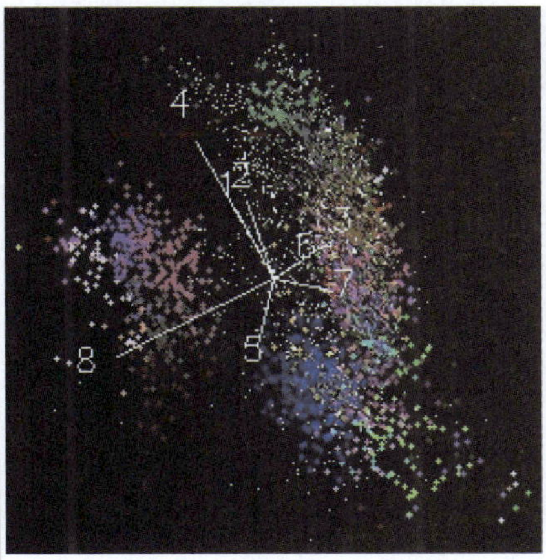

(a)*N* 维可视化视窗

(b)聚类分析

(c)聚类结果

图 4-14　N 维可视化分析

(数字 1～8 代表坐标轴序号)

4.3.4　光谱匹配算法与分析

所谓光谱匹配是通过研究两个波谱曲线的相似度来判断地物的归属类别。在成像光谱图像处理中已成为识别地物的关键技术之一。高光谱矿物识别的基本原理是高光谱数据的重建光谱与矿物标准光谱或实测光谱的定量对比分析。由已知地物类型的反射波谱,通过波形或特征匹配比较来达到识别地物类型的目的。从概念上出发,光谱匹配主要有以下三种运作模式:

(1)从图像的反射波谱出发,将像元波谱数据与波谱数据库中的标准波谱响应曲线进行比较搜索,并将像元归于与其最相似的标准波谱响应所对应的类别,这是一个查找过程;

(2)利用波谱数据库,将具有某种特征的地物标准波谱曲线当作模板与遥感图像像元进行比较,找出最相似的像元并赋予该类标记,这是一个匹配过程;

(3)根据像元之间的波谱响应曲线本身的相似度,将最相似的像元归并为一类,这是一种聚类过程。

基于这些运作模式,光谱匹配技术关键有两点:一是地物标准波谱数据库的建立;二是光谱匹配算法的研究。目前,发展起来的光谱匹配算法主要有二值编码匹配(BE)、波谱角度匹配(SAM)、波谱特征拟合(SFF)、光谱匹配滤波(SMF)、混合调制匹配滤波(MTMF)等。下面对这些光谱匹配算法进行简要介绍。

1. 二值编码匹配算法

二值编码匹配是一种成像光谱信息与光谱数据的编码匹配。其原理是指定一个图像波段数据的单阈值,并将大于此阈值的图像波段值赋 1,否则赋 0。这样为每个像元产生一条二值编码曲线。使用二值编码方法,对成像光谱图像中的每个像元的光谱曲线均可产生一个二值编码矢量，并保持波形形态的重要特征(如吸收特征波长位置和吸收峰宽度)。根据匹配系数的大小来确定和提取未知图像上感兴趣的地物信息。这种编码匹配技术有助于提高成像光谱数据分析处理的效率。由于这种技术在处理编码过程中会丢失许多细部光谱信息，因此这种二值编码匹配技术适合较粗略地识别岩石矿物光谱信息。

2. 波谱角度匹配算法

光谱角度匹配即把光谱看作多维矢量，计算两光谱向量的广义夹角，夹角越小，光谱越相似，按照给定的相似性的阈值将未知光谱进行匹配。这种方法最大的特点是夹角值与光谱的绝对数值无关，即与图像的增益系数无关，只比较光谱在形状上的相似性。需要注意的是当用实验或野外测量光谱与图像光谱进行比较时，需将测量光谱按照图像光谱的波长进行重采样，使得两个光谱具有相同的维数。波谱角算法通过式(4-3)，确定未知波谱与参考波谱之间的相似程度。

$$\alpha = \arccos\left[\frac{\sum_{i=1}^{n_b} t_i r_i}{\left(\sum_{i=1}^{n_b} t_i^2\right)^{\frac{1}{2}}\left(\sum_{i=1}^{n_b} r_i^2\right)^{\frac{1}{2}}}\right] \tag{4-3}$$

式中　t_i——未知波谱；

r_i——参考波谱；

n_b——影像的波段总数。

3. 波谱特征拟合算法

波谱特征拟合是一种基于吸收特征的将影像波谱同参考端元波谱进行匹配的方法。波谱特征拟合从影像或者波谱库中选取参考端元波谱，然后将参考波谱同未知波谱进行包络取出，接着每条端元波谱按比例进行缩放处理以匹配未知波谱。一个较大的比例系数相对于明显的波谱特性，一个较小的比例系数表明了微弱的波谱特性。接着逐波段地对每条参考端元波谱和未知波谱使用最小二乘拟合。均方根误差被用来对每条端元波谱形成一个 RMS 误差影像，误差越小代表匹配度越好。

4. 光谱匹配滤波算法

光谱匹配滤波可以进行局部分离，用于确定用户自定义端元的权重。匹配滤波不要求知道图像上所有端元，而是使用一个已知的光谱库中各类地物的光谱曲线与影像上各个像元的光谱曲线进行“匹配”，得到各个端元组分的丰度分布图，用 1 表示完全匹配，0 表示不匹配。这种方法不要求了解整幅影像所有的端元就能迅速解算出某些地物的丰度。

5. 混合调制匹配滤波算法

混合调制匹配滤波方法可以进行匹配滤波，同时把输出的“不可靠性”图像添加到结果中，从而减少了匹配滤波时出现的“假阳性”像元数量。其结果包括两部分，一是各个端元组分的丰度图，二是每个端元的“不可靠性”图像。可靠的分类结果应选择那些丰度高且“不可靠性”值低的像元。

4.4 高光谱遥感应用方法

由于高光谱遥感图像能够同时提供地物目标的辐射、几何和光谱信息，所以和其他遥感方式相比，高光谱遥感技术最大的优点体现在对地物的识别能力上。高光谱图像地物探测和岩性填图的实质就是光谱识别。光谱识别可以概括为确定某一未知光谱数据与某一已知光谱的确认概率，即测量两条光谱之间若干特征或规则的满足数量。光谱识别要求地物具有排他性的光谱特征，并且这种特征在经过遥感信息在空间的传输后能被图像信号所保留。

4.4.1 基于专家系统的高光谱矿物识别

目前专门针对高光谱矿物识别与探测的专家系统十分有限，主要包括美国的Tetracorder 和 MICA。随着 EnMAP 高光谱卫星研制及相关领域应用研究，德国地学中心和柏林工业大学开发了 EnMAP 地质填图工具 EnGeoMAP。它主要是利用像元光谱与光谱库的包络线去除特征集合，通过加权匹配方法，在光谱库中找到与未知类别像元最相似的光谱，进而实现矿物识别。EnGeoMAP 基于几何包络线，能够在没有任何先验知识的前提下，根据吸收特征位置、形状或整个反射光谱，自动计算吸收特征，EnGeoMAP 工作流程及模块如图 4-15 所示。研究采用 GFZ 光谱库，共包含 27 种不同的光谱数据。

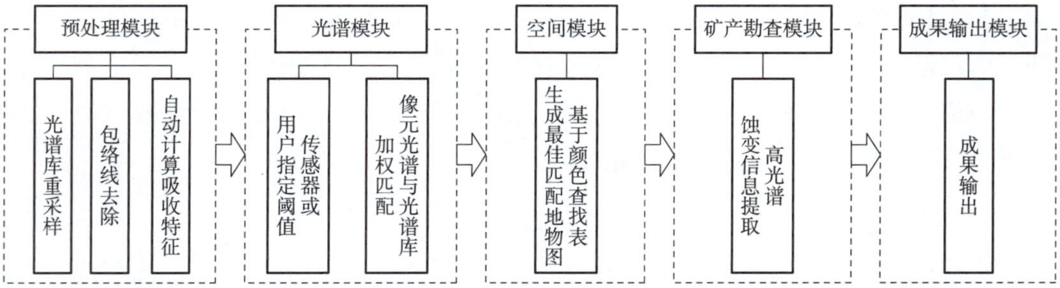

图 4-15　EnGeoMAP 工作流程及模块

在光谱曲线相似的情况下，直接从中提取光谱特征不便于计算，因此需要对光谱曲线做进一步处理，以突出光谱特征。包络线去除法可以有效突出光谱曲线的吸收、反射和发射特征，并将其归一到一致的光谱背景上，有利于和其他光谱曲线进行特征比较，光谱曲线的包络线计算如图 4-16 所示。基于包络线去除计算的面积和深度特征如图 4-17 所示，可用于后续的像元光谱与光谱库的加权匹配。

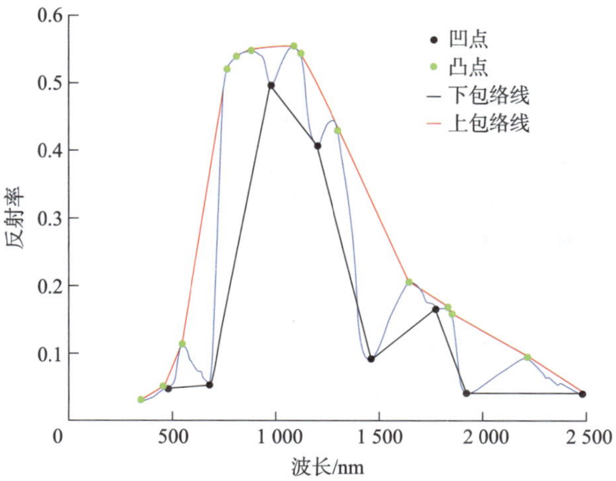

图 4-16　光谱曲线的包络线计算

图 4-17　基于包络线去除计算的面积和深度特征

在加权匹配时，可以利用线性回归或改进的光谱角匹配等方法进行计算。利用 EnGeoMAP 得到的基于 GFZ 光谱库的矿物识别结果图(图 4-18)，识别出的矿物主要包括赭石、黄钾铁石和褐铁石。与研究区域地质图对比，矿物识别的结果可以在一定程度上辅助岩性划界，如 T_3j(岩屑砂岩、泥质粉砂岩、中砾岩)与 E_2r^1(岩屑砂岩、钙质粉砂岩、中砾岩)，E_2g(杂色钙质粉砂岩、岩屑砂岩、砾岩)与 C_2a(生物碎屑灰岩)。

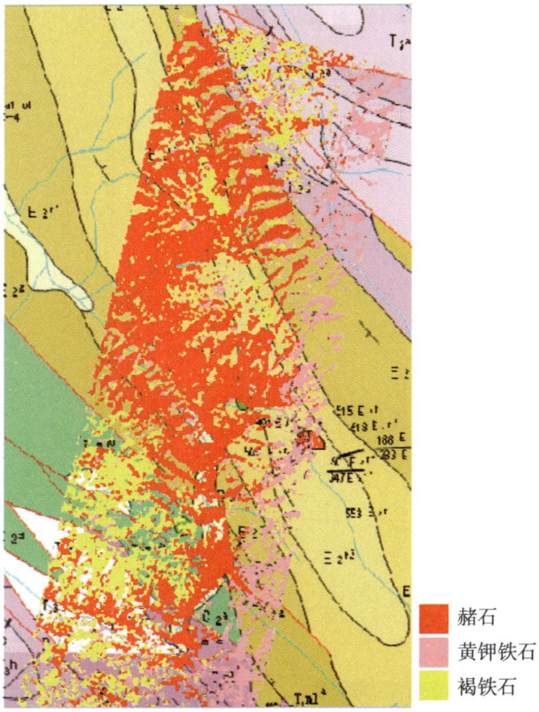

图 4-18　基于 GFZ 光谱库的矿物识别结果

4.4.2　基于混合光谱分解的高光谱矿物识别

基于混合光谱分解的高光谱矿物识别，主要步骤包括最小噪声分离、纯净像元指数计算、N 维可视化分析和光谱匹配等步骤。在光谱匹配时，采用地质调查局光谱库。基于混合像元分解得到的矿物识别结果如图 4-19 所示，识别出的矿物主要包括赭石、高岭土，钙铁榴石、闪锌石和针铁石。与研究区域地质图对比，矿物识别的结果可以在一定程度上辅助岩性划界，如 T_3j（岩屑砂岩、泥质粉砂岩、中砾岩）与 E_2r^1（岩屑砂岩、钙质粉砂岩、中砾岩），E_2r^2（岩屑砂岩、钙质粉砂岩、泥晶灰岩）与 E_2r^1（岩屑砂岩、钙质粉砂岩、中砾岩），E_2g（杂色钙质粉砂岩、岩屑砂岩、砾岩）与 C_2a（生物碎屑灰岩）。

研究通过专家系统 EnGeoMAP 和混合像元分解方法，实现了基于 Hyperion 高光谱影像的矿物识别。两种方法在研究区域识别出的矿物类别都相对较少，其中赭石分布基本一致，其结果都能够在一定程度上辅助岩性边界划分，混合像元分解方法的结果要优于专家系统。除赭石区域外，其他区域两种方法识别的矿物有较大差异。

4.4.3　基于深度学习的高光谱土壤参数量化

可见光-近红外光谱（400～2 500 nm）提供了非侵入式的快速低成本获取土壤理化性质的方式，近年来高光谱数据在土壤参数量化方面得到了广泛应用，并在此基础上构建了不同尺度的土壤光谱数据库。土壤光谱一般含有几百到几千个波段，光谱特征提取是进行土壤

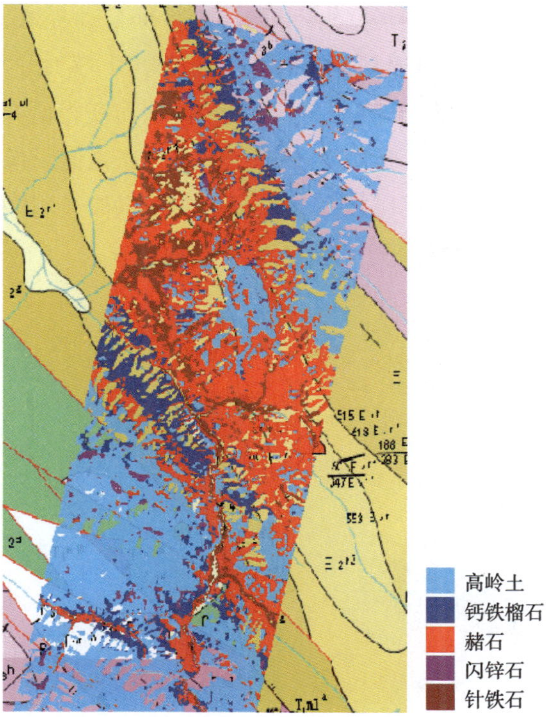

图 4-19 基于地质调查局光谱库的矿物识别结果

光谱模型构建时重要的一项内容。研究利用实验室内实测土壤光谱数据，提出了基于分形理论的光谱特征构建方法，并在此基础上结合梯度提升决策树算法构建了土壤参数光谱模型。与常用的偏最小二乘算法相比，土壤有机质含量和含氮量参数(N)估算精度明显提升，基于分形特征的土壤参数光谱模型精度评价如图 4-20 所示。

算 法	SOC(R^2)	N(R^2)	pH(R^2)
PLSR	0.834	0.743	0.87
Fractal-GBDT	0.851	0.776	0.821

图 4-20 基于分形特征的土壤参数光谱模型精度评价

深度学习利用若干层的卷积神经网络，可以实现特征自动提取。利用一维卷积神经网络，成功构建了土壤光谱深度学习模型。进而利用迁移学习，实现了将实验室较高精度的光谱模型应用于自然条件下获取的 HyMap 高光谱影像，从而获得研究区域的，基于实验室光谱模型与高光谱影像的土壤黏土含量制图(图 4-21)。与高光谱影像相比，利用实验室测量的光谱数据构建的土壤参数模型精度较高。基于一维卷积神经网络的迁移学习，既充分利用已有的实验室光谱数据，同时降低了野外土壤采样的要求。

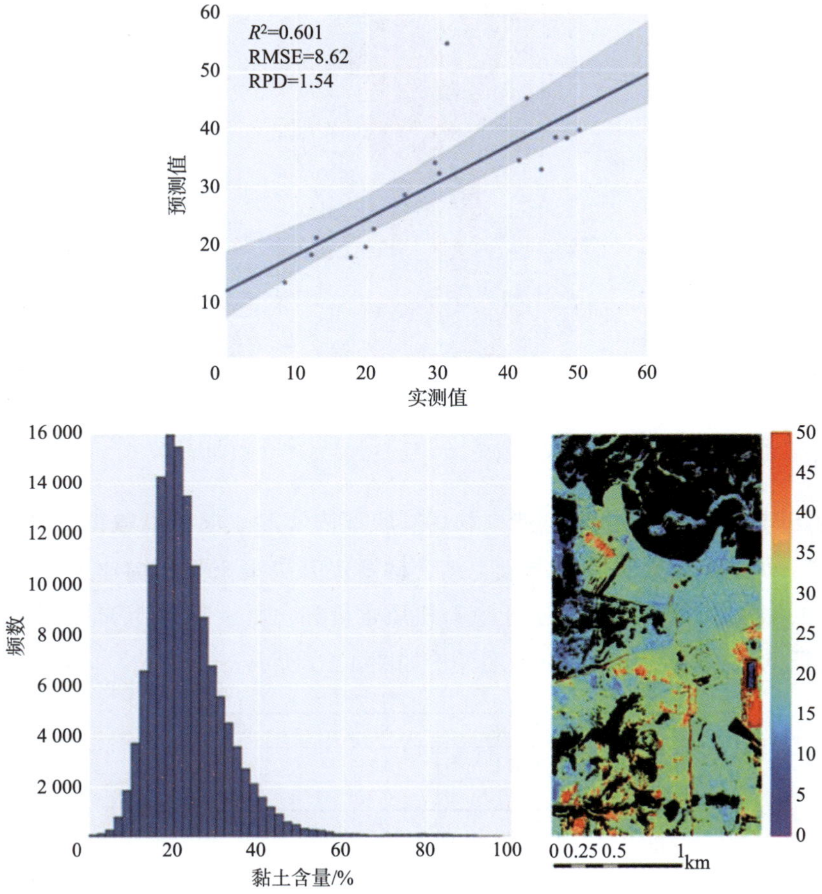

图 4-21　基于实验室光谱模型与高光谱影像的土壤黏土含量

高光谱遥感能够获取连续波段数据，有较高的光谱分辨率用于区分具有诊断性光谱特征的地表物质，在地质矿物分类及成图上具有广泛的应用前景。通过高光谱数据的重建光谱与矿物标准光谱或实测光谱的定量对比分析，实现利用宏观遥感手段对矿物进行直接识别。随着 EnMAP 卫星、高分五号卫星等高光谱卫星成功发射，极大程度解决高光谱数据获取困难等问题，尤其是航空高光谱遥感的快速发展，促进了高光谱数据相关应用，尤其是在铁路工程地质勘察中应用前景广阔，如地层岩性划分、辅助地质构造解译、隐伏断裂识别、弃渣类型及分布以及特殊岩土类型及分布等。以往很难判释准确的地质体在应用高光谱遥感后被准确识别出来。特别是在交通不便的高原山地或海外地区，利用高光谱遥感技术开展地质填图工作具有重要意义。

总之，高光谱遥感是利用很多很窄的电磁波波段，从感兴趣的物体获取有关数据，它的基础是测谱学，实质是在电磁波谱的紫外、可见光、近红外和中红外区域，获取许多窄且连续的图像数据技术。高光谱遥感所获得的数据是三维图谱形式，即在空间辐射信息的基础上增加了光谱维信息。由于高光谱遥感所获得的数据是图谱合一的形式，所以在众多的窄波段范围内对同一目标连续成像，使其能反映出目标物所具有的诊断性光谱特征。

近年来，发达国家在研究和开发高光谱遥感的技术和方法方面开展了大量的工作，已经形成涵盖不同光谱波段和具有不同空间分辨率不同平台的高光谱遥感技术体系。地质应用是高光谱遥感应用最早、最成功的领域之一，未来，高光谱遥感必将在铁路工程地质工作中发挥更大作用。

第5章　雷达遥感信息提取

雷达遥感理论与技术一直处于快速发展态势，目前已经成为一种重要的对地观测遥感技术手段。与多光谱接收地物反射或辐射电磁波的被动成像方式不同，雷达遥感通过主动发射信号并接收回波信息，可以穿透云层、薄雾和植被，具有全天时、全天候等明显技术优势。已开始广泛应用于农林监测、地质调查、海洋监测、冰雪探测、地表覆盖监测、地形测绘、自然灾害（如洪水）和地质灾害监测，以及国防建设等诸多方面。

5.1　雷达遥感原理与应用

雷达（全称是无线电探测与测距）最早出现于20世纪初，之后得到快速发展，出现了地对空、空对地搜索、空对空截击等雷达技术。后来随着微电子等各个领域科学进步，雷达技术的不断发展，其内涵和研究内容都在不断地拓展。雷达的探测手段已经由从前的只有雷达一种探测器发展到了红外光、紫外光、激光以及其他光学探测手段融合协作，应用领域也从军事走向民用行业。

虽然各种雷达的具体用途和结构不尽相同，但基本原理均为雷达设备的发射机通过天线把电磁波能量射向空间某一方向，处在此方向上的物体反射碰到的电磁波；雷达天线接收此反射波，送至接收设备进行处理，提取有关该物体的位置、距离等信息。

根据成像原理和数据格式的不同，雷达遥感主要可分为合成孔径雷达和激光雷达。其中，SAR成像系统正向多平台、多波段、多极化、多模式、高空间分辨率和高重访频率方向发展，现已形成地基、机载和星载SAR影像获取系统并存的格局。因为SAR影像包含高精度相位信息，通过干涉处理可以提取地面毫米级变形信息，因此合成孔径雷达干涉测量成为其主要的应用方向之一。LiDAR是激光探测及测距系统的简称，现阶段主要有地基和航空机载两种主要数据获取平台。该系统集成了位置测量系统、姿态测量系统、三维激光扫描仪（点云获取）、数码相机（影像获取）等设备。激光扫描仪主动发射激光光束，能快速获取大范围、大区域的地表空间信息，工作效率较高且LiDAR发射的激光脉冲信号，通过多次回波技术可“穿透”地表植被，能在很大程度上减少植被枝叶遮挡等造成的信息损失，获取森林地区真实的地形数据，有效识别高位隐蔽性强的灾害体。为地质灾害的快速、精细化调查带来了新的技术支持。

本节主要介绍雷达遥感原理与应用。首先，介绍雷达遥感的技术类型，具体包含合成孔径雷达和激光雷达两类。其次，在此基础上分别介绍干涉雷达和激光雷达的成像原理。最后，对雷达遥感的技术应用进行简介。

5.1.1　雷达遥感技术类型

现阶段研究中，雷达遥感一般指合成孔径雷达遥感，针对地质灾害勘查需求，将激光雷达遥感也纳入雷达遥感研究范畴中。

1. 合成孔径雷达

合成孔径雷达属微波遥感研究领域。微波遥感光谱的波长范围大约是 1 mm 至 1 m。由于波长较长的光受大气散射的影响比波长较短的光要小，因此长波段的微波辐射可以穿透云层、薄雾、尘埃等。这种特性使得几乎在所有的气候和环境条件下，都能进行微波能量的探测，从而可以在任何时间收集数据。

微波遥感可以分为主动和被动成像两种方式。被动微波遥感在概念上与热红外遥感相似，能探测在其视野范围内物体自然辐射的微波能量。这些辐射的能量与辐射体或辐射体表面的温度和湿度有关。被动微波传感器是典型的辐射计或扫描仪，除了它用天线来探测和记录微波能量外，其他大部分的工作方式与之前所讲的系统相同。

主动微波传感器能提供微波辐射源来照射目标。主动微波传感器通常分为两种截然不同的类型：成像和非成像传感器，其中最常见的主动式成像微波传感器是雷达。雷达是无线电探测和测距的简称，它的全名概括了雷达传感器的功能和操作方式，即向目标发射一个微波（无线电）信号然后探测信号的回波部分。回波信号强弱的测量可以用来区分不同的目标，通过计算发射信号和接收反射信号的时间延迟来确定到目标的距离或范围。

和光学系统不同，雷达的空间分辨率是微波辐射和几何特殊性质的一个函数，具体又分为横向分辨率和方位分辨率。较高的横向分辨率可以利用较短的脉冲长度获得，其在某些工程设计规则中可以用到。较高的方位分辨率可以通过增加天线长度实现，然而，天线的实际长度在机载或星载平台往往受携带设备的限制。为了解决这一问题，合成孔径雷达应运而生。

合成孔径雷达的特点是分辨率高，所得到的高方位分辨率相当于一个大孔径天线所能提供的方位分辨率，能够全天时、全天候对地观测，甚至可以一定程度上透过浅层地表获取其掩盖的信息。得益于以上技术特点，近年来已被广泛应用于农业、林业、水业和地质、灾害应急等领域。

2. 激光雷达遥感

LiDAR 航空激光扫描技术因全球定位系统及惯性导航系统的发展，使精确的即时定位及姿态确定成为可能。德国斯图加特大学将激光扫描技术与即时定位定姿系统结合，形成空载激光扫描仪。之后，空载激光扫描仪随即快速发展，并逐步开始商业化，已有10多家厂商生产空载激光扫描仪，可选择的型号超过30种。研发空载激光扫描仪的原始目的是观测多重反射的观测值，测出地表及树顶的高度模型。由于其高度自动化及精确的观测成果，空载激光扫描仪成了数字地形模型DTM的主要生产工具。

与普通微波雷达相比，激光雷达由于使用的是激光束，工作频率较微波高了许多，因此具有如下优点：

（1）分辨率高

激光雷达可以获得极高的角度、距离和速度分辨率。通常角分辨率不低于0.1 mrad，即可分辨3 km距离上相距0.3 m的两个目标（这是微波雷达无论如何也办不到的），同时可跟踪多个目标；距离分辨率可达0.1 m；速度分辨率能达到10 m/s以内。距离和速度分辨率高，意味着可以利用距离多普勒成像技术来获得目标的清晰图像。

（2）信号稳定、抗有源干扰能力强

与微波雷达易受自然界广泛存在的电磁波影响的情况不同，自然界中能对激光雷达起干扰作用的信号源不多，因此激光雷达抗有源干扰的能力很强，能够在山区、城市等多种复杂环境下作业。

（3）低空探测性能好

微波雷达由于存在各种地物回波的影响，低空存在有一定区域的盲区（无法探测的区域）。而对于激光雷达来说，只有被照射的目标才会产生反射，完全不存在地物回波的影响，因此可以"零高度"工作，低空探测性能较微波雷达强了许多。

（4）体积小、质量轻

通常普通微波雷达的体积庞大，整套系统质量数以吨计，光天线口径就达几米甚至几十米。而激光雷达就要轻便、灵巧得多，发射望远镜的口径一般只有厘米级，整套系统的质量最小的只有几十公斤，架设、拆收都很简便。而且激光雷达的结构相对简单、维修方便、操纵容易、价格较低。

5.1.2 雷达遥感原理

1. 合成孔径雷达原理

按照时间发展顺序，雷达成像可以分为以下两种：

早期雷达系统，即真实孔径雷达，其方位向分辨率较低（公里级）。

现代雷达系统，即合成孔径雷达系统，其方位向分辨率得到了显著改善（米级）。

与真实孔径雷达相比，合成孔径雷达的显著优势在于提高了雷达影像的分辨率。合成孔径雷达通过对距离向采用脉冲波束压缩技术来提高距离向分辨率，利用合成孔径技术模拟出等效大孔径天线来提高方位向分辨率，使得生成的雷达影像具有更为清晰的强度和相位信息。其原理主要有：

(1)脉冲压缩技术

雷达回波的脉冲宽度决定了成像的距离向分辨率，较窄的脉冲宽度有利于距离向分辨率的提高，然而，较窄的发射脉冲也会导致雷达的发射功率降低，使得雷达的作用距离减小。为了同时兼顾雷达信号的分辨率及作用距离，现代雷达信号以大时宽和大带宽的线性调频信号为主，大时宽信号提高了雷达的平均发射功率，而大带宽信号采用脉冲压缩技术在接收信号时将脉冲波束变窄，从而提高了距离向分辨率。

(2)合成孔径技术

对于真实孔径雷达而言，方位向分辨率主要取决于天线长度。而在合成孔径雷达中，关键是利用雷达与地物二者间的相对运动产生的多普勒频移现象，来实现方位向分辨率的改善。雷达天线可以在一定时间段内连续接收目标散射的回波信号，这个时间段内平台飞行的距离相当于一个大的雷达天线孔径。

(3)成像与聚焦算法

脉冲压缩技术和合成孔径技术可以保证应用较短的雷达天线来获取较高分辨率的地面影像，但是雷达所获取的数据并不是直接代表地面信息的影像，因此，必须对原始雷达数据进行一系列的数字信号处理，整个过程称为聚焦成像。

(4)辐射定标

辐射定标是针对合成孔径雷达系统端口到端口性能进行标定的过程，即标定 SAR 系统接收到地物目标后向散射回波信号的幅度和相位能力。通常，辐射定标可分为两部分，即内部定标和外部定标。

①内部定标

内部定标是指利用雷达系统内置的传感器注入定标信号到雷达数据流中，以实现标定雷达系统的性能。内部定标主要应用于估计热效应和其他因素引起的发射功率和接收机增益的相对变化。

②外部定标

外部定标是指利用地物目标发射或反射的定标信号标定雷达系统的过程，主要适用于确定被测地物目标的绝对散射系数。外部定标的地面目标可以是类似于角反射器的已知雷达截面积的点目标，也可以是已知散射特性的分布目标。

2. 激光雷达原理

激光雷达是光和雷达的结合体。激光雷达采集三维点云数据，有时也被称为 3D 激光扫描。激光雷达通常用于制作高精度地图，已应用于许多领域。激光雷达使用脉冲激光照射目标，不仅可以根据照射所反射回来的脉冲激光测量雷达到目标的距离，也可以根据返回时间和波长的差异来对目标进行 3D 建模，激光信号传输原理如图 5-1 所示。

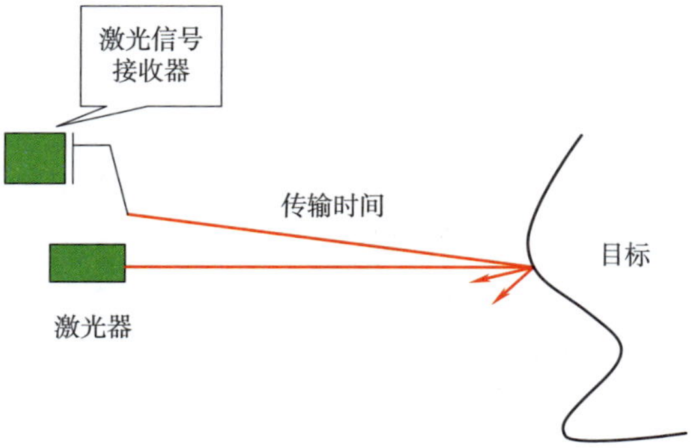

图 5-1　激光信号传输原理

通过激光对地面的扫描得到扫描仪与地面上各点的距离，由 GPS 接收机得到扫描仪的位置，由高精度姿态量测装置量测出扫描仪的姿态（俯仰角、侧滚角和航偏角），扫描线方向与 Z 轴的夹角由编码器按固定的激光脉冲间隔给出。

5.1.3　雷达遥感技术应用

1. 合成孔径雷达应用

（1）军事典型应用

高分光学卫星（可见光和多光谱）成像时容易受到云层和恶劣天气的影响，但是高分 SAR 卫星由于使用电磁波的微波波段对目标进行成像，能够穿透云层和一般的雨雪天气，并且可以在夜间工作，因此广泛应用于军事战略、战术甚至战役战斗中。

（2）应急减灾

SAR 遥感卫星宏观、动态、综合监测优势与灾害大范围、高频次和多灾种影响特点高度契合，形成覆盖灾前—灾中—灾后的灾害风险监测，灾害发生位置、区域、要素、发展态势监测，重建恢复监测的 SAR 遥感技术应用体系，已成为我国防灾减灾救灾工作重要支撑。SAR 卫星的干涉成像功能，可以在人员罕至的地区获得毫米级的形变高精度信息，对受灾地区的状况进行监测方便指导救灾，也可以帮助进行灾后的分析和研究。

（3）地质勘探应用

在地质勘探方面，SAR 卫星的大范围探测优势得到体现，利用 SAR 数据可以分析地貌特征和构造现象，甚至可以对岩体岩性和浅部埋藏地质体进行初步解译。在地物分类方面，多频率、多极化的 SAR，可以帮助分析目标的多种属性，提高分类精度，在一定程度上避免了噪声干扰。多时相干涉 SAR 得到的分类结果更加精确，也可以更好地分辨随时间变化的土地覆盖情况。

（4）海洋应用

SAR 卫星在海洋领域应用非常广泛，包括船舶识别、溢油监测、海底地形反演、海浪监测、内波反演等。在船舶识别监测方面，由于海洋水面呈现暗色调，船只呈现明亮光斑，不同类型船只在雷达图像上有典型的特征，通过算法可以进行分类识别，并匹配船舶自动识别系统信息快速判定并定位。在海上溢油监测方面，被油膜覆盖时的海水表面更加平滑，SAR 卫星信号在其上发生镜面反射，表现为暗黑色斑块或条带特征，与清洁海面相区分，SAR 可利用油膜对海面波动的抑制而产生的后向散射差异进行溢油区域探测。

(5)农林业应用

不同农作物在 SAR 卫星影像中表现出不同特征，可作为农作物的分类依据。将光学遥感、地面监测以及 SAR 卫星数据结合可显著提高农作物的分类精度，对不同季节、不同环境的水稻种植进行规划和管理，监测农作物发育状况。此外，SAR 卫星影像还可以对土壤湿度和植被含水量进行评估。林业方面，SAR 卫星数据在大范围森林覆盖变化监测中有巨大应用价值。利用 SAR 卫星数据不仅可以监测森林面积，而且可以获取垂向信息，进而反演森林高度、森林蓄积量等指标，为有效地管理和保护森林、预防灾害发生提供科学依据。

(6)测绘行业应用

测绘行业对 SAR 卫星特别是干涉 SAR 卫星的需求特别强烈，干涉 SAR 不仅可以监测形变，还可以生成数字高程模型——是智慧城市、数字孪生等领域的基础数据之一。SAR 数据在建立 DEM 方面具有监测精度高、范围广、全天时全天候等优势，可满足生成高精度 DEM 的需求。利用 SAR 卫星获取的 DEM 数据具有更高的时效性，与研究区的真实地面状况更加吻合。同时结合其他数据开展智慧城市应用，监测城市建筑形变，可对建筑物进行精细结构成像。

(7)冰川应用

冰川和积雪是重要的水资源，非常易受气候变化的影响。SAR 技术可以对其进行监测，反演气候水文循环的变化过程。利用 SAR 数据可以进行海冰分类，对冰川地貌进行识别和绘图，还可以对冰川的变化进行动态监测，研究冰川流速与温度、季节、地理位置和地貌条件等多种因素的关系，并识别出冰雪融化阶段，进行融雪前后比较，监测冰雪融化过程。这对于掌握积雪变化规律，避免雪崩和融雪洪灾等具有重要意义。

(8)商业高价值应用

将 SAR 影像与人工智能技术相结合，以最佳频率使用高分辨率 SAR 卫星图像为商业领域中能源与基础设施、金融保险、林产品经销、精准农业等商业典型应用提供实时警报、数据和信息，监控商业运营现状与变化，掌握远程资产，降低运营成本并提高运营效率，帮助客户实现运营现代化。

(9)城市社会治理

随着城镇化的快速发展，城市可利用资源日益减少、城市盲目扩张、城市环境污染、城市私搭乱建等发展问题频发，严重阻碍城市的可持续发展。SAR 卫星可在城市违法图斑监测、城市体检评估分析、城市高速动态监管等方面发挥优势，将促进城市整体运行的动态智能感知，满足城市治理中科学管控、国土规划、执法监管、安全建设、环境保护等数字化高效管理需求。

2. 激光雷达应用

(1)高精度地形测绘

激光雷达的最大优势在于可以直接获取高精度的三维空间信息，如星载激光雷达可对全球范围内高程进行亚米级量测，为制作全球高精度控制点提供支持。与传统测绘手段相比，激光雷达能够克服植被干扰，得到反映微地貌(指相对比较微小的地貌形态，亦是最小的地貌形态单元)的高分辨率、高精度 DEM。

(2)农业

在三维地图的帮助下，激光雷达技术有助于预测特定地区的太阳曝光量和坡度。这些信息还被用来预测肥料供应量、土壤肥力、合适的种植时间、植物的类型和模式以及适宜的供水量。激光雷达还可以用来创建农田的高程图，该高程图可以转换为创建坡度和阳光照射区域地图，从而可用于创建高、中、低作物生产区域，为科学种植提供参考。

(3)森林资源与生物量调查

激光雷达技术早期是以获取森林详细信息为目的发展起来的，可以使用激光雷达数据来分析森林密度以及它的垂直结构，进而绘制森林地图，并根据冠层高度模型(CHM)判断生物储量，分析适合生存的生物种类。

(4)环境评价

利用激光雷达数据生成的微地形数据可用于环境评价，目的是保护植物和环境。同时利用遥感与地表信息可用于评价受人类活动影响的区域。

(5)应急救援

激光雷达技术近年来被广泛应用于地震后灾害信息快速提取，具体包括地物目标的分类、地质灾害划分、震前震后对比分析、山洪灾害监测等。此外，激光雷达图像有助于监测可能发生的火灾区域，在森林火灾救援中的应用正变得越来越普遍，消防部门能够从被动消防管理向主动消防管理转变。

(6)水文调查

利用激光雷达生成的数字高程模型可应用于流域和河流的划定，高精度的激光雷达数据是创建该模型的主要输入来源。该模型使用地理信息系统创建，可以计算特定水道和陆上洪水的分水岭。

此外，利用激光雷达的透水绿光段可完成水下地形的测量，获取水下深度、水流强度、河流宽度等。对于河流工程，从激光雷达数据中可提取其断面数据，建立河流模型，生成洪水航道和洪水条纹图。对于海洋工程，也可以使用激光雷达数据探索海底世界。

(7)空气污染

激光雷达利用激光的高方向性、高亮度和高脉冲重复率等特性,具有很高的空间、时间分辨能力和很高的探测灵敏度等优点,被广泛地应用于对大气、海洋、陆地和其他目标的高精度遥感探测。激光雷达技术以激光与各种污染物相互作用的物理化学过程为基础,发展环境监测专用激光雷达技术,能够在一段距离内对空气污染在大范围内空间三维分布进行实时监测,便于进一步了解区域内空气污染物随时间和空间变化的规律,对于污染扩散和重大污染源追踪、污染过程监测、空气污染预报乃至大气环境控制都具有十分重要的意义。

(8)考古学

激光雷达能为考古学家了解地表方面发挥重要作用。由于激光雷达可以探测到植被隐藏的微地形,这有助于考古学家了解植被下地表信息,同时将激光雷达生成的 DEM 加载到 GIS 系统中,结合其他图层数据,可进行综合分析和解译。

5.2 激光雷达遥感信息提取

激光雷达凭借其快速精确获取三维空间信息的优势,已成为遥感对地观测领域最具发展潜力的技术之一。激光雷达技术的使用可追溯至 20 世纪 70 年代,美国航天局在阿波罗登月计划中就利用激光技术测量月球表面地形。随着全球定位系统和惯性导航系统的日趋成熟,精密即时定位及姿态测定成为可能。之后,德国斯图加特大学将 GPS 接收机、INS 以及激光扫描仪集成,利用 GPS 得到扫描中心的空间三维位置坐标,同时从 INS 系统获取发射激光时的姿态和角度,完成了机载激光扫描地形断面测量,被视为现代机载雷达系统的原型。

随着电子技术的飞速发展,机载 LiDAR 已经在高植被覆盖山区得到了广泛应用,未来将在高速公路、铁路、水库库区调查、重点区域地质灾害隐患调查等领域前景广阔。与光学影像、合成孔径雷达等手段相比,LiDAR 技术不仅能够提供高分辨率、高精度的三维地形地貌和二维影像,而且利用多次回波技术可"穿透"地面植被,通过滤波算法有效去除地表植被的影响,获取真实地面高程数据信息,在高植被覆盖等测图困难区域具有独特的技术优势。调查技术对比见表 5-1。

表 5-1 调查技术对比

灾害调查方法	效率	地形因素	植被影响	隐患识别率
人工排查	低	复杂地形无法到达	严重	低
航空摄影	高	复杂地形可到达	严重	低
机载激光雷达	高	复杂地形可到达	小	高

激光雷达可根据搭载平台(天基、空基、地基)和功能用途(大气激光雷达、海洋激光雷达、陆地激光雷达)进行分类,本节将重点介绍陆地激光雷达中机载 LiDAR 遥感信息提取的理论与方法。将从机载 LiDAR 数据采集、点云滤波与去植被处理、构造与不良地质信息提取等方面进行陈述。

5.2.1 激光雷达遥感数据采集

搭载在飞机平台的激光雷达扫描系统统称为机载激光雷达系统或机载激光扫描系统,是一种集成了多种高新技术的主动式数据获取技术。目前,主要飞行平台有轻小型无人机和可长距离数据获取的有人机。机载 LiDAR 数据获取流程通常包括计划准备、航飞实施和数据预处理等。机载 LiDAR 系统数据获取的总体作业流程如图 5-2 所示。

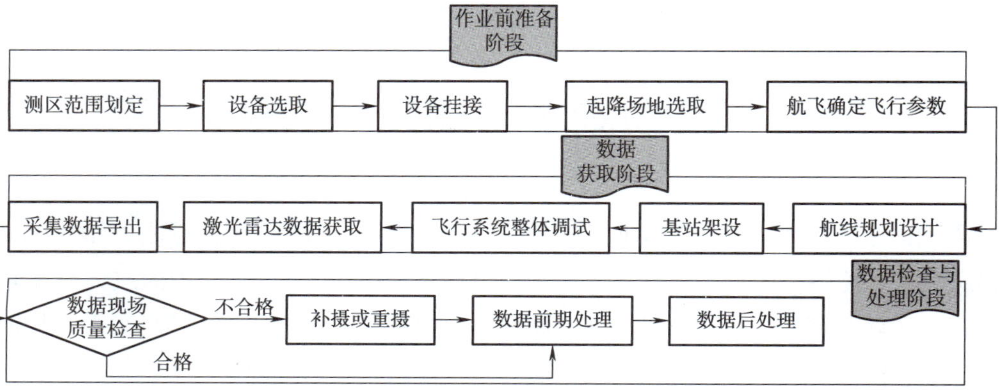

图 5-2 总体作业流程

1. 作业实施流程

采用飞行平台搭载激光雷达系统进行作业实施。

激光雷达系统实施作业的过程可概括为数据采集和成果获取两部分。其中,数据采集包括采集数据前的作业准备阶段及数据获取阶段;成果获取包括数据检查及处理。这里主要介绍作业前准备、数据获取及数据检查与处理三阶段内容。

(1)作业前准备阶段

飞行作业前的准备工作为数据获取提供基础与条件,其基本过程:首先划定测区范围,然后选择搭载设备并进行设备挂接,最后通过踏勘选取作业场地,通过航摄飞行实验设定飞行所需参数信息。其中,某项目中设备挂接如图 5-3 所示。

图 5-3 设备挂接及场地选择

(2)数据获取阶段

激光雷达系统通过将激光扫描测距、差分

GPS 以及惯性测量联合获取 IMU 数据、机载 GPS 数据、基站 GPS 数据以及点云数据信息。经航线规划设计、GPS 基站架设以及飞行系统整体调试后就可进行数据的采集与导出。

其中航线规划设计包括航线设计、检校设计两部分。航线设计主要是按照行业规范来进行航线规划，检校设计的目的是确定惯性测量装置与激光扫描测距系统相互框架位置关系的系统差、GPS 天线相位中心与激光扫描测距系统之间的偏心矢量和摄站高程的系统差等相关信息。

(3)数据检查及处理阶段

航飞结束后应先对数据进行现场质量检查，数据质量检查内容如图 5-4 所示。其中点云数据的现场检查是在点云预处理之后进行的，可由软件进行快速检查。为便于表述，这里将点云数据预处理及现场检查归并到点云数据的前期处理环节进行统一介绍。如果检查时数据存在严重缺失遗漏或精度无法满足规范要求，应进行补摄或重飞直至获取满足要求的数据。

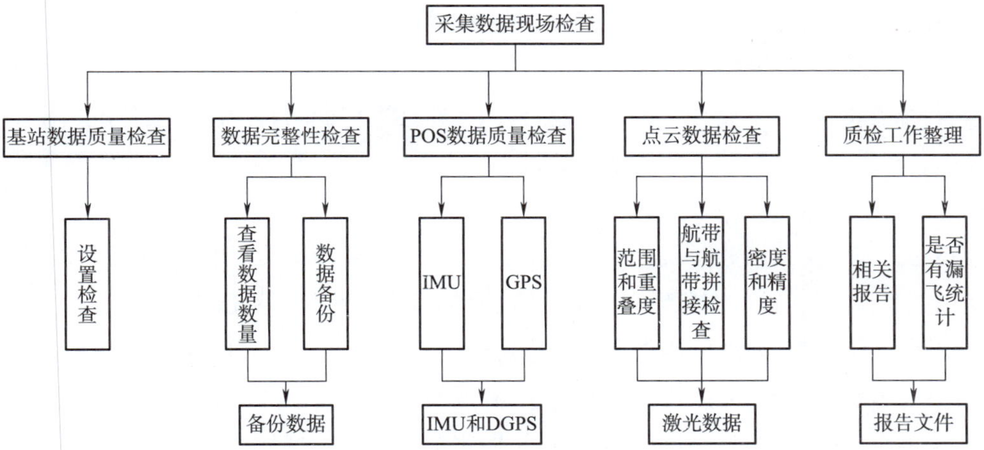

图 5-4　数据质量检查内容

数据处理的目的是获取最终成果数据，主要包括数据前期处理及后处理两个部分。激光点云前期处理是为后期点云使用提供一份完整且质量合格的基础数据，点云数据后处理是为满足项目应用而做的工作。

这里涉及的后处理操作主要是自动提取调查要素，例如获取建筑物轮廓位置、中心点高程以及河道纵横断面信息等。

2. 系统误差及检校

(1)系统误差

点云数据的采集是激光雷达工作核心，应严格按照测绘行业现行《无人机航摄安全作业基本要求》(CH/Z 3001)、《IMU/GPS 辅助航空摄影技术规范》(GB/T 27919)及《机载激光雷达数据获取技术规范》(CH/T 8024)等技术规范进行航线规划及作业，满足航高变化、速度变化等的规范要求，将点云数据获取过程中所产生的各类误差影响降至最低，保证数据获取精度。

采用无人机激光雷达系统获取点云数据时，常见系统误差来源有激光测距扫描时的测距误差、扫描角误差，IMU 姿态测量时的姿态误差，DGPS 定位时的定位误差、多传感器集成时的系统集成误差以及时间同步误差等。上述误差的特性及对数据获取精度的影响程度分析如下：

①测距误差：激光测距误差产生原因比较复杂，除仪器本身产生的误差（如脉冲传播时间误差等）外，还要受到大气折射影响（影响小）。此外，地形、地物的复杂性可能会造成脉冲信号的漫反射、镜面反射及吸收等问题，进而影响测距精度。总之，当飞行高度过低或扫描角度过小时，该类误差对数据获取精度影响程度会较大。

②扫描角误差：虽然在理论上采用旋转棱镜式扫描能够实现反射镜的匀速旋转，但实际情况并不能完全保证其匀速运动。如扫描镜振动等原因都会造成扫描角误差，此类误差会影响点云均匀分布程度。该类误差一般可在航飞实验中及时发现并预先处理，因此该类误差对数据获取精度影响并不大。

③姿态测量误差：受姿态测量精度制约，激光雷达系统获取数据的平面位置精度要低于高程精度，该误差是影响数据获取精度的最大误差源。因此，需要采用姿态定位精度最高的 POS 系统。

④定位误差：受到诸如对流层及电离层延迟、观测噪声等因素影响，差分 GPS 进行定位时会产生定位误差。目前，基于该方法进行的目标点定位精度可达厘米级。

⑤时间同步误差：时间同步误差是由于定位定向系统与激光测距系统在进行目标定位定向时不同步所引起的，如果飞行状态平稳，测距与姿态测量间的时间不同步对点云数据的精度影响很小。因此在飞行过程中应严格按照规范要求保持平稳飞行。

⑥系统集成误差：激光雷达系统将激光扫描测距系统、惯性导航系统及差分全球系统等多个系统进行了集成。严格讲，系统集成时应保证各系统严格对准，但实际情况中存在安置误差。比如惯性测量系统与激光扫描仪以及与差分 GPS 接收机的安置误差等。该类误差可通过检校的方式进行消除。

因此，按照行业规范完成航线规划后正式航飞前，应进行设备检校，以达到消除部分系统误差、提高测量精度的目的。

(2)系统检校

在系统检校中，除对各装置仪器偏心分量进行校正外，还要对仪器安装轴中的偏心角（如侧滚、俯仰及航向角）进行检校。

其中检校航线设计的基本原则如下：

①检校场地应保持地势平坦，场地内应有明显倾斜地形或地物（如尖顶房等），进而对偏心角进行检校。

②检校飞行时应选择垂直倾斜地形或地物方向进行平行及重叠飞行，且平行航线要满足重叠度要求。

③地面控制点应布设在高程变化不大且易准确判断点位的地点。

④在进行设备参数检校时应以测区内使用的最大参数为准。

激光检校航线如图 5-5 所示。

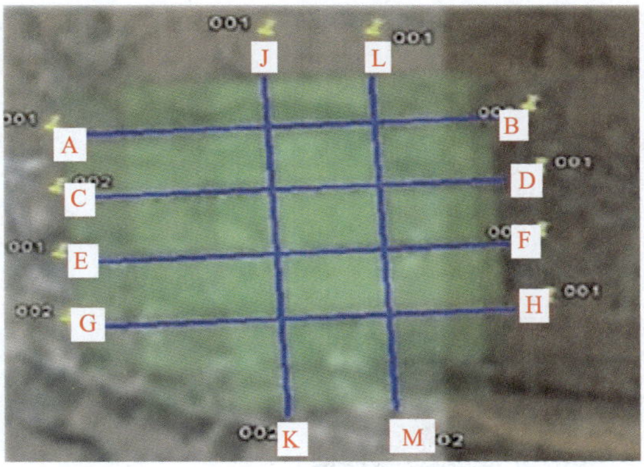

图 5-5　激光检校航线

在进行激光检校航线设计时应设置垂直尖顶屋来回飞行的激光检校航线以及平行飞行检校航线，图 5-5 中的 LM、ML（重叠飞行）、JK（平行飞行），在重叠飞行时还要保证航线的重叠率满足要求。

在系统检校完成后将相应飞行参数（如飞行路线、飞行速度及航高等）输入飞行控制系统，飞行系统整体调试后可按设定参数飞行，进而完成点云数据的获取及相关数据的记录存储。

5.2.2　点云滤波与去植被处理

在 LiDAR 处理技术方面，主要处理流程包括数据 POS 解算、正射校正、噪点滤波、激光点分类等。目前，国际上已研制出一些较为成熟的激光点云后处理软件，例如 TerraSolid、Lastools、LiDAR 360、点云魔方等，其提供了大量处理算法模块和人机交互式窗口供用户选择，使用者能进行更贴合实际的数据修正。

1. 点云预处理与分类

采用激光雷达系统获取的点云不包含解算后的三维坐标信息，且测区范围内会包含多条航带，单一航带数据难以满足应用要求。因此，需要对原始点云数据进行前期处理。激光点云处理主要包括：点云数据预处理、预处理后点云常规检查、点云数据拼接、点云数据噪声去除和点云分类（图 5-6）。

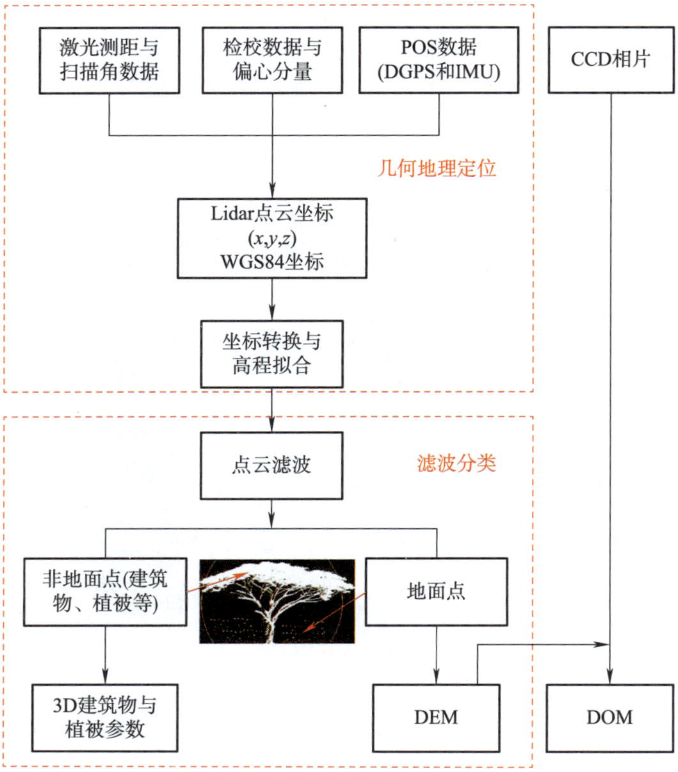

图 5-6　数据处理流程

(1)点云数据预处理

原始激光点云数据并没有三维坐标信息，因此需要对原始点云进行预处理获取坐标信息，一般采用商业软件来完成数据预处理工作。

基本思路：首先，对原始激光数据与定位定向数据进行解码，获得 GPS 文件、IMU 文件、激光点文件等；其次，将机载 POS 与地面基站 GPS 进行差分解算，获得精确的坐标；最后，通过点云数据格式转换获取标准点云格式文件，与处理后的定位定向数据进行融合，获取地面坐标。

(2)预处理后点云常规检查

点云数据预处理完成后需进行点云常规检查，包括：

①范围及重叠度检查：查看点云数据是否覆盖整个测区，航带间重叠度是否满足规范要求以及是否存在漏洞。

②点云密度及精度检查：查看点云密度是否与设计相一致及精度是否满足要求，点云密度检查如图 5-7 所示。

③航带间匹配情况检查(平面及高程误差)：查看航带拼接误差是否满足要求。

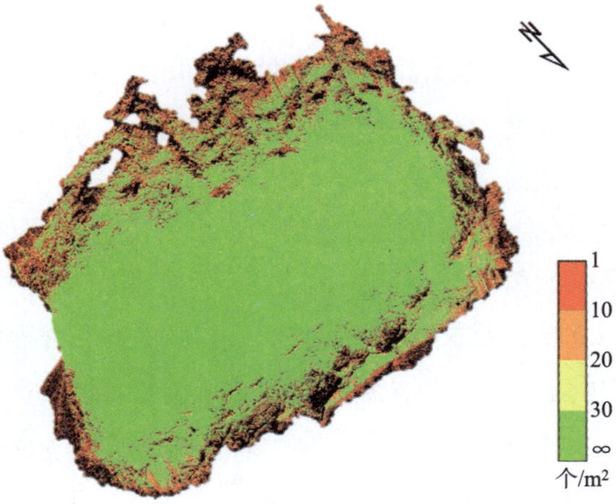

图 5-7　点云密度检查

(3)点云数据的拼接

采用无人机激光雷达系统作业时，由于测区范围很大或者目标物存在遮挡，需要设计多条航线。但相邻两条航线间的重叠区由于受到外界各种因素影响，无法保证图像完全一致，重叠区的数据无法完全重合，对点云整体密度分布及后续使用造成影响。因此，在实际应用前还需进行如下步骤：

①对航带间高差进行调整。如存在地面控制点，采用地面控制点进行高差调整；否则，借助地面点进行调整。

②去除重叠区，完成点云数据的拼接。

(4)点云数据噪声去除

采用无人机激光雷达系统实际获取激光点云数据时不可避免地会受到多种因素的影响，主要包括：

①大面积水域使点云数据出现空洞，或地面光滑使脉冲信号产生镜面反射或漫反射。

②因激光扫描测距系统自身缺陷使点云数据包含大量噪声(如杂质点及偶然噪声等)，点云噪声如图 5-8 所示，其中噪声点用红色框出。

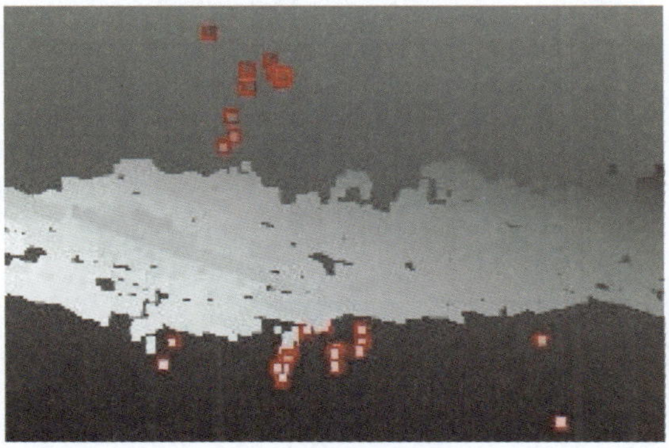

图 5-8　点云噪声

(5)点云数据自动分类与人工编辑

点云数据是由若干个包含三维空间坐标和回波时间信息的散点构成的集合。在植被茂密山区等复杂场景下,同一束激光一般会形成5次以上的回波信息,再通过点云滤波或分类处理获取地面点,最后完成信息提取工作。

与传统地形测图有所区别,面向地质灾害信息提取的点云数据处理对于初始点云密度和滤波精度都有更加严格的要求。点云密度方面,传统测图工作中不考虑植被郁闭度,16个/m^2即可满足1∶500精度要求;但地质勘查工作对植被茂密程度进行了详细划分(植被郁闭度),20%的植被覆盖条件下至少需要25个/m^2的密度才能完成1∶500的调查。点云滤波方面,由于勘查要求的密度较高,数据处理工作量和难度也都相应有所提高。滤波算法选择上,渐进加密三角网滤波、布料模拟滤波、渐进形态学滤波是目前学术及工程界最为常用的三种算法。

①渐进加密三角网滤波

此算法首先通过种子点生成一个稀疏的三角网,然后通过迭代处理逐层加密。直至将所有地面点分类完毕。地面点自动分类流程如图5-9所示,具体如下:首先设置格网大小对点云数据进行格网化,并选取格网内的最低点作为初始种子点;其次,利用初始种子点构建不规则三角网;最后,设置迭代距离与迭代角度阈值,以三角网格为单元,将种子点外的数据依次进行比选,将满足阈值条件的点加入至地面点集合内,并重新构建加密后的三角网。

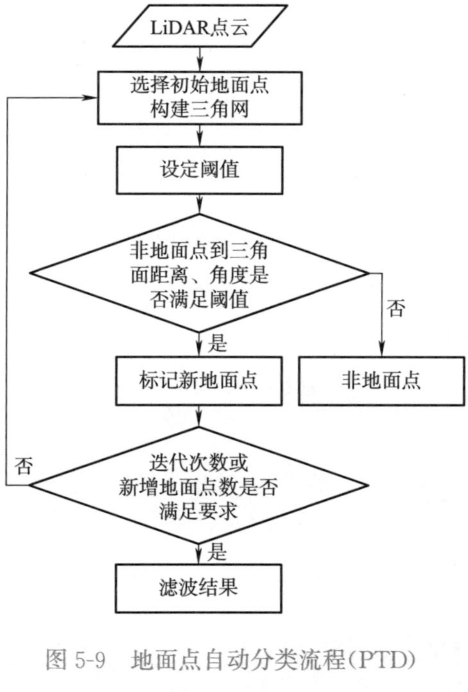

图5-9 地面点自动分类流程(PTD)

②布料模拟滤波算法

CSF 是一种基于布料模拟的机载激光雷达滤波方法。它只是试图模拟布料节点和相应的激光雷达点之间的相互作用，可以确定布料节点的位置以生成地面的近似值。然后，通过比较原始激光雷达点和生成的表面，可以从激光雷达点云中提取地面点。布料模拟算法如图 5-10 所示。

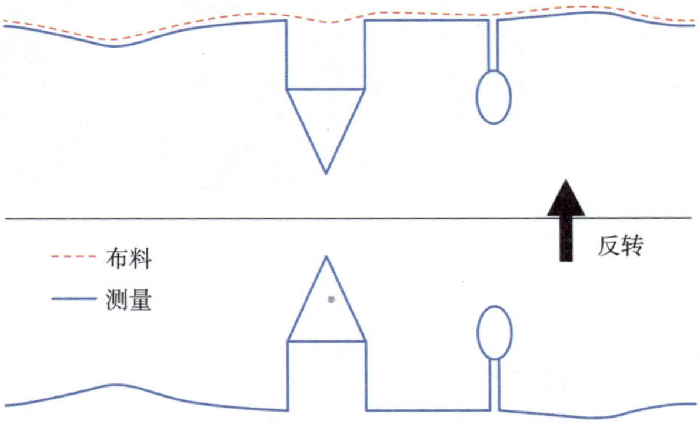

图 5-10　布料模拟算法

③渐进形态学滤波算法

数学形态学是一种经典且常用的图像分析方法，腐蚀（侵蚀）和膨胀（扩张）是其中最基本的算子，其操作步骤包含点云栅格化、形态学滤波、高程阈值判定等。形态学滤波的主要原理是非地面点在形态学开运算前后高程变化较大，而地面点在形态学开运算前后高程变化小，通过设定合适的阈值将高程变化较大的点分类为非地面点，最后提取出地面点。

由于山区植被类型复杂多变，其中低矮灌木和草地对滤波精度影响较大，因此自动分类结果需要结合影像信息进行人工校正。人工检查及重新分类一般在点云剖面窗口下进行，使用剖面工具检查分类结果并修改，为了分类的准确性，可生成三角网，通过三角网的实时变化辅助分类。以东南地区某山区铁路工程为研究对象，通过控制测量法对不同植被覆盖条件下的分类后精度进行统计验证，结果表明人工修正后的分类精度得到有效提升，分类精度标准差见表 5-2。

表 5-2　分类精度标准差

植被类型	自动滤波法	人工校正后
乔木区	0.395 m	0.141 m
灌木、草地区	0.387 m	0.096 m

2. 数字高程模型构建

通过对点云数据进行预处理、地面滤波、人工编辑对激光点云进行进一步的精分类，保留地面点，剩余的地面点通过构建不规则三角网等模型进行栅格化，可得到高精度的数字高程模型数据，也可以转换为等高线数据。某区域激光雷达产品，DSM（上）与 DEM（下）如图 5-11 所示。

(a)DSM

(b)DEM

图 5-11　激光雷达产品

3. 数字地形分析

数字地形分析是指以数字地面模型为核心的关于地形数据的获取、表示以及在此基础上的地形分析等诸方面研究的集成框架。基于点云 DEM 的解译主要基于坡度、坡向分析以及山体阴影分析来开展。得益于高精度 DEM 数据所呈现的精细微地貌信息，数字地形分析结果能够实现大比例尺的地质调查工作，完成断层、结构面以及各类不良地质的解译。数字地形分析如图 5-12 所示。

(a)山体阴影分析

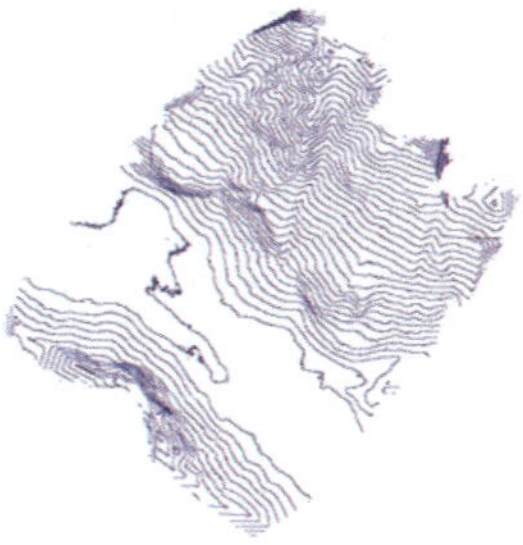

(b)等高线分析

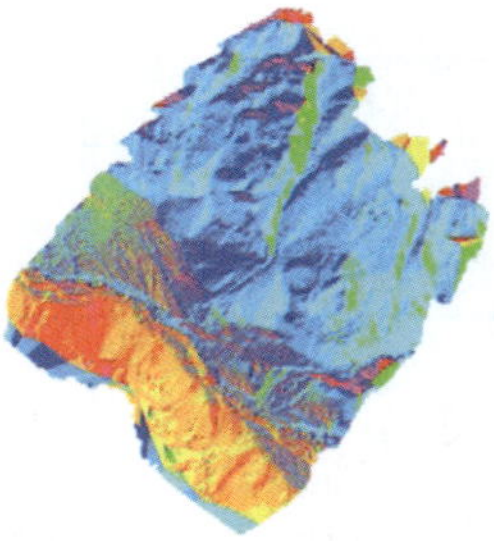

(c)倾向分析

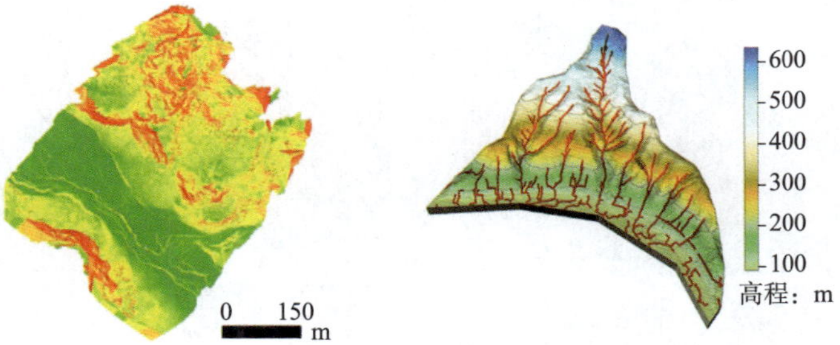

(d)倾角分析　　(e)三维流域分析

图 5-12　数字地形分析

(1)山体阴影

山体阴影工具通过为栅格中的每个像元确定照明度，来获取表面的假定照明度。通过设置假定光源的位置和计算与相邻像元相关的每个像元的照明度值，即可得出假定照明度。基于不同光照角度的山体阴影结果，可以在平面影像图中突出三维地形特征，辅助开展地质信息提取工作。

(2)等高线分析

结合等高线的疏密程度、凸凹指向等信息，帮助解译人员快速探明地形异常区域。

(3)倾向分析

倾向分析结果的赋色可视化为岩体结构面、断层构造识别提供了良好数据支撑，有效降低了解译难度。

(4)倾角分析

倾角指向重力势能下降最快的方向，突然出现的坡度变化区域往往标志着危岩落石或滑坡壁等不良地质体的存在。

(5)三维水文分析

基于高精度地形数据，通过设置流域等级，实现汇水区域的自动统计分析，可为泥石流水害防治提供直接的参考。

5.2.3　构造与不良地质信息提取

1. 地质构造信息提取

(1)断层判释

断裂构造在 DEM 中呈线状纹理分布，可以通过数字影像增强来发现该特征，直接出露一般都构成负地形，具粗糙感；地质体被切断或错开，包括地层、侵入体、岩脉、矿脉、褶皱、不整合面等各种地质体被切断错开以及老断层被新断层切断、错开等；连续断层陡崖如图 5-13 所示，断层在去除植被后的影像中可见断层陡崖。

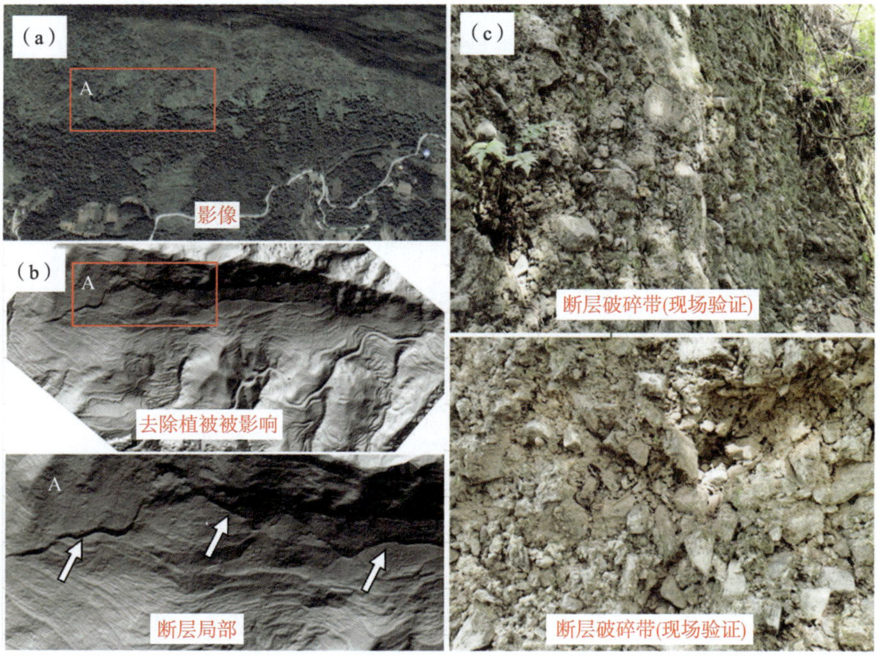

图 5-13 连续断层陡崖

(2)结构面判释

当研究区受植被覆盖等不利条件影响，岩体出露情况较差的时候，结构面解译与产状提取工作主要基于 LiDAR 精细 DEM 数据进行。通过山体阴影分析以及三维渲染，可以直观地看到各个工点岩体产状纹理信息。此外，还可以基于数字影像增强的手段，设置多个增强方向，来发现线状纹理信息。同一组结构面在 DEM 数据中心会表现出相似的纹理特征，就影像来说，会呈现一致的走向。通过渲染，可以突出结构面的线状纹理特征，从而确定迹线的起始点和终点。在确定了结构面之后，利用坡度、坡向分析工具进行产状的量测。

倾向：将解译图件成果添加至 ArcMap 中，并叠加坡向分析结果。通过像素值获取对应位置的坡向数据，即倾向。

走向：根据走向与倾向的关系(顺时针相差 90°或 270°)，在倾向的基础上＋90°或＋270°即可得到走向。

倾角：将解译图件成果添加至 ArcMap 中，并叠加坡度分析结果。通过像素值获取对应位置的坡度数据，即倾角。

结构面信息解译如图 5-14 所示，范围内发育两组优势结构面。结构面 1 产状为 195°∠45°，结构面 2 产状为 80°∠60°。

图 5-14　结构面信息解译

2. 地质灾害隐患识别

在三维场景下，结合地质灾害领域专家经验，依据 LiDAR 点云、DEM、DSM、DOM 等成果数据反映局部区域的形状、大小、色调、阴影、纹理等特征，建立遥感解译标志。相比单一的光学遥感解译标志，以 LiDAR 数据为主的遥感解译标志不再仅通过色彩判别，而是以去植被后的 DEM 为载体进行地表损伤和地表堆积为主要判别标志，同时结合多角度山体阴影、坡度、坡向、曲率、地面粗糙度、形态学因子和纹理信息、形态学信息、光谱信息等要素开展了地质灾害识别研究，很好地克服了光学解译中诸多不确定性和模糊性。

(1)滑坡判释

滑坡是非常典型和常见的重力型不良地质，受地表植被覆盖，在山区开展地表勘测时，难以获得真实地貌特征。通过激光雷达技术，去除地表植被影响，可以获得真实地表形态，一般判释特征包括簸箕形(舌形、不规则形等)的平面形态、滑坡壁、滑坡台阶、滑坡舌、滑坡裂缝、滑坡鼓丘、封闭洼地等。除了局部识别外，还应从大范围的地貌形态进行判断，如滑坡多在峡谷中的缓坡、分水岭地段的阴坡、侵蚀基准面急剧变化的主、支沟交汇地段及其源头等处发育。DEM 模型中滑源区的物质损失与堆积区的物质增加构成了滑坡最明显的特征，在此基础上，滑源区圈椅状形态、堆积区边界地形变化、滑源区表面光滑等均是该区域滑坡判释标志特征(图 5-15)。

(a)光学影像　　(b)处理后雷达影像

图 5-15　滑坡判释标志特征

(2)崩塌判释

崩塌在影像上的一般表现为上部地形陡立、坡表岩体破碎、粗糙不平、基岩多裸露、堆积呈现三角锥形、处于地形低处、有颗粒分选。崩塌灾害多发育在地形陡峭之处,三维场景中可以看到崩塌坡体陡峭有部分内凹,同时堆积区坡度变缓,坡度变化交界明显,堆积表面粗糙度更大,颗粒感突出。机载 LiDAR 采集数据时落在陡立面上的点通常较少,同时无法测得内凹地形,在室内处理点云数据构建 DEM 时,地形较陡部位应采取旋转点云角度方式减少由于点数量较少导致的拉花现象。崩塌解译如图 5-16 所示。

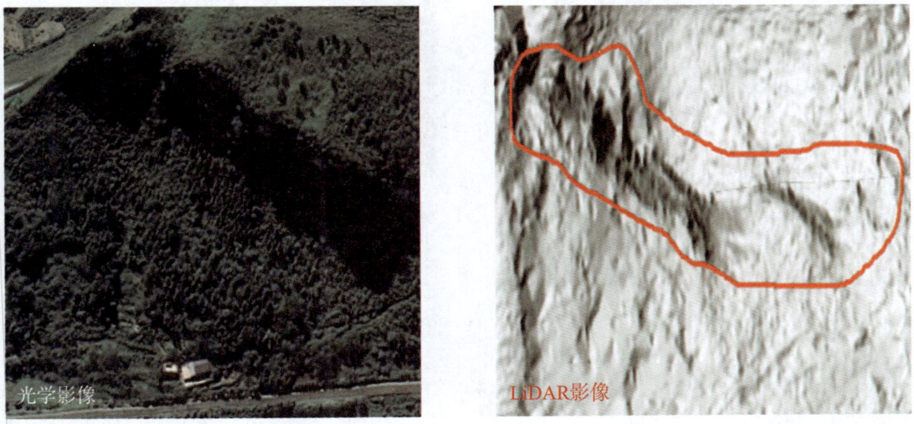

图 5-16 崩塌解译

(3)泥石流判释

典型的泥石流沟道特征明显,地形上具有一定坡度,堆积体多呈扇形分布,发育沟口部位。基于 LiDAR 的泥石流灾害解译,主要从泥石流发育地形、堆积扇和沟道范围内的不良地质体作为人工判识依据,综合这三方面的结果进行最终判断。泥石流沟在地形上是有利于降雨汇聚入沟的平面负地形,同时沟道内不良地质体的存在为泥石流提供可流动物源,在一定降雨条件下可流动物源沟道内汇聚,高速流向沟口形成堆积扇。因此泥石流解译最主要的判别对象是堆积扇与形成区的不良地质体。泥石流判释如图 5-17 所示。

(4)危岩落石判释

对去除植被的 LiDAR 数据而言,危岩落石发育区影像表面坎坷不平、具粗糙感,可见巨石形成的阴影呈粒状;从地面点剖面看,地形连续起伏,如遇陡升、陡降,地面点棱角显著、地势陡峭,可判定为危岩体,如截面呈凸起状、有明显界限,则判定为原生孤石或滚石。危岩落石解译如图 5-18 所示。

(a)光学影像

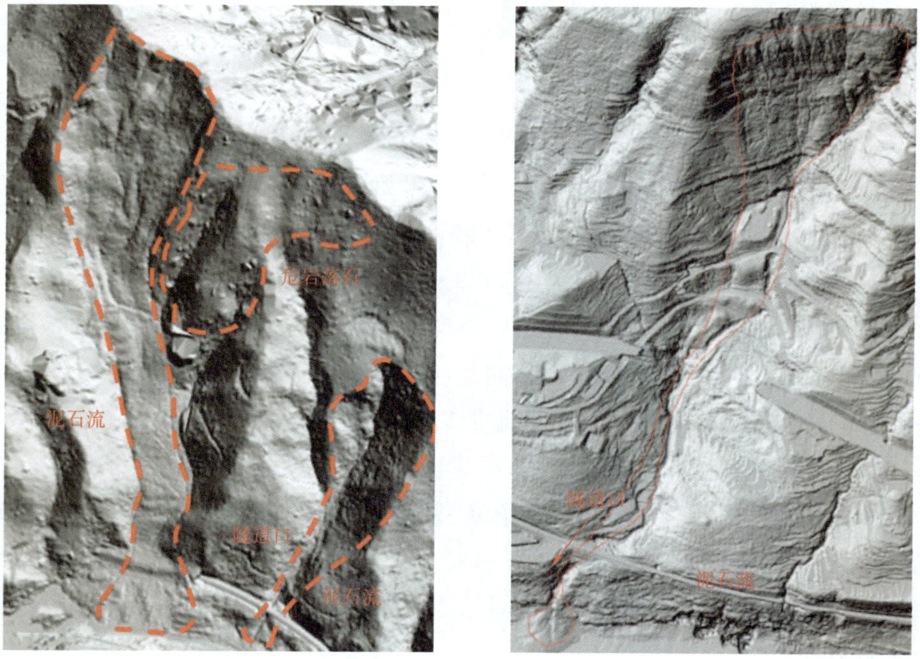

(b)去植被雷达影像

图 5-17　泥石流判释

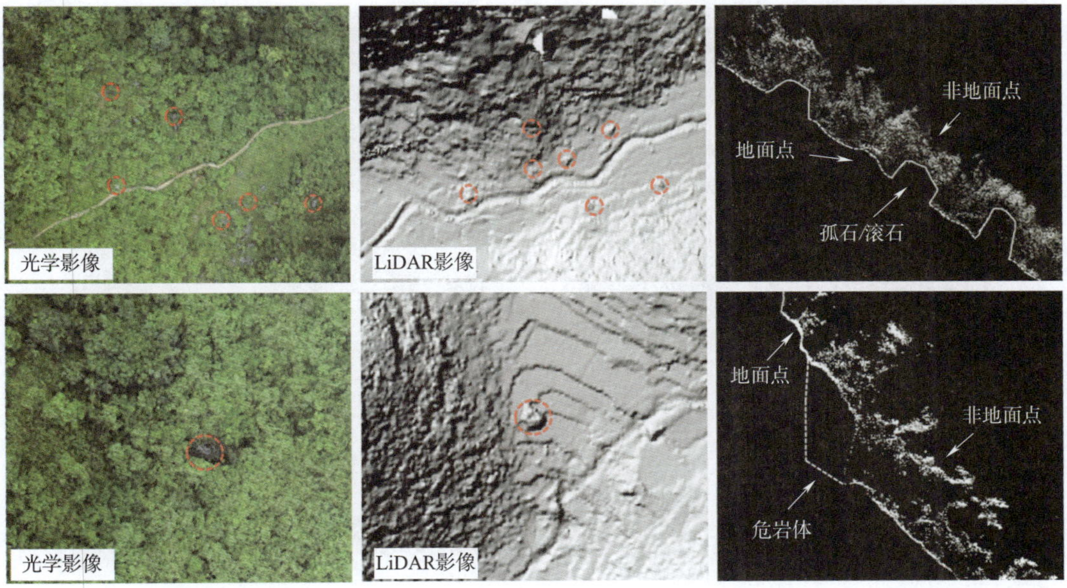

图 5-18　危岩落石解译

(5)岩溶灾害判释

岩溶地区的岩溶塌陷、落水洞等可基于地形坡度和山体阴影分析进行判释。岩溶落水洞判释(图 5-19)主要解译标志为连续性较好的地表出现不规则圆形凹陷状,且坡度较大的面状目标,点云断面中可清晰看出落水洞的空间形态,并量测出洞宽及洞深。从点云断面可以看出,落水洞上方植被茂密,传统基于光学影像特征的解译方法不再适用,而激光点云则有效"透过"了植被,获取了洞内的回波信号,精细刻画了洞体的空间形态。同样,岩溶塌陷判释(图 5-20)的效果也非常好。

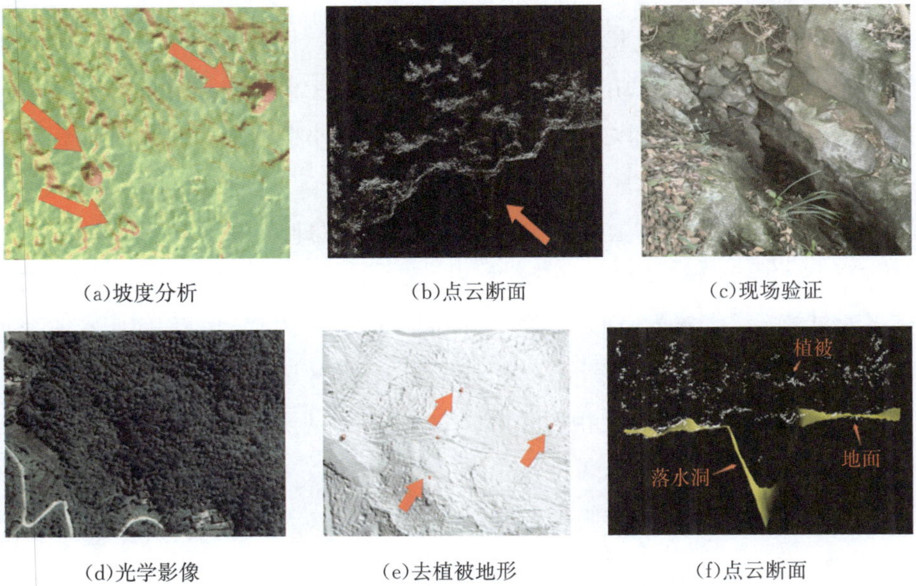

图 5-19　岩溶落水洞判释

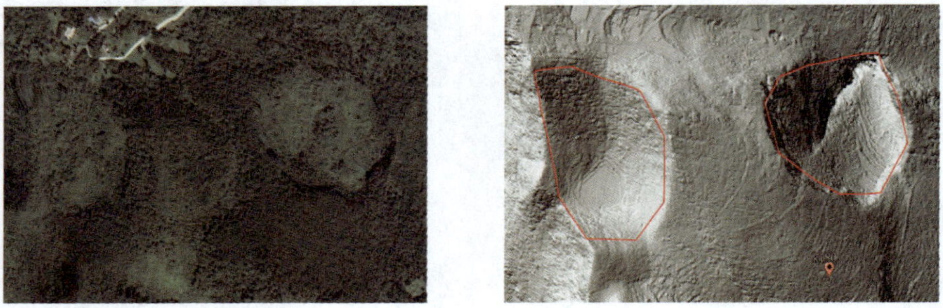

(a)光学影像 (b)去植被地形

图 5-20 岩溶塌陷判释

5.3 干涉雷达遥感信息提取

合成孔径雷达干涉测量自发明以来，理论与技术得到了持续发展。基于 Thomas Young 提出的"杨氏双缝干涉实验"，InSAR 主要利用覆盖同一地区的两幅或多幅 SAR 影像中的干涉相位数据进行处理与分析，可以广泛应用于地形三维重建和由地震活动、火山运动、冰川漂移、地面沉陷、滑坡等引起的地表形变探测，具有精度高、覆盖范围广、数据处理自动化程度高等技术优势。本节将重点介绍 InSAR 遥感信息提取的理论与方法，从 InSAR 原理、数据处理、形变信息提取等方面进行阐述。

5.3.1 干涉雷达遥感原理

InSAR 是近半个世纪发展起来的定量微波遥感技术，国际上一些学者也将 InSAR 归类为空间大地测量技术。起初，InSAR 主要应用于地表三维重建、制图及地表变化检测，后来很快被扩展为雷达干涉差分技术并应用于测量地表微小形变和地球物理模型反演。

InSAR 是在合成孔径雷达成像与电磁波干涉两类技术融合的基础上发展起来的。借助"杨氏双缝干涉实验"和 InSAR 成像原理(图 5-21)可以理解 InSAR 的基本要义。假设某卫星 SAR 系统沿着重复轨道对某一区域进行成像，对同一个地面分辨元来说，二次成像便形成了两条雷达视线，也就是说形成了两个地面分辨元至传感器的几何距离，这种情形与"杨氏双缝干涉实验"非常类似，两个雷达传感器的位置类似于"双缝"，两个距离对应着两个雷达波程，因波程差导致两个微波相遇时形成增强、削弱甚至相互抵消的情况，其实质是由相位差异所引起，导致了"干涉"现象的发生。

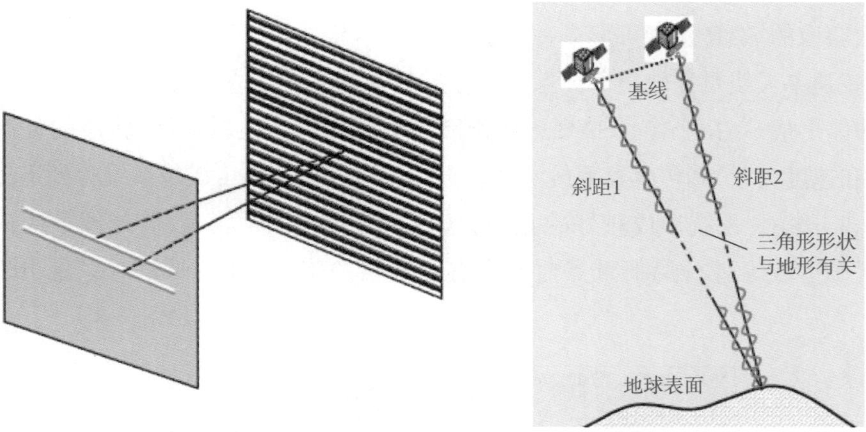

(a)杨氏双缝干涉实验原理　　(b)InSAR 成像原理

图 5-21　InSAR 成像原理示意

实际上，SAR 成像时，雷达天线发射的微波信号要穿越大气层且与地表交互作用后被反射至传感器，并记录回波强度与相位信息，这一成像过程会受到大气折射和观测噪声的影响。经过信号采集与数据处理，SAR 影像的每一像素既包含地面分辨元的雷达后向散射强度（或称振幅）信息，也包含与斜距（即传感器到目标的距离）有关的相位信息，将覆盖同一地区的两幅 SAR 影像对应像素的相位值进行差分，便可得到一个相位差图，通常称为干涉相位图。干涉相位意即相位差异，与传感器到目标的距离直接相关，是 InSAR 数据处理与信号提取的焦点所在。SAR 影像的每一像素的相位均存在整周模糊度问题，在干涉处理中，需要采用相位解缠方法为每一像素确定干涉相位的整周未知数。理论研究表明，干涉相位是参考椭球面、地形起伏、大气延迟和地表形变等因素共同作用的体现。InSAR 主要围绕干涉相位及干涉相关数据来提取感兴趣的信息，干涉叠加技术获取地表形变信息如图 5-22 所示。理论上来说，利用干涉相位图和搭载雷达传感器的平台姿态数据可以提取地表三维信息，利用干涉相关性分析可以提取地表覆盖的变化信息。从地表形变探测来说，可以借助差分方法从干涉相位图中去除地形及其他因素的影响，从而达到提取形变信息的目的。大气信息可通过相位信息分离来提取，以相位差异反应距离差异，所以 InSAR 在地形三维重建、形变探测和大气信号提取等方面具有高精度的特征。

根据成像平台的不同，InSAR 系统可分为地基、机载和星载三类，“天空地”SAR 观测系统如图 5-23 所示。根据传感器配置的不同，可分为双天线干涉系统和单天线重复轨道干涉系统。机载 SAR 系统使用以固定间距分开的两个天线（天线中心连线称为基线，垂直于平台飞行方向）同时采集信号，其中仅一个天线主动发射一定频率的微波信号，而地面回波信号被两个天线接收，经过处理可获得不同视角且覆盖同一区域的两幅 SAR 影像，这种配置就是双天线干涉系统。星载 SAR 系统一般使用单天线采集信号，对某个局部地区来说一次卫星通过只能获得一幅 SAR 影像,卫星以一定的时间间隔和轻微的轨道偏离重复对该地区成像,两次获取的 SAR 影像可形成一个干涉对,垂直于轨道飞行方向的基线称为合成基线,这种配置就是单天线重复轨道干涉系统。在星载雷达系统获取初始数据后,须经聚焦和滤波处理,才能形成 SAR 影像。SAR 影像产品一般附带有关飞机/卫星轨道的姿态数据(即空间位置和速度矢量)和传感器系统参数。近年来,地基 InSAR 成像系统得到迅速发展,与星载和机载 InSAR 系统形成较好的互补。该系统由数据采集和数据处理系统构成,可对滑坡、露天矿边坡等进行局部重点监测。需要说明的是,本节主要针对卫星 InSAR 进行阐述。

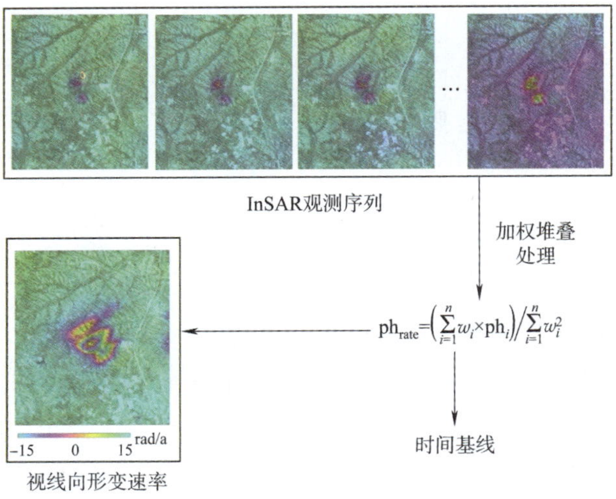

ph_{rate}—形变速率;w_i—第 i 点权重;n—像素点总数;ph_i—第 i 点的相位值。

图 5-22　干涉叠加技术获取地表形变信息

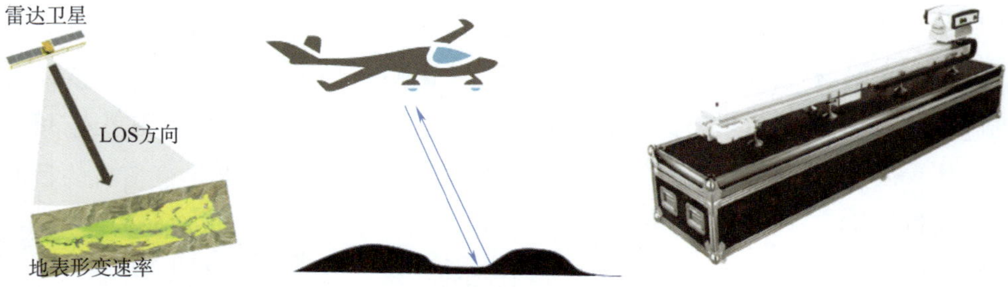

图 5-23　“天空地”SAR 观测系统

InSAR 在 DEM 建立方面具有独特的技术优势。与地面测量、摄影测量和激光雷达技术相比,InSAR 在多云雾雨的天气条件下获取地形数据的技术优势更加突出,因此,它在获取全球地形数据方面具有不可替代的技术优势。从几种合成孔径雷达遥感技术对比来看,InSAR 在地形数据获取方面具有独特的优势,并且比 SAR 立体测图和 SAR 阴影测图具有更高的测量精度，详见 5.4.1 节。

由地表形变所引发的相关地质灾害是国内外普遍关心的问题之一，因自然因素或人为活动所引发的地质灾害可以造成人类生命财产损失或人类生存环境的破坏，这包括诸如地震、火山、冰川、滑坡和地表沉陷（因地下水抽取、矿产与油气资源开采等引起）等地质灾害。从区域地表形变监测手段来说，基于差分处理的 InSAR 是独一无二的遥感技术，可为地质灾害监测及预警提供独特的理论与技术支撑。与常规形变大地测量监测技术（如精密水准和卫星导航定位系统）相比，InSAR 具有高精度、高分辨率、覆盖范围大、成本低、安全和观测连续等特点，具有常规形变监测手段无可比拟的优越性。与基于点观测的大地测量技术相比，InSAR 是独特的基于面观测的空间大地测量新技术，可补充已有的基于点观测的低空间分辨率大地测量技术如 GNSS 和精密水准测量等，因此，InSAR 为地球物理研究和形变灾害监测提供了一种经济而有效的空间对地观测方法。

前文已提及，基于微波的 SAR 主动成像几乎不受云雨和白昼的限制，而基于可见光的被动式遥感成像则受这两个自然因素制约较严重，例如赤道附近地区因云层的覆盖几乎很难获得有用的影像，欧洲地区所获得的非 SAR 影像也仅有 20%左右可被利用，这些正是基于 SAR 成像的合成孔径雷达干涉技术变为研究与应用热点的重要驱动力之一。大量的已有研究表明，合成孔径雷达干涉可以应用于地球表面各种环境和资源的观测和研究。

InSAR 技术通过雷达天线向地表发射微波信号并利用传感器接收记录回波信号，对回波信号所携带的幅度和相位信息进行处理以获取地表的相关信息，是一种主动式微波遥感技术。InSAR 回波信号中的幅度信息通常反映了地物的后向散射特性，而相位信息反映了雷达卫星与地面目标的距离信息。因此，通过对地表同一区域不同时间的两次重复观测，利用获取到的两次信号的相位生成相位差，就可以提取到地表与雷达卫星的距离差，从而计算地表的数字高程信息或者地表形变信息。InSAR 几何示意如图 5-24 所示，通过两次重复观测获得的相位差 $\Delta\varphi$ 可由式(5-1)表达。

$$
\begin{aligned}
\Delta\varphi &= \varphi(R_1) - \varphi(R_2) \\
&= \frac{2\pi}{\lambda} \times (R_1 - R_2) \times 2 \\
&= \left(\frac{4\pi}{\lambda}\right) \cdot \Delta R
\end{aligned}
\tag{5-1}
$$

式中　R_1，R_2——雷达卫星到地面目标点 P 的距离；

ΔR——距离差；

λ——雷达波长。

这里的相位差 $\Delta\varphi$ 中就包含了地表形变、地形等相位，InSAR 技术的成功得益于将这些相位分离开来，从而获取到不同的地表信息产品。

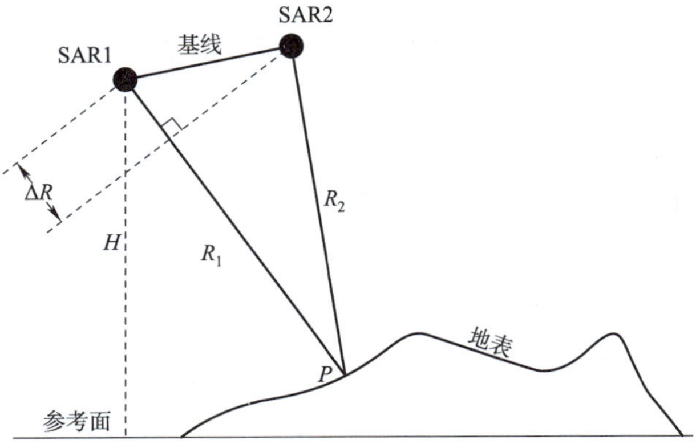

P—地面目标点；R_1，R_2—卫星与目标点距离；ΔR—距离差；H—航高。

图 5-24 InSAR 几何示意

InSAR 信息提取主要依赖于干涉相位和搭载 SAR 传感器的平台位置与姿态数据（基线参数）的处理与分析，可广泛应用于地形测量（特别是 DEM 生成）、大气研究、形变监测及地表变化监测等方面，尤其是在大范围监测地表微小形变方面，具有独特的技术优势。

InSAR 技术能够获取的地表形变主要包括地震形变、火山位移、滑坡变形和地面沉降等。目前常用的形变干涉差分信号提取方法主要包括两轨＋外部 DEM 法、三轨法和四轨法，本节将主要分析这三种干涉差分测量方法提取形变信号的理论基础和技术流程。

1. 两轨＋外部 DEM 法

两轨＋外部 DEM 方法主要使用跨越形变期的两幅 SAR 影像，外加该区域的数字高程模型来完成干涉差分处理。首先使用跨越形变期的两幅 SAR 影像进行干涉处理，并去除参考椭球相位；随后将外部 DEM 配准采样至影像干涉区域范围内，根据干涉基线和配准后的外部 DEM 高程信息计算获得相应的地形相位信息；再将地形相位信息从干涉相位中扣除，最终获得主要包含形变信号的干涉差分相位（此处不考虑大气延迟相位、系统噪声相位等的影响）。

该方法假设卫星两次过境时间内发生了可观测到的地表形变，则两期 SAR 数据的干涉相位模型为

$$\varphi=\varphi_r+\varphi_t+\varphi_d \tag{5-2}$$

式中 φ——雷达影像干涉相位；

φ_d——形变相位；

φ_r——参考椭球相位；

φ_t——地形相位。

反推上式，获得形变相位：

$$\varphi_d=\varphi-\varphi_r-\varphi_t \tag{5-3}$$

根据前述内容可知，在已知干涉基线长度和地面高程的情况下，可根据式(5-4)计算得到参考椭球相位和地形相位。

$$\begin{cases}\varphi_{\mathrm{r}}=-\dfrac{4\pi}{\lambda}B_{//}\\[2ex]\varphi_{\mathrm{t}}=-\dfrac{4\pi B_{\perp}h}{\lambda R_1\sin\theta}\end{cases}\tag{5-4}$$

式中　λ——雷达波长；

$B_{\perp}$，$B_{//}$——空间基线的垂直和水平分量；

θ——雷达卫星的入射角；

h——地面目标点的高程；

R_1——地面目标点到雷达卫星的距离。

将两者从干涉相位中扣除，即可获得地表形变引起的形变相位。

2. 三轨法

三轨法较两轨＋外部 DEM 法而言，最大的优势是不需要引入外部 DEM，该方法需要三幅 SAR 影像，并基于公共主影像配成两个干涉对，其中一个干涉对时间基线跨越形变期，称为形变对；而另一个干涉对成像时间均为形变发生前或形变发生后，称为地形对。在去除参考面相位及滤波去噪后，对两个干涉对的干涉相位分别进行相位解缠，注意相位解缠的质量会影响最终的数据处理结果。

由于地形对和干涉对具有不同的干涉空间几何，导致地形对反映的地形相位不能直接用于形变对的地形相位扣除，需要首先根据两个干涉对垂直基线的差异进行尺度归一化，即

$$\varphi_{\mathrm{t1}}=\frac{B_{\perp}^{1}}{B_{\perp}^{2}}\varphi_{\mathrm{t2}}\tag{5-5}$$

式中　φ_{t1}——待求的形变对地形相位；

φ_{t2}——地形干涉对提取获得的地形相位；

$B_{\perp}^{1}$，$B_{\perp}^{2}$——形变对和地形对的垂直基线。

基于该模型可完成地形对地形相位向形变对地形相位的转换。最终的三轨形变相位模型可以表示为

$$\varphi_{\mathrm{d}}=\varphi_1-\varphi_{\mathrm{r1}}-\varphi_{\mathrm{t1}}=\varphi_1-\varphi_{\mathrm{r1}}-\frac{B_{\perp}^{1}}{B_{\perp}^{2}}\varphi_{\mathrm{t2}}\tag{5-6}$$

式中　φ_1——形变对原始干涉相位；

φ_{r1}——形变对参考椭球面相位。

3. 四轨法

四轨法在本质上与两轨＋外部 DEM 法类似，但四轨法的地形相位并不由 DEM 模拟生成，而是从独立的地形相位干涉对中获取。这又与三轨法的实现流程相似，四幅雷达影像组

成两组干涉对，其中跨越形变时间的为形变干涉对，而不跨越形变时间的为地形干涉对。

地形对获取的地形相位同样无法直接应用于形变对，也需要做三轨法中描述的基线比例转换。同时，由于涉及两个干涉对配准等问题，四轨法的整体流程要更为复杂，包括地形对的主从影像均需与形变对主影像的两次配准与重采样工作。

此外，地形对选取影像时在不导致显著的几何失相关的情况下可使用干涉基线较长的影像对，以提高地形分辨能力。但由于地形对需要进行相位解缠，这要求其干涉条纹质量要相对较高，干涉空间基线和时间基线又不宜过长，因此在实际操作中要根据具体情况斟酌选择。

5.3.2 干涉雷达数据处理

目前，由于覆盖全球高精度外部 DEM 数据一般可免费获取，利用 D-InSAR 进行地表形变测量常用的方法是两轨＋外部 DEM 法。两轨法 D-InSAR 提取地表形变的处理过程主要包括：SAR 数据预处理、主从 SAR 影像配准和重采样、干涉、去除参考椭球面相位、去除地形相位、干涉差分相位滤波、干涉相位解缠、地表形变计算和坐标投影转换。

1. 数据预处理

对于传感器获取的 1.0 级初数据，需要经过聚焦处理以得到可进行干涉处理的单视复数 SAR 影像。此过程包括 SAR 信号距离谱和方位谱估计，距离谱压缩、SAR 卫星速度估计、方位谱压缩等。完成聚焦后的 SAR 影像为单视复数格式。SLC 影像中的复数数据包含了地面每一分辨单元内 SAR 信号的回波强度和时间延迟信息，其中每一像素中复数的模为 SAR 信号强度，复数的相位为 SAR 回波信号的时间延迟。

2. 主、从 SAR 影像配准和重采样

选取合适的 SAR 干涉对数据后，一般确定获取时间靠前的为主影像，另一幅为从影像。为了进行干涉，首先需要将从影像配准并重采样到与主影像相同的格网空间。根据 SAR 影像配准流程和方法，需要经过粗配准、精配准、从影像格网坐标变换及重采样等步骤。重采样后的从影像具有和主影像相同的雷达影像坐标空间。

3. 主、从影像干涉

主、从 SAR 影像完成配准与重采样后，即确立了同名像元的一一对应的关系。将主、从影像对应像元的复数数据进行共轭相乘即可得到初始干涉图。初始干涉图中每个像素仍然为复数数据，复数的相位即为干涉相位，在$(-\pi,\pi]$范围内变化。初始干涉图相位主要包含了参考椭球相位、地形起伏相位、地表形变相位、大气延迟相位和干涉噪声相位等分量。

4. 去除参考椭球面相位

参考椭球面相位是由两次 SAR 卫星成像空间姿态与参考椭球面交互引起的相位分量。参考相位在初始干涉图中随距离向和方位向呈周期性变化，条纹密度与 SAR 干涉对空间基线矢量和成像系统参数(入射角，SAR 平台高度)相关。参考椭球相位的计算需要根据主、

从影像获取时刻卫星轨道参数，构建模型并将其去除。

5. 去除地形相位

在去除干涉图中参考椭球面相位后，干涉图中剩余的相位分量主要有地形相位、地表形变相位和大气及噪声相位等。为获取地表形变相位，需从干涉图中扣除地形相位。二轨 D-InSAR 方法基于外部 DEM 数据计算地形相位贡献量，首先需要将 DEM 配准并重采样到主影像成像空间，该过程包括三个步骤：

（1）DEM 裁剪及 SAR 后向散射强度模拟：该步骤根据 SAR 影像参数文件以及 DEM 参数文件确定与 SAR 影像覆盖范围相同的 DEM 覆盖范围，并基于地形数据模拟 DEM 坐标系下的后向散射系数图（即 SAR 强度图）。

（2）DEM 地理坐标转换：根据卫星轨道数据、成像参数及 DEM 每个像元的地面坐标，计算每个 DEM 像元所对应的 SAR 坐标系下的坐标（即 SAR 影像像素坐标），根据该转换结果将地理坐标系下 DEM 模拟的强度图采样到 SAR 影像空间。

（3）模拟 SAR 强度影像与真实 SAR 强度影像的精配准：该步骤主要使用第一步中所得到的模拟强度图与真实 SAR 强度图进行精配准，配准过程与 SAR 影像之间的精配准类似，即利用强度相关性作为匹配测量指标，采用相关性最大化原则。在得到精确的偏移量后，可进行配准多项式拟合，进而求得每个像元的偏移量，最终可将所裁剪的 DEM 数据采样到 SAR 影像空间。

将外部 DEM 数据重采样至 SAR 影像空间后，即可获得每个 SAR 影像像元位置对应的地表高程值。基于高程值、干涉对空间垂直基线和 SAR 影像入射角信息，即可以计算地形相位贡献并将其从干涉相位中移除。

6. 干涉图滤波与掩膜

去除参考椭球面相位和地形相位贡献后的干涉差分图，主要包含形变相位、大气延迟相位和噪声相位。尽管一般认为大气延迟相位和噪声相位贡献较小，在 D-InSAR 数据处理中这两项一般不予考虑，但是这两项的出现常常使实际干涉条纹的连续性受到影响，表现为条纹不明晰、周期性不明显，并为后续相位解缠过程带来困难。因此，在进行相位解缠前需要对干涉差分图进行滤波，削弱噪声信号，提高干涉数据信噪比。常用的滤波方法为戈德斯坦自适应滤波方法，可在保证条纹清晰度的情况下有效滤除噪声。

相位滤波能够提高干涉差分图相位质量，提高相位解缠的准确性。但是，某些失相关严重地区（如水体区，地震震中区域）仍存在显著的相位噪声，这些低信噪比的干涉数据将会影响相位正确解缠。因此，在相位解缠之前，一般需对所使用的干涉对进行相关性（即相关系数）估计，并根据相关系数图和相关系数阈值生成一个干涉差分相位掩膜文件，将低相关区域掩膜后再进行相位解缠。经过掩膜后的干涉差分图，可有效避免失相关严重干涉数据引入的相位解缠误差。

7. 干涉相位解缠

干涉差分图中所记录的形变相位被缠绕在(−π,π]区间内,无法直接表征真实的地表形变信息。通过相位解缠处理可恢复每一像素的相位整周数。目前常用的解缠方法包括三种,即基于路径跟踪的相位解缠方法、基于最小范数的相位解缠方法、基于网络理论的网络流相位解缠算法。

8. 投影转换

SAR 干涉处理直接得到的产品是位于距离-多普勒坐标框架下,为了方便解译和理解,需要将所需产品(如形变场)投影转换至常用地理坐标系下。

5.3.3 干涉雷达形变信息提取

为了拓展 InSAR 技术的应用范围,科学家们基于 InSAR 原理提出了雷达干涉测量差分(D-InSAR)技术,使得大范围的地表形变测量成为可能。大量的国内外学者相继开展了 D-InSAR 技术监测地表形变(主要包括由地震、山体滑坡、火山运动、冰川漂移、构造运动、矿山开采、地下水抽取和填海等自然与人类因素引起的地表形变)的研究。

从误差传播的角度来看,D-InSAR 应用于区域形变测量的精度受到几个不确定因素的影响,这包括轨道数据误差、地形数据误差、干涉失相关所引起的相位噪声、相位解缠误差以及大气延迟误差等。其中,干涉失相关和大气延迟误差是 D-InSAR 推广应用的瓶颈问题。近年来,国内外广大学者一直致力于改善 D-InSAR 形变监测的精度和可靠性,研究重点逐渐转向基于 SAR 影像序列探测地表形变时空演化规律的研究思路上来。这一思路的核心思想是:使用在某一时间段内对同一地区所获取的多幅 SAR 影像(即 SAR 影像时间序列),并依据地物散射特性与统计分析的方法探测出研究区域内在时间序列上相关性较高的目标(即永久散射体),然后基于这些特定目标的相位时间序列进行建模与分析,在线性形变趋势的假设前提下采用多参数整体迭代的方法分离大气延迟信息,从而获得高精度的形变测量结果。

意大利米兰理工大学的 Ferretti 等率先提出了永久散射体的概念,并给出了完整的数据建模与解算方法,永久散射体合成孔径雷达干涉测量。国内外众多学者随后采用大量的相关技术和理论进行改进和扩展,并最终形成了时序差分雷达干涉的技术理论体系。至今,MT-InSAR 系统理论的范畴包括了经典的 PS-InSAR 方法理论、小基线集时序分析法及在二者基础上衍生出的相干目标分析法(CTA)、点目标分析法、角反射器干涉法、斯坦福永久散射体干涉、网络化 PS-InSAR 时序分析法、时域相干目标分析法、伪相干目标分析技术以及被 Ferretti 称之为第二代 PS 的层析合成孔径雷达(SqueeSAR™)等一系列方法和理论。本节将选取上述算法中具有代表性的 PS-InSAR、SBAS 和 StaMPS 三种时序差分雷达干涉技术加以分析。

1. D-InSAR 技术

作为 InSAR 技术一个重要的拓展，D-InSAR 技术通过覆盖地表同一区域变形前后的两景 SAR 影像，利用共轭相乘进行两幅影像的相位干涉差分处理以获取到雷达视线方向上的地表微小形变。

在对两景 SAR 影像进行配准后，D-InSAR 所获取到的地面目标点的干涉差分相位可以表示为

$$\Delta\varphi=\Delta\varphi_f+\Delta\varphi_t+\Delta\varphi_d+\Delta\varphi_a+\Delta\varphi_n \tag{5-7}$$

式中　$\Delta\varphi_f$——参考椭球面相位；

$\Delta\varphi_t$——地形相位；

$\Delta\varphi_d$——地表形变相位；

$\Delta\varphi_a$——大气相位；

$\Delta\varphi_n$——噪声相位。

其中 $\Delta\varphi_f$，$\Delta\varphi_t$，$\Delta\varphi_d$ 与雷达成像的空间几何存在一定的关系，具体如下：

$$\begin{cases}\Delta\varphi_f=\left(-\dfrac{4\pi}{\lambda}\right)B_{//}\\[2ex]\Delta\varphi_t=\left(-\dfrac{4\pi}{\lambda}\right)\dfrac{B_\perp h}{R\sin\theta}\\[2ex]\Delta\varphi_d=\left(-\dfrac{4\pi}{\lambda}\right)\Delta R\end{cases} \tag{5-8}$$

式中　R——地面目标点到雷达卫星的距离。

从上式(5-8)可以反映出，参考椭球面相位是由于干涉对的空间基线造成的。参考椭球面相位又称平地效应，通常在干涉相位图中呈现出周期性变化的平行条纹，在不考虑小区域内地表的起伏影响下，可以通过函数进行描述并去除。地形相位是由于地面目标点与参考椭球面存在一定的竖直距离，导致雷达卫星两次成像时的侧视角不一样而产生的，地形相位可以通过外部的 DEM 数据进行建模并去除。形变相位是由两次观测期间地面目标点的位置在雷达视线方向上发生变化而引起的，通常规定朝向雷达卫星的形变为正，远离雷达卫星的形变为负。

为了提取到地表的形变相位，就需要将其从 D-InSAR 的干涉差分相位中分离出来，主要的分离方法就是通过不同的技术手段将不需要的其他相位成分逐步去除，D-InSAR 技术两轨干涉差分测量处理流程如图 5-25 所示。

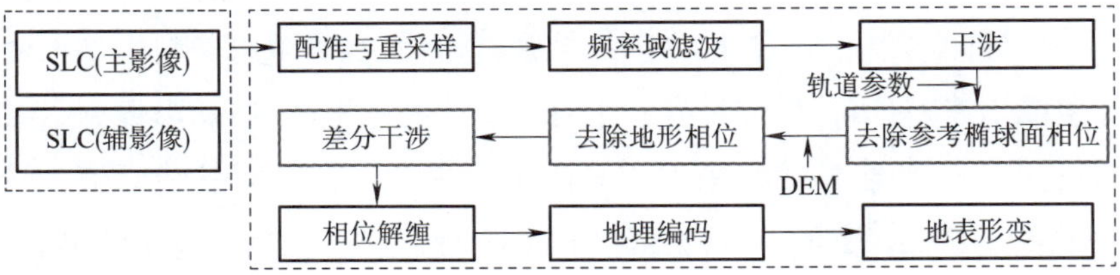

图 5-25　两轨干涉差分测量处理流程

2. 多时相 InSAR(MT-InSAR)技术

显而易见的，D-InSAR 技术只使用了两景 SAR 影像进行干涉处理，因此当所监测的地表形变(如由构造运动、地下水抽取等引起的地表形变)存在较长的时间跨度时，覆盖地表物体(如植被、农作物等)的后向散射特性容易发生较大改变，从而导致 SAR 影像产生严重的干涉失相关现象，大大限制了 D-InSAR 技术在地表形变监测中的应用。针对 D-InSAR 技术的这一缺陷，国内外学者在其基础之上提出和改善了一系列 MT-InSAR 技术。

目前根据干涉对的组合方式，MT-InSAR 技术主要分为三类，第一类是以永久散射体干涉技术为代表的单个主影像的组合方式。单个主影像的组合方式体现在PS-InSAR 技术只会在覆盖地表同一区域的多幅 SAR 影像中选择一幅 SAR 影像作为公共主影像，并分别与其他 SAR 影像进行干涉处理。PS-InSAR 技术是基于 PS 点进行数据处理的，PS 点通常是指在长时间序列中具有稳定且较强后向散射特性的高相干像素目标点，这些 PS 点可以是自然地物(比如裸露的岩石)，也可以是人类建造物(比如桥梁、道路、房屋等)，因此即使在干涉对集合中存在超过时空基线临界值的干涉对，各个 SAR 影像也可以通过这些 PS 点保持较好的相干性。

PS-InSAR 技术的基本处理原理是，首先利用公共主影像与辅影像配准并干涉，然后去除所有干涉对的地形相位与参考椭球面相位，得到干涉差分图。接着基于振幅离差指数阈值等方法在干涉差分图中选取 PS 点，最后对 PS 点进行大气相位、地形残余相位和其他噪声的去除后，就可以构网解算地面目标的形变信息，PS-InSAR 技术的数据处理流程如图 5-26 所示。

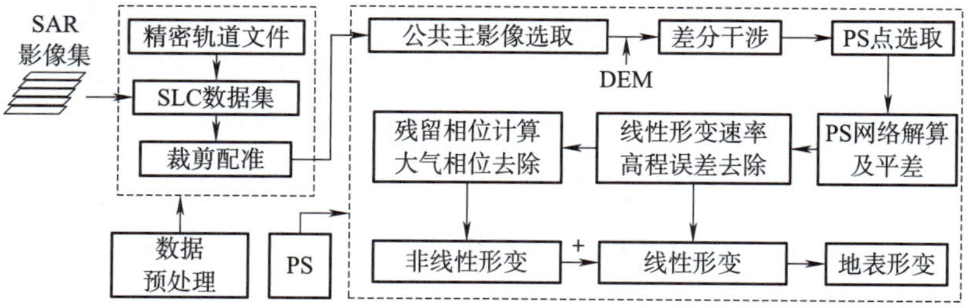

图 5-26 PS-InSAR 技术的数据处理流程

第二类是以短基线集技术为代表的多个主影像的组合方式。在 PS 技术的基础上，Berardino 等提出 SBAS-InSAR 技术。多个主影像的组合方式体现在 SBAS-InSAR 技术在覆盖地表同一区域的多幅 SAR 影像中选择多张主影像，每张主影像与满足一定时空基线阈值的辅影像组成干涉差分对，生成具有较小时空基线的以不同 SAR 影像为主影像的干涉对小集合，同时将各个小集合连接起来形成总的干涉集合。在时空基线阈值的控制下 SBAS 可以获得远远多于 PS-InSAR 技术的干涉对，同时时空基线也能控制在较小的范围，大大提高了干涉差分图的相干性，扩大了 InSAR 技术的应用范围。

SBAS-InSAR 技术的数据处理流程如图 5-27 所示。SBAS-InSAR 技术的基本处理原理是，首先需要像 PS 技术一样选取一幅公共主影像，将其他 SAR 影像与公共主影像配准，然后按照一定的时空基线阈值让所有 SAR 影像任意组合成干涉对，同样在去除所有干涉图的地形相位和参考椭球面相位后生成干涉差分图，然后根据平均相干性识别出干涉差分图中的慢失相关滤波相位像素点，即高相干地面目标点，利用 SDFP 目标像素点建立函数模型去除大气效应和地形误差，进而使用奇异值分解法解算整个时间序列形变信息。

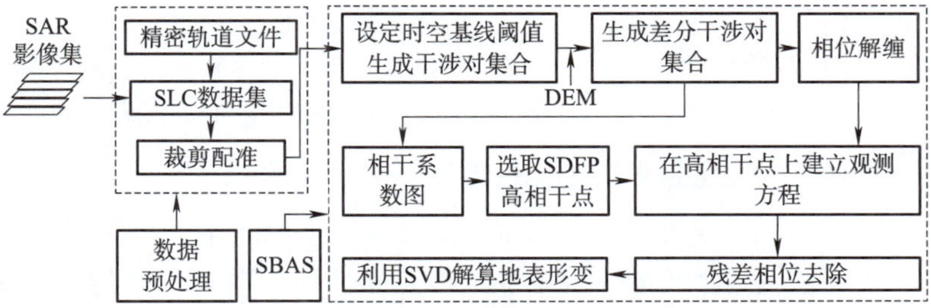

图 5-27　SBAS-InSAR 技术的数据处理流程

第三类是通过结合 PS 和 SASB 的混合型 MT-InSAR 技术，这类方法以 PS 技术的点处理方法为基础，但不局限于单个主影像，采取 SBAS 技术的多个主影像短基线集生成干涉对，从而可以进一步提高时间序列形变的解算精度。

5.4　雷达遥感应用方法

前已述及，InSAR 信息提取主要依赖于干涉相位和搭载 SAR 传感器的平台位置与姿态数据(基线参数)的处理与分析，可广泛应用于地形测量(特别是 DEM 生成)、大气研究、形变监测及地表变化监测等方面，尤其是在大范围监测地表微小形变方面，具有独特的技术优势。激光雷达遥感信息提取主要基于惯导系统和高精度定位实现，通过点云滤波处理实现地面点提取与精细地形产品的构建。本节主要围绕干涉雷达和激光雷达应用展开。其中，分析了干涉雷达在 DEM 构建、地表变形监测中的应用；激光雷达在数字城市建设、森林资源调查中的应用。

5.4.1　干涉雷达遥感应用

InSAR 信息提取主要依赖于干涉相位和搭载 SAR 传感器的平台位置与姿态数据(基线参数)的处理与分析，可广泛应用于地形测量(特别是 DEM 生成)、大气研究、形变监测及地表变化监测等方面，尤其是在大范围监测地表微小形变方面，具有独特的技术优势。

理论与实验研究表明，InSAR 应用于 DEM 生成与形变信息提取过程中，会受到几个负面因素的影响，这包括轨道误差(基线参数误差)、干涉失相关引起的相位噪声、相位解缠误差以及大气延迟误差等。其中，干涉失相关和大气效应是制约 InSAR 应用的主要问题。植被覆盖度高、基线(或空间)失相关、时间失相关和大气延迟是制约 InSAR 应用于 DEM 生成与形变监测的主要因素。

尽管 InSAR 应用会受到一些不利因素的影响，但通过平台系统技术与数据处理技术的改进，InSAR 应用于 DEM 生成与形变监测已表现出较大的技术优势，下文将介绍这些应用的主要情况。

1. 在 DEM 生成中的应用

机载/航天飞机双天线干涉系统一次飞过，可以同时获得同一区域的两幅 SAR 影像，形成一个干涉像对，其基线固定且垂直于飞行方向。卫星单天线重复轨道干涉系统以一定重访周期，对同一区域两次成像可以获得两幅 SAR 影像，形成一个干涉像对，对每一地面分辨元来说，两次成像的传感器中心的连线形成基线。由于地面分辨元与传感器之间存在几何关系，同一分辨元所对应两条雷达视线形成交会，从而构成雷达波束干涉的基本条件，通过干涉相位的分析与处理，便可得到干涉相位图。对于每一分辨元来说，其干涉相位直接对应着地面分辨元与两传感器间的距离之差的精确信息。如果没有大气延迟和地表位移的影响，这种相位差信息就是参考椭球面与地表起伏等综合因素的直接反应。因此，利用传感器位置数据，SAR 系统参数和基线参数等，借助于干涉相位可以计算每一地面分辨元的三维位置，即生成 DEM。数据处理过程一般包括主、副 SAR 影像的配准、干涉相位图生成与滤波、参考椭球面相位去除、相位解缠、基线参数求解、几何转换、投影转换等步骤。

随着多分辨率、多波段(X/C/L 波段)卫星 SAR 系统的不断升空，国际上诸多研究机构发表了一系列 InSAR 地形三维重建的理论与实验研究结果，持续推动了 InSAR 平台系统的全面升级与应用工作的不断拓展。下文重点分析国际上最有影响的两大 InSAR 地形三维重建计划，即美国实施的航天飞机雷达制图计划和德国实施的泛欧洲地面运动灾害信息服务计划。

SRTM 是由美国国家航空航天局和国防部国家测绘局以及德国宇航中心与意大利航天局共同合作完成的，由美国发射奋进号航天飞机携带 C/X 波段雷达传感器开展对地观测。该计划采用奋进号航天飞船历时 11 d，获取了北纬 60°至南纬 60°之间总面积超过 1.19 亿 km^2 的 C/X 波段雷达影像数据，覆盖地球 80%以上的陆地表面。SRTM 系统获取的雷达影像数据量约 9.8 万亿字节，经过两年多的 InSAR 数据处理，生成了 DEM。SRTM DEM 按精度可以分为 SRTM1 和 SRTM3，对应的地面采样间隔分别为 30 m 和 90 m，高程精度可达到 10 m。

Terrafirma 计划是由德国宇航中心主导实施的，由 TanDEM-X 卫星与 TerraSAR-X 卫星形成 InSAR 系统，二者均搭载 X 波段雷达传感器，该计划主要目的是通过这种双星编队组合方式获取全球高精度 DEM，从而为全球提供最高分辨率和最高精度的地形数据服务。

这两颗卫星结伴飞行，间距小于 400 m，二者配合采用先进的收发分置模式获取数据，即一颗卫星发射微波信号，两颗卫星接收回波信号，这样获取同一区域的两幅 SAR 影像所形成的干涉对时间间隔几乎为零，能够最大限度地克服时间失相关和大气延迟等因素的影响。研究表明，该双星系统获取的 DEM 精度较以往任何星载 SAR 系统获取的 DEM 都要高很多，其高程相对精度在地面坡度角小于 20%时达到 2 m，在坡度角大于 20%时达到 4 m，绝对精度优于 10 m，这为全球 DEM 提取开创了新纪元。作为示例，四川西部某山区 TerraSAR 升降轨立体观测 DEM 产品，如图 5-28 所示。

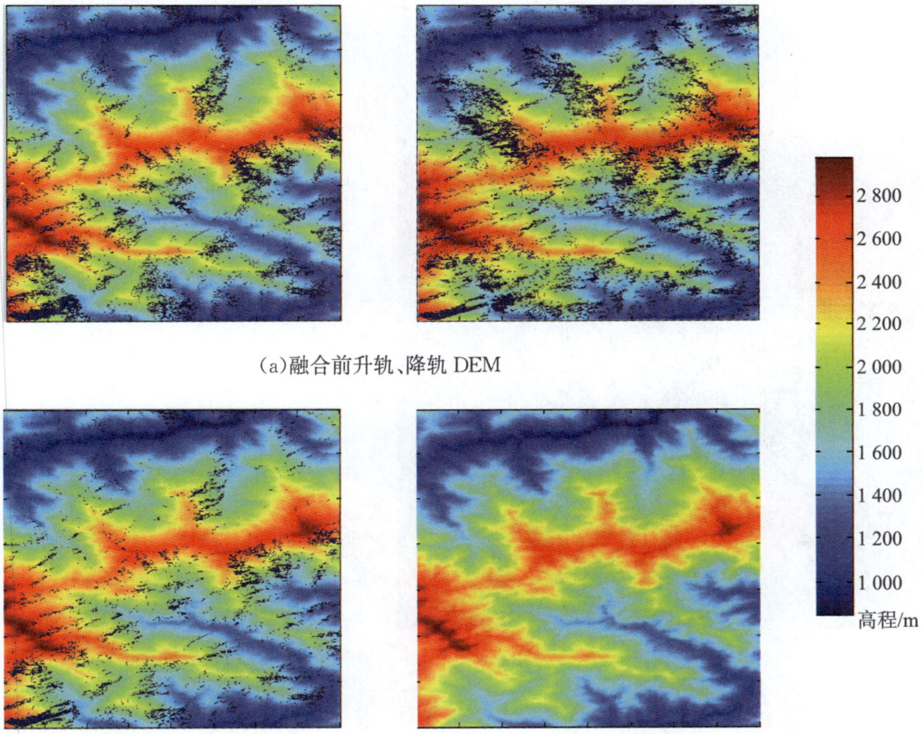

(a)融合前升轨、降轨 DEM

(b)融合后立体 SAR DEM(左)、参考 DEM(右)

图 5-28 四川西部某山区 TerraSAR 升、降轨 DEM 及融合后地形产品

2. 在地表形变监测中的应用

除了应用于大范围地形三维重建之外，InSAR 的另一重要应用领域便是地表形变监测，一般使用卫星单天线重复轨道干涉系统获取的数据提取地表形变信息。例如，某卫星 SAR 系统重复通过某形变区域先后获取了两幅 SAR 影像，这可以形成一个干涉像对，通过干涉相位的分析与处理，便可得到干涉相位图。对于每一分辨元来说，如果没有大气延迟的影响，这种干涉相位就是参考椭球面、地表起伏和地表位移等综合因素的直接反应。因此，利用轨道数据，SAR 系统参数和基线参数等，借助于干涉差分处理便可以精确计算每一地面分辨元沿雷达视线方向的地表形变量。下面将重点介绍 InSAR 在滑坡、煤矿采空区、冰

川监测和断层活动所引发的地表形变监测与分析方面的应用情况。

(1)滑坡地表变形监测

山体滑坡作为重大地质灾害之一，长期影响着山区工程建设和人类生命财产安全。受不利地形的限制，传统手段无法全面有效获取其位移变形信息，InSAR 的出现，有效解决了上述问题。但相比于城市群的地面沉降监测，由于滑坡运动速率不均且可能受卫星成像几何的影响，导致监测效果不佳。为解决上述问题，研究人员利用多波段、多轨雷达数据联合反演的方式，对滑坡的运动规律进行探索，并取得了良好的效果。例如，基于 MT-InSAR 计算得到的我国某山区铁路上游泥石流区变形速率场，如图 5-29 所示，主要使用 2020—2022 年哨兵 1 号卫星获取的 C 波段 SAR 影像集。

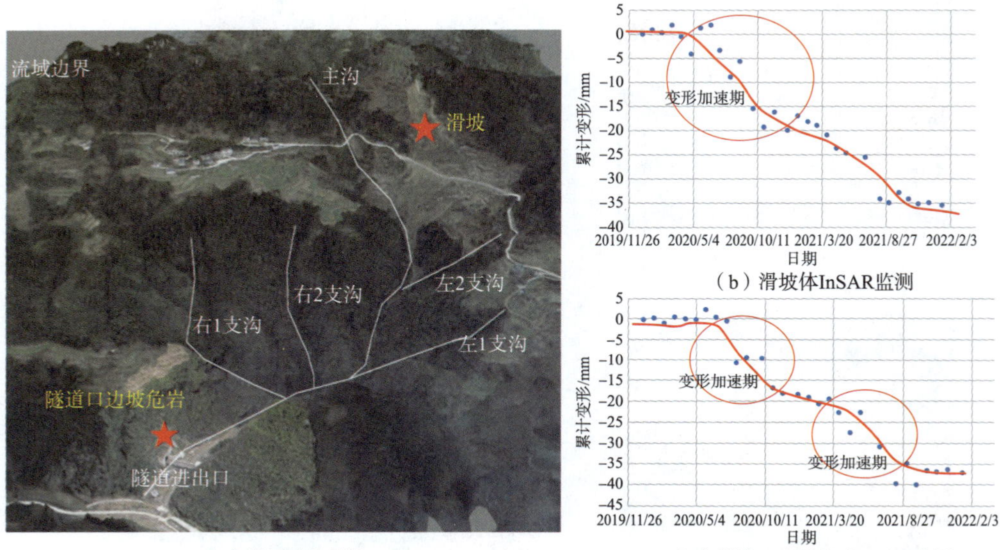

(a) 泥石流沟影像　(b) 滑坡体InSAR监测　(c) 隧道口边坡危岩InSAR监测

图 5-29　某山区铁路泥石流物源 InSAR 监测

形变监测结果显示，流域内主要存在两处变形隐患。其一为物源区的一处大型滑坡体，其二为流通区边坡的一处危岩体。两处隐患体的形变规律相似，与季节变化呈强相关，累计最大变形量近 40 mm。InSAR 技术可穿透云雾，全天时对地观测，克服了山区地形起伏的影响，节约了人力物力，为既有铁路灾害监测提供了有力支持。

(2)煤矿采空区地表变形监测

除了既有线防灾减灾工作，InSAR 技术在新线勘察阶段也可以发挥重要作用，采空区形变监测就是其中一项重点内容。以重庆地区某铁路选线勘察阶段采空区形变监测结果为例，对该技术的应用流程的效果予以说明。

该煤矿煤系地层为三叠系须家河组煤层，于 1964 年投产，2016 年 12 月闭坑。为深入了解该区域停采后的形变量级和规律并为线路方案提供参考依据，研究优选了 2020 年

1 月—2022 年 12 月内的 75 景 Sentinel-1 升轨雷达数据，采用短基线集雷达干涉测量(SBAS-InSAR)技术，通过选取短时空基线长度的干涉对，对干涉目标开展时序线性形变解算、高程误差校正、大气效应减弱和非线性形变的提取，最终获得监测区域多目标的时序形变曲线，据此开展各监测目标的时序稳定性分析，主要成果如下。

某煤矿监测区域形变区域划分，如图 5-30 所示。A 区位于煤矿监测区域的底部至中部靠东部区域。煤矿监测区域 A 区时序形变，如图 5-31 所示，是从 A 区提取的形变点 A_1、A_2、A_3 和 A_4 的时序形变曲线，四个点表现出了一致的形变趋势，于 2020 年 1 月 11 日—2022 年 11 月 20 日期间具有明显的沉降形变特征，最大累计形变量达－71.58 mm，年平均运动速率达－24.68 mm/a，为该区域的主形变区。地面沉降属中等发育程度。

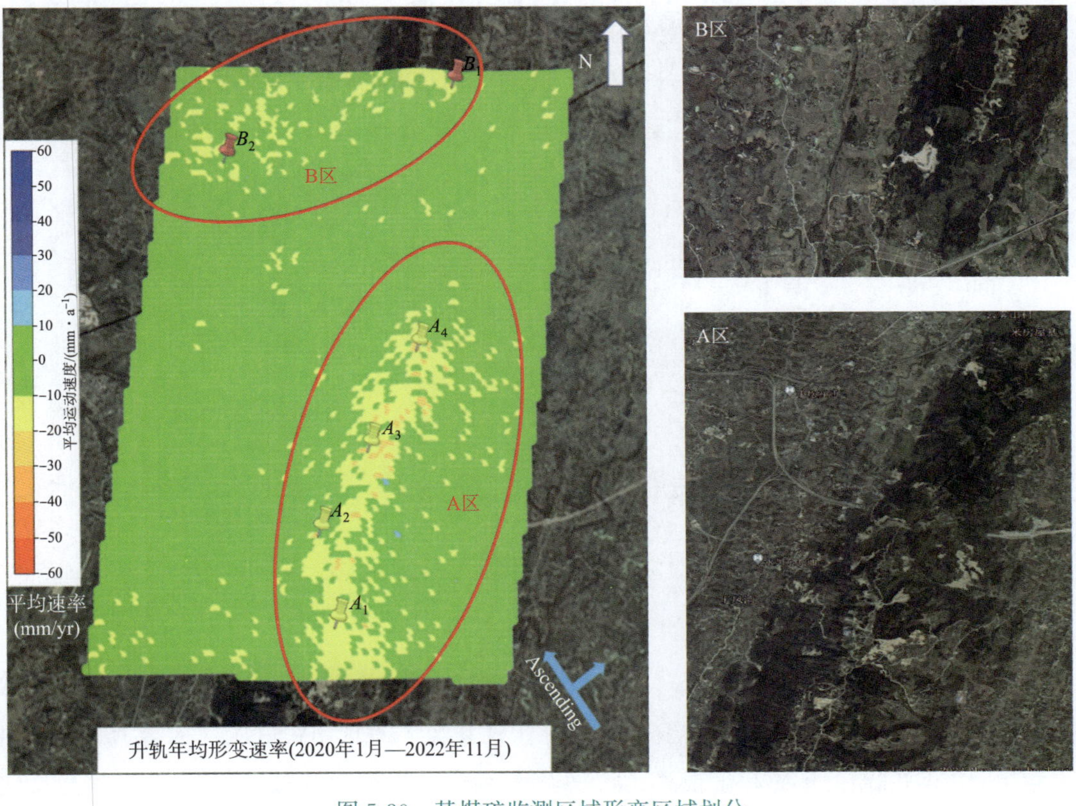

图 5-30　某煤矿监测区域形变区域划分

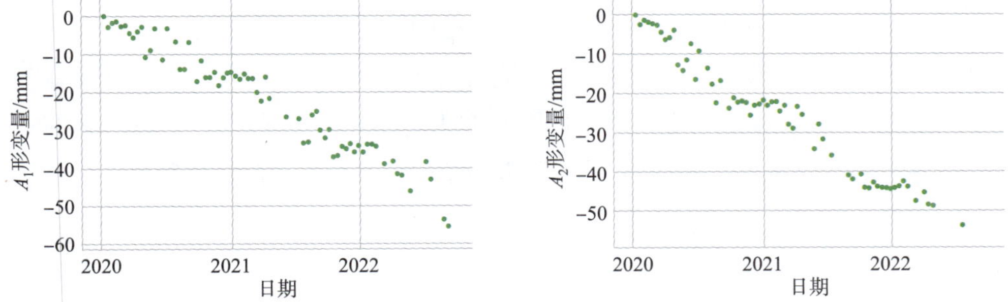

(a)　　　　(b)

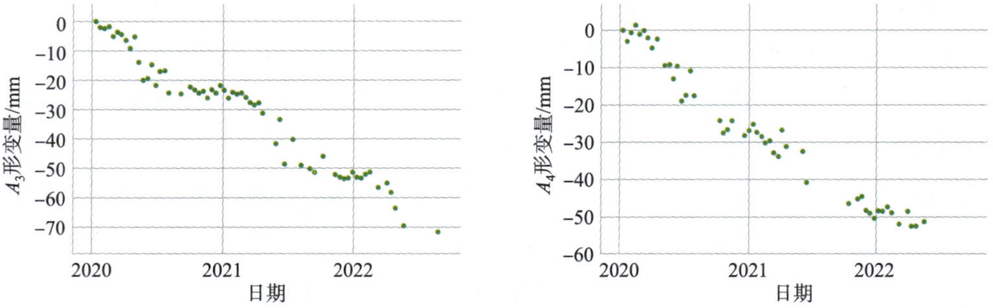

(c)　　　　　　　　　　　　(d)

图 5-31　煤矿监测区域 A 区时序形变(A_1～A_4 点)

某煤矿监测区域 B 区时序形变，如图 5-32 所示。形变曲线显示，两个点表现出了一致的形变趋势，于 2020 年 1 月 11 日—2022 年 11 月 20 日期间具有明显的沉降形变特征，最大累计形变量达－50.15 mm，年平均运动速率达－18.32 mm/a，为该区域的次形变区。地面沉降属中等发育程度。

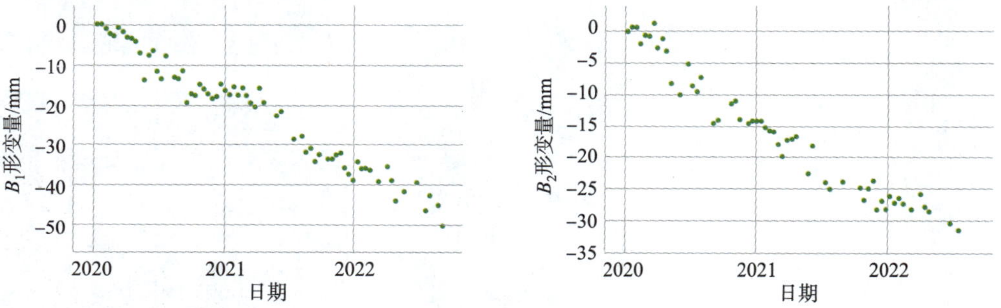

图 5-32　某煤矿监测区域 B 区时序形变(B_1～B_2 点)

(3)冰川变形监测

极地冰川漂移速度和冰川边缘位置的变化监测对冰川活动的物理机制解释和研究全球气候的变化具有重要的意义，InSAR 应用于冰川漂移监测表现出很好的应用潜力。已有研究表明，冰山对气温的敏感程度很高，随着季节的变化冰山融化和移动很明显，而冰盖变化则相对稳定。InSAR 在极地冰川研究中有两个主要用途，其一是使用 InSAR 获取高精度的地形数据；其二是利用 InSAR 测量冰川缓慢漂移的速度场并评估其他一些变化。

我国西部山区高原冰碛物(A_{25}～A_{27})的高分影像和相位干涉图，其形变量级在－22～＋22 mm/a 之间。高位冰碛物变形监测如图 5-33 所示，由影像可以看出，冰碛物在重力驱动下沿沟谷运动，具有流体化特征，此处的干涉相位图也具有显著的聚簇特性。

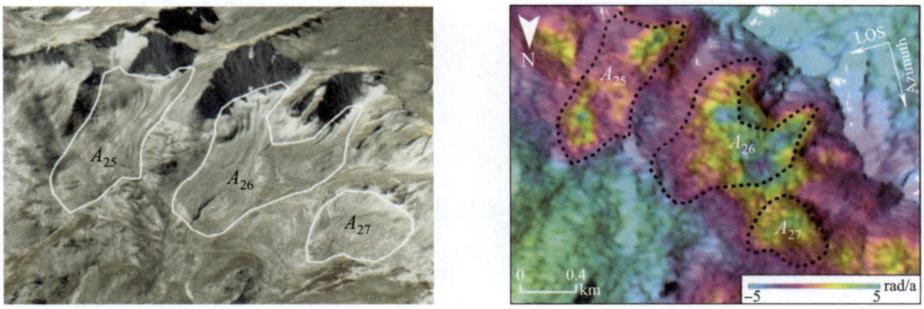

(a)高分影像　　　　(b)干涉相位

LOS—卫星视线方向；Azimuth—飞行方向。

图 5-33　高位冰碛物变形监测

经过进一步的时序形变解算后获得了该区域冰碛物时序形变，如图 5-34。具体的形变量级和曲线信息[图 5-34(a)]，图中圆点代表 InSAR 监测的有效相干点，点的颜色代表年平均形变速率，其中亮色彩(黄色、红色、橙色)代表显著的卫星直线方向上的运动(其中负值表现为远离卫星视线方向，正值表现为靠近卫星视线方向)；绿色区域为形变量级较小的区域。三处区域的形变曲线如图 5-34(b)～(d)所示，可以看出三处冰碛物堆积体在监测周期内(2019 年 1 月—2022 年 1 月)呈现出随季节扰动的周期性变化规律，具体表现为夏季高温期形变速率快，冬季较为稳定的特征，最大累计形变约 97.6 mm(A_{26})。

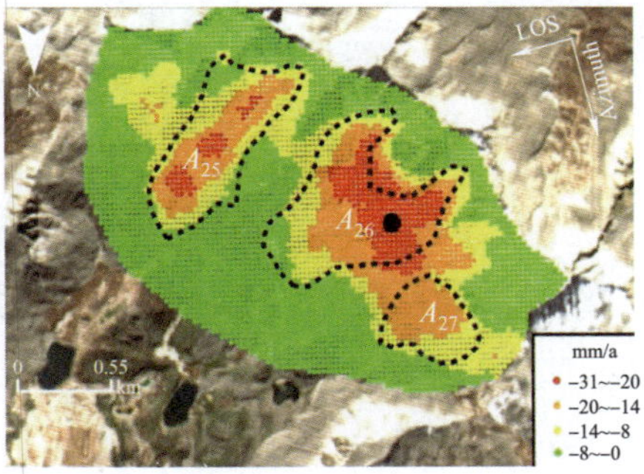

(a)形变速率

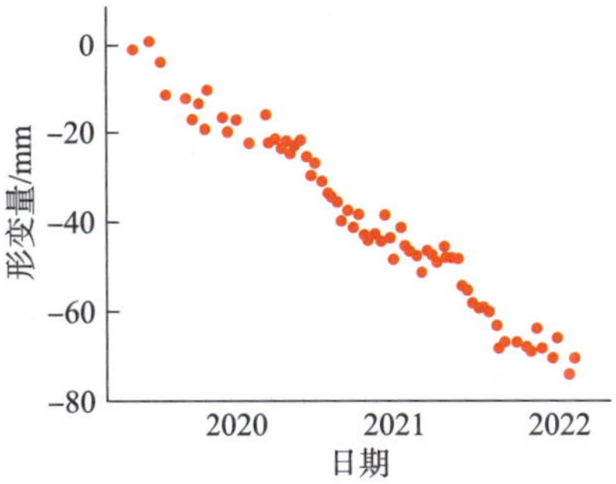

(b)形变曲线(A_{25})

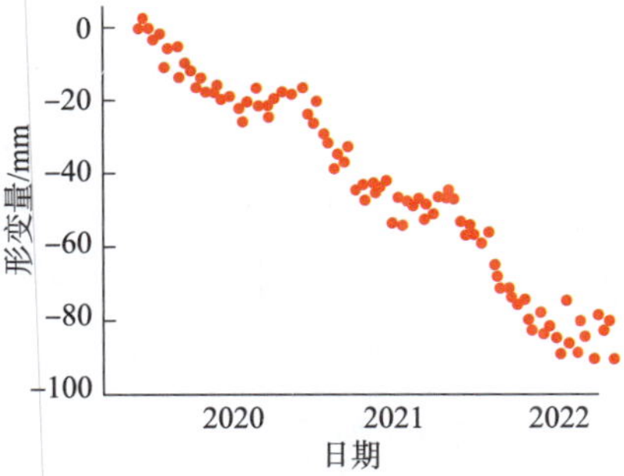

(c)形变曲线(A_{26})

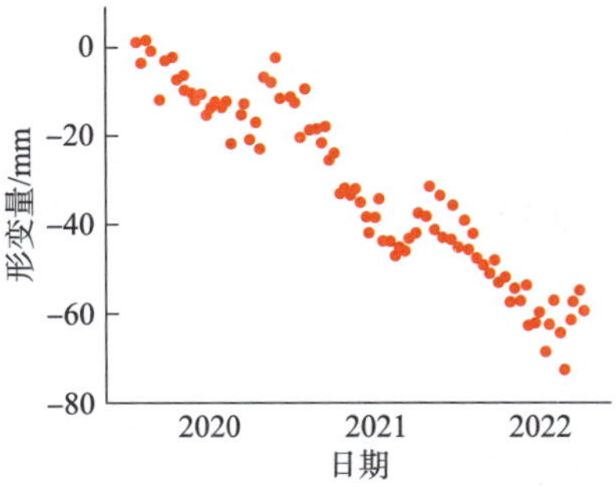

(d)形变曲线(A_{27})

图 5-34　冰碛物时序形变

(4)断层活动变形监测

除各类表生不良地质形变信息监测外,时序 InSAR 技术还可以对断层活动进行广域且精准的探测。断层活动性 InSAR 监测如图 5-35 所示,在 2021 年 7 月—2022 年 2 月期间断裂(虚线)出现显著的分盘形变特征,所显示的形变量级在−30~+30 mm 之间。异常形变出现的时间为 2021 年 11 月 11 日,干涉图中出现了部分区域失相关现象。随后该断裂附近异常形变量级迅速增加,断裂的西方向为负值,表现为下沉;断裂东方向为正值,表现为抬升,并逐渐累积增加。

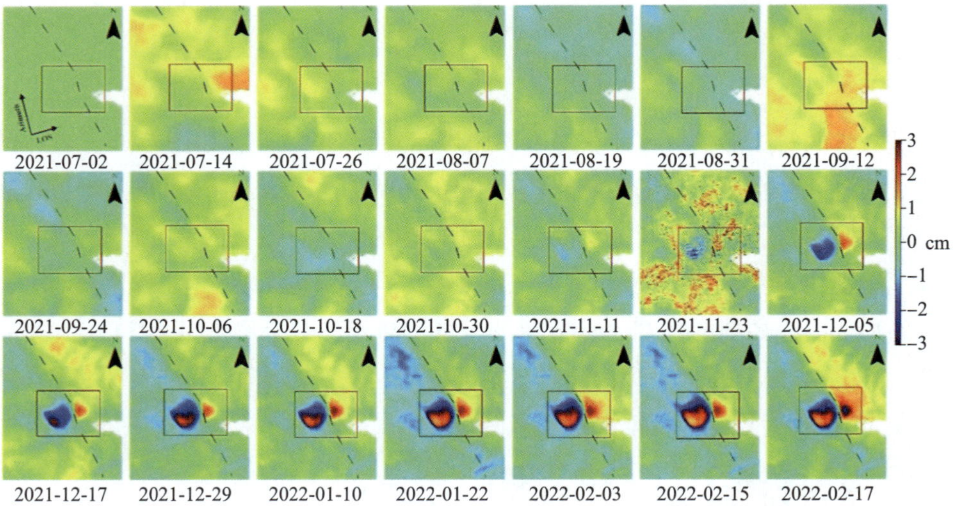

图 5-35 断层活动性 InSAR 监测(2021 年 7 月—2022 年 2 月)

根据 SBAS 监测结果,选取 2021 年 12 月—2022 年 7 月的累积形变进行重点解析。观测时间段内 InSAR 累积形变场,如图 5-36 所示。结果表明形变场以断裂为分界,两盘出现错动现象。红色线对应断裂的地表破碎带,黑色点表示选取累积时序曲线的位置。其中 G_1、G_3 点位于断裂的西方向,形变值为负值,表现为下沉趋势;G_2、G_4 点位于断裂的东方向,形变值为正值,表现为抬升趋势。G_1、G_2 点位于沟谷流域出口附近,为重点关注和讨论区域,形变量级在−65~+50 mm 之间。

G_1~G_4 点位的 InSAR 时序形变曲线如图 5-37 所示。G_1、G_2 点的时序累积曲线在 2019 年 8 月—2021 年 11 月期间呈上下波动状态,波动量级在−20~+10 mm 之间,故认为区域在 2022 年 11 月以前处于稳定状态。但在 2021 年底—2022 年初,G_1、G_2 点同时出现跳变,跳变的量级大约为 10 mm 左右,随后到 2022 年 7 月,G_1 时序曲线一直处于加速下降趋势,累积形变量级降低达到 60 mm 且表现为持续下降的趋势。G_2 时序曲线整体呈现上升趋势,最大形变量级约为 50 mm。G_3 点的时序形变曲线中,2020 年 6 月之前较为稳定,此后呈现加速下沉趋势,形变累积量最大达到 60 mm。G_4 点的时序曲线的形变量级在−15~+5 mm 之间波动,三年的时序形变累积量都没有超过 20 mm,整体相对稳定。

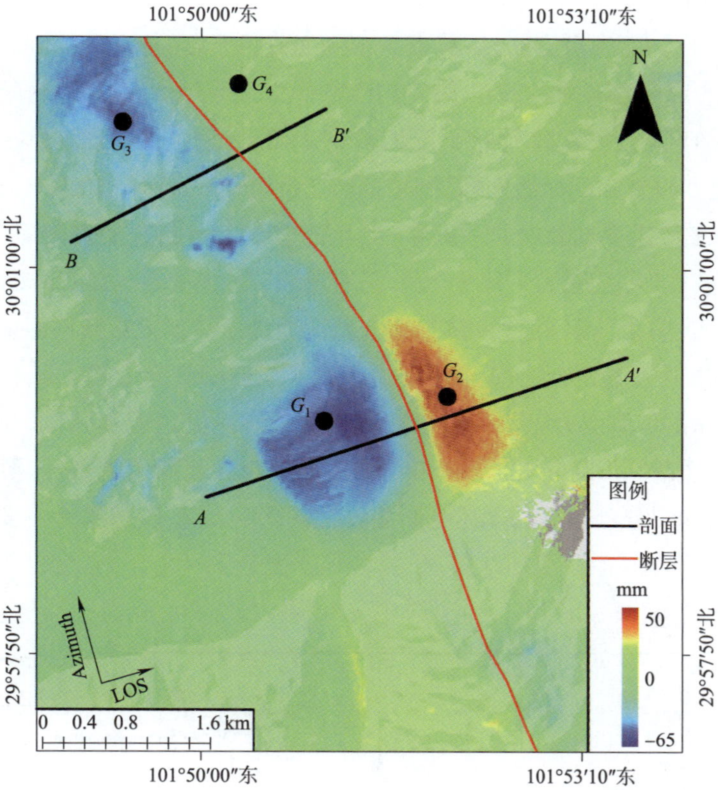

图 5-36　观测时间段内 InSAR 累积形变场

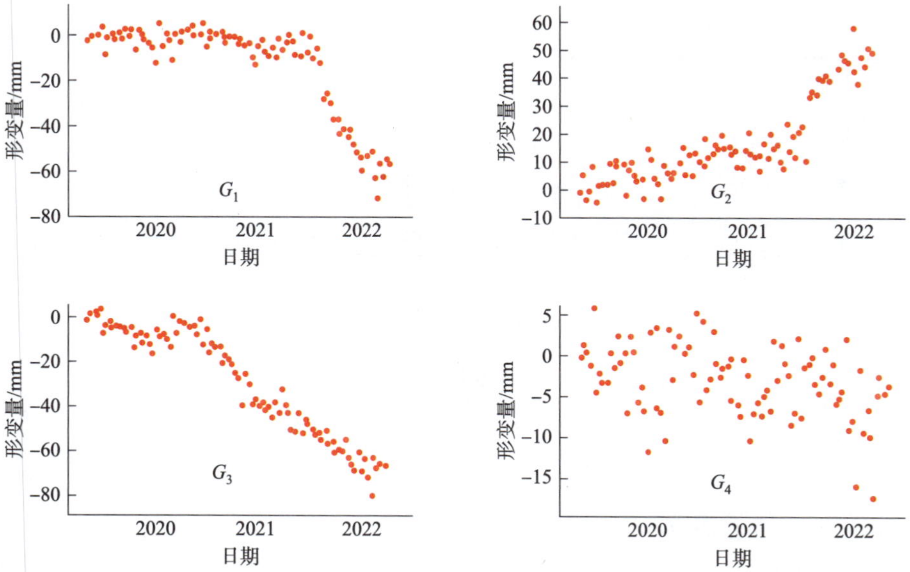

图 5-37　InSAR 时序形变曲线(G_1～G_4)

为了更好揭示断层附近的变形规律，选取 2022 年 7 月 21 日的时间累积形变作剖线 AA'、BB'（图 5-36），剖面线贯穿断裂，其中 AA'剖面线位于断裂南段，该剖线穿过断裂西方向最大的形变中心和断裂东方向的正值形变区域中心；剖面线 BB'穿过北段，横跨断裂，断裂的西方向为负值区域，东方向为形变量级较小区域。AA'、BB'剖面线各取剖面线两侧 2 km 范围的形变点投影到剖面线上，时序累积形变量级在－65～＋50 mm 之间。

剖面线 AA'、BB'形变剖面（图 5-38）中，黑色的竖线表示断裂地表破碎带所在的位置，灰色部分表示区域地形，左侧的纵轴表示形变的量级（单位：mm/a），右边的纵轴表示海拔高度（单位：m）。蓝色的点为剖面线两侧 2 km 范围内的所有点投影到剖面上后形成。观察 AA'剖面图中可知，在断裂的西方向，形变值均为负值，最大形变量级为 50 mm/a，在接近断层附近形变值快速由负值变为正值；而远离断层区域，形变值趋近于零，形变量级较小。对于 BB'剖面，断裂西南侧形变在－20～＋50 mm 之间波动；而断裂的东侧，形变值为趋近于零，显示出明显的断裂分盘信号。上述跨断裂异常的形变剖面数据也进一步验证了断层的活动性。

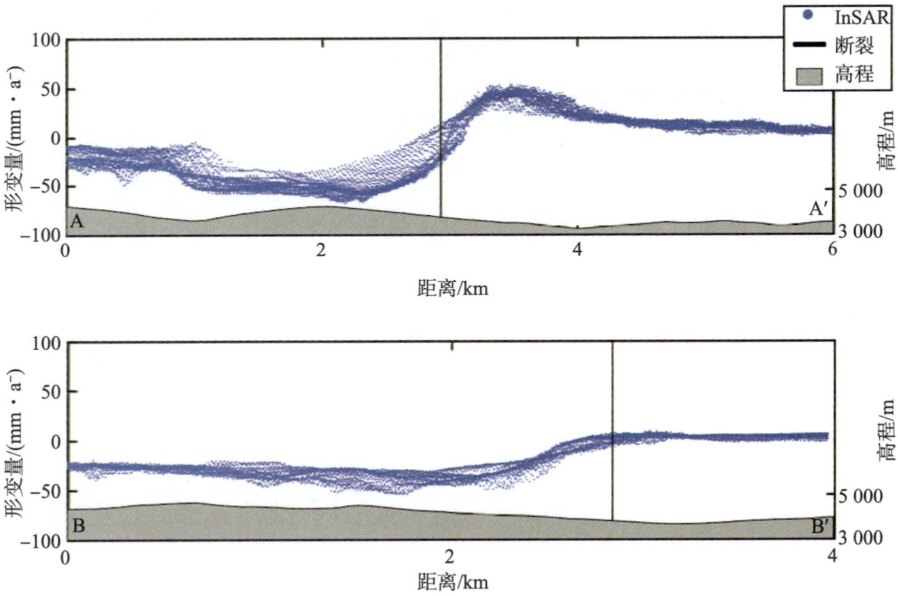

图 5-38 形变剖面示意

5.4.2 激光雷达遥感应用

1. 激光雷达在数字城市建设中的应用

数字城市指利用虚拟技术，包括电脑网络技术、遥感技术、多媒体技术、测量技术和仿真技术，开展对城市基础设施的管理，强化对城市动态的管理与监测，完善城市功能机制，辅助城市决策，提供大众服务。要想实现数字城市系统功能，就必须保证其有充足的数据支撑，其中最主要的数据就是真实可量测的三维景观模型数据。在进行数据收集的过程中，所采用的测量方式为数字航空摄影测量方法和机载激光雷达测量方法，以构建城市三维模型。

三维建模是数字城市建设的重要内容，尤其是“实景三维中国”建设对三维空间信息提出了前所未有的需求。机载和地面激光雷达系统可以对城市建筑物和环境进行多角度、全方位快速扫描，得到建筑物完整的三维点云数据，通过数据处理和三维建模，提供数字城市建设中所需要的高精度、可量测的真三维数字模型。还可将这些三维模型置于网络中，实现城市环境的实时展示与交互呈现，以及用户沉浸式体验。

激光雷达测量技术被发达国家广泛应用，能够快速进行三维空间的数据信息采集。随着我国科技水平和城市化建设水平的不断提升，近年来，也有较多的科研场所和企业单位开始应用这一技术。激光雷达在智慧城市中的应用主要步骤如下：

(1)数据预处理。对高精度惯性导航仪的姿态参数、全球定位系统数据信息、地面基站的观测数据、数码相机影响、扫描仪扫描结果及 GPS 的偏心分量进行记录后，解算方式以 GPS/IMU 为主，分析相机曝光的瞬间的 WGS-84 坐标情况下的轨迹文件，并分析扫描仪对应的数据信息，对影像的外方位元素、激光点云所处的空间位置进行精准而快速地定位。

(2)三维模型建立。对非地面数据与地面数据进行有效分离，以此得到地表数据信息，形成 DEM。将 DOM 与 DEM 两种模型进行叠加后，可形成三维地形模型，能够清晰显示地形的纹理信息和高程信息，精准反映真实的三维地形信息。

2. 激光雷达在森林资源调查中的应用

森林资源是陆地生态系统的支撑，及时、高效、准确地调查与监测森林资源，对生态环境的保护与可持续发展具有重要意义。人工调查方式效率低、周期长，大范围的森林资源调查成本较高；而光学遥感方式只能获取森林冠层表面信息，不能获取森林的垂直结构信息。

机载 LiDAR 的脉冲可以穿过部分树叶和枝干，脉冲可以落在树叶、树干或者地面上，从而形成多回波。多回波的脉冲可以展示出树冠的大小和形状等信息，从而得到森林的垂直结构。直接射向地面的脉冲，只形成一次回波。多回波特性使得机载 LiDAR 在森林资源调查方面相较于传统方法更具优势。机载 LiDAR 可以从单木层面或者林分层面进行森林资源的调查。

单木因子主要包括单木冠幅、树高、胸径等。单木冠幅、树高、胸径可以作为回归方程的参数估计林分尺度的生物量等参数。通过单木的识别，可以估算林分密度当中的株数密度等参数。冠层高度模型如图 5-39 所示。机载 LiDAR 穿过树叶提取森林地形，后期生成数字表面模型(DSM)、数字高程模型(DEM)，进而由 DSM 减去 DEM 得到冠层高度模型(CHM)。

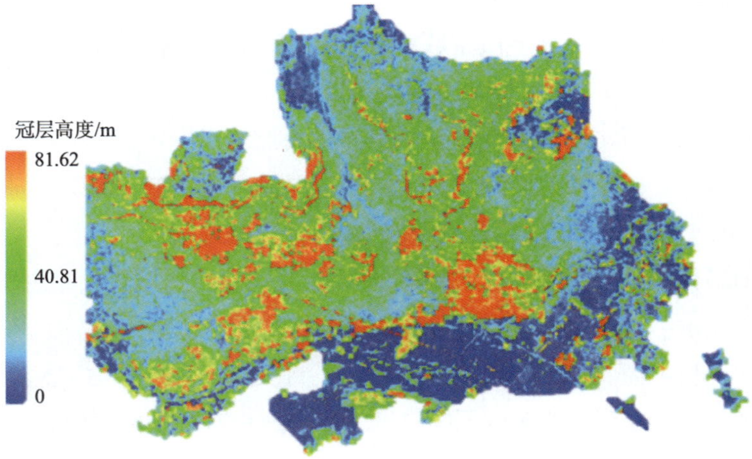

图 5-39　冠层高度模型

林分因子主要包含林分起源、平均高、平均胸径、叶面积指数、郁闭度、生物量、立地质量等指标，反映了森林的外貌、生长速度、生长密度等信息。机载 LiDAR 在林分平均树高、叶面积指数、郁闭度、生物量等方面的调查有着广泛应用。

第 6 章　热红外遥感信息提取

热红外遥感狭义上是指利用卫星传感器获取热红外波段范围内地物波谱信息，而广义上是指利用地面、星载、机载等平台获取目标的热红外波谱信息，并以这些信息为基础数据进行地物识别、地表温度估算和热惯量反演等的应用。近年来，随着热红外遥感技术的不断发展进步，这项技术在地质勘察领域中的应用变得更加广泛，逐渐成为高地温、活动断裂等不良地质探测的重要手段，在复杂艰险山区铁路选线和重大桥、隧、站工程的选址工作中发挥重要作用。

6.1　热红外遥感原理与应用

1978 年美国发射热惯量卫星，首次用卫星来观察地球表面的温度差异，这标志着热红外卫星遥感的产生。随着热红外技术的不断发展，一系列航空航天遥感器运用了热红外波段采集地面数据，并将其应用于军事、地质填图、热制图、热惯量估算以及灾害监测、环境污染等方面。我国先后研制了包括多个热红外波段在内的多光谱扫描仪，并进行了相应的热红外遥感应用研究。随着比辐射率研究和测定工作的进展，以及热红外遥感大气纠正问题研究的深入，热红外遥感的定量研究也得到了很大的发展。地球系统的能量、物质流均可归结为其热量和物质的积累和耗散，而“地表温度”综合了地-气相互作用过程中物质和能量交换的结果，是反映这些过程的关键因子和重要参数。热红外遥感正是通过获取地表热状况信息，从而揭示地质构造和不良地质情况的一种重要手段。

6.1.1　热红外遥感原理

1. 热辐射的基本概念

所有的物质，只要其温度超过绝对零度，就会不断发射红外辐射。常温的地表物体发射的红外辐射主要在大于 3 μm 的中远红外区，又称热辐射。热辐射不仅与物质的表面状态有关，而且是物质内部组成和温度的函数。在大气传输过程中，热辐射能通过 3～5 μm 和 8～14 μm 两个窗口。热红外遥感就是利用星载或机载传感器收集、记录地物热红外信息，并利用热红外信息来识别地物和反演地表参数，如温度、湿度和热惯量等。

要深入地了解热红外遥感工作的原理，需要了解以下表征辐射特性的几个基本概念：

(1)辐射通量

在单位时间内通过某一表面的辐射能量 Q(J)称为辐射通量 φ(W)。

(2)辐射通量的空间密度

在单位时间内通过单位面积的辐射能量，称为辐射通量的空间密度 F(W/m^2)。当具体考虑辐射的发射和入照时，可分别使用辐射出射度和辐射照度。

(3)辐射出射度与辐射照度

在单位时间内，单位面积上辐射出的辐射能量称为辐射出射度 M(W/m^2)。其意义是：在单位面积(m^2)上的辐射功率(W)。

在单位时间内，单位面积上接受的辐射能量称为辐射照度 E(W/m^2)。

(4)点辐射源的辐射强度

点辐射源在某一给定方向 θ 上单位立体角内的辐射通量，称为辐射强度 $I(\theta)$(W/sr)。$I(\theta)$表示点辐射源在单位时间内在 θ 方向的单位立体角内所发射的能量。

(5)面辐射源的辐射亮度

辐射源在某一方向的单位投影面积在单位立体角内的辐射通量，称为辐射亮度 $L(\theta)$ [$W/(m^2 \cdot sr)$]。辐射亮度 $L(\theta)$是有方向的，θ 是面元的法线与辐射方向之间的夹角。$L(\theta)$表示辐射源在方向 θ 上，垂直于该方向的单位投影面积上，在单位时间、单位立体角内所发射的能量。

点辐射源辐射能力的测量仅使用辐射强度；面辐射源尤其是在考虑微分面元或有限面积的辐射时，既可以使用辐射强度，也可以使用辐射亮度。此时，对于那些辐射亮度 $L(\theta)$与 θ 无关的辐射源称为朗伯源。朗伯源的辐射强度满足：

$$I(\theta)=I_0 \cdot \cos\theta \tag{6-1}$$

朗伯源的辐射亮度 L 等于 $\theta=0°$时的辐射强度I_0。单位面积朗伯辐射源向 2π 空间的总辐射出射度 M 为 πL。

对于平行辐射，辐射能是在同一方向传播的，射线所张的立体角为零，不能应用辐射亮度的概念。一个接受平行辐射的表面，所得到的辐射能量只决定于该面与射线垂直方向上的投影面积。

(6)辐射光谱和辐射通量的谱密度

太阳、地球及大气等不同的物体，发射(吸收)的性质不同，它们的辐射能量随波长的分布互不相同。例如，大气主要在红外波段发射，且能量随波长的变化明显；太阳辐射的能量随波长的变化比较连续，主要集中在可见光波段。设一个物体的辐射出射度为 M(W/m^2)，在波长 λ 至 $\lambda+d\lambda$ 间隔的辐射能为 dM，则

$$M_\lambda=\frac{dM}{d\lambda} \tag{6-2}$$

M_λ是单位波长间隔中的辐射出射度，是波长的函数，称为分光辐射出射度，或辐射通量谱密度。不同辐射性质的物体，其 M_λ 具有不同的函数形式。M_λ 不仅决定于物体的性质，而且决定于物体的所处状态，如温度等。辐射光谱是指辐射能按波长的分配，M_λ 随波长 λ 变化的曲线称为辐射光谱曲线。

(7)吸收率、反射率和透过率

一般说来，投射至物体的辐射能一部分会被物体吸收转变为物体的内能或其他形式的能量，一部分会被反射回去，一部分会穿透物体射出去。投射至物体的总能量为Q_0，其中被吸收部分为Q_A，被反射的部分为Q_R，透射出去的部分为Q_T，各部分能量遵守能量守恒原理，即

$$Q_0=Q_A+Q_R+Q_T \tag{6-3}$$

物体的吸收率 α 表征该物体吸收辐射能量的能力，等于被吸收的能量除以投射至物体的总能量，即

$$\alpha=Q_A/Q_0 \tag{6-4}$$

物体的反射率 ρ 表征该物体反射辐射能量的能力，等于被反射出去的能量除以投射至物体的总能量，即

$$\rho=Q_R/Q_0 \tag{6-5}$$

物体的透射率 τ 表征物体透射辐射能量的能力，等于投射出去的能量除以投射至物体的总能量，即

$$\tau=Q_T/Q_0 \tag{6-6}$$

根据能量守恒原理，有

$$\alpha+\rho+\tau=1 \tag{6-7}$$

(8)黑体和灰体

如果某一物体对任何波长的辐射都能全部吸收，即$Q_{A,\lambda}=Q_{0,\lambda}$，$\alpha_\lambda$ 不随波长而变，$\alpha_\lambda=1$，$\rho_\lambda=0$，$\tau_\lambda=0$，则称该物体为绝对黑体。如果只是对某一波长来说$A_\lambda=1$，则称之为对某波长是黑体。

绝对黑体在自然界中是不存在的，但在理论上有着重要的地位。实验室中可以人工制造出尽量接近于黑体的表面。

如果物体的吸收率$\alpha_\lambda=A$ 不随波长而变，但 $A\leqslant 1$，则称之为灰体。

2. 热辐射的基本定律

空间所有的物体都通过辐射方式交换着能量，如果没有其他方式的能量交换，则物体热状态的变化就决定于发射与吸收辐射能量的差值。当物体的辐射能量等于吸收的外来辐射能量，这时该物体处于热平衡状态，因而可以用一个函数温度 T 来描述它。热力学定律可以用于研究平衡辐射的吸收与发射的规律。

一般来说，物体的辐射能量收支并不相等，物体处于非辐射平衡状态。但是如果辐射热

交换过程相当慢，以致物体中内能的分布变化均匀，并继续处于热平衡状态，那这时的辐射可视为具有准平衡性质。此时，物体的温度是在变化的，但每一给定的瞬时，物体的状态都可以视为平衡的，仍可用一定的温度来描述它。

地球大气中的辐射过程，一般认为在地面以上至 60 km 的大气仍可视为处于局地辐射平衡状态。地表与大气耦合面能量交换过程复杂，一般在几微米的表层内，处于非热平衡状态。

(1)基尔霍夫定律

在一定的温度下，任何物体的辐射出射度 $F_{\lambda,T}$ 与其吸收率 $A_{\lambda,T}$ 的比值是一个普适函数 $E(\lambda,T)$。$E(\lambda,T)$ 只是温度、波长的函数，与物体的性质无关。

$$E(\lambda,T)=F_{\lambda,T}/A_{\lambda,T} \tag{6-8}$$

这就是基尔霍夫定律。基尔霍夫定律表明，任何物体的辐射出射度 $F_{\lambda,T}$ 和其吸收率 $A_{\lambda,T}$ 之比都等于同一温度下的黑体的辐射出射度 $E(\lambda,T)$。

$E(\lambda,T)$ 与物体的性质无关，吸收率 $A_{\lambda,T}$ 大的其发射能力就强。黑体的吸收率 $A_{\lambda,T}=1$，其发射能力最大。只要知道物体的吸收光谱，其辐射光谱也就立刻可以确定。

通常把物体的辐射出射度与相同温度下黑体的辐射出射度的比值称为物体的比辐射率，它表征物体的发射本领。

$$\varepsilon_{\lambda,T}=F_{\lambda,T}/E(\lambda,T) \tag{6-9}$$

可见 $\varepsilon_{\lambda,T}=A_{\lambda,T}$ 即物体的比辐射率等于物体的吸收率。

(2)普朗克定律

绝对黑体的辐射光谱 $E_{\lambda,T}$ 对于研究一切物体的辐射规律具有基础作用。普朗克引进量子概念，将辐射当作不连续的量子发射，成功地从理论上得出了与实验精确符合的绝对黑体辐射出射度随波长的分布函数：

$$E_{\lambda,T}=\frac{2\pi c^2 h}{\lambda^5}\left(e^{\frac{ch}{k\lambda T}}-1\right)^{-1} \tag{6-10}$$

式中 $E_{\lambda,T}$——辐射光谱，$W/(m^2 \cdot \mu m)$；

c——光速，$c=2.997\ 93\times10^8$ m/s；

h——普朗克常量，$h=6.626\times10^{-34}$ J·s；

k——玻尔兹曼常数，$k=1.380\ 6\times10^{-23}$ J/K。

绝对黑体都服从朗伯定律，其分光辐射亮度为

$$B_{\lambda,T}=\frac{E_{\lambda,T}}{\pi} \tag{6-11}$$

式中 $B_{\lambda,T}$——绝对黑体分光辐射亮度，$W/(m^2 \cdot \mu m \cdot sr)$。

在热红外遥感的计算中，常用波数取代波长来表征物体的辐射出射度。在具体研究中，常需要知道某个传感器的宽通道黑体辐射函数，根据普朗克黑体辐射公式，用波数间隔 $\Delta V=20$ cm 求和代替积分，即

$$B_i(T)=\frac{\sum_{i=1}^{n}[f_i(V_n)B_V(T)\Delta V]}{\sum_{i=1}^{n}[f_i(V_n)\Delta V]} \tag{6-12}$$

式中 $f_i(V_n)$——传感器第 i 通道的通道响应函数；

$B_i(T)$——该通道的宽通道黑体辐射函数；

$B_V(T)$——波数 V 下的黑体辐射函数，通常基于普朗克辐射定律进行；

i——通道序号；

n——通道总数。

(3)斯蒂芬-玻耳兹曼定律

1879 年斯蒂芬由实验发现，绝对黑体的积分辐射能力E_T与其温度的 4 次方成正比，即

$$E_T=\sigma T^4 \tag{6-13}$$

1884 年，玻耳兹曼由热力学理论得出了相同公式，其中 σ 称为斯蒂芬-玻耳兹曼常数，$\sigma=5.669\ 6\times10^{-8}$ W/(m^2·K^4)。

(4)维恩位移定律

维恩从热力学理论导出黑体辐射光谱的极大值对应的波长：

$$\lambda_{max}=\frac{b}{T} \tag{6-14}$$

式中 b——常数，b=2 897.8 μm·K。

温度越高λ_{max}越小。对于 5 727 ℃(6 000 K)黑体，λ_{max}=0.483 μm(蓝色光)；对于 27 ℃(300 K)的黑体，λ_{max}=9.66 μm。

6.1.2 热红外遥感典型应用

1. 热红外遥感在地震预报中的应用

随着卫星遥感技术的迅速发展，在地震预测预报中应用卫星热红外遥感技术进行地震预测成为可能。国内外不少地震学者做了大量的地震热红外异常机理、岩石试验、热红外遥感技术的应用方法及典型震例对比分析研究，取得了许多有意义的研究结果。

典型震例卫星热红外波段的温度资料分析结果表明震前确有增温现象。地震热红外异常很可能是通过地表和底层大气表现出来，直接原因是目标物的辐射温度发生变化。张璇等以中国静止气象卫星 FY-2E/G 红外亮温资料为数据源，选取映秀—北川断裂轨迹线，发现 2007—2009 年安县—灌县断裂热条带上表现出与汶川地震有关的热辐射增强现象。杨星等以 2021 年 5 月 22 日玛多 MS7.4 地震为背景，研究了地震前地球物理场参数出现的响应异常。

强祖基等利用卫星遥感热红外图像等资料经过多年的研究取得了明显的预报效果，结果表明：

(1)地震前在远离震中区出现一大片孤立增温区,比其周围高出 2～6 ℃;

(2)震级愈大,亮温增温面积也愈大;

(3)利用增温异常演化来追寻的未来地震的震中位置,往往是在随着时间迁移的增温异常前缘或其前锋与地震带、活动构造带交汇部位,或是孤立亮温增温异常凹陷部位,或是两组应力热带交汇部位;

(4)一般在亮温增温异常发展到鼎盛时期后,在几天至 60 天内发震即进入短期和临震时期。

2. 热红外遥感在旱情监测中的应用

我国北方地区地处干旱、半干旱地带,降水少、蒸发强烈、水资源十分贫乏、旱灾频繁,严重制约着地区经济的发展。因此干旱是制约我国,特别是北方干旱、半干旱地区农牧业生产的最重要因素之一。寻找合适的干旱监测和评估方法,对于农牧业趋利避害具有十分重要的意义。近年来,迅速发展的卫星遥感技术,使得快速、及时、动态监测与评估区域性的土壤水分状况和干旱成为可能。

用热红外遥感方法监测土壤水分和干旱的研究始于 20 世纪 70 年代。热容量制图卫星的发射成功,以及具有获得高分辨率图像能力的 TIROS 和 NOAA 系列气象卫星的相继运行,使得大规模地研究和应用热红外技术遥感监测土壤水分和干旱成为可能。监测方法方面,目前主要采用两类方法,即热红外方法(热惯量模式)和微波遥感方法。国内外许多研究表明,利用土壤热学特性的热红外技术在遥感监测土壤水分和干旱方面具有巨大潜力和广阔的发展前景。

热红外遥感技术监测土壤水分和干旱主要是应用热惯量模式。热惯量是土壤阻止温度变化的一个度量,反映了土壤的热学特性。由于土壤密度、热传导率和比热等特性的变化在一定条件下主要取决于土壤水分含量的变化,因而土壤热惯量与土壤含水量之间存在事实上的相关性。这样,就可通过遥感获取地表的有关信息,求算出热惯量及热惯量与土壤水分含量之间的相关关系,从而达到监测土壤水分状况和干旱发生、发展趋势的目的。

3. 热红外遥感在地热资源探查中的应用

从能源的可持续发展战略来看,地热是一种很有发展前景的新能源和可再生能源,对环境不产生或很少产生污染,符合未来能源应用的发展趋势。地热用途主要体现在采暖、发电、医疗等方面。在采暖方面,地热采暖是以不高于 60 ℃的热水为热媒,在加热管内循环流动,通过地面以辐射和对流的传导方式向室内供热的供暖方式,节省能源、热效率高;在发电方面,地热发电设备简单、管理方便、发电成本低、建设周期短、投产快、占地面积小;在医疗方面,地热水含多种对人体有益的元素,可用于康复治疗等。

现有比较成熟的地热资源的探测方法有地质学方法、地球物理勘探方法、地热异常现象调查法以及地球化学方法等,但随着科学技术的不断发展,遥感技术的不断成熟,使其在地热资源的探测与调查方面成了一种趋势。

卫星的热红外遥感图像可以直观地显示地热资源及地表水和浅层地下水的地理分布。太阳热能和地下热能昼夜不断向外传输都使地表具有一定的温度，在热红外波段上以不同的灰度值来体现出来。地表温度约为 27 ℃(300 K)，它的极大电磁辐射波长为 8～11.30 μm，即热红外波段，这一波段在白天和晚上都有记录。此外，热红外遥感对大气层有较好的穿透能力，利用热红外探查地热资源是比较成功的，热红外遥感图像能反映地热资源的形成与分布。

段四波等(2021)系统综述了基于 Landsat 热红外数据的地表温度反演算法，包括基于辐射传输方程的算法、单窗算法、普适性单通道算法、实用单通道算法和分裂窗算法等，针对 Landsat 热红外数据地表温度遥感反演提出了未来可能的发展趋势与研究方向。辛磊等(2021)利用单窗算法反演出石家庄地区地表温度，结合夜间热红外影像、遥感构造解译结果和剩余重力异常数据圈定一处山地对流型地热远景区和两处沉积盆地型地热远景区。

4. 热红外遥感在城市环境监测中的应用

(1)地表水体热污染调查

随着城市化的发展，工业废水和居民排污量与日俱增，城市地表水体的污染日益严重，常规地面调查方法已不能适应治理工作的需要，应用热红外遥感技术在水体调查方面解决了以下问题：发现热源点和排污口，调查江河、湖面水体污染程度和热扩散范围，研究地表水体污染的时空变化规律。

(2)研究城市下垫面结构与温度场关系

城市地面温度变化反映了城市建筑材料性质、建筑密度、道路、体育场馆、植被、水体等分布特征。通过白天和夜间热红外数字化彩色图像镶嵌图，根据地面辐射温度高低和昼夜温度变化规律，可以对城市下垫面热力景观结构进行分析。此项研究对制定城市规划、城市改建、城市绿化具有很大的指导意义。狄宇飞等(2021)利用天空视域系数(SVF)量化城区下垫面几何特征，并考虑几何特征对地物目标辐射传输的影响机理。将遥感传感器入瞳处的辐射亮度分解为地物目标发射辐射、地物目标反射辐射以及大气上行路径辐射三部分，并分析了各部分辐射在“城区—大气”界面的辐射传输过程，构建适用于城市下垫面的热辐射传输模型，可应用于城区热红外遥感图像的几何效应辐射校正。基于 Landsat 8 TIRS 数据，将 UTRT 模型应用于北京市典型城区地表温度的反演。

(3)城市气象研究

采用热红外图像的温度数据与常规地面监测方法相结合，可以加深城市气象研究工作。根据温度场图像可以更合理地布置地面气象观测站点研究城市“热岛”效应。城市“热岛”是城市的一种特殊气象现象，是衡量城市环境质量的重要指标。根据热红外图像经计算机处理后绘制的地面辐射温度等值线图，可以描述城市冬季白天和夜间城市“热岛”的时间和空间特征。根据热图像还可以制作城市“热岛”三维立体图，形象客观地反映城市“热岛”的平面分布规律与强度变化特征，给人以直观形象的立体感。根据不同时相的遥感资料，还可研究城市热岛的日变化和年变化规律。总结城市热岛与下垫面性质的相关关系，可从城市规划入手，制约那些形成城市热岛的因素，防止城市环境的进一步恶化；还可以用来研究城市风场的变化规律，建立大气污染与温度场的关系。

(4)其他应用

热红外遥感技术能检测厂矿、车间、输热管道及居民住房的热漏失，以便及时检修，节省能源，减少浪费，国外在这方面已经开展了大量调查研究工作。热致疾病的研究：国内外研究证明，高温、高热会使人产生烦躁，诱发心脏病，精神病等，严重的地方可以使某些疾病发病率和死亡率高出正常地区一到两倍。

5. 热红外遥感在气象方面的应用

天气预报已成为人们生产、生活必不可少的部分，而温度信息是天气预报的一项重要内容。目前的气象预报基本上都是由搭载了热红外波段探测器的气象卫星获得的图像经过处理分析后得到的。这些探测器的主要任务就是获取可见光、热红外和水汽云图像，并利用这些数据提取海面和陆面温度，生成云分析图像以及得到云参数和风矢量等等。这些卫星的分辨率一般较低，多为 1 km 以上，可全球成像，以支持全球性的天气预报，监测大范围气象、水文灾害及全球生态环境异常。

6. 热红外遥感在农业方面的应用

(1)计算土壤含水量

从理论上分析地表土壤日温差、热惯量和土壤含水量三者的关系，探讨由地表土壤日温差推求热惯量、再由热惯量推求土壤含水量方法，建立土壤含水量的计算模型。实践证明，热红外探测仪所探测到的辐射能量主要由地物温度和辐射率决定，而地物温度和辐射率主要与地物中的水分有关。因此，通过观测地表温度的变化，可以估测其土壤含水量。土壤含水量是农业上一个重要的指标，直接影响到作物的生长发育及日后的产量问题。

(2)农作物积温地调查

种植不同品种的农作物需要不同的积温条件。如果地块的积温达不到要求，则不适合种植，否则可能种而无收。卫星遥感热红外波段能快速获取大面积地表物体的热辐射能量，并以温度图像形式表示出来，这为了解不同地块温度差异提供了可能。应用热红外遥感技术，可节省大量的人力物力，而且还有直观、形象，不受交通条件制约等优点。

此外，利用热红外遥感技术用途广泛，还可以监测海洋洋流的运动、冰川运动、森林火灾、地质构造分析等方面。

6.2　热红外遥感定量反演

目前通过遥感手段获取的地表温度产品为像元尺度上的地表平均温度。根据地表温度反演时所使用的热红外波段数目的不同，可将遥感热红外地表温度反演算法分为单窗算法、劈窗算法和多波段算法等。

6.2.1　热红外遥感单窗反演

假设地物是朗伯体，忽略大气程辐射部分的影响，热红外传感器所接收到的辐射亮度可以表示为

$$L_i=[\varepsilon_i B_i(T_i)+(1-\varepsilon_i)L_{d,i}]\tau_i+L_{u,i} \tag{6-15}$$

式中　L_i——传感器接收的辐射亮度值；

$L_{d,i}$，$L_{u,i}$——大气下行辐射和上行辐射；

$B_i(T_i)$——地表物理温度 T_i 时的普朗克黑体辐射亮度；

ε_i——地表发射率；

τ_i——大气透过率。

从上式可知，求解温度 T_i 需要同时已知 ε_i、$L_{d,i}$、$L_{u,i}$ 和 τ_i 等参数。如果能够获取卫星过境同一时间段的大气温度、湿度廓线就能估算出辐射传输方程中的大气上行辐射、下行辐射和大气透过率等参数，然后利用大气辐射传输方程求得 $B_i(T_i)$，再使用普朗克函数进行反算，从而得到地表温度。但现实中对于同步时相的大气参数获取相当困难，而单窗算法和普适性的单窗算法恰好解决了大气温湿度廓线较难获取的难题。

单窗算法是针对 TM 数据的温度反演算法。采用中值定理，使用平均作用温度来拟合替换上行辐射和下行辐射量。其假定条件为常温环境下向上的平均作用温度等于向下的平均作用温度，此时可以对普朗克函数作近似线性表达，从而得出温度 T_s，即

$$\begin{aligned} T_s&=\{a(1-C-D)+[b(1-C-D)+C+D]T_6-DT_a\}/C \\ C&=\varepsilon_6\tau_6 \\ D&=(1-\tau_6)[1+\tau_6(1-\varepsilon_6)] \end{aligned} \tag{6-16}$$

式中　a——常数，$a=-67.355\ 351$；

b——常数，$b=0.458\ 606$；

ε_6，τ_6——TM 热红外波段的地表发射率和大气透过率；

T_s——地表温度，K；

T_6——TM6 的像元亮度温度，K；

T_a——大气平均作用温度，K，可以使用同时相的气象数据进行拟合。

普适性的单窗算法是面向任何一种单波段热红外数据而言的温度反演算法。其表达式为

$$T_s=\gamma\left\{\frac{1}{\varepsilon}\left[\varphi_1 L_\lambda^{\text{at-sensor}}+\varphi_2\right]+\varphi_3\right\}+\delta \tag{6-17}$$

$$\gamma=\left\{\frac{c_2 B_\lambda(T_0)}{T_0^2}\left[\frac{\lambda^4}{c_1}B_\lambda(T_0)+\lambda^{-1}\right]\right\}^{-1} \tag{6-18}$$

$$\delta=-\gamma B_\lambda(T_0)+1 \tag{6-19}$$

$$\varphi_1=0.147\,14W^2-0.155\,83W+1.123\,4 \tag{6-20}$$

$$\varphi_2=-1.183\,6W^2-0.376\,07W-0.528\,94 \tag{6-21}$$

$$\varphi_3=-0.045\,54W^2+1.871\,9W-0.390\,71 \tag{6-22}$$

式中 $L_\lambda^{\text{at-sensor}}$——传感器接收的能量，W/(m² · μm · sr)；

$\varphi_1,\varphi_2,\varphi_3$——常数项；

W——辐射亮度；

c_1,c_2——普朗克(Planck)函数的常量，$c_1=1.191\,04\times10^8$ W/(m² · μm^{-4} · sr)，$c_2=1.438\,77\times10^4$ μm · K；

γ,δ——中间变量；

$B_\lambda(T_0)$——平均作用温度 T_0 时的普朗克黑体辐射亮度，W/(m² · μm · sr)；

λ——波长，μm；

T_0——平均作用温度，K。

6.2.2 热红外遥感分裂窗反演

分裂窗反演算法利用 10.5～12.5 μm 波谱范围内两个热红外波段的波谱大气吸收特性，通过两个波段的组合形式来消除大气的影响。最初的分裂窗算法面向海洋表面温度的估算而提出。假设：

(1)海水为黑体，发射率为 1；

(2)大气窗口内热红外波段的大气对波谱的吸收能力较弱，吸收系数为恒定值；

(3)普朗克函数可使用中心波长处的一阶泰勒公式进行近似展开表达。

典型的分裂窗的表达形式为

$$T_s=a_0+a_1T_i+a_2T_j \tag{6-23}$$

式中 a_0,a_1,a_2——系数；

T_i,T_j——热红外波段。

相比海洋表面，陆地表面具有复杂的地表覆盖类型和起伏，且地物间发射率具有较大的差异，导致地表的发射率不能近似为黑体，因此需要地表发射率参与运算。对于 AVHRR 数据的陆表分裂窗形式为

$$T_s=\left[T_4+3.33(T_4-T_5)T_j\right]\left(\frac{3.5+\varepsilon_4}{4.5}\right)+0.75T_5(\varepsilon_4-\varepsilon_5) \tag{6-24}$$

式中　T_4，T_5——AVHRR 的第 4、5 波段；

ε_4，ε_5——4、5 波段地表发射率。

针对 MODIS、AVHRR 等不同的热红外数据源，分裂窗算法具有各自的权重组合表达式。总体上分裂窗算法需要两个不同的热红外波段和对应波段的地表发射率参与运算。

6.2.3　热红外遥感多波段反演

对于具有多个波段的热红外传感器数据如 MODIS、ASTER、AVHRR 等，可以使用多个热红外波段同时解算地表温度和发射率。比较典型的有 MODIS 昼/夜算法。利用传感器白天和晚上两次接收到的数据同时解算地表温度和发射率，其算法的假设如下：

(1)白天和晚上的地表发射率相同，假设地物为朗伯体；

(2)中红外波段的二向反射比因子相同；

(3)利用 MODIS 探空波段和对应的算法能够对大气温度、湿度廓线进行估算。

根据 MODIS 7 个热红外波段的昼夜两次观测数据，构建 14 个方程，同时求解 14 个地表或大气参数(昼/夜地表温度、7 个波段的地表发射率、白天的大气底部温度和水汽含量、夜晚的大气底部温度和水汽含量、二向反射比因子)。从理论上 14 个方程求解 14 个参数，具有唯一解，但在实际的反演过程中具有很多不确定因素会影响算法的精度。总体而言，MODIS 昼夜地表温度反演算法是一种较为成熟有效的算法，其地表温度的反演精度可以达到 1 ℃左右，其温度产品被广泛地应用到各项研究中。

6.3　热红外遥感应用方法

6.3.1　热红外遥感昼夜地表温度反演

地球表层接受的热量 99.8%来源于太阳辐射，因此地表接受太阳辐射的多少与区域地表温度分布具有显著相关性。地表温度是区域接受能量、地表覆盖类型(实质上是地表发射率的不同)、地形、气压等众多因素共同作用的结果。同时，区域太阳辐射能量分布与地形、气压和大气透过率等因素也具有很强的相关性。地表背景环境温度是区域内理想条件下，只考虑地形和地表覆盖类型影响下的地表温度分布，可以通过区域太阳辐射量分布模拟和地表发射率的估算进行构建，对区域气候和地表温度异常信息提取等研究具有重要意义。

地表接受太阳辐射能量的影响因素包括辐射的几何因素、区域地形因素和大气条件的影响。其中，辐射的几何因素是指区域接受太阳辐射能量受纬度和季节更迭的影响；地形因素是指区域的坡度、坡向和起伏度等对太阳直射和环境反射的影响；大气条件是指大气中水汽含量、气溶胶颗粒等对大气透过率的影响。太阳辐射总量包括直接辐射、散射辐射和区域地形环境引起的反射辐射，在晴空的环境下地表接收的太阳辐射量受三者共同作用。总之太阳总辐射量的计算应考虑几何因素、地形因素和大气环境因素对直接辐射、散射和反射辐射的作用机制。

以某山区铁路为例，对沿线昼间高地温热红外遥感反演研究，是在对国内外现有太阳辐射模型研究改进的基础上，利用区域 30 m 空间分辨率数字高程产品，采用 GIS 平台进行建模，完成了对区域太阳总辐射的分布模拟，结合地表发射率数据完成了地表环境温度的估算。

1. 热红外遥感数据源的选择

ASTER 是搭载在 Terra 卫星上的星载热量散发和反辐射仪，于 1999 年 12 月 18 日发射升空，设计寿命 5 a。ASTER 影像的第 1 至第 3 波段位于可见光/近红外部分，空间分辨率为 15 m，主要可用于一般的解译工作、地形测图、获取植被覆盖信息；第 4 至第 9 波段位于短波红外部分，空间分辨率为 30 m，可用于地质岩性填图研究；第 10 至第 14 波段位于热红外部分，地面分辨率为 90 m，可用于地温分布情况监测、林火调查等领域。ASTER 部分波段及其参数见表 6-1。

表 6-1　ASTER 部分波段及其参数

波　段	波长范围/nm	空间分辨率/m
Band 1	520～600	15
Band 2	630～690	
Band 3N	760～860	
Band 3B(立体后视波段)	760～860	
Band 4	1 600～1 700	30
Band 5	2 145～2 185	
Band 6	2 185～2 225	
Band 7	2 235～2 285	
Band 8	2 295～2 365	
Band 9	2 360～2 430	
Band 10	8 125～8 475	90
Band 11	8 475～8 825	
Band 12	8 925～9 275	
Band 13	10 250～10 950	
Band 14	10 950～11 650	

Landsat 1～8 是美国国家航空航天局(NASA)发射和运营的一系列卫星，Landsat 1～8 运行时间见表 6-2。

表 6-2　Landsat 1～8 运行时间

热红外传感器	发射时间	退役时间	备　注
Landsat 1	1972 年 7 月 23 日	1978 年 1 月 6 日	—
Landsat 2	1975 年 1 月 22 日	1983 年 7 月 27 日	—
Landsat 3	1978 年 3 月 5 日	1983 年 9 月 7 日	—
Landsat 4	1982 年 7 月 16 日	1993 年 12 月 14 日	—
Landsat 5	1984 年 3 月 1 日	2012 年 12 月 21 日	—
Landsat 6	—	—	发射失败
Landsat 7	1999 年 4 月 15 日	在轨运行	数据存在条带问题
Landsat 8	2013 年 2 月 11 日	在轨运行	—

Landsat 卫星上所装备的仪器已获得数以百万计的珍贵图像，这些图像被储存在美国和全球各地的接收站中，这一独特资源用于全球变化的相关研究，并应用在农业、制图、林业、区域规划、监控和教育等领域中，Landsat TM、Landsat ETM＋、Landsat OLI/TIRS 传感器参数见表 6-3～表 6-5。

表 6-3　Landsat TM 传感器参数

波　段	波长范围/μm	空间分辨率/m
Band 1	0.45～0.52	30
Band 2	0.52～0.60	30
Band 3	0.63～0.69	30
Band 4	0.76～0.90	30
Band 5	1.55～1.75	30
Band 6	10.40～12.50	＞120
Band 7	2.08～2.35	30

表 6-4　Landsat ETM＋传感器参数

波　段	波长范围/μm	空间分辨率/m
Band 1	0.450～0.515	30
Band 2	0.525～0.605	30
Band 3	0.630～0.690	30
Band 4	0.775～0.900	30
Band 5	1.550～1.750	30
Band 6	10.40～12.50	60
Band 7	2.090～2.350	30
Band 8	0.520～0.900	15

表 6-5　陆地卫星陆地成像仪/热红外传感器参数

波　段	波长范围/μm	空间分辨率/m
Band 1	0.433～0.453	30
Band 2	0.450～0.515	30
Band 3	0.525～0.600	30
Band 4	0.630～0.680	30
Band 5	0.845～0.885	30
Band 6	1.560～1.660	30
Band 7	2.100～2.300	30
Band 8	0.500～0.680	15
Band 9	1.360～1.390	30
Band 10	10.6～11.2	100
Band 11	11.5～12.5	100

根据不同数据源各波段特征，在 TM、ETM＋、TIRS、ASTER 中选取数据作为本次反演数据。

2. 复杂地形下太阳辐射分布模拟

(1)太阳辐射总量估算

估算地表任意一点的太阳辐射总量所需要的参数为太阳高度角、方位角、纬度、日照时长、地球大气顶层外太空接受太阳辐射强度。下面对各个参数的定义和计算展开阐述。

①太阳高度角和方位角：太阳高度角 α 为垂直地表的平面上太阳直射光线与地表水平面的夹角，方位角 α_s 为太阳直射光线在水平面上的投影与区域子午线的夹角。定义子午线正北为 0°，顺时针方向旋转，度数依次增加。太阳高度角和方位角由地理纬度 L、时角 h_s 和赤纬 δ 共同决定。

$$\sin\alpha=\sin L\sin\delta+\cos L\cos\delta\cos h_s \tag{6-25}$$

$$\sin a_s=\cos\delta\sin h_s/\cos\alpha \tag{6-26}$$

②赤纬与时角：赤纬是指以赤道平面和太阳—太阳直射点连线的夹角，当直射点位于赤道以北为正，赤道以南为负，其区间范围为－23.43～＋23.43。其计算公式为

$$\delta=23.43\times\sin[360°(284+N)/365] \tag{6-27}$$

式中　N——日序，即一年中第一天 N 为 1，最后一天为 365。

时角 h_s 为一天 24 h 的运动情况，以地方太阳正午(12 时)为原点，其值上午为负值，下午为正值，每小时为 15°。

$$h_s=15°\times(h-12) \tag{6-28}$$

③日照时长：日照时长为日落时间与日出时间之间的时间跨越值。日出时间 h_{sr} 和日落时间 h_{ss} 可以表示为太阳高度角为零时的时刻。因此存在以下关系：

$$\sin \alpha = \sin L \sin \delta + \cos L \cos \delta \cos h_s = 0 \tag{6-29}$$

$$h_s = \arccos(-\tan L \tan \delta) \tag{6-30}$$

$$h_{ss} = -h_{sr} \tag{6-31}$$

④大气顶层垂直入射太阳辐射强度:考虑到一年中因季节更替,日地间距离的变化对大气顶部垂直辐射的变化可以用式(6-32)描述。

$$I_0 = S_0\left[1 + 0.344\cos\left(360° \cdot \frac{N}{365}\right)\right] \tag{6-32}$$

式中 S_0——太阳常数,$S_0 = 1\ 367\ \mathrm{W/m^2}$,是地球大气顶层接受的太阳辐射的辐射通量密度值。

(2)太阳直接辐射估算

对于太阳直接辐射的估算,晴空的条件下地表接收的太阳直接辐射占太阳总辐射量的70%。太阳直接辐射受大气顶部太阳辐射通量密度、大气透过率、太阳入射角度和地形等因素的共同作用。

①地形对直接辐射的影响

地形对太阳直接辐射的影响主要体现在以下两个方面:

a. 不同坡度、坡向对太阳入射角度的影响;

b. 地形起伏所产生的阴影遮蔽。

太阳入射角 i 可以用式(6-33)表述。

$$\begin{aligned}\cos i = {} & \sin \delta(\sin L \cos \beta - \cos L \sin \beta \cos \alpha_w) + \\ & \cos \delta \cos h_s(\cos L \cos \beta + \sin L \sin \beta \cos \alpha_w) + \cos \delta \sin \beta \sin \alpha_w \sin h_s\end{aligned} \tag{6-33}$$

式中 $L,\delta,\beta,\alpha_w,h_s$——纬度、赤纬、坡度、坡向、时角。

在复杂地形下尤其是高山区域必须考虑地形遮挡对太阳直射带来的影响,即需要计算出阴影区域。

计算原理是在太阳的方位角方向上太阳高度角 α 是否大于从地表一点到水平面的连线与水平面夹角 γ,若高度角 α 大于 γ 则不存在遮蔽现象,反之则存在遮蔽现象。描述地形的遮蔽情况使用地形遮蔽函数 $G(h,\alpha)$ 来表达,其中 h 为数字高程矩阵,使用 ArcGIS 山体阴影工具可以逐像元进行地形遮蔽情况计算。

②晴空环境下大气透过率计算

太阳辐射经过大气到达地表能量由辐射光程和大气透过率共同决定。大气光程使用大气光学相对路径(M)衡量。大气密度由每个点位处的海拔高度 h 和大气压力 P 决定。

$$M_h = M_0 \cdot P_h / P_0 \tag{6-34}$$

式中 M_h——海拔高程 h 处的大气光学路径;

M_0——海平面的大气光学路径;

P_h/P_0——大气修正函数。

海平面上的大气光学路径由式(6-37)经验公式进行估算：

$$M_0=\left[1\ 229+(614\sin\alpha)^2\right]^{1/2}-614\sin\alpha \tag{6-35}$$

P_h/P_0 为大气修正系数，其由式(6-38)经验公式估算：

$$\frac{P_h}{P_0}=\left(\frac{288-0.006\ 5\times h}{288}\right)^{5\ 256} \tag{6-36}$$

太阳辐射在大气中传输要受到瑞利散射、米氏散射和无选择性散射，同时也要受到水汽和臭氧等物质对特定光谱段的吸收。因此，大气透过率不仅与某点的大气光程有关，还与当地的大气的组成状况有关。充分考虑以上因素，前人提出了如下晴空条件下大气透过率 τ_b 的经验公式：

$$\tau_b=0.56\left(e^{-0.56M_h}+e^{-0.095M_h}\right) \tag{6-37}$$

③直接辐射的估算

直接辐射 I_s 在考虑到大气衰减的情况下，其辐射值为大气顶部辐射值与大气透过率以及地形遮蔽函数的乘积，即

$$I_s=I_0\times\tau_b\times G(h,\alpha) \tag{6-38}$$

考虑到不同地形下入射角度的不同，直接辐射为

$$I_s=I_0\times\tau_b\times G(h,\alpha)\times\cos i \tag{6-39}$$

式中 I_0——大气顶部的垂直辐射强度；

τ_b——大气透过率；

i——太阳入射角。

对于太阳散射辐射和反射辐射的估算，在晴空环境下太阳辐射的散射辐射属于均匀散射，散射辐射可使用直接辐射进行线性拟合近似表达。直接辐射的透过率与散射辐射的透过率成反比，即直接透射率越高散射透过率越小，其定量关系可以用如下经验公式来表达：

$$\tau_d=0.271-0.294\tau_b \tag{6-40}$$

式中 τ_d——散射辐射透过率；

τ_b——直接辐射的透过率。

由此可以得出不同坡度下的散射辐射为

$$I_d=I_0\tau_d\cos^2\beta/2\sin\alpha \tag{6-41}$$

式中 β——坡度；

α——坡向。

根据前人的研究，太阳全波长辐射中，直接辐射与反射辐射的透过率同样存在经验关系，即

$$\tau_r=0.271+0.706\tau_b \tag{6-42}$$

反射辐射除了与坡度、坡向和反射透过率有关，同时也与地表反射率有关，即

$$I_r = I_0 r\tau_r \sin^2\beta / 2\sin\alpha \tag{6-43}$$

式中　r——地表反射率；

τ_r——反射辐射透过率。

研究中使用基于 NDVI 的植被覆盖度法来估算地表发射率 ε，进而估算地表反射率 r。

$$r = 1 - \varepsilon \tag{6-44}$$

对于日太阳总辐射量的估算，特定日序时刻下地表某一点位的太阳辐射总量 I_t 为直接辐射、散射辐射和反射辐射的和，即

$$I_t = I_s + I_d + I_r \tag{6-45}$$

某一太阳日的辐射总量 I，为 I_t 在这日光照时间区间的积分。

$$I = \int_0^t I_t \mathrm{d}t \tag{6-46}$$

为了简化计算，选定多个时间区间内中间时刻的太阳总辐射量 I_t 作为均值，用均值乘以光照时长并进行累加，进而估算出日太阳总辐射量。

3. 背景环境温度的估算

关于太阳辐射能量分布与地表背景环境温度的转化，魏胜龙等人在模拟太阳总辐射的时空分布，以及对地表温度和太阳辐射之间的关系进行过分析，研究表明地表温度与太阳辐射具有显著的相关关系。地球上所有物体都可以通过辐射进行能量交换，不考虑其他能量交换形式的影响，物体自身能量的变化由物体吸收能量与发射能量的共同控制。某一时间段内地表能量处于一个相对平衡的状态，地表在接受太阳辐射的同时也在向外辐射能量。根据这种平衡关系，利用玻尔兹曼定律建立地表温度与地表接受太阳辐射能量之间的关系，地表接收的太阳辐射强度 I 与地表温度 T_b 的 4 次方和地表发射率 ε 的乘积成正比。

$$I = M = \sigma\varepsilon T_b^4 \tag{6-47}$$

$$T_b = \sqrt[4]{I/\sigma\varepsilon} \tag{6-48}$$

式中　σ——常数，5. 670 400 4×10^{-8} W/(m^2 · K^4)；

ε——地表发射率，W/m^2；

T_b——地表温度，K。

因此，可以使用地表接收的太阳辐射量来估算地表背景环境温度，从而模拟区域温度场的分布情况。海拔高程也是影响地表温度分布的一个关键因素，海拔的升高或降低，对地表温度会产生较大的影响，因此采用数字高程模型对地表环境背景温度进行修正。选取 200 个样本点，分别获取点位处遥感热红外地表温度反演数据和高程数据值，并对二者进行回归分析。根据分析结果可知区域地表温度与高程具有显著的相关关系，高程每升高 1 000 m 气温下降 4 ℃。地表温度高程回归分析如图 6-1 所示。根据此数据对地表环境温度进行高程校正。

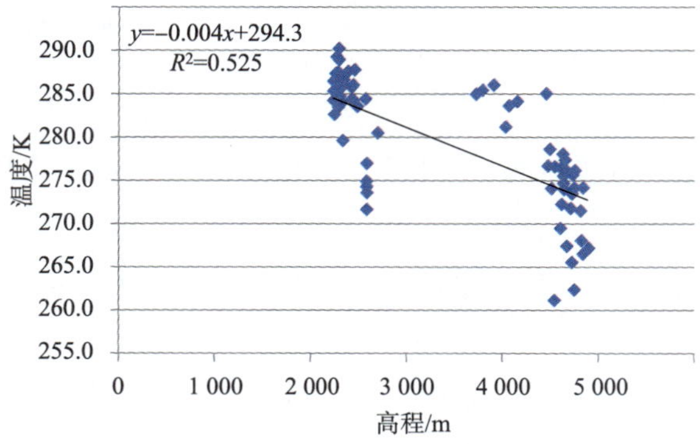

图 6-1　地表温度高程回归分析

$$T_{bc}=T_b-(h-h_{min})\times 0.004 \tag{6-49}$$

式中　h——每个象元的高程信息，m；

h_{min}——区域高程值的最小值，m。

ArcGIS 是优秀地理信息平台软件，其可以对空间数据进行快速地处理、分析和建模等。研究基于 ArcGIS 平台，使用 Python 语言进行脚本插件开发，并利用模型构建器对脚本进行集成，完成背景环境温度模型的构建。使用 30 m 空间分辨率 ASTER DEM 数据进行复杂地形下地表环境温度的估算。

(1)模型数据流程的设计构建

模型输入的基础数据为 WGS-84 地理坐标系下的 DEM 栅格数据集和模型估算日期等参数信息。利用 DEM 数据进行坡度、坡向、山体阴影的生成。利用估算时间进行日序、时角的计算结合纬度参数进行太阳高度角、方位角、赤纬和大气顶层垂直辐射量的估算。利用坡度、坡向、赤纬、纬度参数进行太阳入射角的计算。利用 DEM 高程、太阳高度角信息进行大气透过率的估算。利用大气顶层垂直辐射、山体阴影、太阳入射角、大气透过率进行直接辐射的估算。根据大气顶层垂直辐射、坡度、太阳高度角、大气散射透过率进行散射辐射的估算。根据大气顶部垂直辐射、太阳高度角、大气反射透过率、坡向进行反射辐射的量的估算。对直接辐射、散射辐射和反射辐射进行累加得到太阳总辐射量，进而对地表环境温度 T_b 进行估算。并利用高程进行校正得到校正后的背景环境温度 T_{bc}。背景环境温度模型流程如图 6-2 所示。

(2)基于 Python 语言数据处理脚本插件

对于模型中需要的太阳高度角、方位角、赤纬、纬度、时角、大气顶层垂直辐射量、大气透过率、太阳入射角、太阳直接辐射、散射辐射和反射辐射等模型参数或模型过程变量采用 Python 语言编写成相应的脚本，使用脚本进行相应参数或模型过程变量的自动计算。太阳高度角方位角计算脚本如图 6-3 所示。使用 ArcGIS 自定义工具箱进行脚本界面的设计搭建。可采用界面化人机交互方式或模型构建器自动赋值连接方式，进行脚本图层数据和参数数据的获取，脚本文件接收数据及参数并进行相应的数据处理与输出。

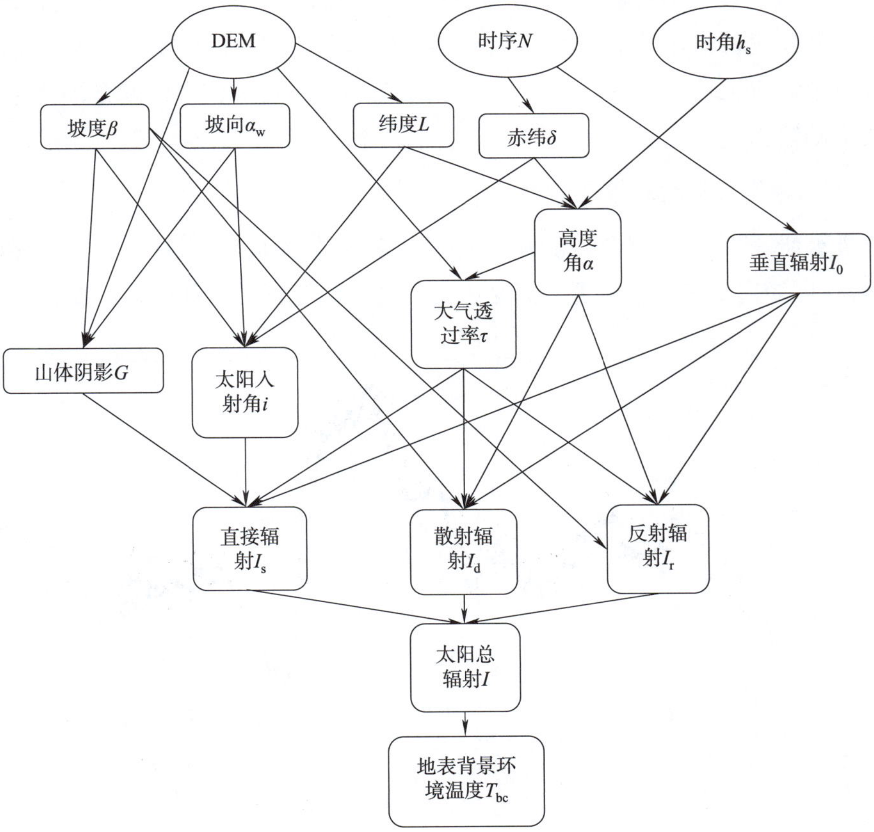

图 6-2　背景环境温度模型流程

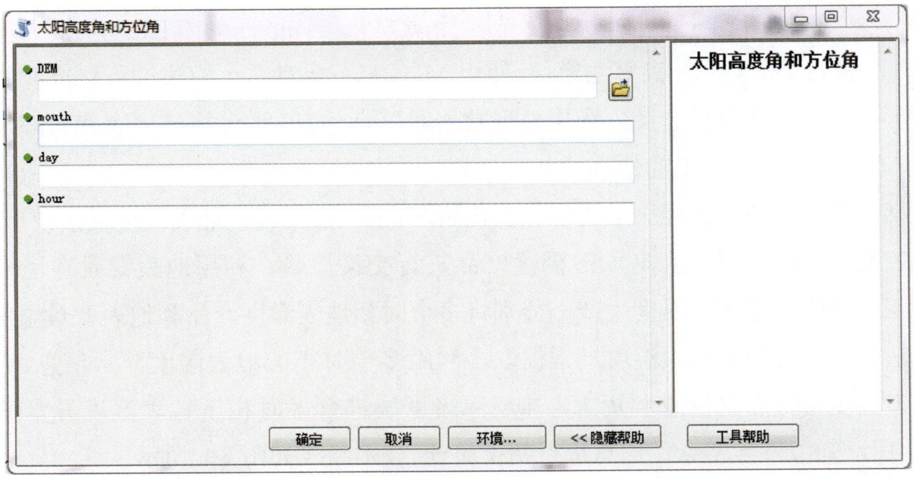

图 6-3　太阳高度角方位角计算脚本

(3)基于 ArcGIS 模型构建器的地表背景环境温度模型实现

使用 ArcGIS 模型构建器调用坡度、坡向、山体阴影和自定义开发的数据处理脚本插件进行模型的构建。首先在模型编辑器中进行各个工具及其脚本的数据连接，即将相应工具的输出项赋予对应工具的输入项，然后对模型的初始数据及参数进行填充，最后执行模型的运算与结果的输出。

4. 昼间高地温异常信息提取

通过既有研究表明地表温度场与断裂构造具有显著关系，区域特征稳定，等分带内距断裂带越远，在区域内地表温度越低。断裂构造与地表温度的关系如图 6-4 所示。

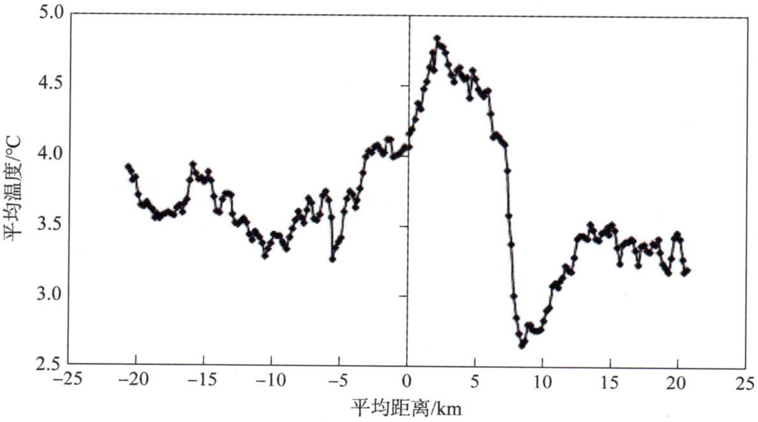

图 6-4　断裂构造与地表温度的关系

在对热红外遥感基本理论和地表温度反演算法相关研究资料整理和分析的基础上，根据相关研究现状进行遥感热红外地表温度反演系统需求分析和系统设计。将系统的功能模块主要分为 TM、ETM＋单波段地表温度反演模块，Landsat 8 TIRS 劈窗反演模块和 ASTER 地表温度发射率分离算法模块，使用 Matlab 平台对三个模块进行集成并搭建可视化操作界面构建温度反演系统。利用地形数据通过 ArcGIS 平台构建地表背景环境温度模型，进行地表背景环境温度的估算。

以某山区铁路线路途径区域为研究区使用 ETM＋数据建立地表温度反演模型，进行多时相地表温度反演，并利用 MODIS 温度产品进行交叉检验。利用地表背景环境模型进行对应时相的地表背景环境温度生产。分别将多个时相地表温度产品和地表背景温度产品利用差值法进行单时相下地表温度异常提取。利用多个时相的地表温度异常信息，通过多个已知地表温度异常点位信息利用 BP 神经网络算法进行多时相下地表温度异常信息的提取，并利用已知温度异常点位信息进行精度验证，技术路线如图 6-5 所示。

研究所使用的数据包括不同传感器获取的具有不同分辨率的遥感热红外影像，遥感热红外数据参数见表 6-6；数字高程数据为 ASTER GDEM2，空间分辨率 30 m。

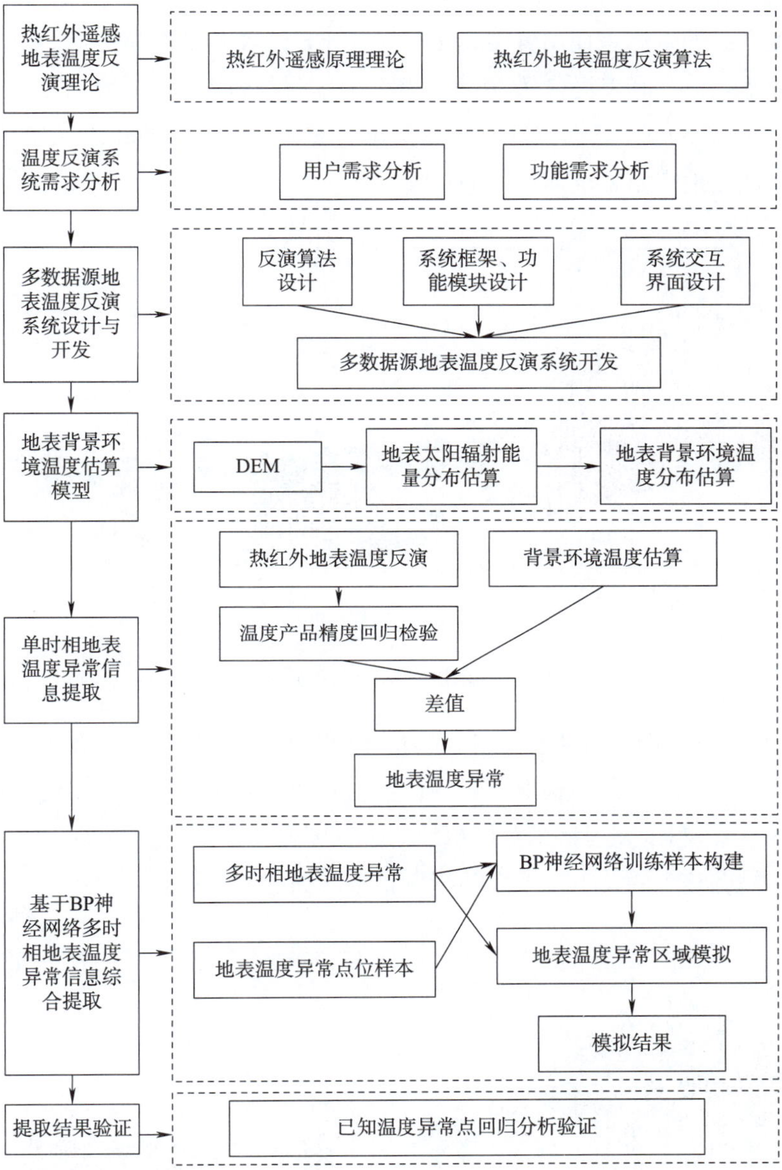

图 6-5　技术路线

表 6-6　遥感热红外数据参数

传感器名称	波段	波长范围/μm	空间分辨率/m
ETM+	6	10.4～12.5	60
Landsat 8 TIRS	10	10.6～11.2	100
Landsat 8 TIRS	11	11.5～12.5	100

(1)地表温度热红外遥感反演:采用单波段辐射传输方程算法,利用 TM、ETM+数据进行地表温度产品的生产。使用劈窗算法进行 TIRS 地表温度产品生产。对于 ASTER 多波段热红外数据,采用地表温度发射率分离算法进行相应地表温度产品生产。对 TM、ETM+、TIRS 和 ASTER 数据温度反演算法进行整合,基于 Matlab 平台进行系统集成与开发。某山区铁路地表温度反演如图 6-6 所示。

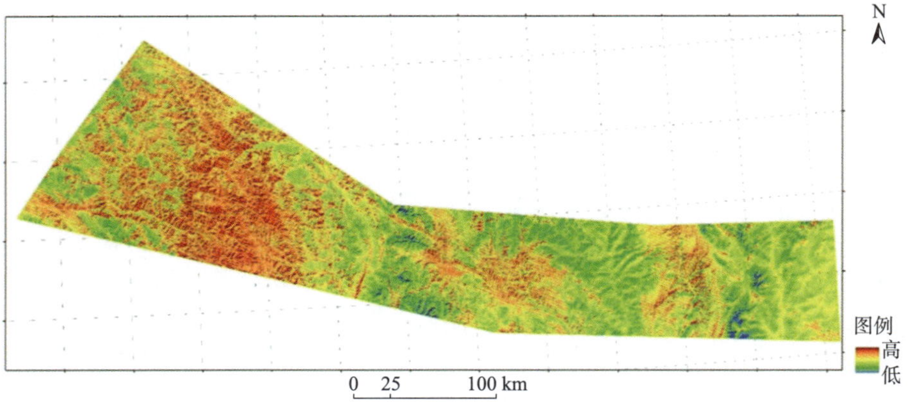

图 6-6 某山区铁路地表温度反演

(2)区域地表环境背景温度模拟:利用估算时相、数字高程等数据通过太阳辐射传输模型进行一定时间段内地表太阳辐射总量的估算。利用玻尔兹曼定律建立地表温度与太阳辐射总量之间的关系,利用高程信息对模拟的地表温度进行校正,进而完成对区域地表环境背景温度(地表平均温度)的模拟。地表环境背景温度如图 6-7 所示。

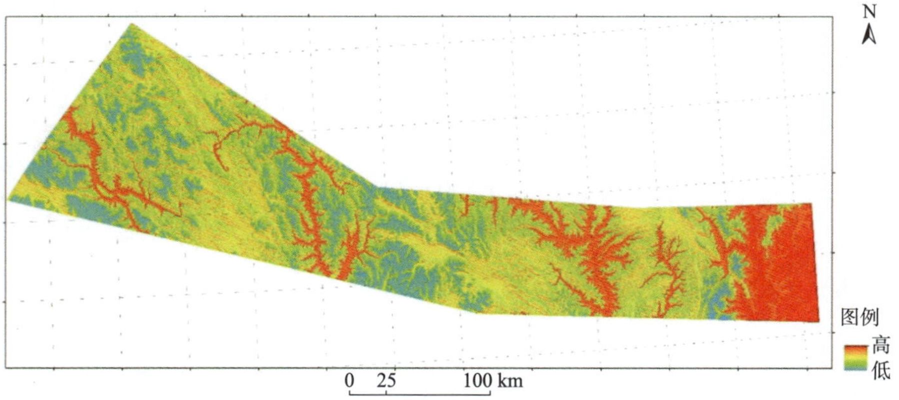

图 6-7 地表环境背景温度

(3)地表温度异常信息提取:利用遥感热红外地表温度反演系统进行多时相地表温度产品的生产。通过地表背景环境温度模型进行季相、年相地表背景环境温度的估算,采用差值法进行单时相下地表温度异常提取。以季相、年相地表温度异常数据为自变量,使用样本数据采用 BP 神经网络算法进行地表温度异常信息综合提取，达到异常信息增强，伪异常信息抑制的效果。地表温度异常分布如图 6-8 所示。

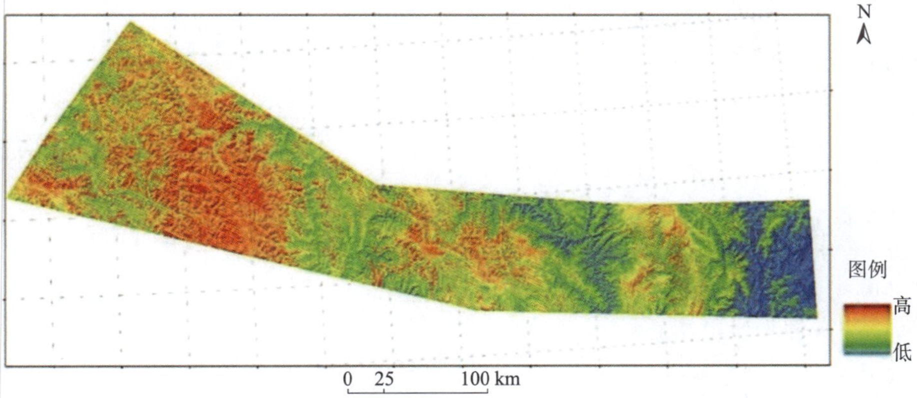

图 6-8 地表温度异常分布

(4)精度验证：以已知点位为中心建立半径为 60 m 的缓冲区，并利用缓冲区对模拟的温度异常信息进行分区统计，获取每个缓冲区内的最大值、最小值与均值，绘制相应的曲线。通过曲线可知区域内最大值与地表异常点的实际温度变化趋势具有较好的一致性。样本区温度异常统计值如图 6-9 所示。利用样本点地表温度实测值与最大值、最小值和均值分别进行回归分析。通过回归分析，区域最大值、均值和最小值的判定系数 R^2 分别是 0.804 2、0.523 9 和 0.182 7，分析得出样本缓冲区域最大值与样本的地表实际温度值具有较好的拟合性。检验样本点温度异常统计值如图 6-10 所示。并将此规律推广到检验组，进行模拟效果检验。

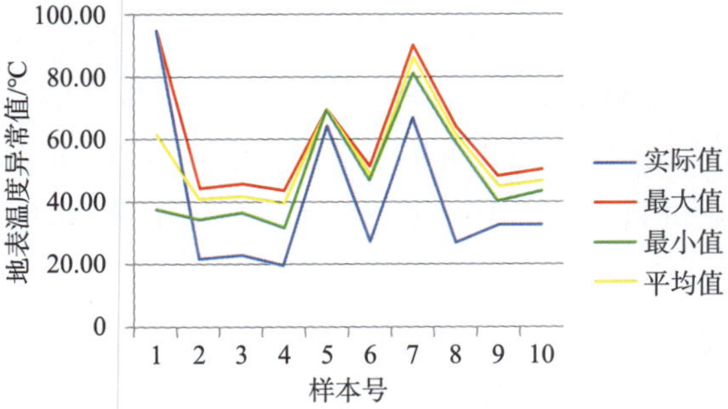

图 6-9 样本区温度异常统计值

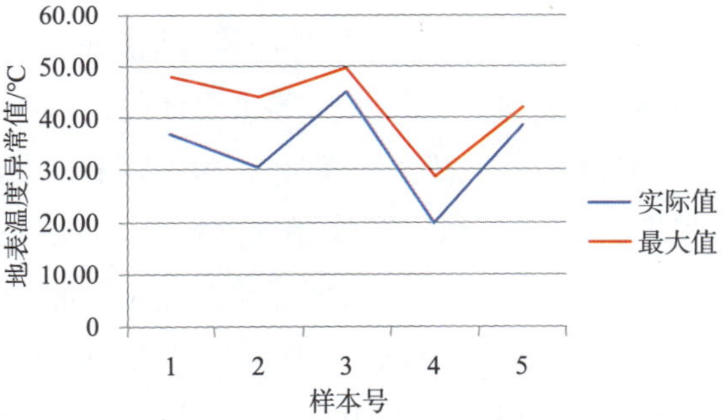

图 6-10 检验样本点温度异常统计值

利用 1、2、3、6 和 13 号样本点区域作为检验组，利用点位的真实地表温度数据和模拟结果点位缓冲区统计的最大值进行回归分析，得出其判定系数 R^2 为 0.805，从曲线的走势可以看出具有较好的相关性。采用该种验证方法对季相和年相数据进行分析时发现，同样满足这一结论。样本区回归检验分析如图 6-11 所示。综上所述，基于多时相的地表温度异常信息提取结果均具有较为理想的精度。

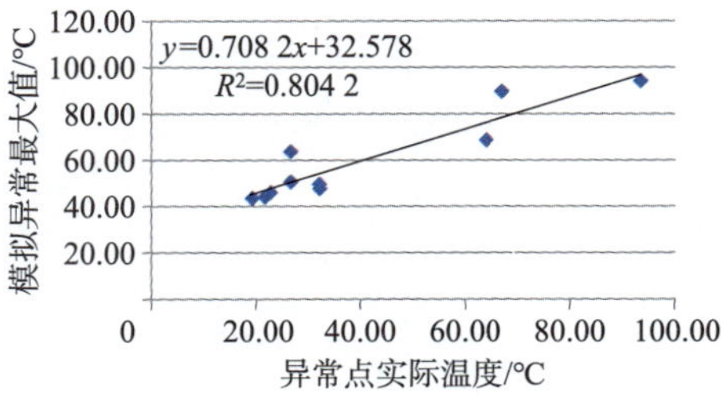

(a)样本区最大值回归拟合

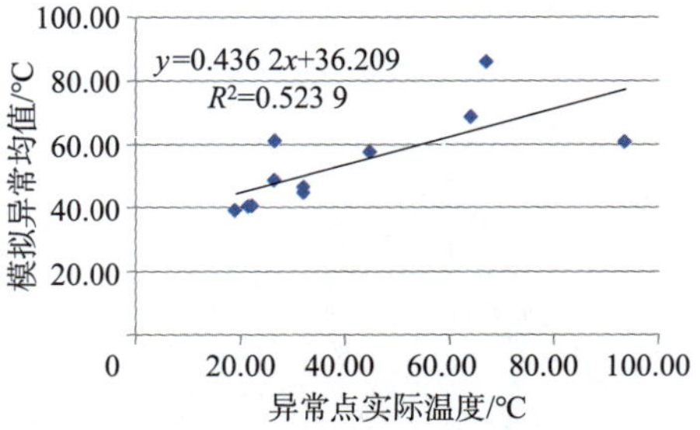

(b)样本区均值回归拟合

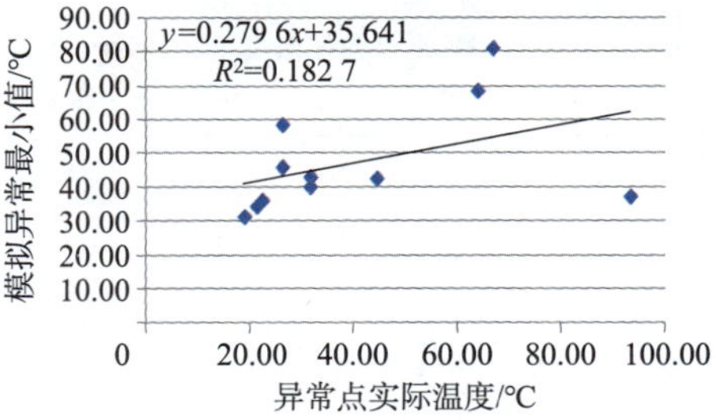

(c)样本区最小值回归拟合

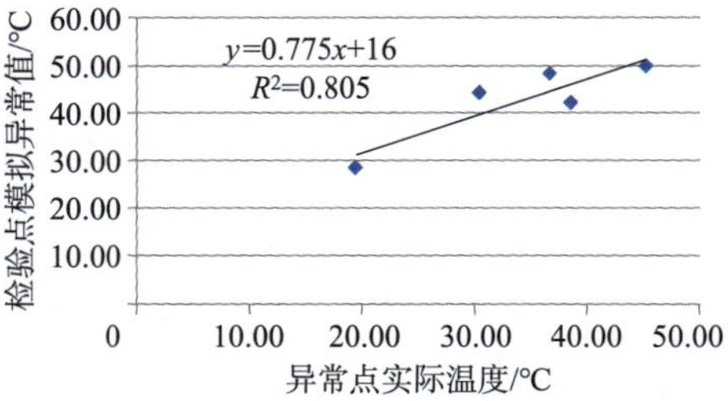

(d)样本区检验点回归拟合

图 6-11　样本区回归检验分析

5. 昼间高地温异常信息提取

在对铁路沿线夜间高地温热红外遥感反演中，主要做了如下工作：

(1)热红外遥感源的选择

MODIS 传感器于 1999 年搭载对地观测卫星升空，包含 36 个波段，其中波段 1～19 和波段 26 在可见光和近红外波段，其他波段在 3～15 μm 的热红外波段。MODIS 各波段分别是针对陆地、海洋、大气等来设计的。每 1～2 d 将提供地球上每一点的白天可见光和白天/夜间热红外图像。MODIS 为全球和区域的动态监测提供了丰富的数据源。与 NOAA 卫星 AVHRR 和 TM 遥感数据相比，MODIS 数据具有更高的光谱分辨率和时间分辨率，因而更适用于中大尺度的区域动态变化监测研究。

MODIS 技术参数见表 6-7。从表中的参数可以看出，MODIS 在若干热红外波段都有较高的校正精度。其中波段 26 可用于卷云探测，热红外波段 20、22、23、29 和 31～33 可用于大气削弱订正及反演地表比辐射率和温度反演。波段 2、5、16、18 和 19 可用于大气水汽含量监测。大气中的水汽含量对热辐射影响最大，由此可以通过建立大气水汽含量与透过率的关系来订正大气影响。位于中红外波段的多个波段将为精确订正太阳辐射效应提供机会，以便使太阳辐射可以作为 MODIS 数据反演地表比辐射率时的热红外源。MODIS 数据可以覆盖全球，具有较合适的探测精度以及较宽的动态范围，因而可以用来探测多种地表类型。因此 MODIS 数据有利于发展地表温度 LST 产品。

表 6-7 MODIS 技术参数

波段	波长范围/μm	光谱辐射率	信噪比	主要应用
1	0.62～0.67	21.8	128	陆地/云边界
2	0.841～0.876	24.7	201	
3	0.459～0.479	35.3	243	陆地/云性质
4	0.545～0.565	29.0	228	
5	0.123 0～0.125 0	5.4	74	
6	0.162 8～0.165 2	7.3	275	
7	0.210 5～0.215 5	1.0	110	
8	0.405～0.420	44.9	880	海洋彩色/叶绿色/生物化学
9	0.438～0.448	41.9	838	
10	0.483～0.493	32.1	802	
11	0.526～0.536	27.9	754	
12	0.546～0.556	21.0	750	
13	0.662～0.672	9.5	910	
14	0.673～0.683	8.7	1 087	
15	0.743～0.753	10.2	586	
16	0.862～0.877	6.2	516	
17	0.890～0.920	10.0	167	大气中的水汽
18	0.931～0.941	3.6	57	
19	0.915～0.965	15.0	250	
20	3.660～3.840	0.45	0.05	地面/云温度
21	3.929～3.989	2.38	2.00	
22	3.929～3.989	0.67	0.07	
23	4.020～4.080	0.79	0.07	
24	4.433～4.498	0.17	0.25	大气汽度
25	4.482～4.549	0.59	0.25	
26	1.360～1.390	6.00	150(SNR)	卷云水汽
27	6.535～6.895	1.16	0.25	
28	7.175～7.475	2.18	0.25	
29	8.400～8.700	9.58	0.25	
30	9.580～9.880	3.69	0.25	臭氧
31	10.780～11.280	9.55	0.05	地面/云温度
32	11.770～12.270	8.94	0.05	

续上表

波　　段	波长范围/μm	光谱辐射率	信噪比	主要应用
33	13.185～13.485	4.52	0.25	云顶高度
34	13.485～13.785	3.76	0.25	
35	13.785～14.085	3.11	0.25	
36	14.085～14.385	2.08	0.25	

根据 MODIS 各波段特征，选取 1、2、19、31、32 波段作为反演数据。MODIS 部分波段及其参数见表 6-8。研究区域位于理塘活动断裂带至金沙江沿岸，成像时间为 2017 年 3 月 28 日夜间。MODIS 热红外遥感反演研究范围如图 6-12 所示。

图 6-12　MODIS 热红外遥感反演研究范围(红框部分)

表 6-8　MODIS 部分波段及其参数

波　　段	光谱范围/μm	信噪比	主要用途	分辨率/m
1	0.62～0.67	128	陆地、云边界	250
2	0.841～0.876	201	陆地、云边界	250
19	0.915～0.965	250	大气水汽	1 000
31	10.78～11.28	0.05	地球表面和云顶温度	1 000
32	11.77～12.27	0.05		1 000

(2)基于 MODIS 数据的地温反演算法

McMillin 最早提出了劈窗算法，最先是用于海面温度的反演，这种方法是利用 2 个相邻的热红外窗口大气水汽吸收特性的差异，把海面温度表达成 2 个热红外窗口亮度温度的线性组合。Price最先把劈窗算法推广到陆面温度的反演，通过引入比辐射率改正项来减小因陆地表面比辐射率变化而引起的误差。Becker从理论上证明了用分裂窗技术反演地表温度的可行性，并且第一次从理论上给出了使用分裂窗技术时大气和比辐射率对地表温度反演的影响。Becker和Li根据热辐射传导的地方性特征，提出了著名的局地劈窗算法，已得到了较广泛的应用。Wan和Dozier在Becker和Li的研究基础上，提出了一种广义的地表温度反演劈窗算法。覃志豪等推导了劈窗算法，该算法仅需要两个因素来进行地表温度的演算，即大气透过率和地表比辐射率。在众多的劈窗算法中，覃志豪等提出的算法由于需要参数少、计算简单且精度较高，被认为是较好的算法之一。本文主要针对这一算法进行分析。

覃志豪等提出的针对MODIS数据反演地表温度的劈窗算法使用的公式如下：

$$T_s = A_0 + A_1 T_{31} - A_2 T_{32} \tag{6-50}$$

式中 T_s——地表温度，℃；

T_{31}, T_{32}——MODIS第31、32通道的亮温；

A_0, A_1, A_2——系数，分别定义如下：

$$A_0 = -64.603\,63 E_1 + 68.725\,75 E_2 \tag{6-51}$$

$$A_1 = 1 + A + 0.440\,817 E_1 \tag{6-52}$$

$$A_2 = A + 0.473\,453 E_2 \tag{6-53}$$

$$A = D_{31} / (D_{32} C_{31} - D_{31} C_{32}) \tag{6-54}$$

$$E_1 = D_{32}(1 - C_{31} - D_{31}) / (D_{32} C_{31} - D_{31} C_{32}) \tag{6-55}$$

$$E_2 = D_{31}(1 - C_{32} - D_{32}) / (D_{32} C_{31} - D_{31} C_{32}) \tag{6-56}$$

$$D_{31} = (1 - \tau_{31})[1 + (1 - \varepsilon_{31})\tau_{31}] \tag{6-57}$$

$$D_{32} = (1 - \tau_{32})[1 + (1 - \varepsilon_{32})\tau_{32}] \tag{6-58}$$

$$C_{31} = \varepsilon_{31} \tau_{31} \tag{6-59}$$

$$C_{32} = \varepsilon_{32} \tau_{32} \tag{6-60}$$

其中 $A, E_1, E_2, D_{31}, D_{32}, C_{31}, C_{32}$——中间变量，可迭代消除，

$\varepsilon_{31}, \varepsilon_{32}$——31、32波段的地表比辐射率，

τ_{31}, τ_{32}——31、32波段的大气透过率。

①亮度温度计算：亮度温度是指辐射出与观测物体相等辐射能量的黑体温度，可以根据普朗克(Planck)公式计算得到。MODIS第31和32波段的亮度温度 T_{31}、T_{32} 由式(6-61)计算。

$$T_i = \frac{C_2}{\lambda_i \ln\left(1 + \frac{C_1}{\lambda_i^5 R_i}\right)} \tag{6-61}$$

式中 T_i——MODIS第 i(i=31,32)波段的亮度温度；

λ_i——波段 i 的中心波长，针对MODIS的第31和32波段，其值可分别取 λ_{31} = 11.28 μm和 λ_{32} = 12.02 μm；

C_1,C_2——常量,$C_1=3.74\times10^{-16}$ W·m^2 和 $C_2=1.438\times10^4$ μm·K。

由于需要注意 C_1、R_i、λ_i的单位转化问题,为了便于计算,可将该式进行简化,设 $K_{i,2}=C_2/\lambda_i$,$K_{i,1}=C_1/\lambda_i^5$,则上式可转化为

$$T_i=\frac{K_{i,2}}{\ln\left(1+\frac{K_{i,1}}{R_i}\right)} \tag{6-62}$$

式中 $K_{i,1}$,$K_{i,2}$——常量:对于 31 波段,$K_{31,1}=729.541\ 636$,$K_{31,2}=1\ 304.413\ 871$;对于 32 波段,$K_{32,1}=474.684\ 780$,$K_{32,2}=1\ 196.978\ 785$;

R_i——MODIS 第 $i(i=31,32)$波段的热辐射强度;

$$R_i=\text{radiance\_scales}\times(\text{DN}_i-\text{radiance\_offset}) \tag{6-63}$$

其中 radiance_offset——截距,

radiance_scales——斜率。

以上均可以从 HDF 格式的 MODIS 图像的头文件中直接查出,DN 为遥感图像第 31 和 32 波段的实际保存数值。

②大气透过率的计算:大气透过率是地表辐射、反射透过大气到达传感器的能量与地表辐射能、反射能的比值,它与大气状况、高度等因素有关。对于热红外波段,最重要的大气变化是大气温度和水汽的变化。在天气稳定情况下,虽然影响大气透过率的因素比较多,但水汽含量是影响大气透射率的主要因素。根据 Kaufman 等的研究,对于 MODIS 图像中的任何一个像元,其可能的大气水分含量可用下式估计:

$$w=\left[\frac{\alpha-\ln\left(\frac{\rho_{19}}{\rho_2}\right)}{\beta}\right]^2 \tag{6-64}$$

式中 w——大气水分含量;

α,β——常量,取 $\alpha=0.02$,$\beta=0.651$;

ρ_{19},ρ_2——MODIS 第 19 和第 2 波段的地面反射率。

由于 MODIS 的扫描带比较宽,遥感视角和大气温度会对大气透过率有比较大的影响,因此还进行了大气透过率的遥感器视角校正函数和温度校正函数。根据高懋芳等人的 MODIS 第 31 和 32 波段的大气透过率估计方程(表 6-9)估算大气透过率 τ_{31}、τ_{32}。由于该估计方程是根据近地气温为 25 ℃进行拟合的结果,所以还要根据大气透过率的温度校正函数(表 6-10)进行温度订正。

表 6-9 MODIS 第 31 和 32 波段的大气透过率估计方程

水分含量/(g·cm^{-2})	大气透过率估计方程
夏季 0.4~2.0	$\tau_{31}=1.101\ 636-0.103\ 46\times w$
	$\tau_{32}=1.021\ 44-0.139\ 27\times w$

续上表

水分含量/(g·cm^{-2})	大气透过率估计方程
夏季 2.0～4.0	$\tau_{31}=1.11795-0.15536\times w$
	$\tau_{32}=1.09361-0.17980\times w$
夏季 4.0～5.4	$\tau_{31}=0.77313-0.07404\times w$
	$\tau_{32}=0.65166-0.09656\times w$
冬季 0.4～1.4	$\tau_{31}=1.101089-0.09656\times w$
	$\tau_{32}=0.97022-0.08057\times w$

表 6-10 大气透过率的温度校正函数

波　段	温度校正函数	温度区间
MODIS 31	$\delta\tau_{31}(T_{31})=0.08$	$T_{31}>318$ K
	$\delta\tau_{31}(T_{31})=-0.05+0.00325(T_{31}-278)$	$278<T_{31}<318$ K
	$\delta\tau_{31}(T_{31})=-0.05$	$T_{31}<278$ K
MODIS 32	$\delta\tau_{32}(T_{32})=0.095$	$T_{32}>318$ K
	$\delta\tau_{32}(T_{32})=-0.065+0.004(T_{32}-278)$	$278<T_{32}<318$ K
	$\delta\tau_{32}(T_{32})=-0.065$	$T_{32}<278$ K

注：T_{31}、T_{32}是第 31、32 波段的亮度温度。

③地表比辐射率的计算：地表比辐射率是物体与黑体在同温度、同波长下的辐射出射度的比值。在传感器的波段区间及像元大小确定情况下，地表比辐射率主要取决于地表物质的组成和结构。在 MODIS 1 km 的像元尺度下，像元可以粗略视作由水体、植被和裸土 3 种类型构成。MODIS 混合像元的地表比辐射率可表示为

$$\varepsilon_i=P_wR_w\varepsilon_{iw}+P_vR_v\varepsilon_{iv}+(1-P_w-P_v)R_s\varepsilon_{is}+\mathrm{d}\varepsilon \tag{6-65}$$

式中　ε_i——MODIS 图像第 $i(i=31、32)$波段的地表比辐射率；

$\varepsilon_{iw},\varepsilon_{iv},\varepsilon_{is}$——水体、植被、裸土的地表比辐射率，对 MODIS 第 31 波段($i=31$)分别为 0.992、0.984、0.973，对 MODIS 第 32 波段($i=32$)分别取 0.989、0.985、0.983；

R_w,R_v,R_s——温度比率，定义为 $R_i=(T_i/T)^4$，这里 i 分别代表水面 w、植被 v、裸土 s，T 为混合象元平均温度，覃志豪等的模拟分析认为在 5～45 ℃范围内，这三种地表类型的平均温度比率分别为 $R_w=0.99565$、$R_v=0.99240$、$R_s=1.00744$；

P_w,P_v——水面和植被的构成比例：对于水面较大的地区来说，可以利用可见光和红外波段水体反射率一般明显低于其他地物以及水体归一化植被指数 NDVI<0 的特性，提取纯水体像元，并取 $P_w=1$，此时 $\varepsilon_{31}=R_w\varepsilon_{31w}=0.9876848$、$\varepsilon_{32}=R_w\varepsilon_{32w}=0.98469785$；对于水面可以忽略的陆地来说，主要由裸地和植被组成，取 $P_w=0$，植被覆盖度 P_v 主要通过归一化植被指数 NDVI 来确定，即

$$P_v=\frac{\mathrm{NDVI}-\mathrm{NDVI}_s}{\mathrm{NDVI}_v-\mathrm{NDVI}_s} \tag{6-66}$$

其中 NDVI——植被指数，

$NDVI_v$,$NDVI_s$——茂密植被覆盖和完全裸土像元的 NDVI 值，通常取 $NDVI_v=0.9$，$NDVI_s=0.15$。

因此，当 $NDVI>NDVI_v=0.9$ 时，$P_v=1$，表示该像元是一个茂密植被覆盖的地区，看不见裸露的土壤表面，$\varepsilon_{31}=R_v\varepsilon_{31v}=0.976\ 919$、$\varepsilon_{32}=R_v\varepsilon_{32v}=0.977\ 613$。否则，当 $NDVI<NDVI_s=0.15$ 时，$P_v=0$，表示该像元是一个完全裸露的地区，没有任何植被覆盖 $\varepsilon_{31}=R_s\varepsilon_{31s}=0.980\ 339\ 8$、$\varepsilon_{32}=R_s\varepsilon_{32s}=0.990\ 515$；当 $0.15<NDVI<0.9$ 时，$\varepsilon_i=P_vR_v\varepsilon_{iv}+(1-P_v)R_s\varepsilon_{is}$。

对于 MODIS 图像而言，NDVI 用第 1 和 2 波段来计算，即

$$NDVI=\frac{B_2-B_1}{B_2+B_1} \tag{6-67}$$

式中 B_1,B_2——第 1、2 波段的反射率。

最后估计校正项 d_ε：

当 $P_v=0$ 或 $P_v=1$ 时，d_ε 最小，$d_\varepsilon=0$；

当 $0<P_v<0.5$ 时，$d_\varepsilon=0.003\ 796P_v$；

当 $P_v=0.5$ 时，d_ε 最大，$d_\varepsilon=0.001\ 898$；

当 $0.5<P_v<1$ 时，$d_\varepsilon=0.003\ 796(1-P_v)$。

(3)MODIS 夜间地温热红外遥感反演结果分析

基于 MODIS 热红外影像，开展某山区铁路夜间高地温定量反演。并利用季相、年相遥感数据，分析地温特征的变化。从夜间地温反演结果看，河流、峡谷、平原及含水量较高地区呈明显高温特征，其他区域呈明显低温特征。铁路沿线夜间地温 MODIS 反演结果如图 6-13 所示。康定局部地表温度反演结果如图 6-14 所示。与昼间地温存在明显差异，可见太阳辐射、大气散射及蒸腾作用对区域地表温度影响较大。地热的影响在反演结果中反映不明显。

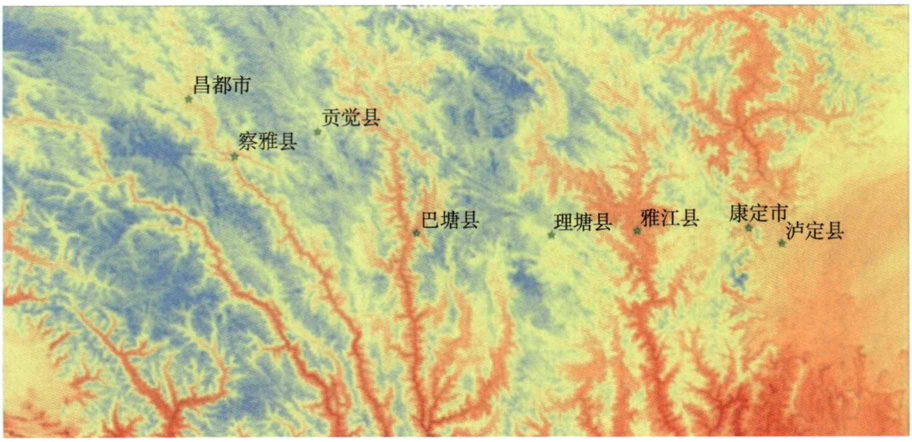

图 6-13 铁路沿线夜间地温 MODIS 反演结果

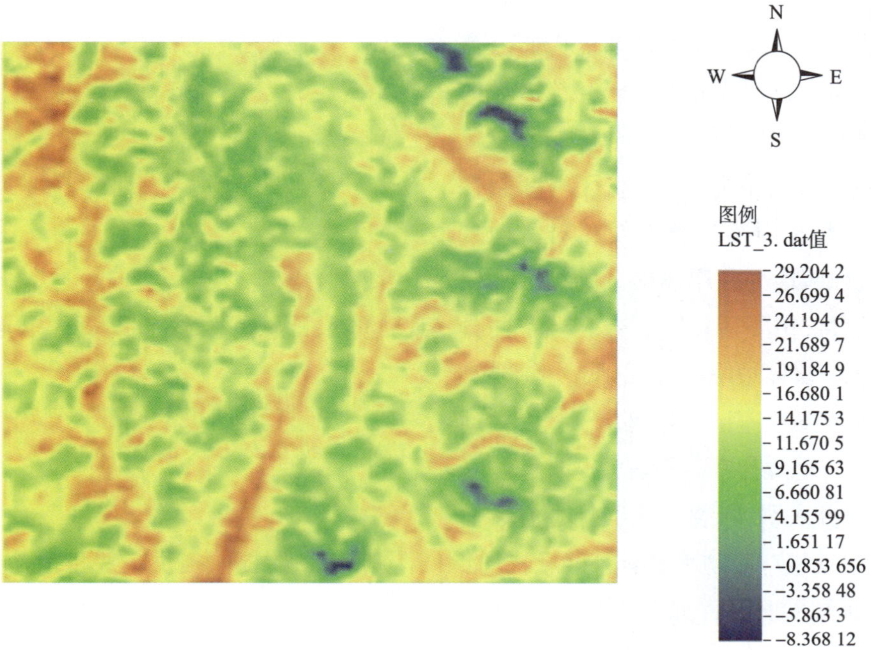

图 6-14　康定局部地表温度反演结果（2019 年 3 月 7 日夜间）

基于 TIRS、MODIS 等多类型热红外遥感影像，建立大气辐射传输校正模型，获取地表比辐射率、大气透过率和大气平均作用温度等参数，利用单窗和劈窗算法反演地表温度，去除大气等效温度和地表温度场等因素影响，获得沿线高地温分布特征，并采用季相、年相等遥感数据，开展多时相遥感数据反演。反演结果表明：昼间，雅安至昌都段高地温分布与大型活动断裂带分布较为一致，高地温边界有受断层控制特征；夜间，河流、峡谷、平原及含水量较高地区呈明显高温特征，与昼间地温存在明显差异，可见太阳辐射、大气散射及蒸腾作用对区域地表温度影响较大，地热的影响在反演结果中反映不明显。

6.3.2　热红外遥感与活动断裂关系

活动断裂与地表热环境密切相关，表现在断裂带为地热上涌提供了通道，并改变了地表热环境。利用热红外遥感资料研究断层活动性仍处在起步阶段，若能定量研究卫星热红外遥感异常信息和断层活动变化间的关系，或许能挖掘出一些有明确构造意义的信息，为地震预报、预测提供更多可靠证据。

前人在这一领域进行了有益的探索。马瑾等在研究玛尼地震地温图像时发现，玛尼地震与阿尔金断裂带活动的明显增强过程之间有着一定的对应关系。他们以南北构造带为例分析关联断层活动的时空变化，结果表明，在一定时段内研究区一些断层间除地震活动表现出相互呼应关系外，其地表亮温残差低频分量 T_{low} 曲线相似，相关系数高，说明热红外信息与地震信息共同反映一个地区断层的关联活动。三种 T_{low} 时间过程曲线如图 6-15 所示。

张璇利用 FY-2C/2E 的热红外亮温资料为数据源，以甘肃东南部及邻区为研究范围，通过使用小波差值分析法研究该区域内各活动断裂带的热红外图像时空分布变化与断层的关系，结果显示：研究区内断裂带热红外亮温数据对断层分布及相对活动水平有较好反映，能为断层热信息的提取提供一些指示信息；主要活动断裂带亮温空间分布总体表现为块体边缘高、内部低；并结合小波差值法和相对功率谱初步提出了一个活动断裂的热红外地震异常分析信息提取流程。

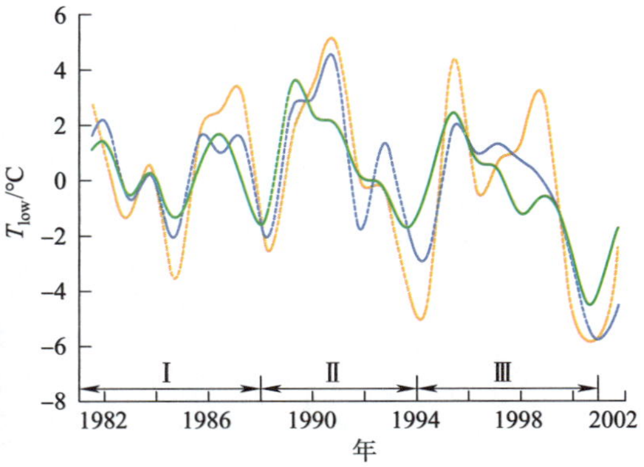

（绿、蓝、橙三色分别代表的研究区分别位于龙陵—澜沧区、安宁河—小江区、岷山—龙门山区）

图 6-15　三种 T_{low}时间过程曲线

以上研究表明，断裂带热红外亮温数据对断层分布及相对活动水平有较好反映，能为断层热信息的提取提供一些指示信息。利用一定方法提取和识别活动断裂的各段热辐射强弱变化和整体的地震危险程度，根据同一条断裂带不同位置的热异常条带可以推测断裂带活动信息和特征。

基于热红外遥感反演结果，地表温度异常与活动断裂的关系如图 6-16 所示，雅安至昌都段高地温分布与大型活动断裂带分布基本一致，昌都—贡觉以南区域出现地表温度异常的原因为该处较为广泛分布的红层所致。

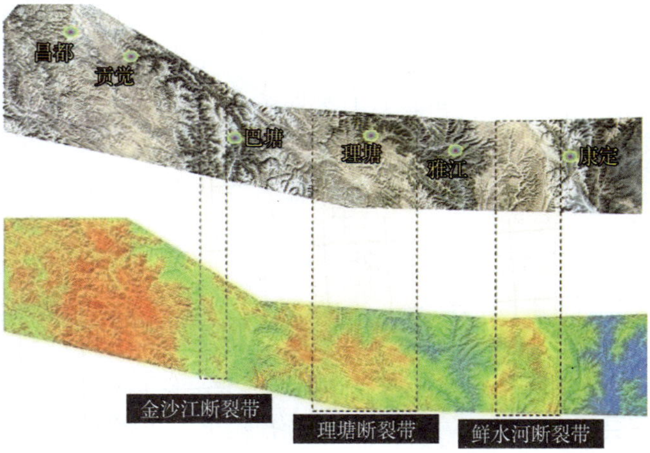

图 6-16　地表温度异常与活动断裂的关系

结合断裂解译结果，热红外异常和多光谱断裂分布图（图 6-17），高地温边界明显受断层控制。受到岩浆活动、火山活动和深大活动断裂的控制，高地温区域主要分布于深大断裂通过的山麓地带、断陷盆地及不同方向断裂的交会部位。

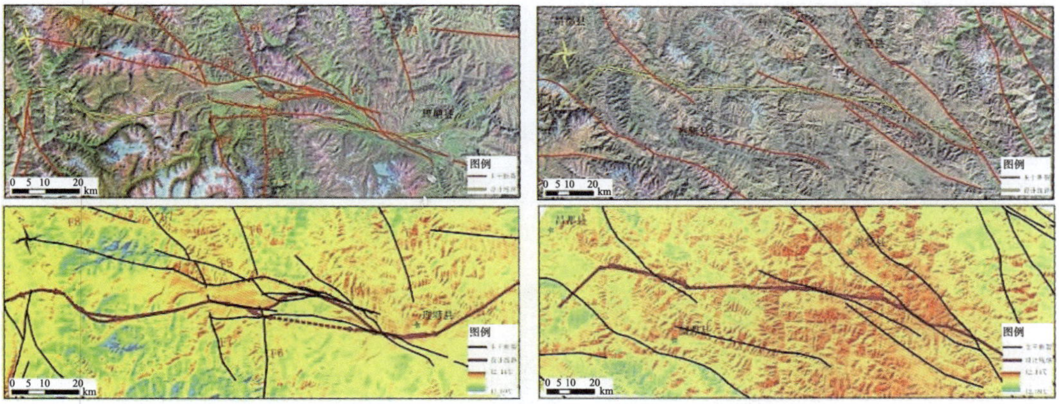

图 6-17 热红外异常和多光谱断裂分布

以鲜水河断裂带(F1)、玉龙希断裂带(F2)为例，热红外异常和多光谱断裂分布图(图 6-18)，地热显示点主要出露于地堑式或半地堑式断陷盆地（A 区、B 区）以及切穿断块山地的线状断陷谷地（C 区、D 区）。

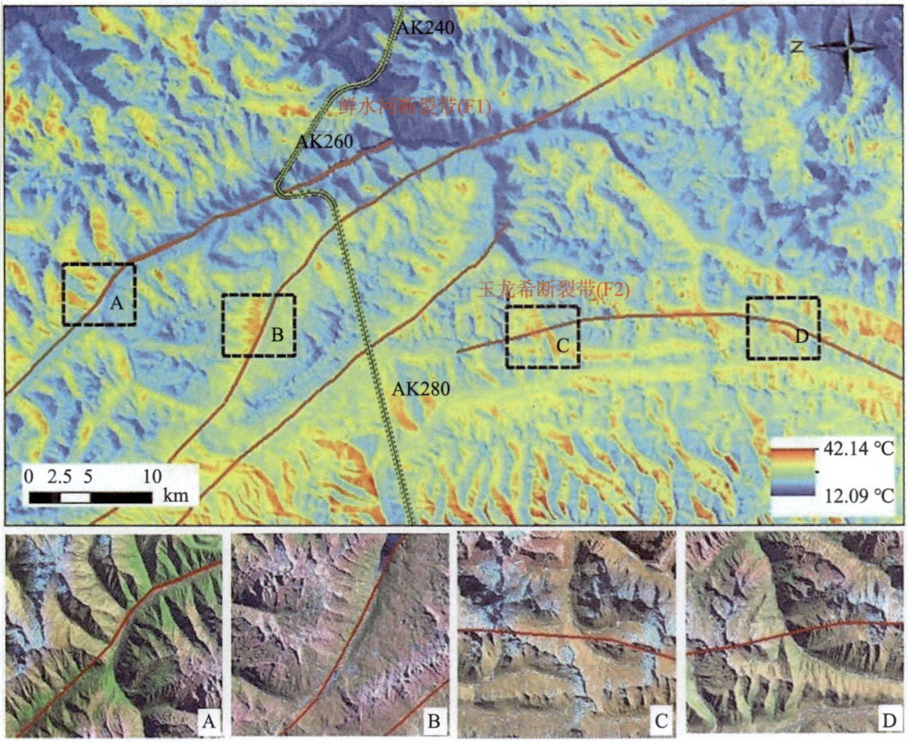

图 6-18 热红外异常和多光谱断裂分布

为了查明鲜水河活动断裂与地温异常的关系，开展了区域断裂构造解译、高地温反演和空间叠加分析，探究区域活动断裂与高地温之间的对应关系。

(1)区域断裂构造遥感判释

基于多光谱遥感和合成孔径雷达遥感技术,消除积雪及植被等影响,完成鲜水河活动断裂带详细判释。鲜水河断裂主构造方向为NW向,次级构造为NS向发育。区域分布的鲜水河断裂分支雅拉河断裂、大雪山-农戈山断裂、色哈拉-康定断裂、折多塘断裂、康定-磨西断裂等区域性断裂,以及一系列次级断裂构造。多光谱遥感解译断裂构造如图6-19所示,雷达遥感解译断裂构造(去除积雪和植被影响)如图6-20所示。

图6-19　多光谱遥感解译断裂构造

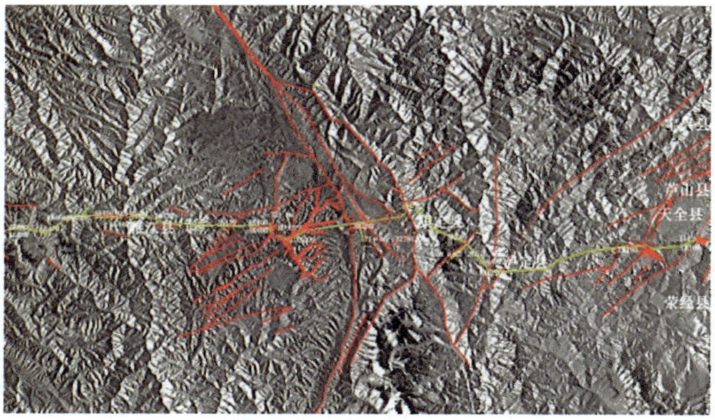

图6-20　雷达遥感解译断裂构造(去除积雪和植被影响)

(2)区域高地温热红外遥感反演

由于该区域有鲜水河活动断裂等多条深大断裂通过,高温热泉发育。基于多类型热红外遥感影像,建立大气辐射传输校正模型,利用单窗和劈窗算法反演地表温度。去除大气等效温度和地表温度场等因素影响,获得折多山区域高地温热红外反演结果(图6-21)。高温区主要分布在鲜水河以西的低山丘陵区。白天地表温度明显受太阳辐射影响,不同地物温度差异较大,山体阳坡和阴坡温度相差较大,植被覆盖区温度较基岩裸露区低,很难提取基底热异常信息。

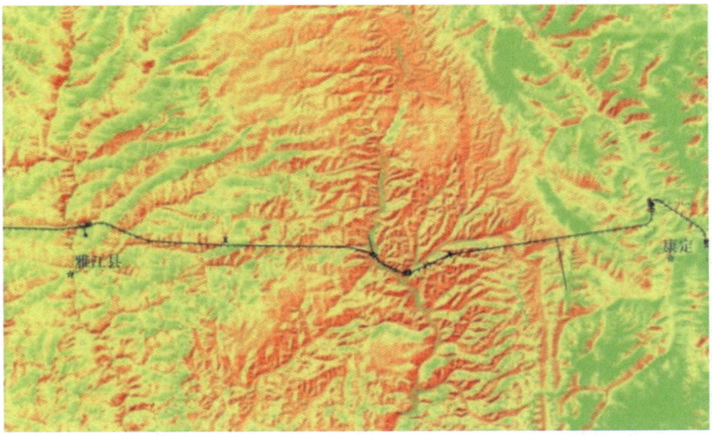

图 6-21　折多山区域高地温热红外反演结果

在区域高地温反演的基础上，进一步分析该区域地温的年化特征，以期得到区域稳定的温度分布特征和变化特征。收集的热红外遥感数据包括从 2000—2018 年间的 Landsat 及 ASTER 数据(含昼间和夜间数据)，每年有 1～2 期的卫星数据，为避免植被干扰和云干扰，优先选择 1、2 月或 11、12 月的数据。综合 2000—2018 年时序地表温度反演结果发现，该区域高地温分布与地形和构造强烈相关。高地温区域集中在康定市和雅江县中间段，鲜水河断裂以西。2000—2018 年地表遥感温度反演结果如图 6-22 所示。

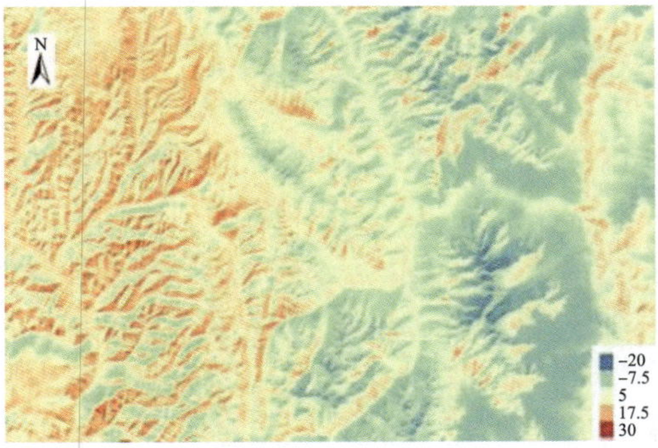

(a)2018 年 1 月 10 日地表遥感反演温度

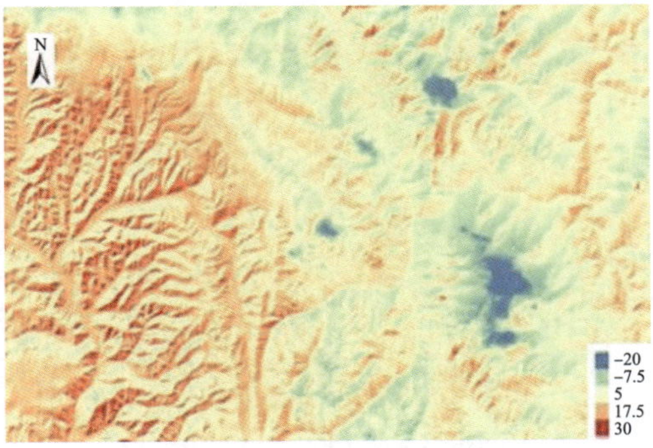

(b)2017 年 1 月 23 日地表遥感反演温度

(c)2011 年 1 月 31 日地表遥感反演温度

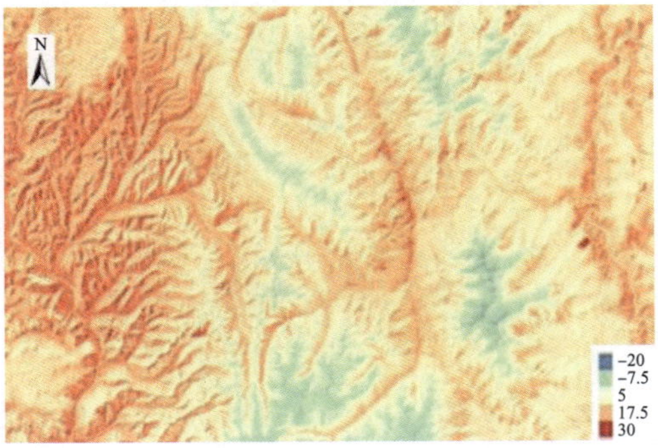

(d)2007 年 4 月 18 日地表遥感反演温度

(e)2002 年 1 月 6 日地表遥感反演温度

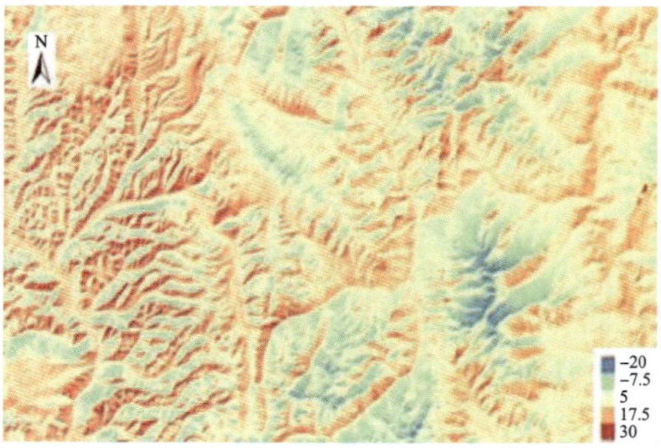

(f)2000 年 12 月 27 日地表遥感反演温度

图 6-22　2000—2018 年地表遥感温度反演结果

(3)鲜水河活动断裂与高地温的关系

基于 TM6 及 MODIS 等热红外影像,查明了折多山越岭地区高地温分布特征。结合解译结果可见,高地温边界明显受断层控制。地温反演结果与断裂分布关系如图 6-23 所示。在地表温度异常影像上,由于活动断层内外、断层两侧由于地形地貌的不同,沿着活动断层垂直方向引起地表温度梯度变化,使得影像上会出现覆盖活动断层的地表温度条带。利用这种特征提取的活动断层线性迹象与光学影像提取的活动断裂在位置上能够很好地吻合,影像中提取与断层构造展布信息可用于确定断层的位置、范围等。

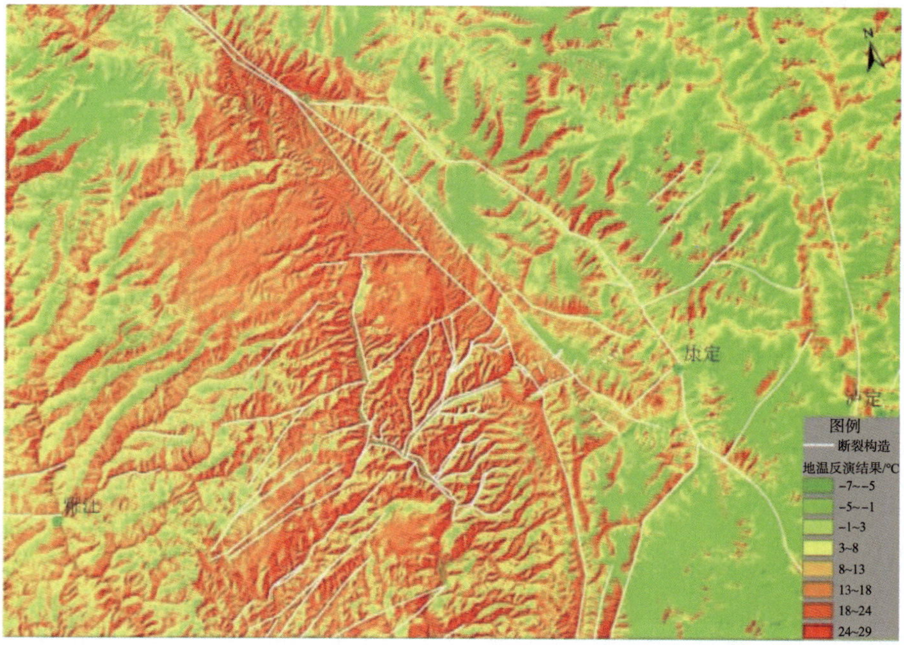

图 6-23　地温反演结果与断裂分布关系

第 7 章　工程应用实例分析

近年来，中国铁设将前期研究完成的新型遥感源优选、遥感图像处理、三维遥感判释软件系统、结果验证与优化等整套技术，与实际生产相结合，应用到浩吉铁路、浦梅铁路、三十线、山西中南部通道、张唐铁路、包银铁路、长昆铁路、川藏铁路等国内项目，以及巴拿马、菲律宾等国外铁路项目的地质勘察工作中，解决了山区铁路地质遥感判释受植被、地形及阴影影响等技术难题，提高了艰险山区不良地质判释准确度，体现了遥感技术在不良地质发育、交通困难、地面调查难以进行等困难地区的技术优势，取得了良好的应用效果，部分应用实例介绍如下。

7.1　空间遥感技术在浩吉铁路中应用

7.1.1　工程概况

浩吉铁路地处我国中西部的过渡地带，经过内蒙古、陕西、山西、河南、湖北、湖南、江西七省区，全长约 1 754 km。研究区域为浩勒报吉至三门峡段，该段北起东乌铁路浩勒报吉站，向南途经内蒙古自治区鄂尔多斯市的乌审旗，陕西榆林地区的靖边县、延安地区的安塞区、宝塔区、延长县、宜川县，渭南地区的韩城市，山西省运城地区的河津市、万荣县、盐湖区、平陆县，到达河南省三门峡市湖滨区，并入陇海线上新建的三门峡西站，终于陕县和灵宝县的县界，正线长度 652 km。浩勒报吉至三门峡段地质遥感判释如图 7-1 所示。

沿线地层为华北地层，具有第四系地层种类齐全、成因多样等特点。基岩主要以陆相碎屑岩类为主，分布少量海相地层，岩浆岩类种类较少，其中晚奥陶统、志留统、泥盆统、早石炭统、上白垩系缺失。沿线大的地貌单元为毛乌素沙漠、黄土高原、吕梁山脉、临汾盆地—峨眉台地—运城盆地、中条山脉、灵三盆地及东秦岭山脉，地貌类型复杂，局部交通不便。

沿线分布的不良地质主要有风沙、煤窑采空、黄土滑坡和崩塌等，铁路建设勘察设计阶段需查清这些不良地质分布特征。由于交通不便，一些区域很难到达，叠加视野的局限性，利用传统的地面调绘方法，很难保证勘察的质量。而利用遥感技术进行工程地质勘察，则可弥补传统地面勘测方法的不足，取得较好的应用效果。

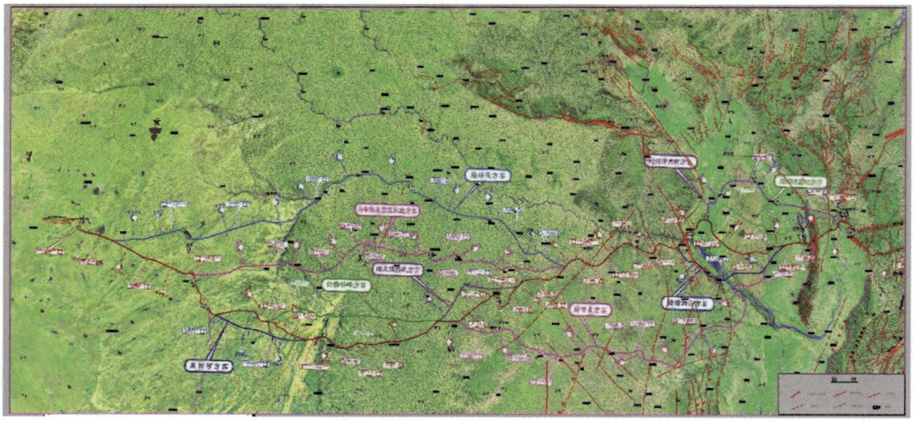

图 7-1　浩勒报吉至三门峡段地质遥感判释

基于卫星和航空遥感数据，利用高分辨率遥感和三维遥感等技术进行浩三段沿线风沙、煤窑采空、滑坡与崩塌等不良地质的勘察，优化地质调绘方法，为选线设计提供指导。

7.1.2　遥感数据与技术路线

浩吉铁路初测阶段地质遥感判释工作引用的数据源主要包括 SPOT5 卫星影像（10 m 多光谱及 2.5 m 全色）、航空影像、30 m GDEM 数字高程模型及航空影像立体像对提取的高程信息。采用多源数据、多尺度及多软件平台相结合的判释方法。

根据浩三段沿线不良地质发育特征和初测阶段需求，优选数码航摄影像（DMC）、SPOT5 卫星影像和 ASTER GDEM V2 数据建立多尺度三维遥感判释系统，进行沿线不良地质勘察和分析。技术路线如图 7-2 所示。

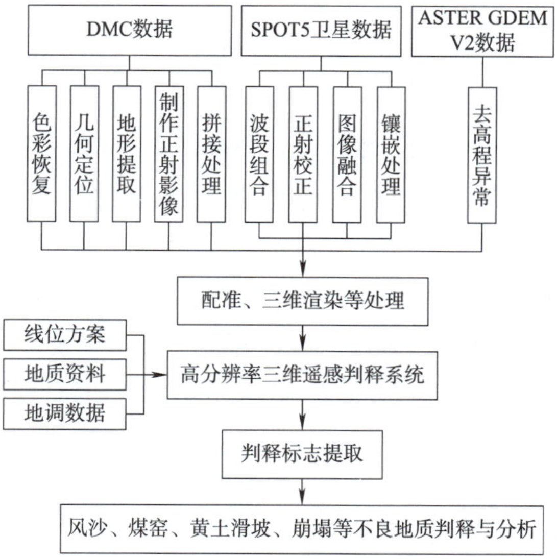

图 7-2　技术路线

其中，航空遥感数据用于沿线风沙、煤窑采空判释；卫星遥感数据用于大范围黄土滑坡、崩塌等不良地质判释。数据处理过程简介如下：

1. 遥感图像数据处理

DMC 数据需经过影像解压、色彩恢复、几何定位、地形提取、正射影像制作及拼接等处理，最终得到工程区分辨率为 0.2 m、幅宽 5 km 的真彩色正射影像图；SPOT5 卫星影像处理包括模拟真彩色波段组合(R/G/B:2/1/3)、正射校正、图像融合、镶嵌等遥感图像处理过程，得到清晰、无云的 SPOT5 正射影像图。在图像融合处理前，应先对图像融合效果进行评价，找出最优融合算法，这里采用的是基于纹理清晰度和光谱逼真度的定量评价方法。

2. 高程数据的获取与处理

ASTER GDEM V2 数据可在土地进程分布式活动档案中心数据库中查找，进行查找和下载。由于 ASTER 数据局部存在高程异常，使用前需对其进行处理，将其转换为点云数据，根据限差及其他地形资料消除高程异常，然后重新生成 DEM 数据。

3. 三维遥感判释系统的建立

基于反映地表纹理信息的遥感正射影像和反映地形的 DEM 数据，对二者进行严格配准，进行三维渲染，并将线路方案、工程地质资料、地调数据等叠加至三维表面上，构建高精度三维遥感判释系统，对沿线不良地质进行全面的判释和分析。

7.1.3　典型判释标志提取

在详细判释前，要建立各种不良地质的判释标志，对不良地质的典型影像特征进行归纳总结，以指导后期判释。在了解沿线工程地质概况和现场踏勘的基础上，提取各不良地质判释标志如下：

1. 风沙判释标志

风沙遥感判释标志如图 7-3 所示，从遥感影像特征看，该区流动沙丘多呈新月形，地表植被覆盖稀少，迎风一侧色调明亮，风蚀纹理明显，背风一侧色调较暗[图 7-3(a)]；半固定沙丘一般地形平坦，分布少量木本植被，草本植被覆盖较少[图 7-3(b)]；固定沙丘地表植被覆盖好，木本与草本植被均发育较好，无大片裸露沙地出现，地貌形态较稳定[图 7-3(c)]。

(a)流动沙丘影像特征　　(b)半固定沙丘影像特征　　(c)固定沙丘影像特征

(d)流动沙丘现场照片　　(e)半固定沙丘现场照片　　(f)固定沙丘现场照片

图 7-3　风沙遥感判释标志(DMC 数据)

2. 煤窑采空判释标志

线路通过内蒙古-陕北侏罗纪煤田、陕北三叠纪煤田、渭北煤田、河东煤田等,其中陕北三叠纪煤田、渭北煤田、河东煤田开采历史悠久,煤窑采空问题突出,不但有大矿采空,还有小窑采空和掏煤洞采空等。人为坑洞遥感判释标志如图 7-4 所示,从航空遥感影像上可见,煤窑附近植被覆盖差,常见煤堆[图 7-4(a)]、煤窑口[图 7-4(b)]及煤矸石堆[图 7-4(c)]等指示地物,区域色调呈灰褐色,煤窑附近道路由于煤物质的沉积而呈暗色调,这些特征的交替或组合出现,对该区煤窑采空的判释起到了很好的指导作用。

(a)煤堆　　(b)煤窑口　　(c)煤矸石堆

图 7-4　人为坑洞遥感判释标志(DMC 数据)

3. 黄土滑坡判释标志

滑坡是一种常见的重力斜坡变形现象,其形态特征在遥感影像上多呈舌形或弧形。对于大部分滑坡来说,根据其独特的滑坡地貌,是比较容易辨认的。黄土滑坡遥感判释标志如图 7-5 所示,其典型特征多为沿河岸一侧展布,有时成排出现,滑坡周界多呈圈椅状,滑坡壁影线清晰[图 7-5(a)]。在三维视图中,滑坡体整体粗糙不平,前缘鼓丘发育,多被开发成农田,较大型滑坡体分级特征明显[图 7-5(b)]。

4. 崩塌判释标志

沿线侏罗系、三叠系、二叠系、奥陶系岩层基本为水平岩层,发育高角度节理,向源侵蚀发育,沟谷深切处形成高陡边坡,进而发育成崩塌。崩塌遥感判释标志如图 7-6 所示,其特征为地形坡度陡峻,崩塌体上部可见张节理形成的裂缝,崩塌壁整体呈簸箕状[图 7-6(a)]。现场调查发现,崩塌体上部局部有松散块体,有的已经崩落,有的形成危岩[图 7-6(b)]。

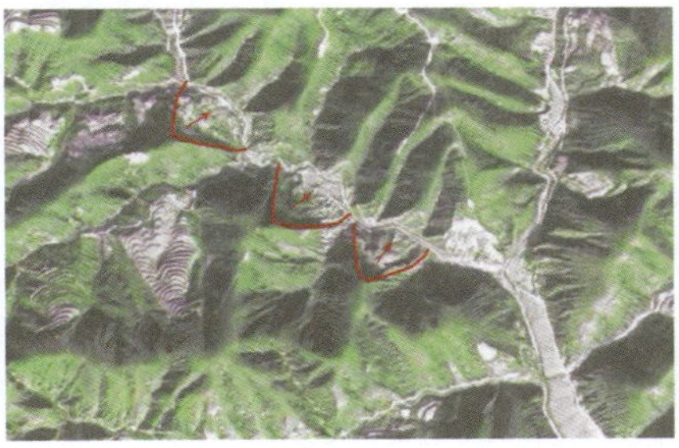

(a)滑坡二维平面视图

(b)滑坡三维侧视图

图 7-5　黄土滑坡遥感判释标志(SPOT5 数据)

(a)崩塌三维遥感影像特征

(b)崩塌现场照片

图 7-6　崩塌遥感判释标志(DMC 数据)

通过区域不良地质遥感影像特征的分析，总结风沙、煤窑采空、黄土滑坡、崩塌等不良地质遥感判释标志的共性特征。区域不良地质判释标志特征见表 7-1。

表 7-1　区域不良地质判释标志特征

不良地质	形　状	色　调	纹　理	微地貌	阴　影
流动沙丘	弯月形、狭长形	土黄色间夹暗褐色	线状、有细纹分布	链状沙丘发育，地形起伏明显	局部有阴影
半固定沙丘	不规则形状	暗褐色间夹暗黄色	表面光滑	地形平坦，多为平沙地	较少
固定沙丘	不规则形状	黑褐色夹土黄色斑点	不规则、斑块状	地形较平缓，局部见突丘	局部有阴影
煤窑采空	不规则形状	黑褐色、灰褐色	不规则、椭圆形	地形多平坦，局部分布突丘	局部有斑块状阴影
黄土滑坡	圈椅状、舌状	绿色间夹褐色	不规则、表面粗糙	多沿沟谷一侧分布，表面凸凹不平	多数有阴影，分布在后缘
黄土崩塌	半圆形、圈椅状	暗褐色、土黄色	垂直裂隙、表面粗糙	台地边缘、坡度陡峻，高差大	多数有阴影

7.1.4 判释结果与分析

沿线分布的不良地质主要有风沙、人为坑洞、黄土滑坡和堆塌、崩塌、泥石流等。

1. 风沙

浩勒报吉至杨桥畔为毛乌素沙漠区，主要为沙丘和平沙地，岩性主要为黄褐色、灰黄色粉细砂，结构松散，颗粒均匀，成分以石英长石为主，厚度 2.0～30.0 m。从遥感判释的风沙分布特征看，从起点浩勒报吉至靖边黄土高原边缘，由北向南依次以流动沙丘、半固定沙丘和固定沙丘为主。流动沙丘主要分布于浩勒报吉至乌审旗属毛乌素沙漠腹地，半固定沙丘主要分布在乌审旗至无定河范围内，固定沙丘主要分布在无定河至白于山的毛乌素沙漠的边缘区。三者没有明显的界线，在同一地区流动沙丘、半固定沙丘、固定沙丘多交替出现。

线路 CK10～CK45 段风沙分布(图 7-7)，在 CK15～CK18、CK20～CK34、CK36～CK45 等处分布有大段落的流动沙丘与半固定沙丘，局部形成新月形沙丘链及格状沙丘。固定沙丘主要分布在 CK10～CK15、CK18～CK20 附近局部区域。该段整体上以流动沙丘和半固定沙丘为主。

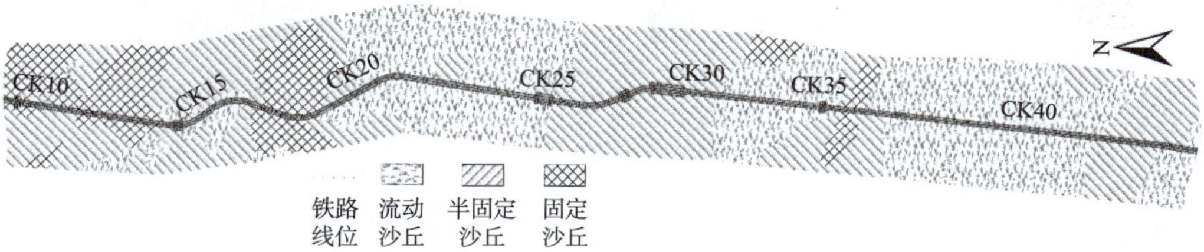

图 7-7 线路 CK10～CK45 段风沙分布

2. 人为坑洞

沿线人为坑洞以煤窑开采为主，不但有大矿采空，小窑采空，还包括掏煤洞采空，问题复杂。CK330＋100～CK386＋000 线路附近存在煤矿采空区、小煤窑等问题。

通过遥感判释结合现场调查，查明沿线煤矿开采主要集中分布在延安市和河津市两个区域：(1)延安市附近煤系地层主要出露于两个地带。其一，子长至延川，呈西北至东南向伸展；其二自延安向北伸展，两个地带呈人字形交叉于子长以北地区，以子长为中心，延川和延安北部贯屯一带为聚集中心区。CK330＋100～CK386＋000 线路附近存在煤矿采空区、小煤窑等问题。现场调查发现，小煤窑开采以竖井和斜井为主，开采深度不超过 60 m。掏煤洞采空以平硐和斜井为主，一般开采深度不超过 30 m。该段线位不受采空控制，可处理通过。(2)河津市附近煤窑开采主要分布在吕梁山区，具有开采范围大、开采形式多样等特征，局部形成采空塌陷，采空区上部出现地裂缝，造成局部房屋开裂、边坡失稳。线路 CK503～CK514 段小煤窑分布如图 7-8 所示，为河津市西北部煤窑分布特征，可见煤窑较多，大小和分布不均。该段应充分考虑采空影响，从最安全通道通过，尽量绕避较大型煤矿采空区。

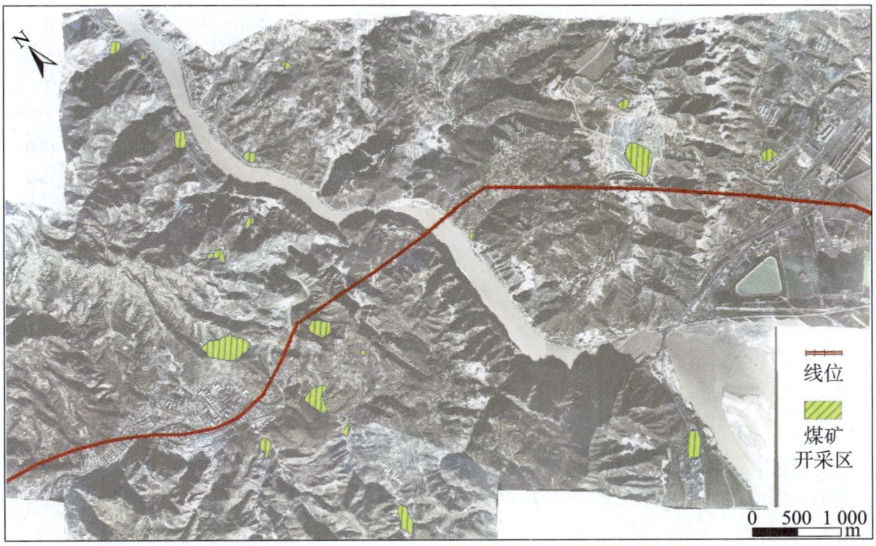

图 7-8　线路 CK503～CK514 段小煤窑分布

3. 黄土高原区不良地质

线路经过的黄土丘陵区广泛分布第四纪黄土垂直节理发育，结构疏松，发育黄土滑坡和崩塌等不良地质，基于 SPOT5 和 GDEM 数据建立的三维遥感空间场景，在线路两侧一定缓冲区内进行滑坡、崩塌的判释。

沿线滑坡主要为黄土滑坡，滑坡的物质组成多为黄土，滑坡厚度以浅层、中厚层滑坡为主；个别为厚层滑坡；滑坡规模以小型～中型为主，大型和巨型滑坡尚未发现且滑坡均为现代滑坡，没有发现古滑坡。利用 SPOT5 遥感影像经过融合、镶嵌等处理，结合 30 m GDEM 数据进行二维和三维遥感判释，提取黄土滑坡信息。黄土滑坡在遥感影像上，特征较为明显，判释标志具有代表性，在三维场景下更为突出。其典型特征为滑坡壁多呈圈椅状，滑坡后缘界线清晰，前缘鼓胀裂隙发育，滑坡体整体粗糙不平，多被开发成农田。黄土滑坡二维遥感判释标志特征如图 7-9 所示，黄土滑坡三维遥感判释标志特征如图 7-10 所示。三维遥感场景下，可从多角度观测滑坡体特征，并能够对典型滑坡表面参数量测（表 7-2）。

表 7-2　典型滑坡表面参数量测

编　号	滑坡壁高/m	滑坡体坡度/(°)	滑坡体面积/m^2
PT15	155	18.4	954 36
PT16	242	13.1	1 926.6

(a)SPOT 模拟真彩色组合

(b)SPOT 假彩色组合

图 7-9 黄土滑坡二维遥感判释标志特征

(a)滑坡三维正视图

(b)滑坡三维侧视图

图 7-10 黄土滑坡三维遥感判释标志特征

典型黄土滑坡野外调查照片(图 7-11),经过现场验证和补充判释分析,在沿线确定了 275 处边坡类型的不良地质。选取 40 处重点滑坡进行野外验证,判释准确率达到 85%,取得了较好的判释效果。根据滑坡等不良地质分布密度,绘制"浩吉铁路黄土高原区不良地质分布图",可以得出不良地质分布的趋势。CK238~CK365 段和 CK397~CK450 段为不良地质高~中等发育区。浩吉铁路黄土高原区不良地质分布图如图 7-12 所示。

图 7-11 典型黄土滑坡野外调查照片

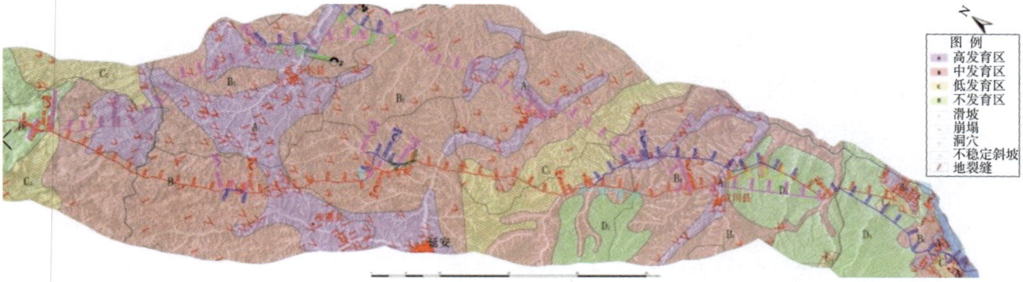

图 7-12　浩吉铁路黄土高原区不良地质分布

综合分析滑坡的产生主要是受以下几个条件控制：

(1)地形。黄土高原沟壑纵横，临空面的形成为滑坡滑动提供了空间。表现为滑坡分布主要集中在大的沟谷两岸。

(2)泥岩和粉质黏土构成滑动面。沿线地层基本为水平岩层，倾角一般 3°～5°，不超过 10°。第三系黏性土和侏罗系—三叠系泥岩形成地下水下渗的阻水面，造成土石界面和第三系黏性土表面含水量高，形成软弱面，是滑坡滑动的滑动面。调查发现，有泥岩分布地区，滑坡发育密度明显高于没有泥岩分布地区。

(3)黄土中垂直节理发育，为地下水入渗提供便利通道。梁峁区，浅部地下水的运移规律一般是沿垂直节理下渗，遇到阻水的第三系粉质黏土或泥岩后，改成水平径流，向沟谷处排泄。

(4)人类活动等改变应力状态。近年陕北公路、铁路、工民建工程发展较快，人工开挖边坡造成原有应力状态的改变，形成工程滑坡。现场调查发现，人类活动频繁地区滑坡发育明显增多，人类活动少的地区滑坡也较少。人类活动对滑坡发育影响较大。

(5)此外，地下采矿、灌溉的入渗、地震等因素也是部分滑坡的诱因。

综上分析，黄土滑坡体的影响因素比较复杂，地形、岩性和人类活动成为诱发该区黄土滑坡的主导因素。其中地形地貌、地层控制为内在因素；降雨和人为坡脚开挖、地下采矿、引排水管渠渗漏及灌溉的入渗、地震等为外在诱因。黄土滑坡以低速蠕滑为主要特点。

7.1.5　判释结果分析

浩吉铁路浩三段沿线地貌类型复杂，不良地质发育，常规地质调绘方法困难重重。基于高分辨率遥感和三维遥感等技术，开展沿线不良地质遥感判释工作，后经现场验证，基本查明了沿线风沙、煤窑采空、滑坡与崩塌等分布特征。

(1)流动沙丘主要分布于浩勒报吉至乌审旗的毛乌素沙漠腹地，半固定沙丘主要分布在乌审旗至无定河范围内，固定沙丘主要分布在无定河至白于山的毛乌素沙漠的边缘区，在同一地区不同类型沙丘多交替出现。

(2)沿线小煤窑主要分布在延安市和河津市附近,延安附近小煤窑一般开采深度浅、范围小,该段线位不受采空控制,可处理通过。河津市附近煤窑开采主要分布在吕梁山区,局部形成采空塌陷,该段应考虑采空影响,尽量绕避较大型煤矿采空区。

(3)在沿线确定了270余处滑坡和崩塌等不良地质,判释准确率达到85%以上。滑坡主要分布在延安—安塞—子长县一带,尤其在安塞区东南部地区黄土滑坡分布密集。崩塌主要分布在延长县、宜川县和河津以西等地区。

后续设计和施工需要对以上不良地质做必要的绕避和相应的防治。同时给出以下措施意见如下:

(1)风沙。线路沿线经过流动沙丘及半固定沙丘区,应采取相应的防护措施,对于施工临时占地等破坏周围环境的区域应及时恢复植被。沿线沙丘上部3.0～4.0 m深度范围内呈松散～稍密状态,地基应采取相应的加固措施。

(2)人为坑洞。线路应综合考虑采空影响,从最安全通道通过,或以易于修复的工程形式从易于处理的采空段落通过。

(3)线路应尽量绕避全新活动断裂,或以大角度易于修复的工程通过,不宜沿断裂并行展线。

(4)在黄土滑坡集中发育区或不稳定边坡存在区,线位应尽量绕避已经形成的黄土滑坡。线路应尽量绕避高陡边坡,或采取综合措施治理边坡问题,桥梁基础应设置在经检算为安全的范围内。

7.2 空间遥感技术在浦梅铁路中应用

7.2.1 工程概况

新建浦城至梅州铁路建宁至冠豸山段(简称浦梅铁路)位于福建省三明市境内,处于闽赣两省交界武夷山中脉鞍部,属强切割的中低山,山脉展布整体呈北东、北北东向,地形北高南低。线路通过地区,在地貌上可分为山间盆地、丘陵、中低山、低山四种。浦梅铁路沿线地貌特征如图7-13所示,沿线植被茂密,地形地貌复杂,地质条件特殊,不良地质多。沿线断裂众多,线路走向与区域主断裂一致,对路基边坡稳定性、桥梁基础形式选择、隧道支护结构均造成不同程度的影响,此外泥石流、危岩落石、滑坡等不良地质发育,加大了地质选线的难度。为解决这些难题,初测阶段要求利用遥感技术重点查明该段构造控制和不良地质分布特征。因此,此工程遥感工作重点在于沿线断裂构造和不良地质的判释,判释内容为设计方案周围5 km缓冲区内不良地质。

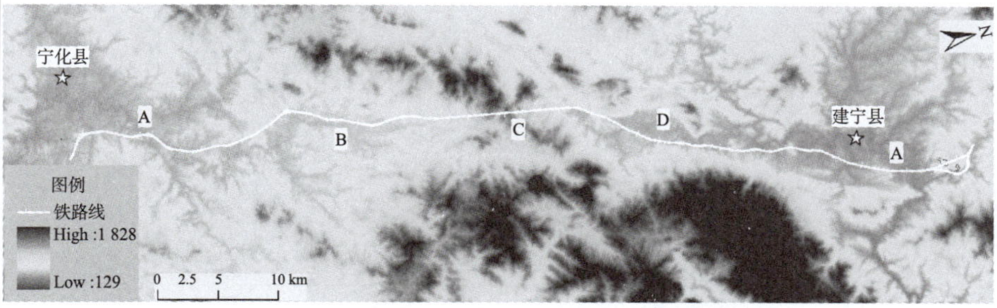

A—山间盆地区；B—丘陵区；C—中低山区；D—低山区。

图 7-13　浦梅铁路沿线地貌特征

7.2.2　数据选取与处理

根据该线遥感勘察对象的特点，选取以下数据作为基础数据源：(1)2002 年 10 月获取的 Landsat ETM＋多光谱影像；(2)2007—2008 年获取的 ALOS 10 m 多光谱影像和 2.5 m 全色影像；(3)2014—2015 年获取的 1 m 分辨率卫星影像；(4)30 m 分辨率 ASTER GDEM 高程数据；(5)区域 1∶200 000 工程地质资料，以及野外 GPS 特征点数据。

遥感数据预处理主要包括辐射校正、几何精校正和图像配准等。研究所用的影像均已辐射校正，可以满足信息提取的需要。影像几何校正以地形图数据为基准，采用选取控制点的二次多项式方法将高分辨率卫星影像校正到西安 80 坐标系。后以该数据为基准，分别校正 ALOS 影像数据、ETM＋数据和 DEM 数据。主要选取桥梁、水库、道路边界等特征点，每幅图像 15～30 个控制点，精度控制在 1 个像元以内。非遥感数据处理主要为矢量化工程地质资料中断裂构造及地层分界线等，并将其与线位、野外 GPS 数据及其他信息按分类分级方法一并存入基础信息数据库，以备调用。

铁路工程地质遥感判释作为一项复杂的系统工作，仅靠单一的数据源或手段很难达到较好的判释效果。为提高地质遥感判释的准确率，采用高分辨率遥感、多期遥感和三维遥感相结合的方式，利用多期多尺度的综合判释方法，进行浦梅铁路工程地质遥感判释工作。浦梅铁路高分辨率三维遥感判释技术路线如图 7-14 所示。多源数据融合主要包括多波段数据融合、高低分辨率遥感数据的融合、遥感影像与地学信息的融合等。在多波段数据融合中，ALOS 数据采用 321/RGB 组合方式，ETM＋数据采用 741/RGB 组合方式；高低分辨率遥感数据融合，采用高通滤波变换融合处理方法，对 Landsat ETM＋和 ALOS 影像各自多光谱数据与全色数据进行了多种融合处理；遥感与地学信息的融合主要为融合后 2.5 m ALOS 数据、1 m 卫星数据与 DEM 数据的融合，用于三维地质判释。将遥感影像、工程地质资料及 GPS 特征点等信息，综合到开发的三维地质遥感判释软件平台上，进行沿线工程地质的综合判释和数据管理。

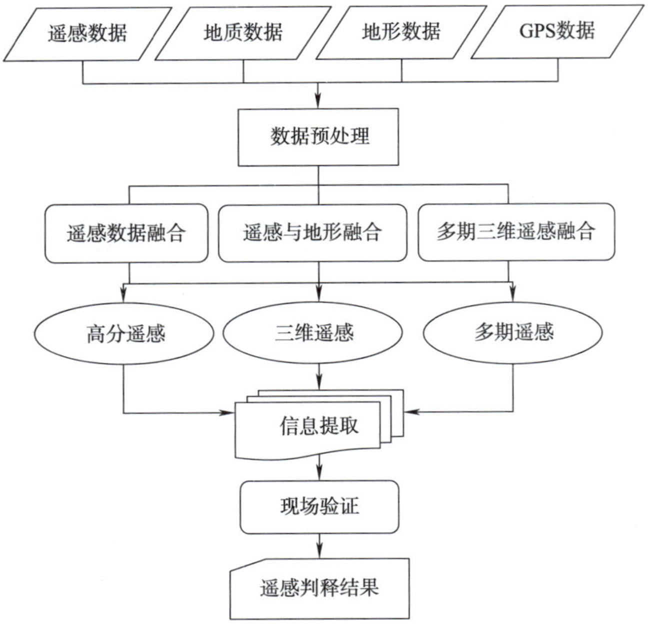

图 7-14　浦梅铁路高分辨率三维遥感判释技术路线

7.2.3　判释结果与分析

1. 断裂构造遥感判释

工作区位于福建一级构造单元—闽西北隆起带的中偏北部，属南华活动带之武夷—云开褶皱带北段的华夏基底隆起带的一部分。区内广泛出露前寒武纪浅—中深变质岩系，是研究古老变质基底的“窗口”。工作区从古元古代有地史记录以来，经历了多期次、多阶段的构造演化。在不同的构造演化阶段具有不同的特点：加里东期及其之前，以塑性变形、（脆）韧性剪切为主，广泛发生区域热流变质作用，表现为中下、下部构造层次形变特征；华力西—印支期及其之后，则以脆性变形为特点，表现为上部构造层次的形变特征。可谓始之于吕梁期，奠基于加里东期，集大成于燕山期，导致了区内中生代断裂构造、岩浆活动异常强烈，形成了工作区独特的、相对独立的、由不同地质体组成并且处于不同构造域背景下的地质构造单元组合；由于受贯穿工作区的北东向崇安—石城断裂带的控制，造就了区内构造线以北东—北北东向为主，北西向次之的基本构造格架。工作区构造形变以脆性断裂为主，（脆）韧性剪切变形亦十分普遍，褶皱次之。

断裂构造遥感判释按照先宏观后微观、先易后难、多种资料相互验证的原则。首先利用融合后 15 m ETM+影像判释区域性断裂；然后利用融合后的 ALOS 影像进行详细判释，并结合 1∶200 000 工程地质资料对判释标志不明显的断裂进行识别；最后综合三维地形和 GPS 验证点信息，确定断裂构造分布。断裂构造的判释主要依据色调和形态等判释标志，色调标志主要为不同岩性或不同沉积物的分界线；形态标志主要为线性负地形，如断层崖、断层三角面、断层垭口、断层沟谷等。典型断裂判释标志如图 7-15 所示，箭头所指为断裂位置。图 7-15(a)为不同岩性分界线的断裂标志，断裂两侧地层光谱反射差异大，不同地貌单元截然相接；图 7-15(b)为断层沟谷，平直而深切，具有明显的方向性和空间延展性；图 7-15(c)为断层沟谷与断层垭口组合的断裂判释标志，二者在空间展布具有方向一致性，沟谷与垭口之间的连线就是断裂的位置。

(a)为 ETM+数据　　(b)为 ALOS 数据　　(c)为 ALOS 数据与 DEM 融合的三维场景

图 7-15　典型断裂判释标志

根据浦城—宁化铁路线地质遥感判释工作，总结出一些断裂判释标志的直观特征。断裂构造判释标志简表见表 7-3。断裂级别划分以卓宝熙等人提出的原则：断裂长度大于 100 km 为一级断裂(区域性断裂)、长度在 50～100 km 之间为二级断裂(主要断裂)、长度在 25～50 km 之间为三级断裂(次要断裂)、长度小于 25 km 为四级断裂(次要断裂)。

表 7-3　断裂构造判释标志

标　　志	断裂标志主要内容
色调	各种直线状色调异常，现状色调呈条带时，常是大断裂或破碎带
地貌	地貌呈方向性，断续有规律地排列，是判断断层的重要标志，也是判别活动断裂和隐伏断裂的重要标志
水系	水系类型呈线状排列，水系的变异点呈线状排列
影纹	密集的微线纹呈方向性或带状分布，影纹突然中断，线性组合成人字形或牵引褶曲影纹
植被	植被稀少带、茂盛带或生长异常带，有规律分布
综合景观	断裂两侧的色调、地貌、水系、影纹、植被等综合景观的差异

区域典型断裂构造遥感影像特征如图 7-16 所示。在工程区内共判释断裂构造近 300 条，其中与线位相关的断裂 50 余条。浦梅铁路工程区断裂构造分布特征如图 7-17 所示。区域内断裂以北东—南西方向为主，部分为东西向断裂，与拟建铁路方案相关的断裂构造主要为大田-营上断裂带、岩前-武调断裂带、张坊断裂、中沙-大坑断裂等，该区第四系地层切割强烈，不断的弱震显示构造活动仍处于活动期。线位穿越的主要断裂构造如下：

里西坑—斗埕—建宁断裂(F1)：影像中断裂构造线性行迹清晰，西南段断层垭口明显，东北段断层沟谷与垭口共存，中段控制着附近河流走向，河流在断裂处发生直角拐弯[图 7-16(a)]。该断裂在武调西侧 DK227＋500 附近与线位近似垂直相交，属大田—营上北东向断裂带，西侧上太古界天井坪组上段低角度逆冲推覆于上元古界下峰组，为燕山早期发育的向东推覆逆断层，走向 NNE，产状 294°∠25°，长约 10 km，宽 3～5 m，上盘为上太古界天井坪组，下盘上古界下峰组，岩性均为黑云二长变粒岩。断裂表现为糜棱岩带，主构造期为燕山晚期，为压-压扭性质，擦痕显示以左旋运动为主。

岩前-武调断裂带：为燕山晚期断裂，也是影响铁路选线的区内主断裂，线位于 SJDK228＋890～SJDK230＋110、DK251＋070～DK252＋360、DK263＋940～D264＋100 多次穿越。SJDK228＋890～SJDK230＋110 处断裂(F2)控制河流走向，多光谱影像上断裂两侧地层发生明显变化[图 7-16(b)]，走向近 NS；DK251＋070～DK252＋360 处断裂(F3)北段见断层陡崖，中段控制河流走向，南段为不同地层的交界带[图 7-16(c)]。走向呈半环状，倾向 NW，倾角约 40°；DK263＋940～D264＋100 处断裂(F4)为区域性大断裂，控制着次级断裂的展布。在遥感影像上，断层陡崖和断层三角面为主要判释标志，并在右上段控制着河流走向[图 7-16(d)]。该断裂走向 NE，倾向北西，倾角约 60°，全长约 55 km，断层角砾尖、圆、碎状皆有，以强压碎粉和大规模硅化为特征，蚀变多而强，长期活动，为正断层—逆冲断层，线位通过段为正断层，该断裂控制了白垩系地层及侏罗系漳平组地层的展布，为长期性活动断裂。

张坊断裂(F5)：断裂垭口和断层沟谷是该断裂的主要判释标志，并控制走行范围内的河谷走向。线路于 DK278＋150 黄泥排一带穿越该断裂，张坊断裂[图 7-16(e)]为正断层，走向 17°～30°，长度大于 4 km，倾向 287°，倾角 40°～50°，破碎带宽度大于 5 m。

中沙-大坑断裂(F6)：该断裂判释标志类型多，由左下至右上，分别见断层破碎带、断层垭口、断层沟谷、控制河流走向等影像特征[图 7-16(f)]。线路在 DK290＋570 附近穿越该断裂。断裂发育于加里东晚期二长花岗岩中，切割了白垩系沙县组，走向总体 50°～60°，局部近东西向，长度 15 km 以上，断面倾向南东，倾角 70°～80°。断裂带上发育有宽度数百米的硅化破碎带，破碎带中早期硅化岩被后期右行强烈剪切为碎粉岩，并见透镜体状白垩系红层角砾。此断裂自白垩系的右行剪切一直持续到第四纪。

2. 不良地质遥感判释

受地貌及岩性影响，区域不良地质类型主要为泥石流、滑坡危岩落石等。泥石流的判释主要采用 2.5 m ALOS 影像与 DEM 数据融合的三维遥感与现场调查相结合的判释方法。标准型泥石流注重堆积扇的判释，对形态特征不明显的泥石流注重山坡坡度、沟谷纵坡、松散固体物质、岩性、植被覆盖及人类活动等的判释。标准型泥石流如图 7-18 所示，位于研究区内，其形成区、流通区与堆积区划分明显。同时，堆积区物质松散具粗糙感，阻断下方公路，判定为新近发生的泥石流。建宁县黄岭附近较大型泥石流如图 7-19 所示，该泥石流流域具有较特殊的葫芦形特征，由高低两块汇水区域组成：高位汇水区植被覆盖茂密，内部支沟特征明显，水流落差大；低位汇水区相对平缓，但地表松散物影像特征明显；沟口紧凑。根据其坡降比，顶趾高差及流域内松散堆积物堆积分布，推测该处为一大型泥石流沟。现场验证可见沟口洪积的次磨圆泥石流漂砾，砾径一般 1～2 m，以及分选性极差的泥石流堆积物。泥石流堆积区及散布的次磨圆漂砾如图 7-20 所示。利用三维遥感量测得到建宁县黄岭附近较大泥石流物理参数见表 7-4。形成区面积达 2.9 km^2，冲沟发育，松散物质来源丰富，主要为风化脱落的花岗岩块体；流通区较顺直，长约 2.1 km，沟槽坡度大；堆积区范围较大，植被覆盖差，花岗岩块体随处可见。

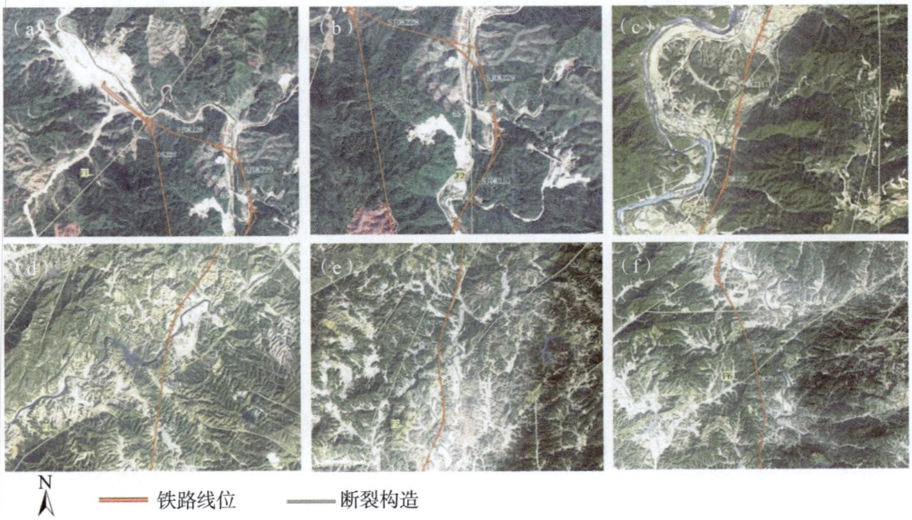

(a)里西坑—斗埕—建宁断裂；(b)SJDK228～SJDK230 处断裂；(c)DK251～DK252 处断裂；(d)DK263～D264 处断裂；(e)张坊断裂；(f)中沙—大坑断裂。

图 7-16　区域典型断裂构造遥感影像特征

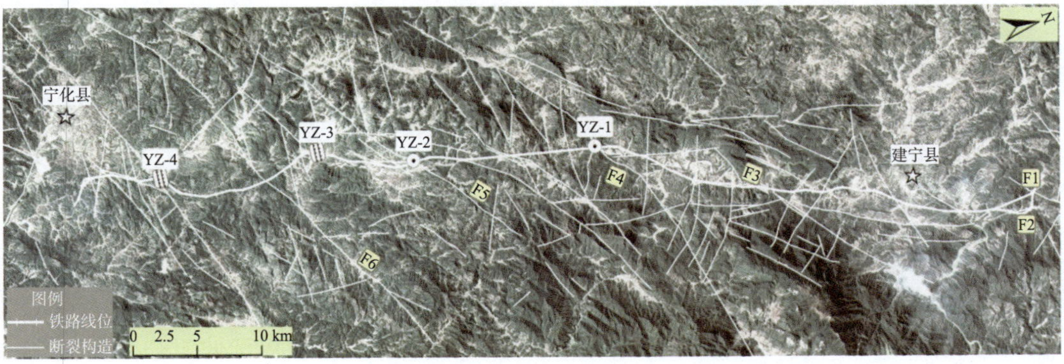

F1—里西坑—斗埕—建宁断裂；F2，F3，F4—依次穿越线位 SJDK228～SJDK230、DK251～DK252、DK263～DK264 处，属于岩前—武调断裂带；F5—张坊断裂；F6—中沙—大坑断裂；YZ-1—岩前—武调断裂钻探孔；YZ-2—张坊断裂钻探孔；YZ-3—东溪 3 号大桥物探剖面；YZ-4—沿口大桥物探剖面。

图 7-17　浦梅铁路工程区断裂构造分布特征

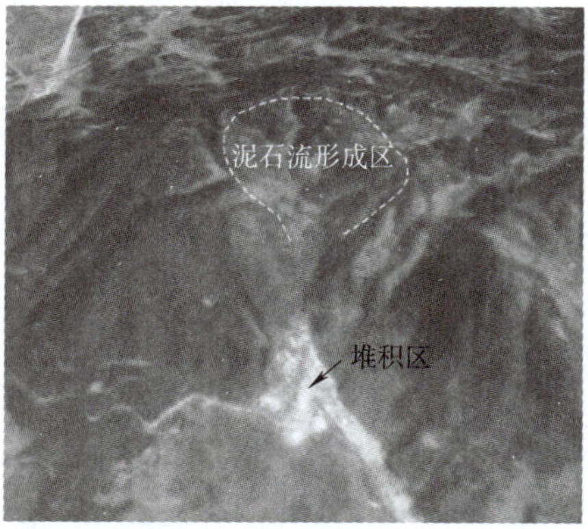

图 7-18　标准型泥石流

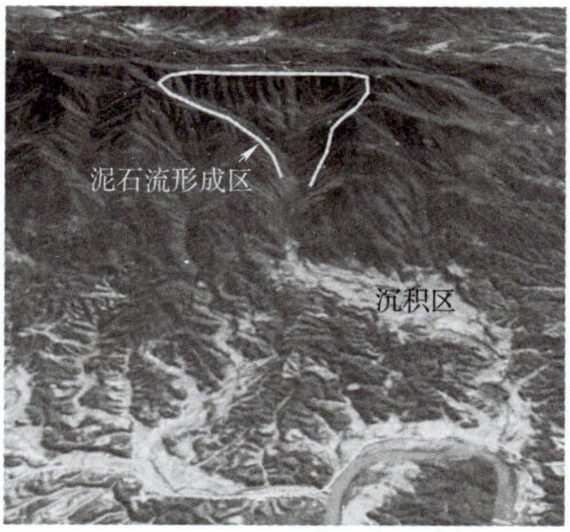

图 7-19　建宁县黄岭附近较大型泥石流

图 7-20　泥石流堆积区及散布的次磨圆漂砾

表 7-4　建宁县黄岭附近较大泥石流物理参数

区　域	形成区			流通区		堆积区	
类　别	山坡坡度/(°)	相对高差/m	面积/km^2	沟谷长/km	沟谷纵坡/(°)	面积/km^2	厚度/m
数　值	15～33	650～700	2.9	2.1	8～10	0.91	3～6

根据三维遥感判释和现场验证，最终判释确定工程区 20 条主要泥石流沟。按流域特征以山坡形泥石流为主，按严重程度以中等泥石流为主。

滑坡的判释采用三维遥感与现场验证相结合的判释方法。该地区滑坡判释注重其地貌特征的划分，包括圈椅形的平面形态、滑坡壁、封闭洼地、鼓张裂缝及滑坡舌的识别，同时结合岩性、构造、植被和水系等环境因素进行综合判释。典型滑坡的三维判释特征如图 7-21 所示，从其仰视图[图 7-21(a)]可见，滑坡前缘发育鼓张裂隙，滑坡舌延伸至公路下方，表层植被破坏严重；从其侧视图[图 7-21(b)]可见，滑坡壁清晰，上方部分块体滑动明显。

该区主要分布深层基岩滑坡。此类滑坡是滑带位于基岩内，上部的岩体及风化壳已经滑动或失稳的斜坡。由于工作区岩性成层性差或是出露厚层沉积岩，且岩性以较坚硬的花岗岩、变质岩为主，没有发育顺层滑坡的构造条件，因此该类灾害在区域分布有限。其中高威胁大方量滑坡的发育主要受控于断裂的展布。五夫附近大型滑坡遥感影像特征及现场照片如图7-22所示，为工作区内一处深层基岩滑坡，位于五夫镇古亭水库北侧山坡，坡脚直抵水库，主坡向约60°，滑体长1 100 m，宽330 m，顶趾高差约400 m，厚约20～50 m，方量约500万m^3，滑体坡度约30°。所处地带为侏罗系上统南园组火山岩与古生代中下统大金山组变质岩的接触带，区域断裂沿接触带通过，表现为高陡的断层壁，也是该滑坡的后壁。目前滑体稳定，但在强降雨、地震和水库水位提高情况有复活可能，同时该滑坡附近有多处沿同一断裂带滑坡，其形成机制与该滑坡类似。特别值得注意的是规划铁路从该滑体上通过。

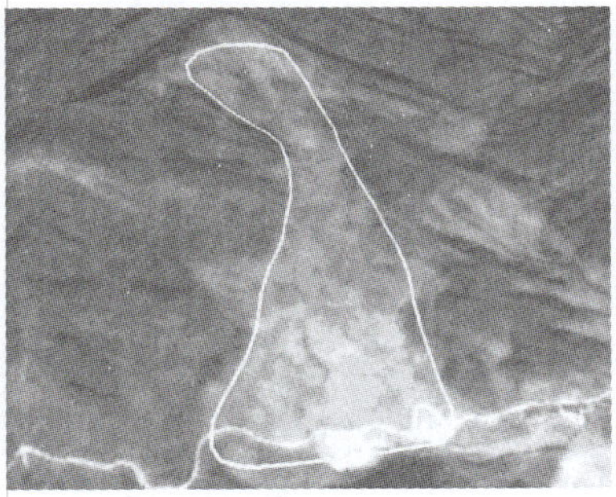

(a)仰视图

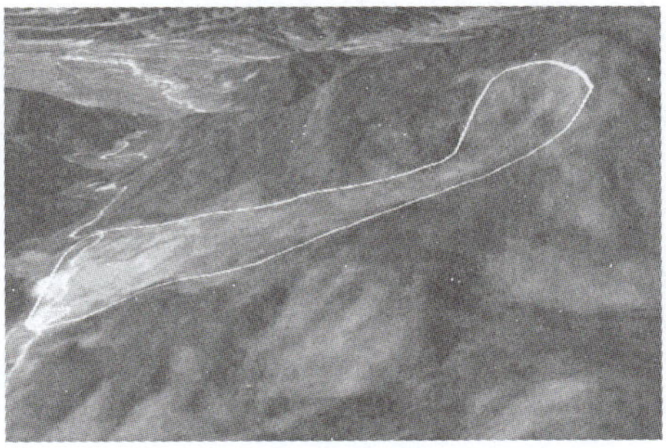

(b)侧视图

图7-21　典型滑坡的三维判释特征

(a)遥感影像特征

(b)现场照片

图7-22　五夫附近大型滑坡遥感影像特征及现场照片

此外，在研究范围内局部松散物质发育地区，分布大量碎屑流型滑坡。泰宁地区碎屑流型滑坡群如图7-23所示，反映在遥感影像上为群聚的浅色斑点[图7-23(a)]，现场调查[图7-23(b)]可见浅层碎屑物质的滑动。此类滑坡有规模小、数量多、群发性强、滑坡体植被覆盖差等特征。从滑坡判释结果和现场调查看，碎屑流型滑坡与基底岩性无明显相关性，在晚中生代沉积砂岩、中生代侵入岩和古生代变质岩地层中均有不同程度的发育。但受表层碎屑分化壳厚度的影响较大，风化壳较厚、碎屑物质越多处越容易发生碎屑流型滑坡。

(a)ALOS影像　　　　(b)现场照片

图 7-23　泰宁地区碎屑流型滑坡群

7.2.4　现场验证与结果分析

根据遥感初步判释结果，确定现场调查范围和重点区域，主要包括线位上桥梁、隧道进出口等重点区域。不良地质以现场验证为主，断裂构造的现场验证由于植被覆盖度高而变得更加困难，需借助钻探和物探手段进行补充验证。重要工点的断裂构造验证情况如下：

区内主断裂岩前-武调断裂带在线路 DK263＋940～D264＋100 处的断裂(F4)穿越全线重点工程莲花山隧道，根据遥感解译的位置，现场布置了物探大地电磁及钻探验证，钻孔揭示 38 m 以上岩芯均非常破碎，并有石英岩脉侵入硅化，其中 22～23 m 可见断层泥。大地电磁显示 DK263＋975 附近电阻率等值线剧烈变化，连续性被切断，推断为断层中心位置。岩前-武调断裂验证孔剖面及大地电磁成果如图 7-24 所示，钻探、物探成果验证了该断层的存在。

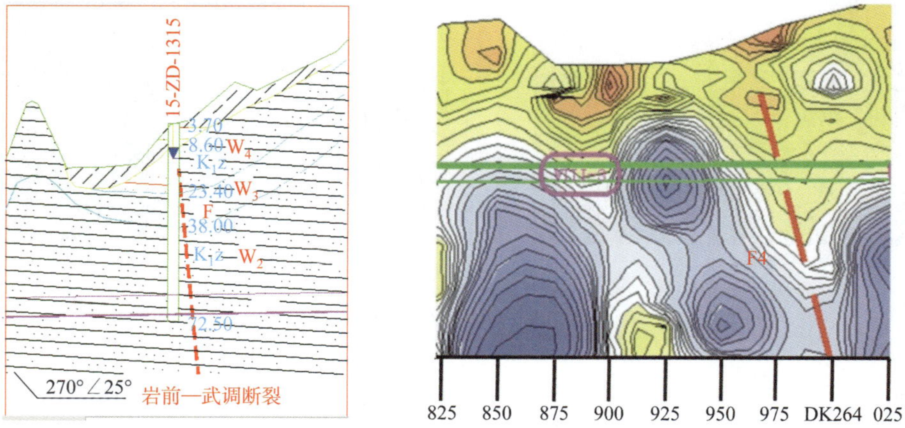

F—断裂；W_4—全风化；W_3—强风化；W_2—弱风化。

图 7-24　岩前—武调断裂验证孔剖面及大地电磁成果

张坊断裂(F5)经遥感解译确定大致位置后，进行了钻探验证，现场岩芯可见 10.3 m 以下砂岩明显破碎，呈断层泥夹碎块状，垂直厚度超过 5 m。张坊断裂验证孔剖面及岩芯照如图 7-25 所示。

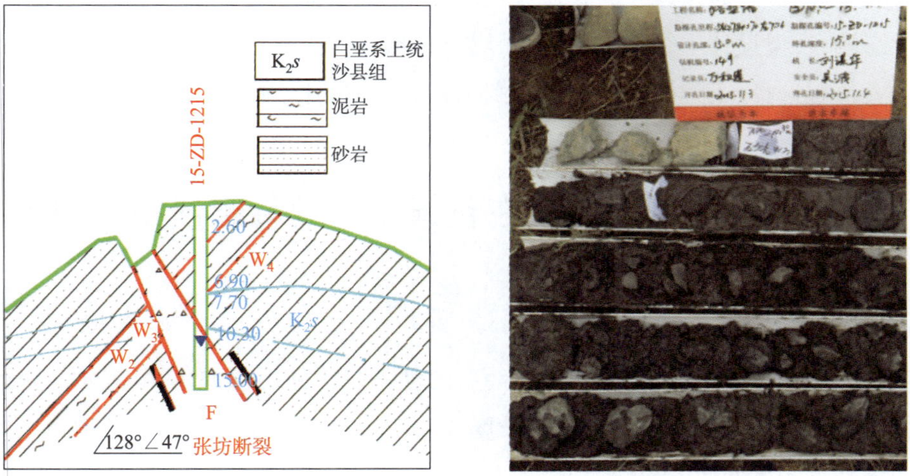

图 7-25 张坊断裂验证孔剖面及岩芯照

此外还对部分桥梁工点断裂构造进行了物探验证，如东溪 3 号大桥、沿口大桥等。重点桥梁工点断裂物探验证结果如图 7-26 所示。东溪 3 号大桥测线上覆黏性土，下伏花岗岩，由等视电阻率图分析，在 DS-4 至 DS-5 段(即 DK299＋205 左 10 m)等值线纵向分布，推断为断裂带，断裂带倾向偏向小里程[图 7-26(a)]。沿口大桥 DK285＋830～DK285＋885 上覆粉黏土，下伏砂岩。由等视电阻率图分析，DK285＋862 里程处低阻纵向分布，存在断裂层[图 7-26(b)]。

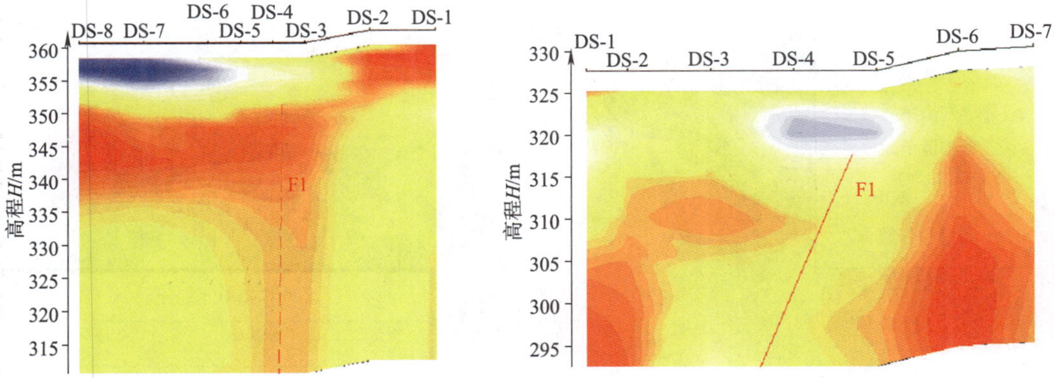

(a)东溪 3 号大桥跨桥断裂电法成果剖面　　(b)沿口大桥跨桥断裂电法成果剖面

图 7-26 重点桥梁工点断裂物探验证结果

在浦梅铁路复杂山区地质遥感勘察工作中，基于三维遥感判释与定量分析软件，采用高分辨率遥感、多期遥感和三维遥感相结合的综合判释方法，提取沿线断裂构造和不良地质信息。通过现场调查、钻探和物探等手段的验证，确定穿过线位的各类断裂 50 余条，重点泥石流沟 2 处，判释准确率达到 90%以上。选线中及时应用遥感解译成果，调整了穿越部分断裂的线位角度，降低了断裂区破碎岩体对隧道围岩分级、涌水、高陡边坡的工程造价及安全性方面的影响；桥梁设计中结合解译、勘探成果对孔跨设置进行了有效优化；此外，对详细勘察阶段钻孔位置选择、工程措施的设置起到了显著的指导作用。

7.3 空间遥感技术在包银铁路越岭选线中应用

7.3.1 工程概况

包银铁路东起内蒙古自治区包头市，经由内蒙古自治区巴彦淖尔市、乌海市、宁夏回族自治区石嘴山市进入银川市。新建线路长度 519 km。本线走行于黄河河套平原及乌拉山、贺兰山山前冲洪积平原区，局部为中低山区。海拔高程一般在 1 045～1 100 m，最高处位于乌海市甘德尔山，海拔约 1 805.4 m。线位行走于华北地区之中，南部以牛首山固原深断裂与祁连褶皱系相接。经过的地质单元依次为二级构造单元鄂尔多斯台坳中的河套断陷带、鄂尔多斯西缘拗陷中的桌子山-贺兰山褶断束和银川隆陷。包银铁路沿线构造单元如图 7-27 所示。沿线主要地质问题有活动断裂、采空区、风沙、砂土地震液化及水土侵蚀性等，其中活动断裂问题是控制线位走向的关键，利用遥感技术查明磴口至甘德尔山附近区域断裂构造分布特征，为指导地质选线提供了必要依据。

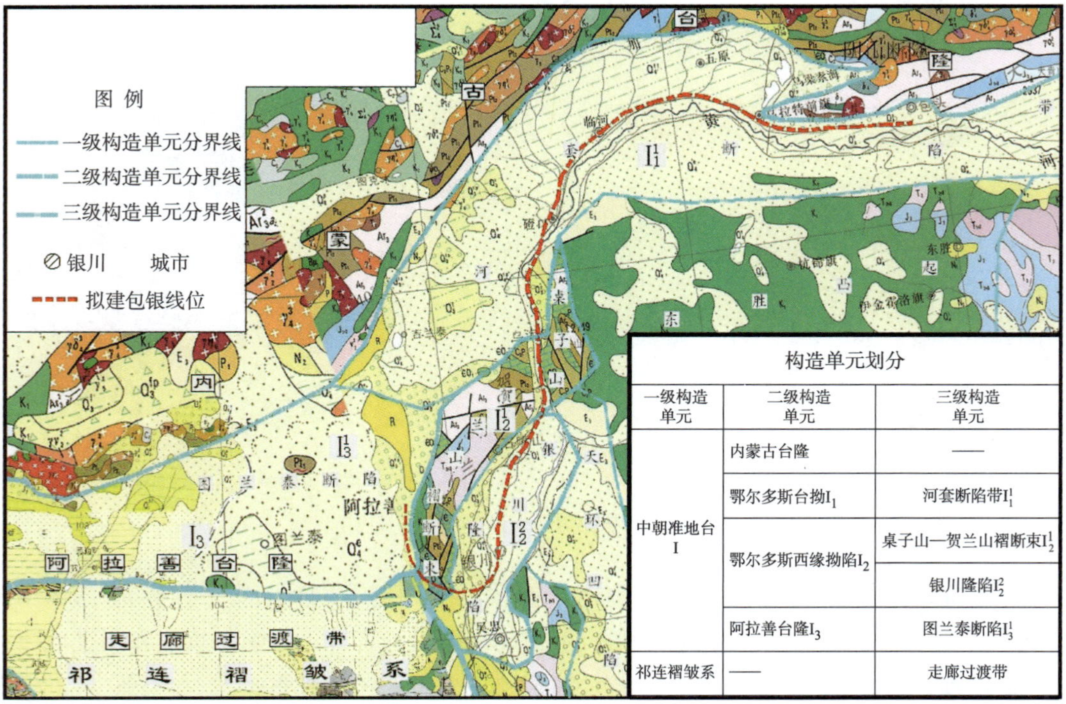

构造单元划分

一级构造单元	二级构造单元	三级构造单元
中朝准地台 I	内蒙古台隆	——
	鄂尔多斯台坳I_1	河套断陷带I_1^1
	鄂尔多斯西缘拗陷I_2	桌子山—贺兰山褶断束I_2^1
		银川隆陷I_2^2
	阿拉善台隆I_3	图兰泰断陷I_3^1
祁连褶皱系	——	走廊过渡带

图 7-27 包银铁路沿线构造单元

7.3.2　数据选取与处理

根据该线遥感判释对象的特点，选取以下基础数据源：(1)2001 年 10 月获取的 Landsat ETM+多光谱影像；(2)2016 年 10 月获取的高分二号(GF-2)4 m 多光谱影像和 1 m 全色影像；(3)30 m 分辨率 ASTER GDEM 高程数据；(4)区域 1∶200 000 地质图资料，以及野外 GPS 特征点数据。

数据预处理分以下三步：

(1)遥感图像处理。主要包括辐射校正、几何精校正、波段组合、图像配准和融合等。研究所用的影像经过辐射校正，可以满足信息提取的需要；几何精校正采用选取控制点的二次多项式方法。首先，将 GF-2 卫星影像校正到西安 80 坐标系，后以该数据为基准，分别校正 ETM+影像和 DEM 数据；在多波段数据组合中，GF-2 数据采用 321/RGB 组合方式，ETM+数据采用 741/RGB 组合方式；在配准的基础上，对 ETM+和 GF-2 波段组合影像与各自全色数据进行融合处理，采用高通滤波变换方法。

(2)高程数据处理。ASTER GDEM 数据局部存在高程异常，使用前需进行处理。将其转换为点云数据，根据限差及其他地形资料消除高程异常，然后重新生成 DEM 数据。

(3)地质资料处理。主要为矢量化工程地质资料中断裂构造及地层分界线等，并将其与线位、野外 GPS 数据及其他信息按分类分级方法一并存入基础信息数据库，以备调用。

为提高该线断裂构造遥感判释的准确率，研究采用多光谱遥感、高分辨率遥感和三维遥感相结合的方式，利用多尺度的综合判释方法，进行包银铁路断裂构造遥感判释工作。包银铁路断裂构造遥感判释技术路线如图 7-28 所示。在遥感图像和高程数据处理的基础上，分别建立多光谱和高分辨率三维遥感判释系统，综合数字化地质资料，开展断裂构造判释。首先，在多光谱三维遥感判释系统中，借助多光谱遥感地物反射差异和岩性光谱信息，开展沿线断裂构造初步判释；其次，将初步判释结果发送至高分辨率三维遥感判释系统，借助其纹理细节信息，对初步判释结果进行修改和补充，完成详细判释工作；最后，对详细判释结果进行现场验证，并进行优化完善，得到最终判释结果。

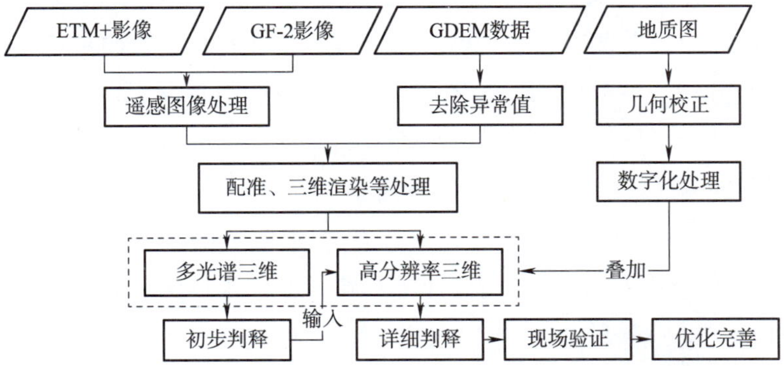

图 7-28　包银铁路断裂构造遥感判释技术路线

7.3.3 判释结果与分析

包银铁路沿线 GF-2 影像区域断裂构造典型判释标志如图 7-29 所示，主要有断层垭口、断层陡崖、断层沟谷及控制河流走向等。一条断裂往往由不同的判释标志组合在一起而显现出来。断裂判释标志如图 7-29(a)所示，断裂造成一处断层垭口(A)，使河流发生直角拐弯(B)，并向前发育一段断层沟谷(C)，几处标志组合起来，揭示了该断层的延展方向；断裂构造如图 7-29(b)所示，区域发育多条断裂，不同判释标志组合同样是揭示断层的重要特征，如中间的一条横向断层，连续形成多个断层垭口，并控制局部河流走向。总体来看，该区断裂构造主要判释标志为断层垭口，以及断层沟谷和陡崖等，要注意河流急剧转弯和其他判释标志的相互验证。

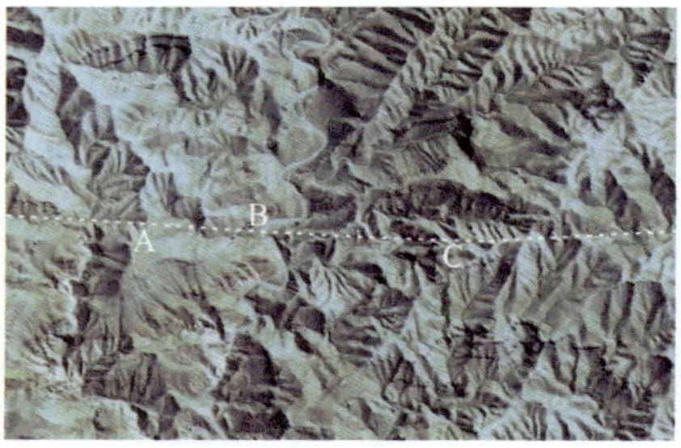

(a)断裂判释标志

(b)断裂构造

图 7-29　GF-2 影像区域断裂构造典型判释标志

根据建立的区域断裂构造判释标志，在多光谱三维遥感判释系统中，开展沿线断裂构造初步判释，并将初步判释结果发送至高分辨率三维遥感判释系统，进行修改和补充，完成详细判释工作。ETM+与 GF-2 影像断裂判释标志对比如图 7-30 所示。断层 F1 在多光谱影像中[图 7-30(a)]主要判释标志为断层沟谷，在 GF-2 影像中可以判断出该断层切割山体的起止位置，从而对断层的延展情况作出优化；断层 F2 的主要判释标志为不同地貌单元的截然相接，在多光谱影像中断层 F2 两侧岩性发生明显变化，主要表现为色调和色彩上的明显差异。在高分辨率 GF-2 影像中，除断层两侧地貌单元变化外，断层 F2 还控制着一处河流的走向，使河流在断层处呈现约 90°急剧转弯。根据 GF-2 影像所反映的特征，对断层 F2 走向进行了局部调整；根据 GF-2 影像，同样对断层 F3 走向进行了微调。由以上对比可见，多光谱影像有利于对区域断层的判释和划分，依据高分辨率影像可对断层走向和延展规模进行优化，提高了断层判释结果的工程实用性和准确性。

通过对磴口—甘德尔山区域断裂构造进行多光谱三维初步判释，并结合高分辨三维遥感开展详细判释和优化，得到区域断裂构造分布特征。包银铁路磴口—甘德尔山区域断裂构造分布特征如图 7-31 所示。

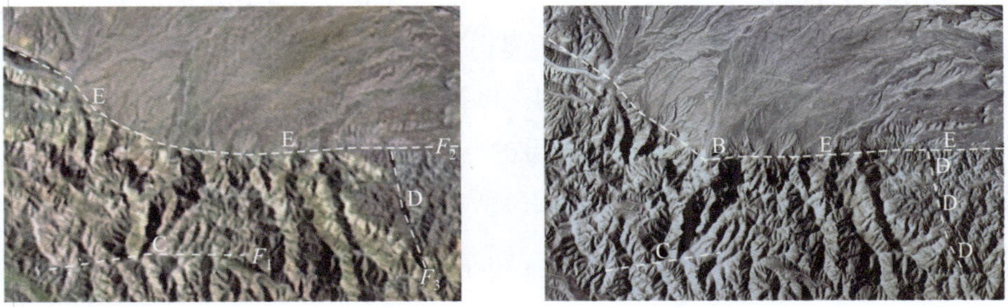

(a)ETM+　　　　　　　　　　　　(b)GF-2

A—断层垭口；B—河流急剧转弯处；C—断层沟谷；D—断层陡崖；

E—不同地貌单元截然相接或岩层变化带。

图 7-30　ETM+与 GF-2 影像断裂判释标志对比

图 7-31　包银铁路磴口—甘德尔山区域断裂构造分布特征

影响线位的断裂构造主要为本井—磴口大断裂和甘德尔山西缘断裂带。其主要特征表现如下：

(1)本井—磴口大断裂：该断裂位于乌兰布和沙漠南缘本井至磴口，东至乌拉山西端西山嘴一带，呈北东向分布延伸 200 余里。本井—磴口大断裂遥感判释特征如图 7-32 所示。该断裂多半隐伏于第四纪之下，但从遥感图像上也能揭示该断层的走向。在磴口附近，断层行走于黄河南岸，留下一排明显的陡坎，如图 7-32(a)中箭头所示；向西南方向延伸，并控制黄河流向，使黄河在此处发生明显拐弯；之后向西南延伸至乌兰布和沙漠南缘，两侧半固定沙丘沿断裂出现明显变化，并有串珠状水系分布其间[图 7-32(b)]。这些特征综合揭示了该隐伏断裂的走向信息，为跨黄河桥位选址及线路走向提供了指导。

(2)甘德尔山西缘断裂:从遥感判释结果看,该区发育几条北北东向的断裂构造,其间有小规模东西走向的断层。甘德尔山西缘断裂构造分布特征如图 7-33 所示。其中市委党校—生命纪念园段由一系列走向相同的断层组成,此处断裂带宽度为 130 m 左右;凤凰岭段由一系列走向北北东,倾角相比南段略缓的断层组成,其间发育有小规模东西走向的断层,该断裂段宽度为 50 m 左右;三道坎以南段落根据已有资料显示主断裂进入黄河隐伏断裂。专题研究表明,该断裂整体表现为全新世活动断裂。

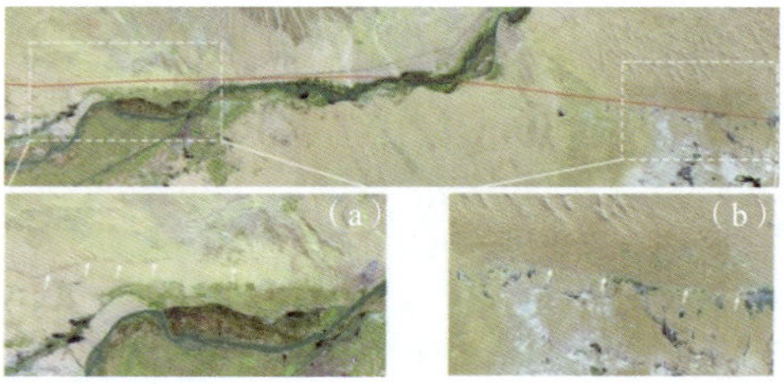

图 7-32　本井—磴口大断裂遥感判释特征

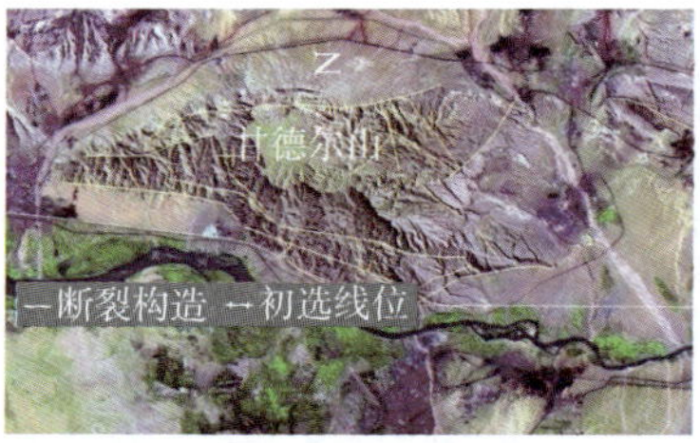

图 7-33　甘德尔山西缘断裂构造分布特征

7.3.4　现场验证与优化

1. 现场验证

将建立的高分辨率三维遥感空间场景、断裂构造信息、设置的验证点、地名及道路等信息,导入自主开发的外业验证终端软件。野外验证终端及信息管理系统如图 7-34 所示,利用移动设备嵌入的卫星导航系统,实现实时的导航定位。到达验证点后,利用外业验证终端软件的工具栏,建立带有坐标信息的验证点,并录入文字描述、照片、语音等属性,完成外业验证点信息采集。外业采集的所有信息,可一体化导入信息综合管理系统[图 7-34(b)],实现验证信息的分析和管理。图中所示为某一验证点的位置、图片等信息,可见该处断裂构造露头表现为灰岩和砂页岩的截然相接,由于抗风化的差异,沿断层走向形成明显的陡坎。

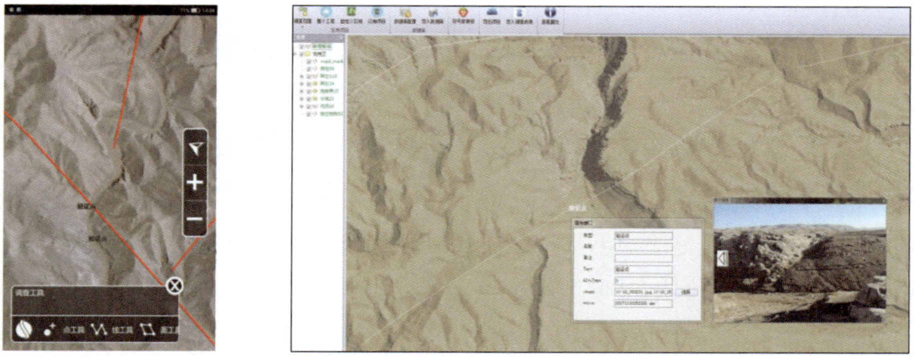

(a)外业验证终端软件　　(b)外业验证信息综合管理系统

图 7-34　野外验证终端及信息管理系统

2. 判释结果补充完善

利用外业验证采集的信息，对判释结果进行逐一检查，完善判释结果。得到该区断裂构造 54 条，甘德尔山西缘断裂构造 17 条，基本查明了区域断裂构造分布特征，为选线设计提供了有效参考。

3. 甘德尔山越岭方案比选

（1）东侧方案（AK1）走行于黄河东岸甘德尔山前冲洪积平原，并以隧道形式穿越甘德尔山，洞身部分段落与断裂构造大角度相交，绕避了活动断裂和铅锌矿采空，整体上围岩相对较好；

（2）中间方案（AK2）同样以隧道形式穿越甘德尔山，山体构造发育情况同 AK1 方案，但部分段落穿越铅锌矿采空区，施工风险极高；

（3）西侧方案（AK3）以一短、一长隧道穿越甘德尔山，穿越多处构造密集区，并有多处断裂构造近距离并行线路；AK1 方案整体要优于 AK2 和 AK3 方案。

借助 ETM＋、高分二号遥感数据，结合 ASTER 高程数据和野外调查资料，采用多光谱遥感、高分辨率遥感和三维遥感相结合的方式，开展包银铁路磴口—甘德尔山区域断裂构造遥感判释工作，并开展甘德尔山越岭地段线路方案的比选。得到结论如下：

（1）采用多光谱和高分辨率结合的三维遥感判释方法，能够有效开展断裂构造的判释工作，并提高了判释准确度。

（2）查明了影响线路方案的本井—磴口隐伏大断裂位置，以及甘德尔山西缘断裂的分布特征，得到该区断裂构造 54 条，其中甘德尔山西缘断裂构造 17 条。

（3）借助自主开发的外业验证终端及信息综合管理系统，便捷了现场验证点导航定位、数据采集和录入，并实现了数据综合管理和分析。

（4）通过对甘德尔山越岭方案进行综合比选，东侧方案断裂构造较简单，绕避了活动断裂和铅锌矿采空区，围岩状况相对较好，整体要优于中间方案和西侧方案。研究结果可广泛应用于山区铁路断裂构造勘察和地质选线工作。

7.4　空间遥感技术在巴拿马铁路中应用

7.4.1　境外铁路勘察面临的挑战

境外铁路工程地质勘察与国内项目相比，不仅存在基础地质资料匮乏、地质情况复杂、大范围地质调绘困难、物探、钻探等勘察手段受限等问题，还有土地私有、环保要求特殊等制度、体制带来的实际问题。加之境外项目勘察周期短，需快速决策，地质选线与工程经济性比选面临很大考验。

基于这种情况，遥感技术在境外铁路建设中起到了更为突出的作用。然而，遥感技术应用于国外铁路勘察同样面临很多挑战，同时尚无成熟技术及经验可借鉴，例如数据获取途径、技术流程的设定、工作地域和地质体的未知性、东南亚高植被覆盖区、西亚风沙干旱区、西北亚高寒山区、非洲峡谷区等复杂地貌，都给遥感工作带来了新的难题。

7.4.2　巴拿马铁路概况与地质问题

巴拿马共和国巴拿马省至奇里基省铁路(简称巴拿马铁路)长约 500 km，穿越巴拿马共和国南部，沿线地貌在拉乔雷拉到查姆、索纳到雷梅迪奥斯段为低山区，其余大部段落位于丘陵区，沿海地段为平原区。沿线地层岩性多样、构造强烈发育，不良地质及特殊岩土众多，地形地质条件复杂。沿线主要不良地质有大陆中部线状分布的火山、断层带、地震及地震液化以及开采金、银、铜等有色金属的人工坑洞；主要特殊岩土为滨海及沟谷分布的软土、人工填土、膨胀土等。此外，该线属于临海工程，还要考虑海洋潮汐、波浪、近岸流等对工程的影响。由于该线基础地质资料缺乏，植被覆盖茂密，加之土地私有，工期紧等难题，重点采用了遥感技术开展沿线断裂构造及不良地质勘察，为地质勘察和选线设计提供基础资料。

7.4.3　遥感工作技术路线

根据巴拿马铁路沿线不良地质发育特征和勘测需求，优选 Landsat-7 ETM+影像、高分一号(GF-1)卫星影像、1 m 分辨率卫星影像，同时收集 30 m ASTER GDEM V2 数字高程模型数据，采用多光谱遥感、高分辨率遥感和三维遥感相结合的方法，开展沿线火山、断裂构造、不良地质、采矿点及海水入侵范围等地质问题的勘查。

对于断裂构造的解译，采用多光谱遥感、高空间分辨率遥感与数字高程模型相结合的解译方法。首先，利用多光谱遥感图像进行假彩色合成，突出构造信息，进行区域构造解译；然后，结合高空间分辨率遥感图像进行小型构造的解译以及具体位置的细化。条件允许时，可通过计算机将遥感图像与数字高程模型叠加，实现对地质构造的立体解译。

对于不良地质的解译，采用高空间分辨率遥感与数字高程模型相结合的解译方法，建立三维遥感解译系统，开展沿线火山、采矿点、海水入侵范围等不良地质的解译。巴拿马铁路高分辨率三维遥感解译技术路线与图 7-14 一致。

7.4.4　典型不良地质遥感判释

1. 断裂构造遥感解译

断裂构造遥感解译按照先宏观后微观、先易后难、多种资料相互验证的原则。首先利用融合后 15 m ETM+影像解译区域性断裂；然后利用 1 m 分辨率高分影像进行详细解译，最后综合三维地形和 GPS 验证点信息，确定断裂构造分布。断裂构造的解译主要依据色调和形态等解译标志，色调标志主要为不同岩性或不同沉积物的分界线，形态标志主要为线性负地形。巴拿马铁路沿线地表多覆盖第四系(Q)地层,断裂多表现为隐伏断层。其解译标志主要为断层沟谷、断层垭口、断层陡崖、控制河流走向等。

巴拿马铁路沿线断裂构造解译标志特征——断层沟谷如图 7-35 所示,具有明显的方向性,在空间上断续延伸较远,宽度都比较窄,笔直而深切;成组平行地出现,水系格局不相协调。断层沟谷指示了断层的走向和规模。断层沟谷如图 7-35(a)中箭头所指。

(a)断层沟谷

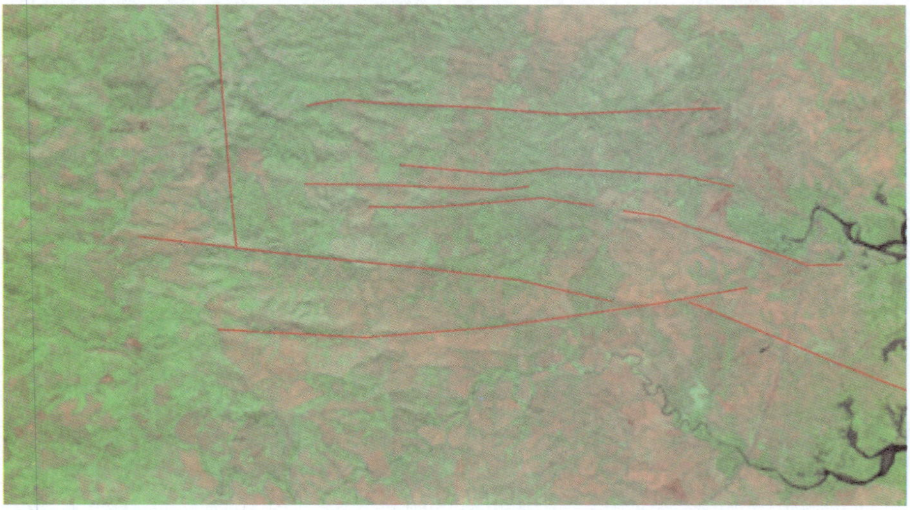

(b)断层沟谷(带线)

图 7-35　巴拿马铁路沿线断裂构造解译标志特征——断层沟谷

断裂致使山脊部分下凹并产生错动,从而形成垭口,且两侧伴有线性负地形向外延伸,其形成的线性形迹即为断裂的位置。巴拿马铁路沿线断裂构造解译标志特征——断层垭口如图 7-36 所示。断层垭口如图 7-36(a)中箭头所指位置。

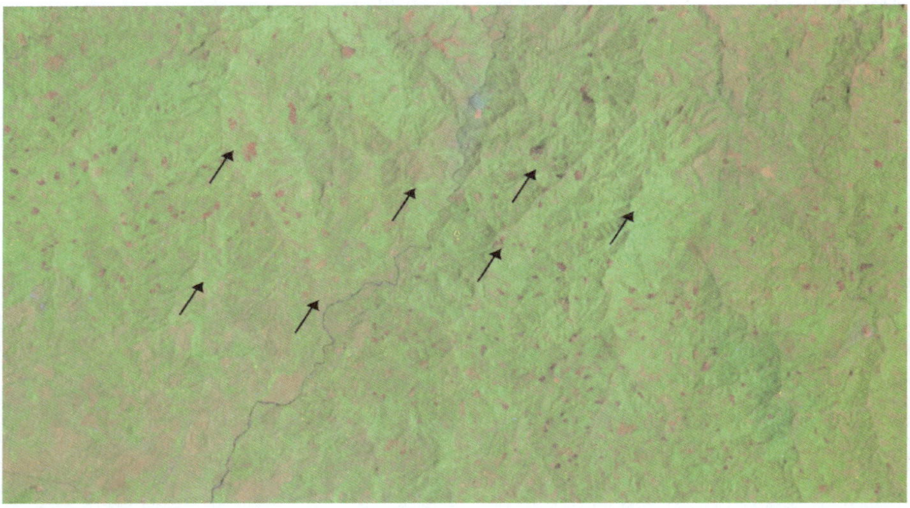

(a)断层垭口

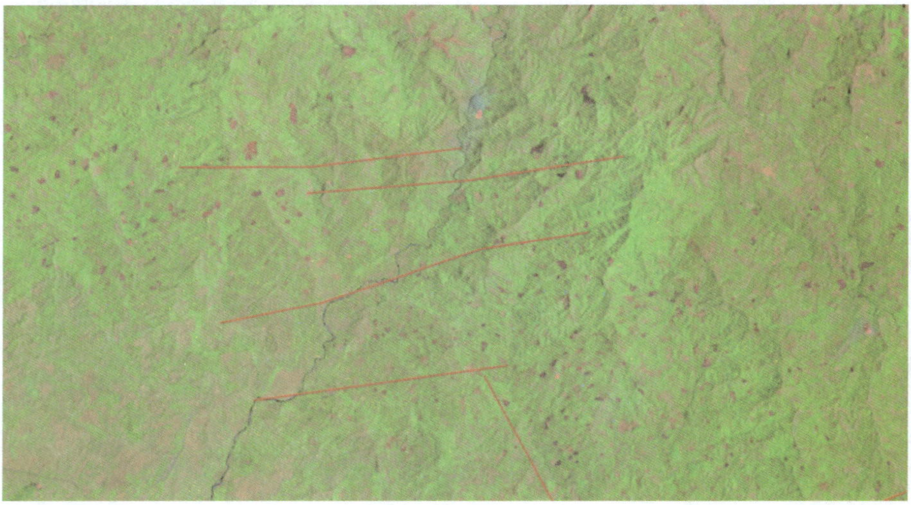

(b)断层垭口(带线)

图 7-36　巴拿马铁路沿线断裂构造解译标志特征——断层垭口

水系是反映断裂活动的一种最敏感的因素。水系变异通常与断裂，尤其是活动断裂有关，是一种比较常用的线形构造间接解译标志。河道上还可能出现一些特征点，像汇流点、改流点、决口点、分流点、曲流段和直线段的起止点等，都可以作为解译断裂是否存在，以及是否活动的依据。河流的汇流点常常出现在强烈下沉地带或几组断裂交汇地带；分流点上游方向常指向断裂的上升盘；曲流段出现在断裂下降盘。老水系的新发育形态也是解译断裂的证据。巴拿马铁路沿线断裂构造解译标志特征——水系变化如图 7-37 所示。可见相邻的三条河流在同一直线上，发生大角度拐弯，并伴随着断层垭口的出现，这一直线即为断裂位置。

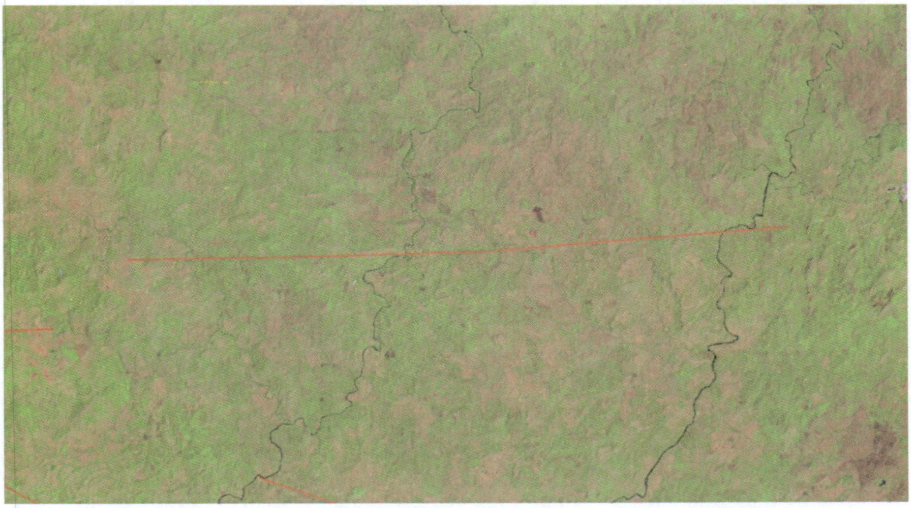

图 7-37　巴拿马铁路沿线断裂构造解译标志特征——水系变化

一些区域大断裂往往由多种解译标志共同指示出来。巴拿马铁路沿线断裂构造组合解译标志特征如图 7-38 所示，为一处区域断裂，从左至右可见，致使河流发生大角度拐弯，不同地貌的截然相接，以及断层陡崖等解译标志相继出现。这些断裂解译标志，共同指示了该断层的存在。

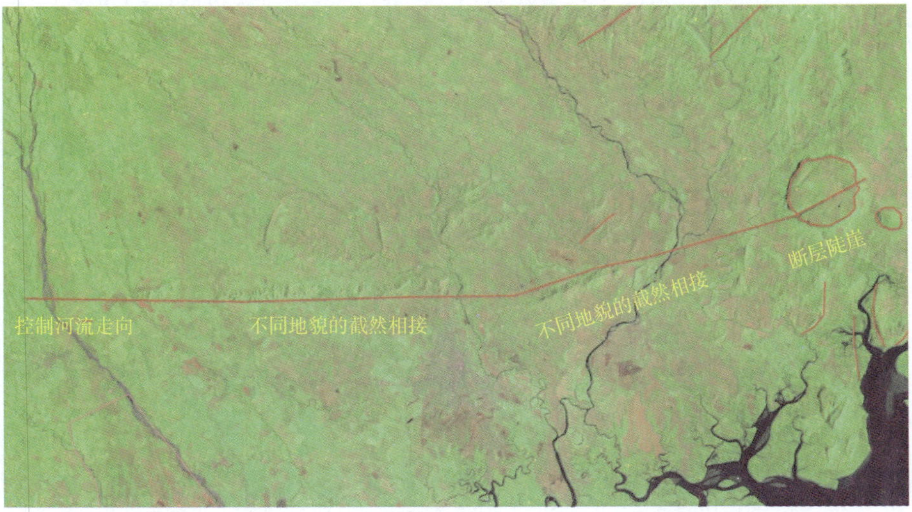

图 7-38　巴拿马铁路沿线断裂构造组合解译标志特征

环形构造的解译标志与线性构造存在明显差异，环形构造往往表现为环内外地形的整体差异，包括整体抬升或整体沉陷。抬升后形成孤立的台地，沉陷后形成盆地。巴拿马铁路沿线环形断裂构造解译标志特征如图 7-39 所示，为该区环形构造特征，表现为环内地形的整体抬升，形成台地，中间被大型断裂切割，形成冲沟。

图 7-39　巴拿马铁路沿线环形断裂构造解译标志特征

2. 火山遥感解译

火山的解译主要根据火山地貌特征，根据喷发形式的不同，往往表现出不同的地貌形态。巴拿马铁路沿线圆锥形火山解译标志特征如图 7-40 所示，为圆锥式火山特征，可见浑圆的轮廓，火山口顶部呈环形漏斗状，在其两侧有缺口，为熔岩流出口，遍布放射状的支沟。从其地形特征看，火山覆盖区呈孤山形态，中间有近圆形凹陷，放射状支沟相互交错。

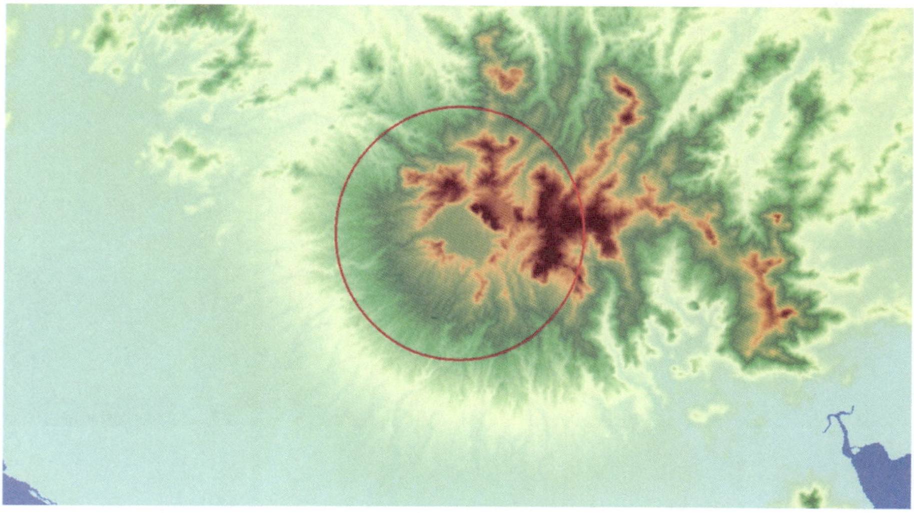

图 7-40　巴拿马铁路沿线圆锥形火山解译标志特征

此外，该区还存在裂隙式喷发的火山。该类型火山口多呈长条状，顶部发育狭长形裂隙，后逐渐演化为平台。巴拿马铁路沿线裂隙式火山解译标志特征如图 7-41 所示。但从地形上看，每个裂隙式火山仍为孤立山峰。

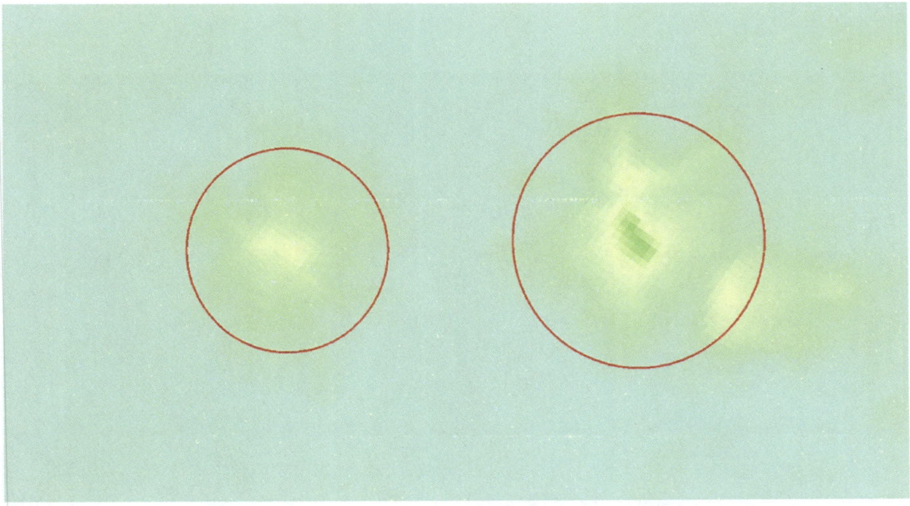

图 7-41　巴拿马铁路沿线裂隙式火山解译标志特征

3. 海水入侵范围遥感解译

由于巴拿马铁路为临海工程，要考虑海洋作用对工程的影响，其中海水入侵范围是最重要的一项内容。依据海岸带植被群落特征，可划分海水入侵范围。该工程在潮汐作用影响下的植被类型为红树科，通过短波红外、红色和绿色等光谱波段的组合，可以区分出红树林与陆地植被的光谱反射差异。巴拿马铁路沿线海水入侵范围解译标志特征如图 7-42 所示，红树林呈鲜绿色，陆上植被呈品红色，二者的交界即为海水入侵范围。

图 7-42　巴拿马铁路沿线海水入侵范围解译标志特征

4. 洪积扇遥感解译

洪积扇的解译主要根据地貌和河流特征。巴拿马铁路沿线洪积扇解译标志特征如图7-43所示，可见从河口三角洲顶点向大海方向形成若干支流组成的扇状水系。揭示了洪积扇的规模和范围。

图7-43 巴拿马铁路沿线洪积扇解译标志特征

5. 采矿点遥感解译

该区采矿主要有采沙场、采石场等，其解译标志主要由道路、植被、设备及采矿坑等组成。巴拿马铁路沿线采矿点解译标志特征如图7-44所示，可见露天开采的一些特征，植被被破坏，场内设施及开挖断面留下的陡坎都清晰可见。

图7-44 巴拿马铁路沿线采矿点解译标志特征

7.4.5　现场验证与解译结果

现场验证前，设计好验证路线和验证点，断裂验证点一般设在有开挖活动、沟谷及陡崖下部等区域；海水入侵范围验证点一般设在解译的边界且有道路到达的地方；采矿点的验证采用重点验证和现场核实等方法。利用自主开发的外业验证软件系统，进行验证点选取，路线规划等工作。出工时，依据路线规划图，利用移动调查终端导航功能抵近调查点。现场验证终端设备如图 7-45 所示。

图 7-45　现场验证终端设备

现场验证以核实各种不良地质的特征为主。对于断裂的验证，以寻找露头、陡崖、断层沟谷及地层岩性变化等特征为主；海水入侵范围的验证以寻找水陆交界的植被变化特征为主；采矿点的验证以现场核实为主。验证后，将现场采集的照片、语音、备注等信息导入桌面端信息管理软件系统，实现工点资料的综合管理。对于错判的不良地质及时修改，并说明原因，进行判释结果的优化处理，及时更新判释结果数据库。

1. 断裂构造现场验证

对于断裂的验证，以寻找露头、陡崖、断层沟谷及地层岩性变化等特征为主。该区植被覆盖度高，现场调查验证工作困难重重，很难找到断层露头等特征点，但也能从微地貌上看到一些断层的行迹，如现场验证一断层沟谷（图 7-46），笔直而深切，呈“V”字形，切割山脊形成明显的垭口，与普通的“U”形谷存在很大差异。该区还存在断层陡崖如图 7-47 所示，主要表现为断层一侧为陡崖，一侧为缓坡，陡崖上部与下部植被存在明显差异。采用野外验证终端系统，对外业拍摄照片、调查记录等信息进行管理。室内进行判释结果的优化处理，及时更新判释结果数据库。

图 7-46　现场验证-断层沟谷

图 7-47　现场验证-断层陡崖

2. 海水入侵范围现场验证

红树林一般生长在高潮线与低潮线之间的潮间带区域，属于喜盐植被群落。其光谱反射与陆地植被有很大差异，通过这种差异提取红树林范围。现场调查可见红树林与陆地植被的交界即为海水入侵的高潮线。海陆分界线如图 7-48 所示。现场调查发现 3 种红树林类型(图 7-49～图 7-51)，包括红树、木榄等。

图 7-48　海陆分界线

图 7-49　红树林－竹节木

图 7-50　红树林—海水入侵边界

图 7-51　红树林

3. 采矿点现场验证

沿线采矿主要为采石和采砂两种，一般为露天开采。采矿点的现场验证特征为采石场呈均一的浅色调，有道路通往采石场，并有小路贯通山坡上下，有时还能看到采石场附近路边散放的石堆，甚至可以看到往返采石场的各种车辆。现场调查的采矿点，主要为玄武岩矿。采矿点如图 7-52 所示，采矿后留下的深坑如图 7-53 所示。

现场验证后，对初步解译成果进行修改和完善，得到断裂构造 67 条，海水入侵范围 8 处，采矿点 42 处，冲积扇 2 处，火山 5 处。

图 7-52　采矿点

图 7-53　采矿后留下的深坑

7.5　空间遥感技术在菲律宾南线铁路中应用

7.5.1　菲律宾南线铁路概况

菲律宾南北铁路南线部分全长 654 km，项目分为三大部分。第一部分为既有修复工程，从马尼拉至黎牙实比，长度约为 479 km。第二部分为新建卡兰巴至八打雁的支线，长度约为 58 km。第三部分为新建黎牙实比至马特诺格的南部铁路延长线，长度约为 117 km。

沿线地貌在卡兰巴—卢塞纳、黎牙实比—马特诺格段为低山丘陵区，其他地段为平原区。沿线地层岩性多样、构造强烈发育，不良地质及特殊岩土众多，地形地质条件复杂。沿线主要不良地质有地面沉降、地震液化、滑坡、泥石流、不稳定斜坡、崩塌落石、活动断层等；主要特殊岩土为滨海及沟谷分布的软土、人工填土、膨胀土、盐渍土等。此外，该线属于临海工程，还要考虑海洋潮汐、波浪、近岸流等对工程的影响。由于菲律宾为热带海洋性气候，植被覆盖茂密，加之土地私有，工期紧等难题，采用遥感技术开展沿线断裂构造及不良地质勘察，为地质勘察和选线设计提供基础资料十分必要。

7.5.2 数据选择与处理

根据菲律宾南线铁路沿线不良地质发育特征和勘测需求，优选 Landsat-7 ETM+影像、高分一号(GF-1)卫星影像、高分二号(GF-2)卫星影像、1 m 分辨率卫星影像，同时收集 30 m ASTER GDEM V2 数字高程模型数据，采用多光谱遥感、高分辨率遥感和三维遥感相结合的方法，开展沿线火山、断裂构造、不良地质及海水入侵范围等地质问题的勘查。

对于断裂构造的解译，采用多光谱遥感、高空间分辨率遥感与数字高程模型相结合的解译方法。首先，利用多光谱遥感图像进行假彩色合成，突出构造信息，进行区域构造解译；然后，结合高空间分辨率遥感图像进行小型构造的解译以及具体位置的细化。条件允许时，可通过计算机将遥感图像与数字高程模型叠加，实现对地质构造的立体解译。

7.5.3 典型地质问题遥感判释方法

1. 断裂构造遥感判释

断裂构造遥感解译按照先宏观后微观、先易后难、多种资料相互验证的原则。由于该区处于太平洋火山岛链，隐伏断裂及活动断裂发育，采用多光谱遥感技术很难提取出沿线断裂构造分布特征。采用多光谱与雷达影像相结合的综合解译方法，开展沿线断裂构造解译：首先利用雷达影像与融合后 15 m ETM+影像解译区域性断裂，然后利用 1 m 分辨率高分影像进行详细解译，最后综合三维地形和 GPS 验证点信息，确定断裂构造分布。断裂构造的解译主要依据色调和形态等解译标志，色调标志主要为不同岩性或不同沉积物的分界线，形态标志主要为线性负地形。菲律宾南线铁路沿线地表多覆盖第四系(Q)地层，断裂多表现为隐伏断层。其解译标志主要为断层沟谷、不同地貌的截然相接、断层陡崖、控制河流走向等。

断层陡崖一般出现在年轻的断层或正在活动的断层上，保留得较明显。菲律宾南线铁路沿线断裂构造解译标志特征——断层陡崖如图 7-54 所示，具有明显的方向性，断层两侧存在明显高程落差，断层陡崖指示了断层的走向和规模。经资料对比分析，该处为一处隐伏的活动断层。

图 7-54　菲律宾南线铁路沿线断裂构造解译标志特征——断层陡崖

断层沟谷具有明显的方向性，宽度都比较窄，延伸较远，与一般河流冲刷的“U”形谷不同，多呈“V”形。菲律宾南线铁路断裂构造解译标志特征——断层沟谷如图 7-55 所示。

图 7-55　菲律宾南线铁路断裂构造解译标志特征——断层沟谷

新老地貌的交接线，往往是由区域性大断裂所造成的。菲律宾南线铁路断裂构造解译标志特征——不同地貌的截然相接如图 7-56 所示，山地与盆地的交接线即为断层通过的位置。中部受区域性断裂切割而形成断陷盆地，与山地地貌反差明显，并存在明显界线。

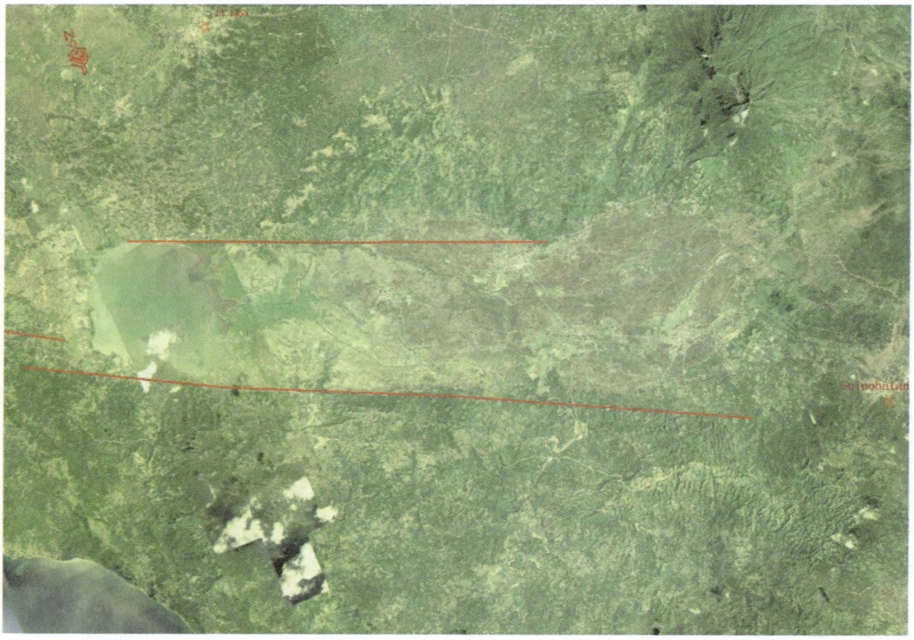

图 7-56　菲律宾南线铁路断裂构造解译标志特征——不同地貌的截然相接

一些区域大断裂往往由多种解译标志共同指示出来。菲律宾南线铁路沿线断裂构造组合解译标志特征如图 7-57 所示，A 为断层陡崖，B 为断层沟谷，C 为不同地貌相接。这些断裂解译标志，共同指示了断层的存在。区域断裂的组合解译标志如图 7-57(b)所示。

(a)区域断裂的组合解译标志

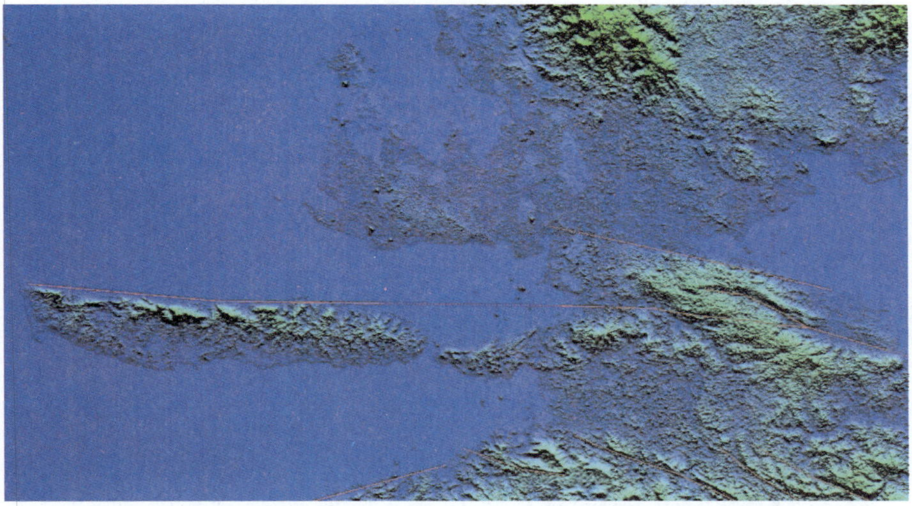

(b)区域断裂的组合解译标志(带线)

A—断层陡崖;B—断层沟谷;C—不同地貌相接。

图 7-57　菲律宾南线铁路沿线断裂构造组合解译标志特征

2. 火山遥感解译

火山的解译主要根据火山地貌特征,根据喷发形式的不同,可分为圆锥式火山和裂隙式火山两类,二者往往表现出不同的地貌形态。菲律宾地区基本为圆锥式火山。菲律宾南线铁路沿线圆锥形火山解译标志特征如图 7-58 所示,可见浑圆的轮廓,火山口顶部呈环形漏斗状,在其两侧有缺口,为熔岩流出口,遍布放射状的支沟。从其地形特征看,火山覆盖区呈孤山形态,放射状支沟相互交错。

图 7-58　菲律宾南线铁路沿线圆锥形火山解译标志特征

3. 海水入侵范围遥感解译

由于菲律宾南线铁路为临海工程，要考虑海洋作用对工程的影响，其中海水入侵范围是最重要的一项内容。主要根据该区海岸带植被群落特征，划分海水入侵范围，潮汐作用影响下的区域生长的植被类型为红树科，通过短波红外、红色和绿色等光谱波段的组合，可以区分出红树林与陆地植被的光谱反射差异。菲律宾南线铁路典型海水入侵范围解译标志特征如图 7-59 所示，红树林呈暗绿色，陆上植被呈鲜绿色，二者的交界即为海水入侵范围。

图 7-59　菲律宾南线铁路典型海水入侵范围解译标志特征

4. 滑坡遥感解译

滑坡的解译主要根据地貌特征。菲律宾南线铁路沿线典型滑坡解译标志特征如图 7-60 所示，影像图中滑坡后缘陡立，呈圈椅状，坡体凸凹不平，滑坡前缘有河流通过，滑体扁平，地势略有起伏。

图 7-60　菲律宾南线铁路沿线典型滑坡解译标志特征

5. 泥石流遥感解译

该区泥石流以火山喷发形成的山坡型泥石流为主，其物源为火山喷发物质，多为复合型泥石流，前期形成的泥石流堆积区，随着降雨等作用成为物源区，松散物质继续向下游搬运堆积。菲律宾南线铁路典型泥石流解译标志特征如图 7-61 所示，为马荣火山泥石流，火山口附近遍布支沟，而后逐渐形成主要冲沟，冲沟携大量松散物质向下搬运堆积，流通区距离长，堆积区范围大。

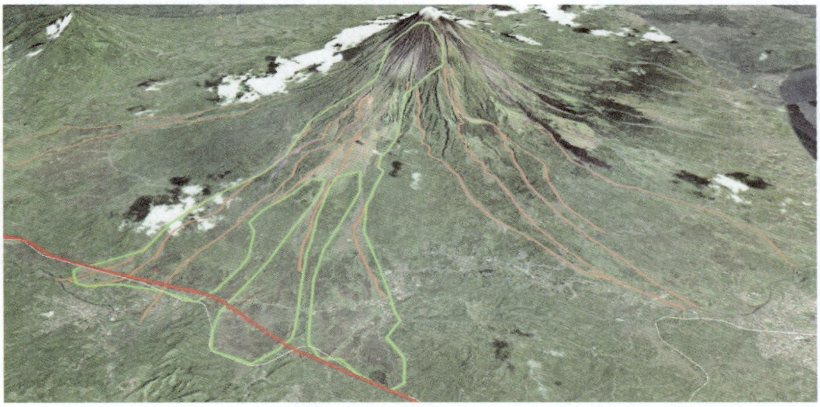

图 7-61　菲律宾南线铁路典型泥石流解译标志特征

6. 采矿点遥感解译

该区采矿主要有采沙场、采石场等，其解译标志主要有道路、植被、设备及采矿坑等组成。菲律宾南线铁路沿线采矿点解译标志特征如图 7-62 所示，可见露天开采的一些特征，植被被破坏，场内设施及开挖断面留下的陡坎都清晰可见。

(a)采矿点 1 遥感特征

(b)采矿点 3 遥感特征

图 7-62 菲律宾南线铁路沿线采矿点解译标志特征

7.5.4 结果分析与验证

菲律宾南线铁路开展了遥感解译成果验证工作。对沿线重点断裂、滑坡、泥石流、海水入侵及采矿等进行现场验证。验证采用移动野外验证终端设备，将遥感解译系统、三维场景、解译结果、验证点等信息导入移动设备，借助卫星导航系统，开展现场验证工作。

现场验证前，设计好验证路线和验证点，断裂验证点一般设在有开挖活动、沟谷及陡崖下部等区域；海水入侵范围验证点一般设在解译的边界且有道路到达的地方；采矿点的验证采用重点验证和现场核实等方法。利用自主开发的外业验证软件系统，可以在验证点进行现场拍照、记录、语音、录像等属性信息录入，并统一录入菲律宾南线铁路遥感解译数据库。遥感验证移动终端如图 7-63 所示。出工时，依据路线规划图，利用移动调查终端导航功能抵近调查点。

现场验证以核实各种不良地质的特征为主。对于断裂的验证，以寻找露头、陡崖、断层沟谷及地层岩性变化等特征为主；海水入侵范围的验证以寻找水陆交界的植被变化特征为主；采矿点、泥石流、滑坡的验证以现场核实为主。验证后，将现场采集的照片、语音、备注等信息导入桌面端信息管理软件系统，实现工点资料的综合管理。对不良地质判释结果进行修改和完善，优化判释结果，及时更新判释结果数据库。

红树林一般生长在高潮线与低潮线之间的潮间带区域，属于喜盐植被群落。其光谱反射与陆地植被有很大差异，通过这种差异提取红树林范围。现场调查可见红树林与陆地植

图 7-63 遥感验证移动终端

被的交界即为海水入侵的高潮线。海滩养殖区如图 7-64 所示。现场调查发现菲律宾南线铁路沿线海滩分布红树林。海滩红树林如图 7-65 所示。通过验证和走访，确定最高潮位淹没位置(图 7-66)。从现场整体验证结果看，由于没有严重的海啸灾害，沿线海水入侵范围整体可控。设计时应考虑 50 年及 100 年一遇高水位对线路的影响。

图 7-64 海滩养殖区

图 7-65　海滩红树林

图 7-66　最高潮位淹没位置

火山泥石流现场核实。菲律宾火山多数具圆锥式火山特征，现场可见浑圆的轮廓，火山口顶部呈环形漏斗状，在其周边有缺口，为熔岩流出口，锥体遍布放射状的支沟，火山脚下顺着支沟方向为熔岩流或泥石流的流经通道，坡脚低洼平原区为泥石流堆积区。从现场验证看，泥石流堆积区覆盖范围广，堆积物厚度大，可见大型块石堆积。马荣火山脚下泥石流流经区、堆积区如图 7-67、图 7-68 所示。布卢桑火山下泥石流流经区如图 7-69 所示。

图 7-67　马荣火山脚下泥石流流经区

图 7-68　马荣火山脚下泥石流堆积区

图 7-69　布卢桑火山下泥石流流经区

滑坡调查点一般设在能够观察滑坡全貌的区域。利用软件系统的制图功能，输出验证路线规划图。对于滑坡的验证，采用先整体后局部的验证方式：整体验证以滑坡形态、与周围地貌的衔接关系为主；局部验证关注后缘封闭洼地、塌陷的发育情况，坡体裂隙及松散物质、前缘出水、与周围岩层的产状变化等信息。调查后，立刻将外业拍摄照片、调查记录等信息整理并录入软件系统，实现工点资料的综合管理。典型滑坡验证特征如图 7-70 所示，为一处滑坡的现场验证结果，从远处可见滑坡典型的圈椅状后缘特征。该区滑坡多为堆积层滑坡，滑坡体一般凸凹不平，其上植被有明显“马刀树”特征。滑坡体上的马刀形椰子树如图 7-71 所示。或者局部高大植被明显被掩埋。由于植被覆盖度高，不达到坡体，一般很难识别该区滑坡。

图 7-70　典型滑坡验证特征

图 7-71　滑坡体上的马刀形椰子树

现场验证后，对初步解译成果进行修改和完善。得到断裂构造 31 条(其中活动断裂 9 条)，火山 33 处，泥石流沟 14 条；初步解译疑似滑坡 15 处，验证后确定滑坡 9 处；初步解译海水入侵风险点 10 处，现场验证后优化了部分海水入侵边界，并删除了对线位基本不产生影响的海水入侵边界，最后确定 4 处对线位有影响的海水入侵范围。通过多源遥感综合判释技术，并经过现场验证和复核解译，基本查明了沿线断裂构造及滑坡等不良地质分布特征，查明了马荣火山泥石流沟分布及影响范围。

通过多源遥感综合判释技术，并经过现场验证和复核解译，基本查明了沿线断裂构造及不良地质分布特征，查明了马荣火山泥石流沟分布及影响范围，为选线设计提供了重要信息。验证后去掉了一部分不良地质，符合初步解译阶段“严格细致，宁多勿缺”的解译原则，避免了重大不良地质的遗漏，提高了工程设计安全水平。成果表明所采用的多源遥感综合解译技术，判释准确率高，能够有效提升勘察效率，在境外铁路工程地质勘察中能够发挥重要作用。

参考文献

[1] 卓宝熙. 工程地质遥感判释与应用[M]. 北京:中国铁道出版社,2002.

[2] 赵英时,等. 遥感应用分析原理与方法[M]. 北京:科学出版社,2003.

[3] 章孝灿,黄智才,赵元洪,等. 遥感数字图像处理[M]. 杭州:浙江大学出版社, 2003.

[4] 刘桂卫,乔平. 铁路地质判释遥感图像融合算法优选与应用[J]. 铁道工程学报,2013(8):22-26.

[5] 周成虎,骆剑承,杨晓梅,等. 遥感影像地学理解与分析[M]. 北京:科学出版社,2003.

[6] 王铁,张晓坤,童立强. 三峡库区遥感三维立体仿真系统及其应用[J]. 遥感信息,2012,27(4):40-43.

[7] 高山. 长大隧道三维可视化遥感地质解译技术应用[J]. 铁道工程学报,2011(11):13-18.

[8] 刘桂卫. 多尺度三维遥感技术在某铁路地质勘察中应用[J]. 铁道工程学报,2016,33(8):40-43.

[9] 刘桂卫,宁新稳,杜辉,等. 铁路三维地质遥感判释软件系统研发与应用[J]. 铁道工程学报,2016(6):16-21.

[10] 童庆禧,张兵,郑兰芬. 高光谱遥感:原理、技术与应用[M]. 北京:高等教育出版社,2006.

[11] 谭衢霖,魏庆朝,杨松林,等. 铁路工程地质遥感雷达图像应用分析[J]. 铁道工程学报,2009(1):17-22.

[12] 田国良,等. 热红外遥感[M]. 北京:电子工业出版社 2006.

[13] 张元生,郭晓,钟美娇,等. 汶川地震卫星热红外亮温变化[J]. 科学通报,2010,55(10):904-910.

[14] YANG X G, LI F R, FAN W Y, et al. Evaluating the efficiency of wind protection by windbreaks based on remote sensing and geographic information systems [J]. Agroforestry Systems,2021,95(2):353-365.

[15] 卓宝熙. 遥感技术在铁路建设中的实践与认识[M]. 北京:中国铁道出版社,2005.

[16] 卓宝熙. 航测遥感技术在铁路勘测设计中的作用[J]. 铁道工程学报,2006(增刊 1):9-14.

[17] 卓宝熙. 工程地质遥感技术应用的现状与展望[J]. 工程地质学报,2004,12(增刊 1):450-454.

[18] 刘桂卫,王在岭,张戎垦,等. 遥感技术在蒙华铁路地质勘察中的应用研究[J]. 铁道工程学报,2015,32(2):27-32.

[19] 刘桂卫,李国和,陈则连,等. 多源遥感技术在艰险山区铁路地质勘察中应用[J]. 铁道工程学报,2019(8):4-8.

[20] 国家铁路局. 铁路工程地质遥感技术规程:TB 10041—2018[S]. 北京:中国铁道出版社,2018.

高速铁路基础研究与技术创新丛书

第一期(16 册)

(一)基础理论与基础技术系列

高速铁路散体道床宏细观力学行为 赵春发　翟婉明　张　徐　著

ISBN 978-7-113-28857-0

高速铁路线路系统动力学 龙许友　时　瑾　王英杰　编著

ISBN 978-7-113-28997-3

高速铁路弓网关系研究 韩通新　著

ISBN 978-7-113-28941-6

(二)动车组系列

高速列车轻量化设计 李　明　伊召锋　米莉艳　等编著

ISBN 978-7-113-28972-0

(三)供电系列

高速铁路受电弓 韩通新　编著

ISBN 978-7-113-28975-1

高速铁路接触网检测技术 韩通新　著

ISBN 978-7-113-28961-4

(四)工程设计系列

高速铁路桥梁抗震设计 陈兴冲　张永亮　编著

ISBN 978-7-113-28964-5

高速铁路轨道工程 BIM 正向设计软件开发及实践 姚　力　刘大园　董凤翔　等编著

ISBN 978-7-113-28934-8

(五)工程施工与组织系列

高速铁路桥梁 BIM 技术研究与实践 盛黎明　苏　伟　刘延宏　宋树峰　编著

ISBN 978-7-113-28938-6

高速铁路岩溶路基边坡变形与稳定 白明洲　师　海　田　岗　等编著

ISBN 978-7-113-28880-8

高速铁路工程地质灾害超前预报图形判别和解译 李 忠 郝娜娜 等编著

ISBN 978-7-113-28935-5

(六)通信与列控系列

高速铁路宽带无线信道测量与建模技术 周 涛 何睿斯 艾 渤 编著

ISBN 978-7-113-28930-0

(七)测量与检测系列

(八)高铁运营与经济系列

高速铁路社会效益研究——基于时空经济分析 李红昌 夏璇璇 著

ISBN 978-7-113-28942-3

(九)现代信息技术系列

高速铁路物联网技术 史天运 孙 鹏 张惟皎 陈瑞凤 编著

ISBN 978-7-113-29029-0

(十)安全·健康·维护系列

高速铁路道砟飞溅机理及防治 高 亮 石顺伟 殷 浩 著

ISBN 978-7-113-28906-5

高速列车多目标均衡综合节能技术 张 雷 李 明 司志强 等编著

ISBN 978-7-113-28976-8

第二期(23 册)

(一)基础理论与基础技术系列

高速列车空气动力学数值模拟——基于 STAR-CCM+软件

李 明 李 田 戴志远 等编著

ISBN 978-7-113-30059-3

高速铁路沿线地面沉降研究与防治 李国和 黄大中 尚海敏 王少林 编著

ISBN 978-7-113-30176-7

高速铁路路基智能填筑技术 王同军 闫宏业 杨 斌 尧俊凯 等著

ISBN 978-7-113-30047-0

季冻区高速铁路路基服役性能与孕灾风险研究

叶阳升 蔡德钩 毕宗琦 李善珍 等著

ISBN 978-7-113-29934-7

高速铁路隧道内附属设施气动效应及安全性研究

彭立敏　杨伟超　施成华　雷明锋　著

ISBN 978-7-113-30104-0

高速铁路钢轨打磨理论与技术　王文健　郭　俊　周　坤　著

ISBN 978-7-113-30061-6

高速列车动态性能正向设计　周劲松　宫　岛　孙文静　著

ISBN 978-7-113-30050-0

高速列车自动驾驶控制理论　宿　帅　李开成　唐　涛　袁　磊　等编著

ISBN 978-7-113-30147-7

高速铁路行车调度与控制一体化　唐　涛　宿　帅　孟令云　阴佳腾　编著

ISBN 978-7-113-30112-5

高速铁路无砟轨道结构水泥基材料理论与技术

龙广成　曾晓辉　马昆林　谢友均　著

ISBN 978-7-113-30056-2

(二)动车组系列

高速列车空气动力学设计技术　丁叁叁　著

ISBN 978-7-113-30055-5

(三)供电系列

高速铁路电力牵引供电工程智能建造技术

胡志华　陈建明　奚金柱　吴命利　等编著

ISBN 978-7-113-30205-4

(四)工程设计系列

现代铁路枢纽规划设计　许佑顶　高丰农　吴学全　李传勇　等编著

ISBN 978-7-113-27468-9

高速铁路隧道底部结构动力响应特性及设计方法

彭立敏　施成华　黄　娟　丁祖德　著

ISBN 978-7-113-30133-0

(五)工程施工与组织系列

高速铁路工程勘察技术创新与实践　陈则连　著

ISBN 978-7-113-30189-7

高速铁路工程质量系统管理(第 2 版) 卢春房 等著

ISBN 978-7-113-30108-8

高速铁路路基沉降分析与控制技术 宋绪国 郭帅杰 编著

ISBN 978-7-113-30154-5

深埋高速铁路地下车站施工关键技术 杨新安 马明杰 李路恒 罗 驰 编著

ISBN 978-7-113-30001-2

高速铁路施工组织创新与实践 魏 强 编著

ISBN 978-7-113-30136-1

高速铁路路基沥青混凝土防水封闭结构 蔡德钩 闫宏业 楼梁伟 石越峰 等著

ISBN 978-7-113-30033-3

(六)通信与列控系列

高速铁路信号系统雷电防护技术研究 向念文 徐宗奇 阳 晋 编著

ISBN 978-7-113-30135-4

(七)测量与检测系列

(八)高铁运营与经济系列

(九)现代信息技术系列

智能高速铁路图像大数据分析技术及应用 李 平 李 瑞 赵 冰 编著

ISBN 978-7-113-30134-7

(十)安全·健康·维护系列

高速列车横风效应及气动安全控制动力学 毛 军 柳润东 郗艳红 著

ISBN 978-7-113-30028-9

第三期(18 册)

(一)基础理论与基础技术系列

高速铁路桥梁抗风技术 何旭辉 邹云峰 敬海泉 等著

ISBN 978-7-113-31329-6

高速铁路智能选线理论与方法 蒲 浩 宋陶然 李 伟 张 洪 著

ISBN 978-7-113-31670-9

(二)动车组系列

高速列车风阻制动技术 田 春 周嘉俊 马天和 吴萌岭 编著

ISBN 978-7-113-31648-8

高速列车制动防滑控制基础理论与试验技术　田　春　朱文良　马天和　吴萌岭　编著

ISBN 978-7-113-31585-6

高速铁路轮轨廓形设计及应用　沈　钢　陈迪来　编著

ISBN 978-7-113-31307-4

高速列车辅助供电系统　张立伟　姜东杰　徐海大　编著

ISBN 978-7-113-31574-0

高速列车被动安全系统技术理论　丁叁叁　编著

ISBN 978-7-113-31996-0

(三)供电系列

高速铁路供电系统电磁暂态分析与防护　刘明光　刘　铁　编著

ISBN 978-7-113-31249-7

(四)工程设计系列

(五)工程施工与组织系列

寒区高速铁路隧道低温影响与工程对策　马志富　田四明　杨昌贤　王志杰　等编著

ISBN 978-7-113-31456-9

高速铁路路基边坡生态防护技术与实践　叶阳升　蔡德钩　魏少伟　吕　宋　著

ISBN 978-7-113-31741-6

(六)通信与列控系列

真空管磁浮高速飞行列车车地无线通信技术　刘　留　艾　渤　编著

ISBN 978-7-113-31382-1

(七)测量与检测系列

高速铁路运营监测技术　赵　斗　张冠军　王长进　梁　永　编著

ISBN 978-7-113-31182-7

高速铁路精密工程测量技术　王长进　刘　成　张冠军　石德斌　编著

ISBN 978-7-113-31519-1

铁路工程地质遥感技术创新与应用　刘桂卫　著

ISBN 978-7-113-31354-8

(八)高铁运营与经济系列

高速铁路列车开行决策理论与技术　周文梁　史　峰　徐光明　等著

ISBN 978-7-113-31563-4

(九)现代信息技术系列

高速铁路数据中心设计技术 杨德修　樊　艳　赵　耀　崔校玉　编著

ISBN 978-7-113-31126-1

(十)安全·健康·维护系列

绿色高速铁路技术 蒋　辉　编著

ISBN 978-7-113-31460-6

高速列车驾驶人因安全保障理论及方法 方卫宁　唐　涛　等著

ISBN 978-7-113-31311-1